LE SOURIRE
DU FLAMANT ROSE

DU MÊME AUTEUR

Darwin et les grandes énigmes de la vie
Pygmalion, 1979
Le Seuil, coll. « Points Sciences »
(nouvelle édition), 1984

Le Pouce du Panda
Grasset, 1982
Le Livre de poche, série « Biblio », 1986

La Malmesure de l'homme
Ramsay, 1983
Le Livre de poche, série « Biblio », 1986

Quand les poules auront des dents
Fayard, 1984

STEPHEN JAY GOULD

LE SOURIRE DU FLAMANT ROSE

RÉFLEXIONS SUR L'HISTOIRE NATURELLE

TRADUIT DE L'AMÉRICAIN PAR
DOMINIQUE TEYSSIÉ
AVEC LE CONCOURS DE MARCEL BLANC

Ouvrage publié avec le concours du Centre national des Lettres

ÉDITIONS DU SEUIL
*27, rue Jacob, Paris VIe*

Titre original : *The Flamingo's Smile.*
Éditeur original : W.W. Norton & Company.

ISBN original : 0-393-02228-5

ISBN 2-02-00-9933-0

A Deb
Pour tout

Prologue

Sur l'un des vitraux de la cathédrale de Canterbury, un ange apparaît en songe aux Rois mages et leur ordonne de rentrer directement chez eux, sans revoir Hérode. Sur le vitrail juste au-dessous, une scène extraite de l'Ancien Testament fait comprendre aux fidèles que chaque moment de la vie de Jésus correspond à un épisode du passé et que Dieu donne un sens à l'histoire — Lot se retourne et sa femme est transformée en statue de sel [1] (le contraste entre ce morceau de verre blanc et les couleurs chatoyantes qui l'entourent est saisissant). Une seule morale à ces deux histoires : ne vous penchez pas sur le passé.

Le Sourire du flamant rose est le quatrième livre où je réunis des essais publiés à l'origine dans ma chronique mensuelle du *Natural History Magazine* ; ce livre contient également ma centième contribution à ce mode d'expression qu'il m'est arrivé de dénigrer, car il me paraissait à la fois trop éphémère et difficile à entretenir.

Aussi ai-je décidé de transgresser la recommandation faite à Lot : je me penche moi aussi sur mon passé, en espérant que mon sort sera moins cruel que le sien ; je vais jeter un coup d'œil sur mes trois volumes d'essais précédents : *Darwin et les grandes énigmes de la vie* [2], *le Pouce du Panda* [3], *Quand les poules auront des dents* [4].

En dernière page de couverture, le magazine américain *New Yorker* nous gratifie régulièrement d'une publicité pour un whisky écossais, où Angus MacMachin se glorifie de pratiquer le lancer du tronc (sport écossais) dans la même prairie que ses ancêtres et ce, depuis 1367 à quelques années près. « Certaines choses ne changent jamais », proclame la légende *(sic)*. Ne fût-ce que pour éviter de sombrer dans la monotonie, il vaut mieux pourtant que certaines choses changent, même si cela ne va

1. Dans l'histoire originale de la Bible (Genèse 19,26), ce n'est pas Lot qui se retourne mais sa femme. *(N.d.T.)*
2. Pygmalion, 1979 et le Seuil, coll. « Points Sciences », 1984.
3. Grasset, 1982 et le Livre de poche, série « Biblio », 1986.
4. Fayard, 1984.

pas sans difficulté dans le cadre des équilibres ponctués [1]. Toutefois, les valeurs fondamentales — comme une bonne cuvée — ont tout intérêt à ne pas varier. Et si mes ouvrages ont quelque retentissement, ils le doivent à ce thème central auquel je reste fidèle et autour duquel s'articulent tous mes essais : la théorie de l'évolution. Aucun autre sujet de réflexion ne permet en effet de réunir, avec autant de bonheur, l'examen des cas particuliers fascinants et l'étude de problèmes généraux dont on peut tirer d'intéressantes leçons ; j'ai là un avantage certain sur mes collègues.

Il a suffi d'une demi-douzaine d'idées percutantes pour bouleverser des hypothèses et des espoirs que nous avions hérités du passé et pour éclairer notre réflexion actuelle. Le concept d'évolution est l'une de ces idées, et bien plus que la théorie quantique ou les mouvements relatifs de la Terre et du Soleil, la théorie de l'évolution fait vibrer en nous une corde particulièrement sensible ; elle nous renvoie aux problèmes de filiation qui ont toujours fasciné les hommes — comment et quand sommes-nous apparus ? Quelles sont nos relations biologiques avec les autres créatures ? Et même si ce n'est évidemment pas son but, l'évolution a paré toutes ces créatures d'une variété étourdissante, laquelle est une source intarissable d'émerveillement — et d'inspiration pour ces essais.

Pour mieux analyser mes propres changements dans cette continuité, j'ai relu les prologues de mes livres précédents et j'ai constaté que chaque ouvrage était articulé autour d'un thème unificateur, propre à l'époque où je l'avais conçu. Ainsi, dans *Darwin et les grandes énigmes de la vie*, le premier d'entre eux, j'exposais les grands principes de la théorie de l'évolution et je tentais de tirer la conclusion politique — un plus grand respect de la diversité des hommes — de cette conception globale du monde. Dans *le Pouce du Panda*, je mettais en vedette une série de controverses qui avaient animé les rangs des évolutionnistes professionnels et insufflé une nouvelle jeunesse à cette conception de la vie. *Quand les poules auront des dents* parut à l'époque de la renaissance du yahooisme [2] — la prétendue science baptisée « créationnisme » et prêchée par Falwell et ses disciples ; je m'y livrais à une honnête défense de la réalité de l'évolution et de sa signification humaniste.

Le Sourire du flamant rose procède d'un autre type de démarche : je pars d'une découverte bien précise et je développe ensuite toutes les conséquences qu'elle entraîne. Ainsi, il semble aujourd'hui « hautement

1. Allusion à la théorie dite des « équilibres ponctués », proposée par S.J. Gould et N. Eldredge pour rendre compte de l'apparition de nouvelles espèces. *(N.d.T.)*

2. Dans *les Voyages de Gulliver*, de Swift, les Yahoos sont des individus primaires et méprisables symbolisant l'homme et ses vices ; allusion aux controverses qui opposent, aux États-Unis, les créationnistes aux partisans de la théorie de l'évolution. *(N.d.T.)*

probable » — pour reprendre le jargon qu'affectionnent les spécialistes — qu'un astéroïde errant ou une pluie de comètes est à l'origine des extinctions massives du Crétacé, glas funèbre des dinosaures et, réciproquement, aube de notre propre évolution. De plus, de telles restructurations du monde vivant, épisodiques et purement accidentelles, se sont sans doute produites plusieurs fois, respectant peut-être même un cycle régulier de 25 à 30 millions d'années. Ces événements particuliers, les extinctions massives, sont vraiment frappants (excusez le calembour), mais leurs implications générales méritent plus encore notre attention et illustrent parfaitement les thèmes qui reviennent constamment dans mes articles : la question de la distribution des phases dans l'histoire du vivant qui reflète partiellement les effets du hasard et qui n'est de toute façon pas orientée par rapport à nous ; et la question de la portée sociale des assauts que la science livre aux préjugés les plus répandus de la pensée occidentale (il s'agit de mes quatre cibles favorites : progrès, déterminisme, changements graduels et changements adaptatifs — tous concepts sérieusement remis en cause par la théorie des extinctions massives consécutives à l'impact d'astéroïdes). Au cœur de ces réflexions se tient un thème plus général encore que celui de l'évolution : la nature de l'histoire. J'aborde ce sujet dans *le Sourire du flamant rose* et je tente de dégager dans ce livre la signification profonde du fait que l'évolution de la vie sur Terre a été modelée par des circonstances fortuites et n'est pas le résultat inévitable et prévisible de lois naturelles simples agissant en dehors de l'histoire. Anecdote et sens profond, tels sont donc mes deux thèmes, moins contradictoires qu'on ne le croirait *a priori*.

Tout cela paraît peut-être bien tendancieux et risque d'affoler le lecteur : son plaisir aurait-il été sacrifié sur l'autel de ma prétention ? (il faut dire que mes livres contiennent toujours le même nombre d'essais, mais s'allongent de manière inquiétante). Ma seule planche de salut face aux reproches — bien fondés — que l'on pourrait adresser à mon ego envahissant réside dans mon attachement indéfectible au principe suivant : j'aborde toujours les lois générales par le biais de petites choses de la vie qui nous font tomber en arrêt et ouvrir de grands yeux ; je ne m'attaque jamais de front aux généralités, de cette manière abstraite et policée qui pétrifie le lecteur. Et même l'essai le plus grandiloquent de ce recueil (le moins qu'on puisse en dire, c'est qu'il n'est pas le meilleur), l'essai 28 sur la continuité, est construit autour d'une observation ponctuelle : le mélange du profane et du sacré dans l'iconographie du palais de Pie IV, au Vatican.

J'ai regroupé, dans une première partie, les essais qui traitent des inversions et des discontinuités que l'on observe dans la nature. Ces deux thèmes me permettent, effectivement, d'illustrer au mieux mon désir de tirer les lois générales de faits particuliers bien précis. Cette première partie comprend donc trois essais sur les phénomènes d'inversion (les flamants roses qui se nourrissent la tête à l'envers ; les femelles qui chez certains insectes dévorent — dit-on — leur partenaire après la copulation ; les fleurs et les escargots qui changent de sexe et leurs revirements ultérieurs). Dans les deux essais suivants, j'aborde le concept de continuum et le problème des délimitations dans la nature (*Physalia*, cette cousine de la méduse, est-elle un organisme isolé ou bien une colonie ? Les siamois sont-ils une seule et même personne ou deux individus distincts ?). Chacun de ces deux essais consiste à la fois en une longue discussion d'un seul sujet et le récolement d'une série de cas particuliers.

Dans presque toute l'Europe, le désir de diffuser les découvertes scientifiques dans le grand public est une preuve d'humanisme, une honorable tradition intellectuelle qui remonte à Galilée. C'est en effet ce savant italien qui, le premier, eut recours à sa langue maternelle pour diffuser la science, confinée par le latin dans l'enceinte des églises et des universités. Cette tradition fut perpétuée, à l'époque victorienne, par Thomas Huxley, remarquable par son culte du style autant que par ses talents de romancier ; aujourd'hui, J.B.S. Haldane et Peter Medawar ont pris le relais. En Amérique, cette activité fort respectable a malheureusement été victime d'une triste méprise : on la confond souvent avec la pire expression du journalisme et le terme de « vulgarisation » est devenu pour certains synonyme de littérature de bas étage, simpliste, superficielle et frelatée. Quant à moi, je me suis fixé une règle d'or dans la conception de ces essais : pas de compromis. Mon désir est de rendre le texte accessible : j'en élimine donc le jargon et je donne toutes les définitions nécessaires. Mais je ne simplifie en aucun cas les concepts.

Je pourrais justifier ma démarche à l'aide de toutes sortes de règles morales et pompeuses (et elles existent), mais en fait elle procède d'un principe simple, qui m'est propre. Avant tout, ces essais sont une expression de ma quête personnelle, de mon désir d'apprendre et de comprendre le plus de choses possible sur la nature dans le court laps de temps qui m'est imparti. Si je m'amusais à composer un manuel style émission de télévision qui distille des idées archirebattues, ou si j'offrais en pâture au consommateur une nourriture prémâchée dans un emballage non consigné (tout surmenage étant à proscrire), qu'aurais-je donc à y gagner ?

J'ai toujours utilisé, pour composer ces essais, des documents d'auteur dans leur langue d'origine : je ne fais pas d'explication de textes journalistiques ou autres résumés de vulgarisation. (La propagation d'idées fausses, transmises sans fin d'un manuel au suivant par « recopiage » est à lui seul un phénomène troublant qui mériterait d'être étudié, une source d'erreur presque plus constante que si elle était d'ordre génétique.) Mes erreurs sont donc les miennes ; elles ne sont pas acquises.

Je classerai ainsi les essais de ce livre en trois catégories. La plupart d'entre eux sont des exercices de recherche personnelle, dont certains, du moins c'est ce que je crois, permettent de mettre en lumière une nouvelle interprétation de choses connues : ainsi, dans l'essai 16, il me semble avoir comblé le fossé qui existe entre les écrits de Tyson et l'analyse qu'on en fait habituellement, en considérant que cet anatomiste est un adepte conservateur de la chaîne du vivant et non un pionnier de la théorie de l'évolution ; de même dans l'essai 21, contrairement à l'opinion générale, je montre que les premières affirmations de Wells sur la sélection naturelle ne concordent pas tellement avec la version plus tardive de Darwin ; enfin, même si Kinsey n'a jamais caché ses premières activités professionnelles — la taxinomie des guêpes —, je pense qu'on n'avait jamais bien mis en évidence le cheminement intellectuel qui le conduisit des guêpes à ses recherches sur le sexe (voilà qui est fait dans l'essai 10 — je subodore en effet que seul un taxinomiste professionnel, partant des guêpes, pouvait s'y retrouver ; tous les psychologues remontant aux activités de taxinomiste de Kinsey depuis ses recherches sur le sexe abordaient le problème du mauvais côté). D'autres essais pourraient passer pour des découvertes fondées sur des données nouvelles.

Dans une seconde catégorie d'essais, j'expose les découvertes ou les interprétations de certains de mes amis et de mes collègues, tout en les mettant à ma sauce personnelle. C'est ainsi que j'utilise la théorie d'Iltis sur l'origine du maïs (essai 23) pour illustrer le concept évolutionniste d'homologie, très important et très difficile à saisir ; de même, la découverte de l'animal correspondant aux conodontes m'offre l'occasion de discuter d'une des caractéristiques les plus fondamentales (et combien sous-estimée) de l'histoire du vivant — la réduction de la diversité morphologique des êtres vivants, accompagnée d'une multiplication importante des survivants.

Dans le troisième type d'essais, j'aborde des thèmes généraux qui auraient besoin d'être renouvelés : j'essaie de les illustrer à l'aide de paradoxes ou d'exemples inhabituels. Dans les essais 4 et 5, je tente une expérience : je traite deux fois le même thème à partir d'exemples diamétralement opposés. Ainsi, je disserte sur le réductionnisme par le biais tragique de la vie de E.E. Just (essai 24) et par celui de la classification démodée qu'adoptèrent les taxinomistes prédarwiniens (essai 13). J'essaie d'adoucir la nature sévère de la science à l'aide de quelques idées amusantes sur les dinosaures (essai 27) et par un plaidoyer en faveur de Mr. Gosse (essai 6) et de sa théorie selon laquelle Dieu mit des coprolithes (excréments fossiles) dans les strates géologiques, de la même manière qu'il mit des fèces dans les intestins des animaux.

J'espère également que cette classification des essais en plusieurs catégories servira mon dessein le plus général et que les thèmes exprimés dans les différents essais seront renforcés par ce processus de juxtaposition. En faisant trois exposés sur la chaîne du vivant (essais 16 à 18), je tente de montrer combien l'inévitable interpénétration de la science et de la culture est à la fois un inconvénient et une source de progrès. Plus précisément, l'essai 18 sur la Vénus hottentote montre que des préjugés sans fondement élevés au statut de vérité absolue peuvent à la limite menacer la vie des individus. En revanche, dans l'essai 16, je mets en valeur les effets positifs de cette interpénétration : elle joue parfois le rôle d'aiguillon vers de nouvelles découvertes qui, à leur tour, influencent la culture (c'est ainsi que le concept de chaîne du vivant amena Tyson à de remarquables découvertes sur l'anatomie des chimpanzés).

Ma profession, la paléontologie, prend en compte un thème plus vaste encore que celui de l'évolution : la nature et le sens de l'histoire. L'histoire emploie l'évolution pour structurer la distribution des phénomènes biologiques au cours du temps. L'histoire renverse cette image stéréotypée que nous avons de la science : une démarche précise, sèche, qui dépouille tout phénomène complexe de son caractère unique et le réduit à une expérience de laboratoire, contrôlée, intemporelle, et reproductible à l'envi. Les sciences historiques ne sont pas mineures, elles sont différentes. Elles sont vouées aux méthodes comparatives, qui ne sont pas toujours expérimentales. Elles expliquent mais en général n'essaient pas de prédire. Elles reconnaissent l'ambiguïté irréductible qu'entraîne l'histoire, et admettent que les circonstances ont un pouvoir limité sur l'établissement d'une solution optimale. La reine des disciplines historiques est la taxinomie, parente pauvre de toutes les sciences. Au fur et à mesure que j'écrivais *Quand les poules auront des dents*, j'observais avec un amusement presque détaché l'importance croissante que j'accordais à l'histoire qui passa progressivement au premier plan de mes préoccupations.

Le même phénomène s'est produit dans ce recueil : l'histoire s'y est répandue comme un gène sauteur. Comme *le Pouce du panda, le Sourire du flamant rose* est son synecdoque [1], puisqu'il s'agit d'une structure étonnante, résultat de contraintes passées peu ordinaires et bricolée à l'aide des pièces anatomiques disponibles.

1. Synecdoque : glissement sémantique consistant à désigner un tout par l'une de ses parties ou inversement. *(N.d.T.)*

L'essai 12, qui traite des rapports entre hasard et nécessité, est sans doute mon exposé le plus direct sur la nature de l'histoire, mais ce sujet apparaît en filigrane dans tout ce volume. J'ai longtemps médité mon centième essai, car je voulais qu'il symbolise tous mes efforts. Je l'ai donc centré sur la taxinomie telle que je l'applique aux escargots des Antilles, objet de ma recherche en biologie. La taxinomie, science des plus décriées, est la pierre d'angle de toutes les disciplines historiques. La troisième partie de ce livre lui rend hommage sous de nombreuses formes mais j'analyse également les méthodes de l'histoire dans d'autres essais — l'essai 23 montre comment utiliser l'homologie pour établir les filiations ; les essais 4 et 5 analysent la signification des discontinuités dans ce monde de continuum.

Dans plusieurs parties du livre, je mets l'accent sur les distributions que l'histoire accomplit au moyen du processus qu'elle commande : l'évolution. Dans la quatrième partie, j'analyse les grandes tendances de l'histoire du vivant (et de systèmes moins importants) ; dans la huitième partie, j'insiste sur le fait que les extinctions représentent bien plus qu'une force négative ; dans la septième partie, je parle de la vie sur Terre et des suppositions que l'histoire nous autorise à faire sur la vie dans d'autres mondes (en mettant bien plus l'accent sur les limites que nous impose le hasard que sur les clichés de *E.T.*, je le crains). Enfin, si l'on accorde une quelconque importance à l'histoire et si l'on ne réduit pas la science à une démarche expérimentale robotique, l'interaction de la science et de la culture n'est pas un mal, mais au contraire une source de créativité et une clé pour la compréhension. Dans la cinquième partie de ce livre, je traite de cette interaction dans le domaine de l'évolution humaine. Dans la seconde partie, je tente de réhabiliter certains scientifiques, incompris ou ridiculisés par les arrogants qui considèrent l'histoire comme un cimetière d'erreurs, et, partant, une suite de leçons de morale. Puis-je confesser une prédilection pour l'essai 5 dont le sujet est si prenant.

Si l'astéroïde d'Alvarez fut l'aiguillon qui assura la cohérence de ce livre, je ne voudrais pas manquer d'en mentionner la motivation profonde. Voilà plusieurs années que je lutte contre un cancer, et je ne m'en cache pas. Le mal fut diagnostiqué une semaine à peine après que mon dernier livre fut envoyé à l'imprimerie. Ce livre-ci est donc en quelque sorte le roman à clé (achevé, j'espère) de mon odyssée personnelle. L'essai 18 sur la Vénus hottentote fut le premier essai que j'écrivis en tant que membre involontaire de cette confrérie, et sa dernière ligne fut ma première victoire. Si l'on classe ces essais dans l'ordre où ils parurent dans le *Natural History Magazine*, on peut très certainement retracer mon cheminement émotionnel (encore que je préfère ne pas poursuivre ce type d'analyse). Je dirai seulement que l'inspiration historique de certains des essais de ce livre est un peu pauvre : il ne m'était pas toujours possible de hanter les bibliothèques comme j'en avais l'habitude et de disposer ainsi de sources historiques variées, et la lecture d'un seul bon livre ancien, qui me prenait plusieurs nuits, m'était d'une grande consolation. D'autres essais, en revanche, sont presque baroques tant ils fourmillent de détails pittoresques : ils traduisent simplement ma joie d'être à nouveau en forme.

Il me paraît difficile d'exprimer comme je le voudrais mes remerciements à ceux qui m'ont soutenu à travers cette épreuve : les mots pour le dire n'existent dans aucune langue. Mais à ceux qui me connaissent uniquement à travers mes écrits et qui ont pris la peine de me faire part de leur sympathie, j'exprime toute ma gratitude : ils m'ont apporté un très solide réconfort. J'ai pris l'habitude de m'appuyer sur beaucoup de choses : il faut que je voie grandir mes enfants ; il serait si stupide d'arriver si près du nouveau millénaire et de ne pas pouvoir le fêter. J'espère qu'il ne paraîtra pas ridicule de remercier aussi la nature qui m'a permis de respecter la laborieuse régularité de ces essais. Qui peut, plus que moi, bénéficier du bonheur qu'ils me donnent : chaque mois, j'entreprends une nouvelle aventure — je m'instruis et j'apprends à m'exprimer. Je ne puis que répéter avec la plus ardente obstination « pas encore, Seigneur, pas encore ». Même si je vivais cent vies, j'entamerais à peine l'étude des richesses que renferme la nature, mais je désire simplement jeter encore un coup d'œil sur tous ces jolis cailloux que tu as semés sur ma route.

première partie

Zoonomia (et exceptions)

1. Le sourire du flamant rose

Buffalo Bill prit son rôle au sérieux : comme son nom l'indique, il participa très activement à l'extermination des bisons d'Amérique, un troupeau de quelque 60 millions de bêtes aujourd'hui en voie d'extinction. En 1867, chargés d'assurer la subsistance des pionniers du rail, Buffalo Bill et ses hommes abattirent 4 280 bisons en huit mois à peine. La viande provenant de cette boucherie aveugle était intégralement consommée, mais il n'en fut pas toujours ainsi. Bien avant, d'autres pillards de notre patrimoine naturel avaient fait preuve d'une désinvolture plus grande encore : ils ne conservaient des bisons que la langue — morceau de choix pour les fins connaisseurs — et abandonnaient sur place le reste de leurs carcasses à la pourriture.

Ce n'était d'ailleurs pas la première fois que des langues figuraient dans les sombres annales de la goinfrerie des hommes. L'exemple est venu de ces tristes épisodes de gloutonnerie gastronomique que furent les orgies des empereurs romains. Stanley, ce moderne général d'une opérette de Gilbert, mit en vers tous les crimes d'Héliogabale, empereur adolescent parmi les plus débauchés (il révéla ensuite sous la même forme poétique ses talents de mathématicien, en venant à bout des « bizarres paraboles » qu'il fait rimer avec « Héliogabole »...).

Entre autres crimes, Héliogabale faisait servir des plats débordants de langues de flamants roses aux banquets qu'il présidait. Suétone nous raconte que l'empereur Vitellius, lui aussi, servait une gigantesque préparation, qu'il appelait bouclier de Minerve. On y trouvait aussi bien des foies de poissons-perroquets que des cervelles de paons et de faisans, des tripes de lamproies et des langues de flamants roses. Tous ces mets étaient rapportés dans de grands bateaux de guerre, depuis la mer des Carpathes jusqu'aux détroits espagnols.

Sans être dénués d'une certaine beauté, les lamproies et les poissons-perroquets ont rarement éveillé notre compassion. Les flamants roses, au contraire, ces oiseaux racés qui doivent leur nom à leur plumage flamboyant, ont toujours trouvé d'ardents défenseurs aussi bien dans les rangs des poètes de l'ancienne Rome qu'aujourd'hui parmi les protecteurs de notre patrimoine naturel. Dans un de ses écrits les plus émouvants il y a près de deux mille ans, le poète Martial fustigea la gloutonnerie de ses empereurs : il se demandait quel aurait été le sort du flamant rose si sa langue, comme celle du rossignol, n'avait eu que le bon goût de chanter :

> Dat mihi penna rubens nomen ; sed lingua gulosis
> Nostra sapit : quid si garrula lingua foret ?

(« Je dois mon nom à mes ailes rouges, mais les épicuriens
ne s'intéressent qu'au goût de ma langue ; et si je pouvais chanter ? »)

La plupart des oiseaux ont une langue acérée, et peu charnue, bien incapable de satisfaire un appétit impérial, même préparée en grande quantité. Le flamant rose, en revanche, même s'il jura un peu tard qu'on ne l'y prendrait plus, s'est doté au cours de l'évolution d'une belle grosse langue, tendre et charnue. Pourquoi ?

Le flamant rose a adopté un mode d'alimentation rarissime que l'on ne trouve chez nul autre oiseau et seulement chez quelques autres vertébrés. Les deux moitiés de son bec sont équipées de nombreuses rangées de lamelles cornées, disposées de manière complexe, qui jouent le même rôle que les fanons des baleines géantes.

Bien souvent dans notre esprit, le flamant rose est le résident privilégié d'îles tropicales luxuriantes — un objet esthétique que l'on contemple d'un œil amusé en sirotant un whisky-coca à la terrasse d'un casino. C'est une erreur. Le flamant rose prospère dans l'un des habitats les plus inhospitaliers de notre planète : des lacs salés peu profonds. Les rares créatures qui ont réussi à s'acclimater à l'environnement inhabituel de ces déserts salés n'ont pas dû faire face à une trop forte concurrence et se sont multipliées en très grand nombre. Si la faune de ces lacs n'est pas très variée, elle est abondante et ses représentants sont à peu près tous de la même taille : ce sont des conditions idéales pour que se développe chez leurs prédateurs un mode d'alimentation par filtration.

Phoenicopterus ruber, le grand flamant rose, celui qu'on trouve communément dans les zoos et les réserves naturelles des Bahamas et de Bonaire, filtre des aliments de 2 à 3 centimètres de long : de petits mollusques, des algues ou des larves d'insectes. *Phoeniconaias minor,* le petit flamant, est équipé de filtres si denses et si efficaces qu'il parvient à retenir des algues bleues et des diatomées dont le diamètre est compris entre 0,02 et 0,1 millimètre.

Le flamant rose fait passer l'eau à travers les filtres de son bec de deux manières — décrites en détail par Penelope M. Jenkin dans un article de

1957 aujourd'hui classique — soit en balançant la tête d'avant en arrière, permettant à l'eau de couler passivement, soit de façon plus habituelle, au moyen de ce système plus efficace qui fut remarqué par les gloutons romains : une langue puissante et charnue fonctionnant comme une pompe aspirante-refoulante. Cette langue, qui remplit une sorte de canal creusé dans la moitié inférieure du bec, effectue des mouvements très rapides — jusqu'à quatre par seconde — d'avant en arrière. Dans son mouvement vers l'arrière, la langue aspire l'eau à travers les filtres, puis, lors de son retour vers l'avant, elle rejette l'eau vers l'extérieur. De plus, la langue porte de nombreux denticules qui raclent la nourriture retenue sur les filtres (c'est exactement de la même manière que les cétacés recueillent le krill qui se dépose sur leurs fanons).

Les habitudes alimentaires particulières des flamants roses ont fait couler beaucoup d'encre, et, si leur système de filtres unique au monde a toujours été mis en vedette, une autre caractéristique, tout aussi remarquable et liée à l'existence même de ces filtres, a souvent été laissée dans l'ombre : le flamant rose se nourrit la tête à l'envers. Ce fait avait depuis longtemps retenu l'attention des plus grands naturalistes. Lorsqu'un flamant rose se nourrit, il se tient debout dans un endroit peu profond, puis, grâce à un ajustement subtil de la courbe en S de son long cou, il amène sa tête au niveau de ses pattes. Ce mouvement entraîne naturellement le sommet du crâne vers le bas, la tête entière sens dessus dessous ; les rôles des deux moitiés de son bec sont alors inversés : la partie normalement supérieure du bec étant en position inférieure fonctionne comme une mandibule inférieure, et la moitié normalement inférieure du bec se retrouve au-dessus, dans la position assumée par la moitié supérieure du bec chez tous les oiseaux.

Cette inversion étrange nous amène enfin au cœur de notre sujet : le comportement inhabituel du flamant rose a-t-il entraîné une modification de la configuration de son bec, et le cas échéant, quelle est cette transformation ? Si l'on se réfère à la théorie darwinienne, c'est-à-dire au principe d'adaptation des espèces à leur environnement immédiat (principe qu'il faut se garder de confondre avec un « progrès » général ou une évolution globale vers un but précis), la morphologie d'un organe devrait s'adapter à la fonction particulière qu'il exerce. En clair, nous ne serions guère surpris si la partie supérieure du bec du flamant rose, qui joue le rôle d'une mandibule inférieure, avait plus ou moins adopté la morphologie habituelle de la partie inférieure d'un bec d'oiseau (et vice versa, bien entendu). Qu'en est-il en réalité ?

La nature abrite un cortège de bizarreries si vaste que nous ferions mieux de réserver nos pronostics. Toutefois, nous sommes en présence d'un cas bien précis : l'inversion du rôle de deux éléments par rapport à

Le sourire énigmatique du flamant rose, mais en est-ce bien un ?

celui que suggère leur position dans l'anatomie de l'animal. Nous ne pouvons guère émettre qu'une hypothèse : la morphologie d'un animal qui vit à l'envers devrait se modifier afin que son anatomie cesse d'être en conflit avec son mode de vie.

Un beau dessin valant mieux qu'un long discours (mais cela ne durera pas), je vous suggère de jeter un coup d'œil à l'illustration qui se trouve sur cette page. Si elle éveille en vous un vague sentiment de déjà-vu, de quelque chose de familier mais légèrement déformé, vous pouvez vous féliciter de votre intuition. Mais suivez-moi un instant : qu'avez-vous vu ? En apparence, un cygne au long cou dont le bec se fend d'un large sourire. Un examen plus attentif révèle immédiatement pourquoi cet « animal » est absurde : la fente de son bec passe au-dessus de ses yeux, ses plumes sont orientées dans le mauvais sens et ses pattes, où sont-elles ? Je vous livre à présent, à la page suivante, l'original de ce dessin célèbre, dans le bon sens et avec les pattes — c'est le flamant rose dessiné par J.-J. Audubon dans son livre *Birds of America,* une valeur sûre dans le répertoire des illustrations célèbres d'histoire naturelle.

Ce joyeux cygne qui se transforme en un flamant altier grâce à un tour de passe-passe spectaculaire de nos sens nous renvoie inévitablement à l'arsenal habituel des illusions d'optique — l'élégante jeune femme regardant au loin qui se transforme en vieille sorcière de profil est un classique du genre.

En fait, j'ai examiné tous les dessins de flamant rose ayant une quelconque importance historique, et je peux vous affirmer qu'il suffit de retourner n'importe quelle représentation exécutée avec un minimum de précision pour ressentir le même choc — et cela pour une raison évidente : les deux moitiés du bec du flamant rose se sont effectivement modifiées afin d'être mieux adaptées à l'interversion de leurs fonctions. C'est bien pour cette raison qu'un dessin de flamant rose examiné à l'envers ne nous paraît pas immédiatement absurde, mais nous fait plutôt penser à un autre oiseau.

Les modifications du bec du flamant rose sont en fait bien plus profondes que ce simple changement de morphologie que l'on saisit au premier coup d'œil sur le dessin du cygne « à l'envers ».

Remarquez la courbure particulière du bec lui-même : il avance d'abord tout droit puis fait un angle prononcé donnant cette bosse remarquable qui lui confère des allures d'auge (et elle fonctionne comme telle) quand le flamant renverse la tête pour se nourrir. Au Proche-Orient, si l'on appelle quelquefois le flamant rose « chameau de mer », ce n'est pas parce que la bosse de son bec rappelle celle du chameau, mais parce que les naseaux du chameau sont également affligés d'une courbure qui donne aux deux animaux cet air constamment dédaigneux (ou, du moins, c'est ainsi que nos interprétations anthropomorphiques nous font percevoir cette mimique ; mais consultez plutôt à ce propos le neuvième essai du *Pouce du Panda* où je parle de Mickey Mouse et des messages que transmettent à leur insu les traits d'un animal). Mise à l'envers, la bosse du bec se transforme en un large sourire et un cygne souriant se substitue au flamant dédaigneux.

Grâce à sa courbure, le bec peut fonctionner à l'envers, mais on observe sur chacune de ses moitiés une série de transformations complexes, bien

Le célèbre flamant, d'après *Birds of America* par J.J. Audubon.

appropriées à l'interversion de leurs rôles. Ainsi, la taille et la forme de ces deux parties ont subi des modifications complémentaires : la partie supérieure du bec est petite et peu profonde alors que la moitié inférieure est plus imposante et bien creusée (chez la plupart des oiseaux, la partie inférieure du bec est la plus petite, et c'est elle qui s'ouvre et se referme sur la partie supérieure, de plus grande taille). D'autre part, la moitié inférieure du bec du flamant rose (qui joue le rôle inverse lorsque l'oiseau se nourrit) est particulièrement rigide. Les os de chaque moitié du bec, que l'on appelle ramus, sont soudés entre eux, et les ramus eux-mêmes sont fortement liés l'un à l'autre. La partie inférieure du bec, solide et bien amarrée, est creusée d'une mangeoire où la langue se déplace longitudinalement (il faut garder présent à l'esprit que toutes ces modifications — posture inversée de la tête, changements de forme et de taille des deux parties du bec, langue charnue qui aurait pu être fatale à l'espèce — sont coordonnées autour d'un point commun : le mode d'alimentation par filtration). Enfin, chez la plupart des flamants, la partie supérieure du bec s'insère dans la partie inférieure alors que chez la majorité des oiseaux, c'est la partie inférieure du bec qui est mobile et vient se loger dans la partie supérieure.

Toutes ces modifications, complexes et manifestement coordonnées pourraient presque nous convaincre du bien-fondé de notre hypothèse. Toutefois, il reste une inconnue, et c'est Ménippe qui a consigné pour la première fois, trois cents ans avant le poème de Martial, ce que l'on considère depuis comme la clé de toutes les caractéristiques particulières du flamant : les mouvements de son bec sont-ils également inversés, en accord avec l'inversion de sa morphologie ?

Chez la plupart des oiseaux et des mammifères — l'homme y compris — la mâchoire supérieure est soudée au crâne, et la mastication, la faculté de mordre ou de pousser des cris sont assurées par les mouvements de la mâchoire inférieure par rapport à cette partie fixe. Si la mandibule supérieure du flamant rose a adopté la forme, les dimensions et la fonction d'une mandibule inférieure suite aux habitudes alimentaires de cet oiseau, nous sommes contraints d'émettre une hypothèse contraire aux règles les plus élémentaires de l'anatomie : la partie supérieure du bec du flamant rose doit être mobile et la partie inférieure doit rester fixe. Bref, le flamant rose doit manger en ouvrant et en refermant la partie supérieure de son bec.

Je rends hommage au passage à la clairvoyance de nos naturalistes les plus distingués : j'ai constaté avec plaisir, au cours de mes lectures, que, depuis plus de deux mille ans, cette question de la plus haute importance était restée au cœur des préoccupations de chercheurs scientifiques d'horizons les plus variés, et avait survécu aux vicissitudes de la biologie

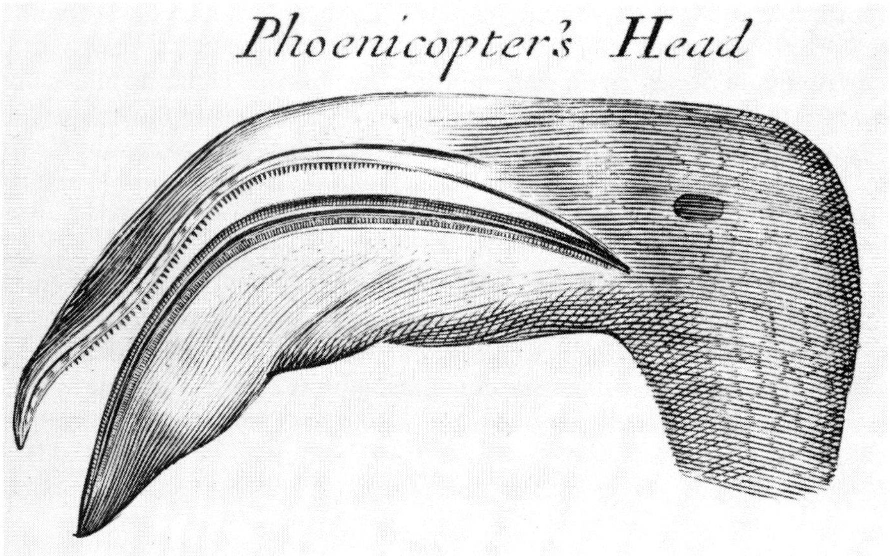

Le flamant rose de Nehemiah Grew, 1681. Ce naturaliste anglais émit la première proposition documentée sur le fait que les flamants s'alimentent en ouvrant uniquement la partie supérieure de leur bec alors que la partie inférieure reste fixe. Examinez également ce dessin à l'envers. D'après Grew, *Musaeum regalis societatis*. Reproduit avec l'autorisation du *Natural History Magazine*.

théorique et expérimentale à travers les âges. Au milieu du XVIIIe siècle, Georges Buffon, le plus grand des naturalistes, écrivit un essai sur le flamant rose. Il reconnaissait, pour commencer, que la couleur de leur plumage avait rendu ces oiseaux célèbres, mais il soulignait ensuite que la forme de leur bec soulevait un problème nettement plus intéressant : « Cette aile couleur de feu n'est pas le seul caractère frappant que porte cet oiseau ; son bec d'une forme extraordinaire, aplati et fortement fléchi en dessus vers son milieu, épais et carré en dessous, comme une large cuiller... » Et il résume en ces termes élégants : « une figure d'un beau bizarre et d'une forme distinguée ». Faisant l'historique des recherches sur le flamant depuis Ménippe, Buffon constatait que la préoccupation essentielle de tous les chercheurs était de « déterminer si, dans ce bec singulier, c'était la partie supérieure qui était mobile (comme l'ont affirmé de nombreux naturalistes) et la partie inférieure qui restait immobile ».

Le premier commentaire précis et approfondi sur la question date de 1681, et on le doit à Nehemiah Grew, célèbre naturaliste anglais que l'on connaît plutôt pour ses études sur les végétaux au microscope. Grew avait découvert un flamant rose solitaire perdu dans les possessions de la

Des flamants roses en train de manger, dans leur position caractéristique — la tête à l'envers. Photo D. Purcell.

Société royale dont il dressait le catalogue — *Musaeum Regalis Societatis, ou encore catalogue et description des spécimens naturels et artificiels appartenant à la Société royale et conservés à Gresham College, auquel est jointe une étude anatomique comparée des estomacs et des entrailles.* Grew commentait : « Ce qu'il y a de plus remarquable en lui, c'est son bec. » Il soupçonnait que le bec perdrait son caractère incongru si sa partie supérieure était mobile et sa partie inférieure fixe. Selon Grew, « la forme et la taille de la partie supérieure du bec (partie qui est bien plus fine et plus petite que l'autre, contrairement à ce que j'ai observé chez tous les autres oiseaux que je connais) donnent à penser que cette partie est bien plus apte à la mobilité que la moitié inférieure sur laquelle elle semble s'appuyer ».

Le problème resta entier jusqu'en 1957, quand Jenkin publia une étude complète sur le sujet — confirmant à l'aide de données rigoureuses ce dont Ménippe, Grew et Buffon avaient eu l'intuition, à bon escient. En réalité, le bec des flamants roses est articulé, comme celui de nombreux autres oiseaux, au moyen d'une rotule qui confère une grande mobilité aux deux moitiés du bec et leur permet de se mouvoir indépendamment l'une de l'autre. Lorsque le flamant fait sa toilette, il actionne indifféremment l'une ou l'autre moitié de son bec. Mais lorsqu'il mange, c'est le plus souvent la partie supérieure de son bec qu'il ouvre et referme sur la partie inférieure, qu'il maintient immobile — exactement comme s'y attendaient depuis toujours les grands naturalistes.

Le bec du flamant rose est donc parfaitement « sens dessus dessous », aussi bien dans sa morphologie que dans les mouvements qu'il effectue. Les formes des deux parties du bec sont inversées, grâce à sa courbure, mais la taille, l'articulation et l'insertion de ces deux parties l'une dans l'autre le sont également. Même le fonctionnement du bec est totalement inversé. En résumé, l'inversion d'un aspect spécifique du comportement d'un animal a provoqué l'inversion — complexe — des parties correspondantes de sa morphologie. La vision darwinienne de l'évolution, c'est-à-dire l'adaptation à chaque mode de vie particulier, se trouve ainsi validée par ce test sévère qu'impose le mode de vie « à l'envers ».

Le bec du flamant rose n'est-il qu'un exemple bizarre et isolé ou renvoie-t-il à un phénomène plus général ? Comment se débrouillent les autres créatures qui vivent à l'envers ? Penchons-nous sur le cas de la méduse inversée, *Cassiopea xamachana,* qui vit dans les hauts-fonds des Antilles (*xamachana,* un nom peu orthodoxe pour une méduse, mais il fait allusion au nom que les premiers habitants de la Jamaïque avaient donné à leur île).

Cassiopea est une méduse non conventionnelle à plus d'un égard. Au lieu de la bouche centrale et des tentacules périphériques habituels, cette méduse est équipée de huit « bras buccaux », qui portent chacun une bouche. Ces bras buccaux charnus, aux ramifications complexes, s'échappent d'un tronc central, court et trapu, lui-même rattaché à l'ombrelle normale d'une méduse — à un détail près (examinez la figure de la page suivante, c'est une reproduction de la célèbre lithographie tirée de l'ouvrage de Mayer, *Medusae of the World* [les Méduses du monde entier] paru en 1910). Sur les bras buccaux, pullulent des algues qui vivent en symbiose avec la méduse ; c'est peut-être la présence de ces algues qui a encouragé, au cours de l'évolution, le développement de ces ramifications complexes (voilà en effet une manière d'augmenter la surface disponible où les symbiotes peuvent s'installer et capter la lumière nécessaire à leurs réactions de photosynthèse). Chaque bras buccal abrite une quarantaine de vésicules buccales — des poches reliées aux canaux alimentaires, et portant à leurs extrémités de petits sacs remplis de cellules venimeuses ou nématocystes. Les vésicules expédient les nématocystes vers les proies de la méduse (de petits crustacés en général),

Cassiopea xamachana. Remarquez la concavité de la face supérieure de l'ombrelle de cette méduse ainsi que l'anneau circulaire de muscles surélevé. La figure est reproduite telle quelle (c'est-à-dire sens dessus dessous par rapport à la position écologique naturelle). D'après Mayer, 1910. Reproduit avec l'autorisation du *Natural History Magazine*.

enrobés dans des filets de mucus. Ceux-ci s'attachent aux victimes paralysées et sont ensuite ramenés dans les bouches buccales (vous serez peut-être amusés comme moi par ce malencontreux « bouche buccale », l'équivalent zoologique de la classique dune de sable ; ce raccourci maladroit — il s'agit bien sûr des bouches des bras buccaux — résulte d'un choix antérieur qui ne fut pas très heureux, celui de l'expression bras buccaux pour désigner les appendices de cette méduse).

L'anatomie de *Cassiopea*, inhabituelle pour une méduse, est bien adaptée à la posture curieuse et au mode de vie original qu'elle a adoptés. Toute méduse digne de ce nom mène une vie active : elle passe son temps à nager, l'ombrelle vers le haut, les bras et les tentacules vers le bas. *Cassiopea*, en revanche, reste étendue sans bouger au fond de lagunes peu profondes et dans les régions côtières — la tête en bas. Elle s'accroche aux dépôts sédimentaires par le sommet de son ombrelle et remue doucement ses bras buccaux au-dessus d'elle, attendant que de petits crustacés passent à sa portée. A Fort Jefferson, dans les îles de la Tortue, les docks sont littéralement tapissés de *Cassiopea*, surnommées « gâteaux de mousse » par les marins du port. (Comme les piqûres de *Cassiopea* sont extrêmement désagréables et que les matelots n'ont pas la réputation de mâcher leurs mots, je soupçonne qu'ils ont affublé *Cassiopea* d'un sobriquet nettement plus vigoureux. Mais nous ne le connaîtrons jamais : Mr. H.F. Perkins, qui écrivit en 1908 l'article auquel je me réfère, a préféré garder le silence sur ce point.)

L'adaptation de l'ombrelle de *Cassiopea* à la vie à l'envers est aussi réussie que celle des mandibules du flamant rose. La surface de la partie supérieure de l'ombrelle des méduses est légèrement convexe, en accord avec les exigences hydrodynamiques de leur mode de vie. L'ombrelle de *Cassiopea* est au contraire fortement concave dans sa partie supérieure — qui est en fait sa partie inférieure puisque cette méduse a choisi de vivre « la tête en bas ». Grâce à cette concavité prononcée, *Cassiopea* se sert de son ombrelle comme d'une petite coupole dont elle coiffe les sédiments auxquels elle s'accroche.

Afin d'être mieux adaptée encore à son mode de vie à l'envers, *Cassiopea* a réalisé une autre modification tout aussi curieuse dans son anatomie. La plupart des méduses se déplacent en contractant des muscles concentriques qui tapissent la circonférence de leur ombrelle. Chez *Cassiopea*, il en est autrement : l'un de ces anneaux musculaires est surélevé, hypertrophié, et forme une sorte de bordure ininterrompue autour de la concavité qui marque le sommet de l'ombrelle. L'association de cet anneau et de la concavité forme une excellente ventouse qui permet à *Cassiopea* de se maintenir accrochée à son support dans la bonne position : à l'envers. (En cas de nécessité, *Cassiopea* parvient toutefois à se propulser comme une méduse normale, mais ses mouvements sont peu efficaces et elle ne va pas bien loin : si on la déloge de son support, elle se retourne, et après avoir effectué quelques pulsations maladroites, elle se réinstalle, la tête en bas.) Selon certains chercheurs, les contractions des muscles concentriques ordinairement destinés à la propulsion joueraient chez *Cassiopea* un autre rôle important : ces contractions, produisant une poussée vers le bas, aideraient *Cassiopea* à se maintenir sur son substrat, et, d'autre part, elles feraient naître de petits courants qui amèneraient les proies éventuelles vers les bras buccaux. Toutefois, ces hypothèses séduisantes n'ont pas encore été vérifiées.

Le flamant rose, d'une part, et *Cassiopea*, d'autre part, pourrait-on trouver dans la nature deux animaux dont l'aspect et l'histoire dans l'évolution diffèrent davantage ? Et pourtant, ils partagent cette habitude commune de se nourrir la tête à l'envers. Le message général qui transparaît de cette comparaison : l'anatomie de ces deux créatures a été remodelée, ce qui leur permet une meilleure adaptation à leur vie à l'envers. Ainsi, la mandibule supérieure du flamant rose a été complètement redessinée — sa taille, sa forme et les mouvements qu'elle effectue lui donnent l'allure et le rôle de la mandibule en position inférieure chez la plupart des oiseaux. Chez *Cassiopea*, la méduse, la forme de la partie supérieure de l'ombrelle s'est inversée, ce qui lui permet de fonctionner écologiquement, comme un fondement.

Certaines caractéristiques anatomiques, stables et répandues chez des milliers d'individus d'une espèce peuvent donc se modifier pour satisfaire les besoins particuliers d'un ou de quelques représentants qui ont adopté un mode de vie « marginal » : c'est le merveilleux pouvoir de l'adaptation. Il faut pourtant se garder d'extrapoler ce raisonnement au point de croire que l'adaptation darwinienne à l'environnement proche est un processus au pouvoir illimité et que toutes les formes que l'on observe dans la nature reflètent l'idéal correspondant à chaque situation. La sélection naturelle est un processus historique qui se déroule dans le temps : elle est donc limitée par les éléments disponibles à un moment donné — les caractéristiques anatomiques normales dans les deux exemples que nous venons d'examiner. Le résultat, souvent imparfait et quelquefois bizarre, est donc un bricolage que la nature effectue avec ce qu'elle a sous la main ; c'est le reflet d'un processus qui s'est déroulé à partir du moment où les organes se sont avérés inadaptés à leur fonction, et non l'œuvre d'un architecte omniscient construisant *ab nihilo*. *Cassiopea* détourne les muscles destinés à la propulsion vers un nouvel usage : elle en fait ce renflement circulaire qui l'aide à se fixer à son support. Le flamant rose imprime à son bec cette curieuse courbure qui l'afflige d'une bosse : c'est la seule solution topologique au problème que lui pose son mode d'alimentation inversé.

Ces adaptations à la vie à l'envers ne sont pas de simples curiosités de la nature. Si j'ai choisi de réunir ces deux exemples dans cet essai, c'est parce qu'ils illustrent parfaitement la solution d'un des plus grands dilemmes de l'histoire de l'évolution. Il nous est facile de comprendre comment *Cassiopea* et le flamant rose se débrouillent dans la vie : grâce à leurs caractéristiques anatomiques inhabituelles. Mais comment ces structures se sont-elles mises en place au cours de l'évolution, à travers une série d'étapes intermédiaires (personne n'oserait prétendre qu'après avoir mis la tête à l'envers, le premier ancêtre du flamant mit au monde des rejetons pourvus de l'ensemble des modifications nécessaires à la vie à l'envers) ?

Dans le contexte scientifique prédarwinien du XIXᵉ siècle, le concept d'évolution était nouveau ; les adeptes de cette théorie révolutionnaire commençaient à peine d'en explorer toutes les ramifications que surgirent les premières divergences. Deux courants d'idées naquirent d'abord à la suite d'un débat fort intéressant (et tombé dans l'oubli), dont Darwin fut finalement l'arbitre. Les partisans des deux écoles admettaient qu'il existe une adéquation entre forme et fonction — ils admettaient le concept d'évolution dans son acception statique mais pas dans sa dimension historique. Les structuralistes, comme Étienne Geoffroy Saint-Hilaire, prétendaient que la forme d'un organe doit se modifier d'abord et qu'il trouve ensuite une fonction. Les fonctionnalistes, en revanche, comme Jean-Baptiste Lamarck, pensaient qu'un organisme doit d'abord adopter un mode de vie différent afin qu'un mécanisme conduisant au changement de forme de l'organe se déclenche.

La nature de ce « mécanisme » fut à l'origine d'un autre débat célèbre dont on se souvient bien mieux, même s'il n'était pas plus important que le premier. Selon Lamarck, les organismes réagissent de manière créative aux nécessités que leur impose l'environnement — ils modifient leur morphologie —, et transmettent ensuite directement ces modifications à leurs descendants. C'est ce qu'on appelle l'hérédité des caractères acquis. Darwin, en revanche, prétendait que la pression adaptative de l'environnement ne se manifestait pas de manière directe par la modification de tel ou tel organe. Selon lui, certains organismes, subissant — par hasard — des modifications morphologiques qui les rendent mieux adaptés à leur environnement, laissaient une progéniture plus abondante que les autres, grâce au processus de la sélection naturelle.

Depuis que Darwin a gagné cette bataille, Lamarck a été rejeté dans l'ombre et, en dépit de multiples tentatives de réhabilitation effectuées depuis lors, Lamarck souffre aujourd'hui encore d'une réputation bien ancrée de perdant à ne prendre au sérieux en aucun cas. Lamarck avait pourtant fourni la solution correcte (la même que Darwin, d'ailleurs) au différend plus général qui opposait les structuralistes aux fonctionnalistes. Il n'avait commis qu'une erreur : seule la nature du mécanisme d'action de l'environnement qu'il proposait était erronée. La solution structuraliste de Geoffroy soulevait un dilemme évident : comment les phénomènes d'adaptation à l'environnement pouvaient-ils être précis, si la structure d'un organisme se modifiait d'abord, en vertu de « lois de forme » inconnues, et si cet organisme ne découvrait qu'ensuite l'environnement le mieux adapté à sa nouvelle morphologie ? Nous pourrions peut-être admettre que des modifications d'ordre général, qui affectent globalement la morphologie d'un organisme, puissent se produire indépendamment de toute signification fonctionnelle ou de tout avantage, ainsi certains animaux pourraient grandir par hasard, et exploiter ensuite les avantages inhérents à cet accroissement de taille. Mais pouvons-nous envisager sérieusement qu'un jeu de modifications si complexe, et si clairement adapté à un environnement inaccoutumé se soit produit avant que cet environnement n'existe, et sans aucun rapport avec lui ? Pouvons-nous imaginer sérieusement que le flamant rose a découvert *a posteriori* combien son bec fonctionnait mieux s'il mettait la tête à l'envers ?

La plupart des évolutionnistes contemporains se sont ralliés à l'élégante simplicité de la solution fonctionnaliste proposée par Lamarck (et que l'on attribue généralement à Darwin qui a effectivement défendu cette hypothèse, mais n'en est pas l'auteur. Quelle que soit ma dévotion pour Darwin, je tiens à plaider la cause de Lamarck : restituons-lui l'honneur de sa découverte). Cette contribution fondamentale de Lamarck apparut en effet dès 1809, dans sa *Philosophie zoologique* et non pas sous forme d'une note discrète en bas de page, c'est le thème central de l'ouvrage. Lamarck savait exactement de quoi il parlait et pourquoi. Lamarck avait tout simplement compris qu'une modification de morphologie est toujours précédée d'un changement de comportement de l'individu. Imaginons qu'un organisme dont la morphologie est adaptée à des conditions de vie bien précises soit tout à coup soumis à un nouveau type d'environnement ; cet organisme modifiera son comportement, mais ses nouvelles habitudes s'avéreront rapidement incompatibles avec son « ancienne » morphologie, ce qui l'incitera à se modifier (selon Lamarck, cette modification se produira directement en réponse à la pression de l'environnement et sera transmise héréditairement ; selon Darwin, le changement s'installera progressivement, grâce au processus de la sélection naturelle). Ainsi, le « proto-flamant » utilise d'abord son bec normal à l'envers, mais il ne fonctionne pas de manière satisfaisante. La « proto-*Cassiopea* » se retourne, mais son ombrelle convexe ne lui permet pas de s'accrocher correctement à son support. Voici ce que Lamarck écrivait :

> Ce ne sont ni la forme du corps ni celle de ses parties qui confèrent à un animal un mode de vie et des habitudes particulières ; ce sont au contraire les habitudes, le comportement et toutes les pressions de l'environnement qui ont façonné au cours du temps les différentes parties du corps de chaque animal.

Le bec du flamant rose ou l'ombrelle de *Cassiopea* sont des exemples de processus d'adaptation déjà terminés : ils ne nous donnent pas de preuve directe de la validité des conclusions de Lamarck — encore que l'on puisse difficilement envisager d'autre solution dans ce cas : pourquoi les flamants roses, les seuls parmi tous les oiseaux, seraient-ils pourvus d'un bec si bizarre, si ce n'était pour mieux tirer parti de l'environnement inhabituel où ils se sont installés. Pour avoir quelques preuves directes en faveur de la solution de Lamarck, il faudrait que nous puissions observer les premières étapes d'un processus d'adaptation — découvrir un animal qui a déjà choisi de vivre à l'envers et dont la morphologie ne s'est pas encore modifiée.

L'exemple dont nous avons besoin nous est fourni par certaines espèces de poissons africains de la famille des Mochocidés ou Grogneurs : ces poissons nagent manifestement « ventre en l'air » (consultez l'article de G. Sterba dans la bibliographie). Le comportement de ces poissons s'est déjà totalement modifié, et, dans certains cas, on possède même de sérieux indices sur le motif qui a déclenché cette modification. (*Synodontis nigriventris*, par exemple, se nourrit d'algues qui se développent sur la face inférieure des plantes aquatiques.) Chez ces poissons qui vivent déjà à l'envers les modifications morphologiques sont encore à peine discernables, si même elles existent. Chez quelques espèces, toutefois, la disposition habituelle des couleurs destinée au camouflage a déjà été inversée. La plupart des poissons ont en effet un ventre de couleur claire afin d'échapper aux regards de leurs prédateurs qui nagent en dessous d'eux et les voient à contre-jour. Mais *S. nigriventris*, comme son nom l'indique, est pourvu d'un ventre noir et sa face dorsale est de couleur claire. Comme ce poisson-chat nage à l'envers, sa face dorsale du point de vue anatomique se retrouve en position ventrale, et il expose donc, comme ses congénères, la face la plus claire de son anatomie à ses prédateurs. A part cette inversion de couleur, presque tous les Mochocidés nagent le « ventre en l'air » et ont encore le même aspect que leurs cousins normaux : la taille, la forme et la position des nageoires sont identiques. Le ressort qui a déclenché cette inversion, une modification du comportement, est probablement récent et il nous faudra donc attendre pour voir s'il se produira d'autres changements.

Pour en terminer sur ce sujet, je comprendrais que certains lecteurs soient séduits par mon raisonnement, mais réfutent les exemples que j'ai choisis, parce qu'ils les trouvent trop insignifiants ou trop éloignés du sujet. Vous conviendrez aisément que les flamants roses sont jolis, et *Cassiopea* pourrait à la rigueur piquer votre intérêt (ou vos jambes si vous vous baignez trop près d'elle). Les Mochocidés sont décoratifs dans un aquarium. La vie à l'envers est un petit recoin amusant dans le vaste champ d'étude que nous offre la nature ; mais pouvons-nous lui accorder une signification plus générale ? Les exemples que j'ai choisis sont des processus d'adaptation terminés, des culs-de-sac dans l'évolution ; mais ces inversions pourraient-elles nous mener à quelque concept fondamental dont la portée serait plus vaste ?

Penchons-nous un instant sur un exemple historique important, mais presque à coup sûr erroné : « la vie à l'envers » fut à l'origine d'une théorie sur l'origine des vertébrés, qui suscita, en son temps, un intérêt considérable et que nous appellerons la théorie du « ver à l'envers » pour les besoins de la cause. Les annélides et les arthropodes, les invertébrés segmentés les plus complexes, sont pourvus d'un cordon nerveux ventral (situé sur la face inférieure) ; l'œsophage qui traverse ce cordon nerveux relie la bouche, située sur le ventre, au canal alimentaire central (les intestins) situé au-dessus du cordon nerveux. Chez les vertébrés, le cordon nerveux principal court d'avant en arrière sur la face supérieure (dorsale) et le canal alimentaire, y compris la bouche et l'œsophage, est entièrement localisé sur la face ventrale.

Il semble n'y avoir aucun rapport entre ces deux dispositions. Et pourtant, par une de ces ironies dont l'histoire a le secret, le plus grand de tous les structuralistes, Geoffroy Saint-Hilaire lui-même, avait trouvé un rapport : selon lui, un annélide mis sur le dos présentait bien plus qu'une vague ressemblance avec un vertébré ; le cordon nerveux ventral de l'annélide devenait alors dorsal et se situait au-dessus du canal alimentaire. Toutefois, la résolution de ce problème en faisait surgir un autre : la bouche s'ouvrait à présent au dos du ver à l'envers. Geoffroy proposa la solution suivante — une solution *ad hoc* qui exige beaucoup de crédulité : la disparition pure et simple de la bouche et de l'œsophage au profit d'une nouvelle ouverture (la bouche des vertébrés) située au-dessous du cordon nerveux dorsal et connectée directement au canal alimentaire. (Tant d'autres différences affaiblissaient ce parallèle — aucun organe des annélides ne correspond à la notocorde ou aux ouïes des vertébrés, l'embryologie des annélides et celle des vertébrés sont fondamentalement différentes — que cette théorie ne recueillit jamais l'assentiment général même si pendant près d'un siècle elle fut l'objet de nombreuses controverses.)

Geoffroy n'avait jamais eu l'intention de faire de cette comparaison entre annélides et vertébrés une hypothèse évolutionniste ; cette comparaison d'ordre structurel venait simplement à l'appui d'une théorie remarquable qu'il avait proposée : tous les animaux sont conçus selon la même architecture (Geoffroy prétendait également que les segments du squelette externe d'un insecte correspondaient à nos vertèbres internes — les insectes vivaient donc littéralement à l'intérieur de leur squelette. Cette analogie en entraînait d'ailleurs une autre, non moins étonnante et à laquelle Geoffroy tenait mordicus : les pattes d'insectes correspondent aux côtes chez les vertébrés).

Cette comparaison n'illustrait pas non plus dans l'esprit de Geoffroy l'hypothèse d'une adaptation fonctionnelle : il ne prétendit pas (comme l'aurait fait un Lamarck) qu'en modifiant son comportement (en se retournant) le ver avait déclenché une pression adaptative qui s'était traduite par une restructuration morphologique. Bien au contraire.

Geoffroy était un structuraliste, et pour lui, ventre et dos n'étaient que des termes dépourvus de signification et inventés par l'homme pour décrire superficiellement une orientation sans rapport avec ce qui avait réellement de l'importance : les lois de forme structurelles et abstraites et les voies que pouvait emprunter le changement.

Aujourd'hui nous devons rejeter les spéculations de Geoffroy aussi bien que son point de vue sur la forme et la fonction. La découverte de la vie à l'envers ne fait que renforcer les affirmations de Lamarck : un changement important de la morphologie est généralement déclenché par une modification du comportement. Déjà au XIVe siècle, la célèbre devise de cette institution pour parvenus qu'est le New College à Oxford exprimait cette vérité profonde de l'histoire et du comportement : « *Manners makyth man* [1]. »

1. Acrostiche difficilement traduisible qui signifie : « Les (bonnes) manières façonnent l'homme. » *(N.d.T.)*

2. Il ne lui restait plus que les ailes

Aujourd'hui, les scientifiques exposent généralement leurs travaux en un style dépouillé et concis. A l'époque victorienne, en revanche, ils se complaisaient dans des descriptions pleines de fioritures, bien assorties sans doute à l'architecture tarabiscotée de leurs maisons et au bric-à-brac d'un goût douteux qu'ils y collectionnaient. Il suffit pour s'en convaincre de lire ce texte, publié en 1866 par L.O. Howard ; il nous décrit de long en large, mais d'une manière fort divertissante, les coutumes sexuelles des mantes religieuses :

> Il y a quelques jours, j'apportai un mâle de l'espèce *Mantis carolina* à l'un de mes amis qui avait apprivoisé une mante religieuse femelle. A peine introduit dans le même bocal que la femelle, le mâle, tous sens en éveil, tenta désespérément de s'échapper. Il suffit de quelques minutes à la femelle pour s'emparer de lui. Elle commença par lui arracher la patte avant gauche et ne fit qu'une bouchée de la jambe et de la cuisse. Elle lui arracha ensuite l'œil gauche. Le mâle parut subitement prendre conscience du fait qu'il était en présence d'une femelle et se lança dans de vaines tentatives d'accouplement. La femelle dévora ensuite la patte avant droite, le décapita, mangea la tête et entreprit de lui grignoter le thorax. Lorsqu'elle s'arrêta enfin pour reprendre haleine, le thorax n'était plus qu'un moignon de trois millimètres de long. Pendant ce temps-là, le mâle avait poursuivi ses tentatives de pénétration et ses efforts avaient finalement été couronnés de succès grâce toutefois à la coopération de la femelle qui s'était volontairement ouverte à lui. Durant les quatre heures qui suivirent l'accouplement, la femelle resta coite ; le mâle donna encore quelques signes de vie pendant trois heures, remuant de temps à autre l'une des pattes qui lui restaient. Le lendemain matin, la femelle s'était complètement débarrassée de son époux dont il ne restait plus que les ailes.

Si je cite cette description, ce n'est pas tant pour souligner son style fleuri que pour m'arrêter sur son contenu : c'est à ma connaissance en effet le premier compte rendu de l'une de ces curiosités de la nature qui font recette depuis toujours. Nous avons tous entendu dire que certains animaux survivent à l'ablation de parties — même importantes — de leur anatomie. Mais un animal ainsi diminué n'est le plus souvent à nos yeux qu'un être en sursis : un poulet sans tête continue à courir, mais pas longtemps... Il ne nous viendrait donc pas à l'esprit qu'un animal puisse au contraire bénéficier d'une grave amputation. Et pourtant, le mâle de la mante religieuse poursuit sa cour très honorablement après avoir été décapité par sa vorace compagne : il parvient même à ses fins, et, ironie de la nature, ses prouesses sexuelles sont nettement meilleures que s'il n'avait pas perdu la tête.

Comme d'habitude, je voudrais dégager la portée plus générale du message que recèle cette phénoménale extravagance, mais, pour en discuter à bon escient, il me faut revenir à Darwin lui-même. Accompagnez-moi dans cette digression un peu longue et je vous promets de revenir aux mantes religieuses et à d'autres exemples de ce que les biologistes appellent le cannibalisme sexuel.

La Descendance de l'homme est sans doute le livre de Darwin qui suscita le plus grand nombre d'interprétations erronées, et en voici la plus fréquente : Darwin aurait tenté dans ce livre de fondre tout ce que l'on savait sur l'évolution de l'homme dans le moule de sa propre théorie. Et pourtant, en 1871, au moment de la publication de l'ouvrage, il n'existait encore aucune pièce à conviction sur l'histoire de l'évolution de l'espèce humaine : on connaissait seulement l'homme de Néandertal (qui appartient à notre espèce et n'est ni un ancêtre ni un quelconque chaînon manquant) et il fallut attendre 1890 pour que des fossiles humains soient découverts. *La Descendance de l'homme* est plutôt un essai où Darwin s'aventure un peu plus loin sur les liens biologiques qui existent entre l'homme et les grands singes et propose quelques hypothèses sur la manière dont les hommes auraient pu évoluer physiquement et mentalement à partir de ces ancêtres. Mais Darwin détestait par-dessus tout la spéculation et n'écrivit jamais de traité purement théorique. Même *l'Origine des espèces* est une formidable compilation de faits que Darwin utilise pour arriver à une conclusion percutante. Jamais Darwin ne se serait contenté d'un simple compte rendu de « ce qui aurait pu se passer si... ». Et pourtant, il brûlait de généraliser sa vision évolutionniste à ce qu'il nomma un jour « la citadelle elle-même », l'esprit humain.

En réalité, *la Descendance de l'homme* est une sorte de bref préambule à un ouvrage plus important en deux volumes : *la Descendance de l'homme* et *la Sélection sexuelle* et c'est précisément dans cette situation de préface que réside la clé de ce livre. Darwin avait le don merveilleux de broder à l'infini sur un thème principal, égarant facilement le lecteur dans les méandres de ses réflexions et lui faisant perdre le fil conducteur du récit. Mais, dans chacun de ses livres, Darwin nous fournit la solution d'un problème bien précis, et l'on pourrait presque considérer tout le reste comme du « remplissage », malgré la brillance de son style. Ainsi le livre sur les récifs de corail nous explique comment décrypter l'histoire à travers les observations que nous effectuons aujourd'hui ; le livre sur les orchidées nous montre que l'adaptation des organismes à leur environnement ne peut être qu'imparfaite puisque la nature est obligée, dans chaque cas, d'utiliser les éléments disponibles à un moment donné ; le livre sur les vers, enfin, montre que la succession de changements minimes se traduit finalement par des conséquences importantes (reportez-vous à l'essai n° 9 dans *Quand les poules auront des dents*). Mais Darwin était un amoureux du détail ; il ne pouvait donc s'empêcher de vous en raconter bien plus que ce que vous aviez toujours voulu savoir sur la pollinisation des orchidées par les insectes ou la manière dont les vers transportent leur butin dans leurs galeries. Bref, si vous vous laissez emporter, vous perdez facilement de vue le nœud du problème, le cœur du paradoxe, la pierre d'angle sur laquelle Darwin bâtit l'édifice de son argumentation.

La Descendance de l'homme est donc le prologue d'une telle argumentation. En 1871, douze ans après avoir publié *l'Origine des espèces*, Darwin avait déjà gagné une bataille : il avait rangé à ses côtés cette partie du public pleine de bonne volonté et habituée à une certaine gymnastique mentale, et il n'avait donc plus besoin de la convaincre de la réalité du processus de l'évolution. Mais quel est donc le mécanisme de cette évolution, comment fonctionne notre Univers, et comment le découvrir ? Le message de Darwin est révolutionnaire : selon lui, la beauté et l'harmonie de la nature ne sont que les corollaires d'un processus principal, la sélection naturelle ou, en d'autres termes, la lutte de tous les organismes pour leur succès reproductif — aujourd'hui, nous dirions plutôt qu'il s'agit de la lutte des organismes pour transmettre le plus grand nombre possible de leurs gènes à leur descendance (à défaut de pouvoir transmettre leur corps). Un point c'est tout. Pas de loi suprême présidant au bien des espèces ou des écosystèmes, pas de superviseur sage et bienveillant dans les cieux — juste une lutte pour la vie.

Mais comment savoir si le monde est bien gouverné par la sélection et non par un autre mécanisme évolutif. La réponse de Darwin est brillante, paradoxale et la plupart du temps mal interprétée. Pourtant, il s'entoure de précautions : ne raisonnez pas, dit-il, sur ce qui semble *a priori* la meilleure preuve de la sélection — ces adaptations merveilleuses et parfaitement réussies des organismes à leur environnement comme la perfection aérodynamique des ailes des oiseaux ou la beauté d'un marlin [1]

1. Le marlin (*Tetrapturus belone*) est un poisson de l'Atlantique pouvant atteindre 2 mètres de long, dont la mâchoire supérieure est étirée en javelot, comme celle de l'espadon.

bien caréné. Presque toutes les théories évolutionnistes — et même celles des créationnistes — prévoient ce genre de résultat. La perfection n'est pas l'apanage de la théorie darwinienne. Attachez-vous plutôt à ces petites bizarreries et à ces imperfections qui n'auraient aucun sens si elles n'étaient destinées au succès reproductif des individus : voilà quel est — à l'exclusion de tout autre — le mécanisme de l'évolution.

Les bizarreries auxquelles je fais allusion sont, pour la plupart, des caractéristiques morphologiques ou des comportements qui compromettent purement et simplement le fonctionnement harmonieux des individus (et en définitive le bien de l'espèce) mais qui accroissent tout aussi clairement leurs chances de reproduction. (Je ne résiste pas au plaisir de vous faire part une fois de plus de mes deux exemples favoris : les plumes de la queue du paon ou les gigantesques bois du cerf d'Irlande ; atours de séduction ou armes de combat entre les mâles, ces adaptations sont de précieux atouts dans la conquête des femelles, mais ils ne sont certainement pas satisfaisants d'un point de vue biomécanique.) Notre monde abonde de ces morphologies et de ces comportements particuliers qui seraient absurdes s'ils n'étaient destinés à promouvoir la victoire dans le grand jeu de l'accouplement et de la reproduction. Nul autre monde que celui de Darwin n'encombrerait la nature de ces exemples curieux qui affaiblissent l'espèce et entravent l'harmonie de son fonctionnement mais assurent en définitive le succès dans la seule entreprise qui importe vraiment dans le monde de Darwin : la transmission du plus grand nombre de gènes aux générations suivantes.

Darwin prit conscience que, au sens strict d'une meilleure adaptation aux fluctuations de l'environnement proche, le processus de sélection naturelle ne pouvait rendre compte de cette multitude de caractéristiques uniquement développées chez les individus dans l'intérêt de leur reproduction. Il invoqua donc l'intervention d'un processus parallèle qu'il baptisa la sélection sexuelle. La sélection sexuelle pouvait revêtir deux formes, celle d'une lutte entre les mâles ou celle d'un choix exercé par les femelles. La première présidait au développement de caractéristiques morphologiques destinées au combat ou à la parade et la seconde encourageait tous ces atours et ces comportements élaborés destinés à attirer l'attention des femelles et à les séduire (le rossignol ne chante pas pour notre bon plaisir).

C'est ici que l'être humain entre dans l'histoire. Pourquoi Darwin choisit-il d'abriter cette courte préface sur *la Descendance de l'homme* à l'orée de ce long traité détaillé sur la sélection sexuelle ? Pour une raison qui apparaît clairement tout au long de son œuvre : Darwin était fasciné par toutes ces énigmes de la nature dont la résolution contribuait à l'objectif plus vaste qu'il s'était fixé. *La Descendance de l'homme* s'articule autour d'un problème bien précis posé par la variabilité de la race humaine : ce n'est nullement pour le plaisir de noircir du papier que Darwin a écrit ce livre. Voici, en substance, ce qu'il propose : certains traits raciaux, comme la couleur de la peau, s'interprètent aisément ; ils résultent du processus habituel d'adaptation à l'environnement proche (ainsi, l'évolution vers une pigmentation plus foncée de la peau s'est produite plusieurs fois indépendamment sur notre planète, et toujours dans des régions tropicales [1]). Mais la taille du nez, la forme des oreilles, la texture des cheveux... Il est impossible que toutes ces différences individuelles si répandues traduisent directement l'influence de l'environnement proche. Prétendre ingénument que chaque détail de notre anatomie, même le plus insignifiant, correspond effectivement à la configuration la mieux adaptée à un environnement donné serait une caricature de mauvais goût de la théorie de la sélection naturelle (et pourtant, un certain nombre d'ultra-darwiniens poussent encore le zèle à ce point : un éminent spécialiste de l'évolution m'a un jour suggéré le plus sérieusement du monde qu'il y avait bien plus de consonnes dans les langues slaves car il était préférable, dans ces régions au climat rigoureux, de maintenir la bouche fermée le plus souvent possible ; en revanche, à Hawaii où il faisait bon s'imprégner de l'air océanique des îles, la langue contenait presque exclusivement des voyelles). Quelle autre origine que la sélection naturelle pouvions-nous alors attribuer à toutes ces différences entre les races, mineures mais partout répandues ?

Voici la réponse de Darwin — et je pense qu'elle est exacte dans ses grandes lignes : jusque dans les endroits les plus reculés de notre planète, les êtres humains, qui vivaient autrefois en groupes isolés les uns des autres, ont toujours adopté, on ne sait pourquoi, des canons de beauté bien précis, mais différents. Toutes ces différences, un nez, le galbe d'une jambe, une implantation de cheveux se sont accumulées et accentuées au cours de l'histoire grâce au processus de sélection sexuelle. En effet, les individus qui étaient pourvus de ces caractéristiques par le hasard étaient plus recherchés que les autres et avaient donc plus de chances de transmettre leurs traits aux générations suivantes.

Examinez de près *la Descendance de l'homme* et vous constaterez que ce livre n'est pas un tissu de généralités mais qu'il est effectivement construit autour de cet argument-là. Darwin commence par un aperçu de deux cent cinquante pages couronnées d'un chapitre sur les races humaines où l'on découvre finalement, en dernière page, l'idée maîtresse du livre.

1. En fait, Darwin a suggéré dans *la Descendance de l'homme* que la couleur de la peau des différentes races humaines avait pu résulter de la sélection sexuelle et non pas de l'adaptation à l'ensoleillement.

> Jusqu'ici, toutes nos tentatives pour expliquer l'origine des différences entre les races humaines se sont soldées par un échec ; il nous reste pourtant un facteur important à examiner : la sélection sexuelle, qui fut probablement un moteur puissant de l'évolution de l'homme comme de nombreux autres animaux... Afin de traiter correctement ce sujet, il m'a semblé nécessaire de passer en revue le règne animal tout entier.

Après ce préambule et l'énoncé de la phrase pivot, Darwin peut alors présenter sont plat de résistance : il consacre les cinq cents pages suivantes, soit le double du préambule, à la description détaillée du processus de sélection sexuelle chez les différents groupes d'animaux qu'il examine systématiquement, les uns après les autres. Dans les trois derniers chapitres, il revient enfin au problème de la variabilité de la race humaine et en propose la solution : cette différenciation résulte, en tout premier, du processus de sélection sexuelle.

On a quelquefois prétendu que la sélection sexuelle était un processus différent, ou même incompatible avec la sélection naturelle ; ce serait mal comprendre la pensée de Darwin. La sélection sexuelle est en fait la confirmation la plus élégante de ce dogme fondamental de Darwin qui nous enseigne que la lutte des individus pour leur succès reproductif est le moteur de l'évolution. Il est impossible en effet de prouver l'exactitude de ce concept de manière satisfaisante par la théorie de la sélection naturelle, puisque ses conséquences sont identiques à celles qui résulteraient d'autres processus évolutifs (ainsi, même les théories créationnistes prévoient le phénomène d'adaptation de l'individu à son environnement proche). Voilà donc où nous trouverons la meilleure preuve du caractère darwinien de notre monde : dans ce vaste éventail d'adaptations parfois nuisibles à l'individu et dangereuses pour l'espèce et dont la seule justification réside dans l'accroissement du succès reproductif qu'elles entraînent. Faut-il que ce processus de sélection pour le succès reproductif soit puissant pour qu'il supplante si souvent d'autres types d'avantages qui s'expriment à d'autres niveaux.

Revenons-en aux amours et au repas sanguinaire de la mante religieuse. W.H. Auden écrivit un jour, faisant preuve à mon avis d'une compréhension profonde du sens de la vie, que seuls l'amour et la mort étaient des sujets dignes de l'intérêt d'un écrivain. Ce sont effectivement les deux pôles du monde darwinien, un univers où les individus luttent pour survivre et assurer leur continuité dans leur descendance. Mais est-ce une raison pour associer la mort à l'amour dans la pratique ? Rien ne semble *a priori* plus absurde ni plus contradictoire avec toute notion d'organisation ou d'adaptation que le sacrifice d'une vie pour le plaisir du coït. Ne faudrait-il pas au contraire, dans un monde darwinien, que le mâle survive et que ce premier accouplement soit suivi de nombreux autres ? Pas forcément, si le mâle est destiné à une vie si courte qu'il aurait de toute façon peu de chances de rencontrer deux fois une femelle ; et moins encore si « ses précieux fluides corporels » (comme disait le Dr Folamour) sont destinés à nourrir les œufs qu'il vient de féconder dans sa partenaire-bourreau.

Après tout, le corps de ce mâle ne représente guère plus qu'un emballage périssable pour Darwin, et il n'est en aucun cas transmissible à sa descendance ; c'est dans l'ADN de ses spermatozoïdes que réside, littéralement, tout son patrimoine. Voilà pourquoi le cannibalisme sexuel est l'illustration parfaite de notre monde vu par Darwin ; cette curiosité classique de la nature n'est absurde qu'en apparence et prend tout son sens si l'on admet que l'essence de l'évolution est la lutte des individus pour assurer la pérennité de leur patrimoine génétique. (A ce point de mon exposé, je vous dois une mise en garde : cet essai est probablement le plus « tiré par les cheveux » que j'ai jamais écrit ; il me semble en effet presque impossible, aujourd'hui, d'étayer de manière satisfaisante cet argument pourtant très raisonnable en faveur du darwinisme. Il existe toutefois une autre interprétation du cannibalisme sexuel dont la portée est, pour une raison différente, encore plus significative tant du point de vue du darwinisme que de la nature même de l'histoire. Puisque j'en suis aux aveux, je ne vais pas m'arrêter en si bon chemin : au moment où j'ai entrepris les recherches bibliographiques nécessaires à la rédaction de cet essai, je pensais que ce serait un jeu d'enfant de prouver cette proposition si satisfaisante pour l'esprit et si logique en faveur de la sélection sexuelle. Quelle fut donc ma surprise de ne découvrir qu'un nombre très restreint d'arguments en sa faveur. Mais je refuse obstinément de passer un sujet sous silence sous prétexte qu'il est difficile. Notre monde est loin d'être simple et l'on fausserait la perception de son fonctionnement et de la progression de la science en abordant uniquement les domaines où tout est limpide et sans matière à controverse.)

« La sélection naturelle du cannibalisme sexuel », tel est le titre d'un article publié par R.E. Buskirk, C. Frohlich et K.G. Ross dans la revue *American Naturalist*, l'un des trois principaux journaux américains spécialisés en biologie de l'évolution. Ces trois chercheurs voulaient découvrir quelle était la portée du cannibalisme sexuel en termes darwiniens, et, dans ce but, ils ont simulé à l'aide d'un modèle mathématique la situation où un mâle meurt immédiatement après avoir fécondé la femelle. Ils ont montré que ce sacrifice était tout à l'avantage darwinien du mâle, si ce dernier n'avait qu'une chance minime de rencontrer à nouveau une femelle et si l'apport nutritif de son corps améliorait substantiellement le sort de sa descendance. Intellectuellement, les conclusions de cette étude théorique sont satisfaisantes ; mais nous ne pourrons leur accorder foi que si, dans la nature, les mâles ainsi sacrifiés participent activement à leur propre destruction. S'ils tentent au contraire d'échapper désespérément à la mort et ne se font rattraper qu'une fois de temps en temps par une femelle particulièrement vorace nous ne serons plus en mesure d'affirmer que ce scénario tragique est l'expression d'un processus de sélection sexuelle destiné à préserver la continuité du patrimoine génétique.

Dans leur article, Buskirk, Frohlich et Ross font très honnêtement remarquer que le cannibalisme sexuel dans la nature est non seulement un événement rare, mais qu'il s'agit également de l'une des formes les moins fréquentes de cannibalisme entre proches (ainsi, il est bien plus courant que des enfants s'entre-dévorent ou que des nouveau-nés dévorent leur mère ; reportez-vous à l'essai 10 dans *Darwin et les grandes énigmes de la vie* ou à l'essai 6 du *Pouce du panda*). Les seuls exemples de cannibalisme sexuel que l'on ait vraiment observés, et ils ne concernent pas plus d'une trentaine d'espèces, sont parmi les arthropodes — les insectes et leurs proches (encore que ce phénomène soit peut-être très courant chez les araignées). Les auteurs de l'article citent trois cas exemplaires à leur avis.

1. La mante religieuse femelle (*Mantis religiosa* et quelques espèces voisines) s'attaque à toute créature plus petite pour peu qu'elle bouge. Chez les insectes, les mâles sont presque toujours plus petits que les femelles. De plus, il faut bien qu'un mâle s'approche de la femelle s'il désire s'accoupler : les mantes religieuses mâles sont donc les victimes toutes désignées de leur partenaire. Dans un article de 1935 aujourd'hui classique (voir la bibliographie), K. Roeder écrivait : « Tout montre que la femelle est une créature féroce qui ne perd pas une occasion de s'emparer du mâle et de le dévorer, pendant l'accouplement ou après... La femelle s'attaque au mâle et le dévore au même titre que n'importe quel autre insecte. »

On vous a sans doute déjà posé cette devinette : « Comment les porcs-épics font-ils l'amour ? » ; réponse : « Avec une extrême prudence. » C'est donc ainsi que le mâle s'approche de la mante religieuse femelle : il s'approche lentement, et le plus discrètement possible de la femelle, essayant à tout prix d'échapper à son attention. Si la femelle se tourne dans sa direction, il se fige sur place : il sait bien qu'elle s'intéresse uniquement à ce qui bouge. Roeder écrivait encore : « Le mâle parvient si bien à s'immobiliser à la moindre alerte que, s'il surprend le premier la femelle alors qu'il était en train de soulever une patte, il suspend aussitôt son mouvement et l'on découvre ainsi des mâles dans les positions les plus bizarres. » Le mâle poursuit donc son approche exactement comme un enfant qui joue à un, deux, trois, soleil... : il se déplace dès que son adversaire — et partenaire en puissance — détourne le regard, mais il s'immobilise aussitôt qu'elle peut l'apercevoir (à cette différence que le « gage » du mâle surpris en train de bouger est la mort et non le retour à la ligne de départ). Si le mâle est suffisamment adroit pour s'approcher de la femelle à une distance qu'il peut franchir d'un bond, il effectue le saut fatidique qui doit l'amener sur le dos de la femelle. S'il rate son coup, il est transformé en « chair à mante » ; s'il réussit, il parvient au *summum bonum* selon Darwin : son patrimoine est potentiellement transmissible à la génération suivante. Après l'accouplement, il se laisse tomber aussi loin qu'il peut, et déguerpit au plus vite.

Jusqu'ici, l'histoire ne laisse guère soupçonner cette participation active des mâles à leur propre perte que nous attendrions si les mâles avaient été l'objet d'un cannibalisme sexuel sélectif. En fait, il se peut que les mâles tentent désespérément de s'enfuir sans toujours y parvenir. L'argument le plus fort en faveur de la sélection sexuelle réside dans ce détail que j'ai mentionné au début de l'essai : les performances sexuelles des mâles décapités sont *meilleures* que celles de leurs frères intacts. Roeder a même découvert l'origine neurologique de cette curiosité. Le comportement des insectes est en grande partie inscrit dans leurs gènes : les insectes sont « préprogrammés », contrairement aux êtres humains (c'est principalement pour cette raison que les modèles sociobiologiques des fourmis conviennent si peu à la description du comportement humain). Les mouvements copulatoires d'un insecte sont contrôlés par des nerfs situés dans le dernier ganglion abdominal (vers son extrémité postérieure). Il serait assez choquant pour son entourage, et peu commode pour lui-même que le mâle effectue sans cesse des mouvements de copulation : ces mouvements sont donc inhibés par l'action de centres situés dans le ganglion subœsophagien (près de la tête). Quand la femelle mange la tête de son partenaire, elle le prive par la même occasion de son ganglion œsophagien et de son mécanisme d'inhibition des mouvements copulatoires. Ce qui reste du mâle n'est plus alors qu'une machine à faire l'amour à répétition. Il tentera de s'accoupler avec n'importe quel objet dont la forme ou la taille rappelle — même de loin, puisqu'un crayon fait l'affaire — celles de la femelle. Bien souvent, il trouve la femelle et parvient ainsi à faire de sa mort l'antithèse darwinienne de ce que Socrate avait appelé « l'état de néant ».

2. Quand elle a faim, la femelle de cette espèce d'araignées que l'on nomme la veuve noire est également une redoutable machine à dévorer et tout mâle désirant faire sa cour doit faire preuve de la plus grande circonspection. Dès que le mâle a pris pied sur la toile d'une femelle, il en pince et en tapote quelques fils. Si la femelle charge dans sa direction, le mâle bat précipitamment en retraite ou se réfugie définitivement sur sa propre toile. Si la femelle ne répond pas à ses avances, le mâle s'avance lentement et précautionneusement, et coupe finalement la toile de la femelle en quelques points stratégiques, lui réduisant ainsi les possibilités d'attaque ou de retraite. Le mâle lance souvent autour de la femelle quelques fils que l'on ne pouvait manquer d'appeler le « voile nuptial », je suppose. Les fils de ce voile sont peu solides, et si elle le voulait, la femelle qui est plus grande que le mâle pourrait certainement les rompre ; généralement, la femelle le laisse faire, et, comme on dit en termes techniques, la copulation « s'ensuit ». Le mâle, généreusement pourvu d'un double organe pour le transfert du sperme, introduit l'un d'eux dans la femelle, puis l'autre, si elle n'a pas décidé de l'attaquer entre-temps. Quelquefois, la femelle affamée ne fait ensuite qu'une bouchée de son partenaire, consommant ainsi l'union dans tous les sens du terme.

L'argument en faveur d'une sélection directe du cannibalisme sexuel repose sur deux phénomènes intrigants du comportement sexuel des deux partenaires. En premier lieu, l'extrémité des organes du mâle se casse généralement au cours de l'acte sexuel, et reste à l'intérieur de la femelle. Le mâle, ayant ainsi perdu son intégrité sexuelle, est probablement incapable de s'accoupler à nouveau ; dans ce cas, et d'un point de vue darwinien, il n'est plus qu'un zéro, bon à jeter aux poubelles. (Certains se sont demandé quelle était la signification de cet incident et ont proposé une interprétation intéressante : ce petit morceau servirait de « capuchon » aux organes sexuels de la femelle, une ceinture de chasteté naturelle *post factum* en quelque sorte, destinée à empêcher la femelle de recevoir le sperme d'un autre mâle. Ce phénomène, que l'on observe couramment et sous des formes variées dans le monde des insectes, mériterait de faire l'objet d'un autre essai sur ce même thème : comment la sélection sexuelle est-elle une preuve du caractère darwinien de notre monde.) Le deuxième point curieux qui marque le cours des relations entre le mâle et la femelle est la retraite du mâle : il montre bien moins d'empressement et de prudence à quitter la femelle qu'il n'en a mis à s'approcher. Selon K. Ross et R.L. Smith (voir la bibliographie) : « Les mâles qui sont parvenus à féconder la femelle s'attardent autour d'elle ou s'en éloignent paresseusement. Ce comportement est en très net contraste avec celui qu'ils adoptent avant l'accouplement, où ils s'approchent de la femelle avec la plus grande prudence et en se ménageant des voies de repli. »

3. La femelle du scorpion du désert *Paruroctonus mesaensis* est extrêmement vorace : elle mange tout ce qui est suffisamment petit et qu'elle peut détecter. « Tout objet en mouvement et dont la taille se situe dans l'éventail approprié est attaqué sans discrimination apparente » (G.A. Polis et R.D. Farley, cités dans la bibliographie). Les mâles, plus petits que les femelles, constituent évidemment des cibles de choix, que la femelle consomme avec avidité. Cette voracité tous azimuts pose bien entendu un problème au moment de l'accouplement qui, comme chacun sait, requiert un minimum d'intimité. Les mâles ont donc conçu, au cours de l'évolution, un rituel nuptial sophistiqué, destiné en partie à supprimer l'appétit habituel de la femelle.

Le mâle effectue d'abord une série de mouvements de préhension et de malaxage à l'aide de ses chélicères (ses petites pinces), puis saisit les pédipalpes (les grandes pinces) de la femelle avec le sien, et entame alors la célèbre *promenade à deux* [1], un véritable pas de deux dont la symétrie et l'élégance n'ont rien à envier aux ballets d'Arthur Murray. Ces scorpions ne fécondent pas directement la femelle par introduction de leur pénis ; ils déposent un petit paquet de sperme, le spermatophore, que la femelle doit ensuite introduire elle-même dans son corps. Le mâle conduit donc *la promenade à deux* jusqu'à ce qu'il découvre un endroit approprié. Il dépose alors le spermatophore le plus souvent sur une petite baguette ou sur un rameau, puis il frappe la femelle, ou même la pique, se dégage et se lance dans une course contre la mort. Si la chance sourit au mâle, la femelle le laisse partir et accorde toute son attention à l'introduction du spermatophore. Polis et Farley observèrent toutefois, dans deux cas sur plus d'une vingtaine, que la femelle jouait des mâchoires sur son partenaire, délaissant sur une brindille voisine le spermatophore qu'elle absorberait sans doute plus tard par une autre ouverture.

Quelles preuves nous apportent donc ces trois exemples à l'appui de la sélection du cannibalisme sexuel à l'encontre des mâles ? Les mâles offrent-ils activement leur corps (ou l'abandonnent-ils même passivement) pour les bons soins et l'alimentation des œufs qu'ils ont fertilisés, au nom de la continuité de leur patrimoine génétique ? Personnellement, je trouve ces exemples peu convaincants et j'en viens même à douter de la réalité d'un tel phénomène de sélection ; et pourtant nous tiendrions là une excellente interprétation d'un phénomène qui aurait peu de sens sauf si, comme le dit Darwin, l'évolution fonctionne pour le succès reproductif des individus.

L'histoire des scorpions, même si les auteurs en font un cas exemplaire, ne prouve rien du tout. En me reportant à l'article original de Polis et Farley, j'ai surtout retenu que, après l'accouplement, les scorpions mâles font de leur mieux pour échapper à la femelle et y parviennent la plupart du temps (deux d'entre eux seulement échouèrent). Et tout dans leur comportement sexuel, aussi bien avant l'accouplement qu'après, indique qu'ils désirent échapper à la destruction au lieu de la provoquer. Ils

1. En français dans le texte.

essaient d'abord d'apaiser les instincts agressifs de la femelle par une promenade et des caresses. Ensuite, ils la frappent et s'enfuient. Que quelques-uns échouent et se fassent dévorer n'est que le reflet des aléas de n'importe quel jeu dangereux.

L'exemple des veuves noires et des mantes religieuses apporte un peu plus d'eau au moulin de la théorie d'une sélection directe de la destruction des mâles. Les araignées mâles semblent aussi prudentes que les scorpions avant l'accouplement, mais ensuite elles prennent des airs langoureux et ne tentent pas vraiment de quitter la toile de la femelle. De plus, si la perte de leur capuchon dans la femelle empêche effectivement ces araignées mâles de transmettre leur patrimoine une seconde fois, on peut admettre qu'elles ont parfaitement rempli leur devoir darwinien. En ce qui concerne les mantes religieuses, l'augmentation d'activité sexuelle qui accompagne la décapitation du mâle semble bien indiquer que l'association du sexe à la mort est le résultat d'une sélection active. Et pourtant, dans les deux cas, d'autres observations laissent peser un doute sérieux sur l'hypothèse d'une sélection active du cannibalisme sexuel à l'encontre des mâles.

L'un des principaux problèmes réside dans le fait qu'on ne dispose d'aucune donnée correcte concernant la fréquence du cannibalisme sexuel aussi bien chez les mantes que chez les araignées. Je serais convaincu de la réalité de ce phénomène s'il se produisait chaque fois, ou même souvent, et si le mâle se laissait faire d'une manière qui ne prête pas à confusion. Si, en revanche, cet événement est rare et s'il correspond à un échec des tentatives de fuite du mâle plutôt qu'à un sacrifice volontaire, il s'agit alors du corollaire d'un autre phénomène et non d'une caractéristique résultant de la sélection. Je ne suis pas parvenu à trouver de renseignements sur la fréquence du cannibalisme après l'accouplement, ni dans la nature ni même dans le cadre artificiel et moins satisfaisant d'une étude en laboratoire.

En ce qui concerne les mantes religieuses, je ne trouve aucune preuve de la participation du mâle à sa propre perte : il est prudent avant, et pressé de s'échapper après. Mais la femelle, de taille respectable, a un appétit féroce : elle ne fait donc aucune distinction entre une mante plus petite qu'elle et n'importe quelle autre proie en mouvement. L'amélioration des performances sexuelles du mâle après sa décapitation est certes un fait curieux, mais je n'en comprends pas la signification. Il s'agit peut-être d'un processus d'adaptation directe destiné à combiner l'activité sexuelle et l'alimentation, mais en l'absence d'autres éléments d'information, toutes les interprétations se valent. La conduite réflexe du mâle a bien été programmée d'une manière ou d'une autre. Le mécanisme d'inhibition des mouvements copulatoires par le ganglion situé près de la tête et le mécanisme d'activation par le ganglion situé près de la queue se sont peut-être développés au cours de l'évolution chez des ancêtres de la mante religieuse, bien avant l'apparition du cannibalisme sexuel. Ce système d'inhibition et d'activation existait peut-être déjà quand les mantes femelles ont acquis leur voracité sans discernement. Dans ce cas, il ne s'agirait pas d'une sélection active, mais d'une simple cooptation de ce mécanisme, lequel trouve toute son utilité dans le phénomène du cannibalisme sexuel. Après tout, les mantes femelles disposent d'un mécanisme identique bien que l'on ne connaisse pas de signification évolutive à leur comportement. Décapitez une mante femelle et vous déclencherez de la même manière une activité sexuelle débridée, y compris la ponte des œufs. A ceux qui m'objectent que ce système est nécessairement le résultat d'une évolution active puisque la femelle mange précisément en premier lieu la tête du mâle, cette partie dont la perte déclenche une activité sexuelle débridée, je réponds avec un brin de biologie élémentaire : la tête est située à l'avant de l'animal et c'est donc la première chose à la portée de la femelle lorsque le mâle s'approche d'elle.

L'argument me semble tout aussi peu fondé dans le cas des veuves noires. Admettons que les mâles ne tentent pas de s'enfuir après l'accouplement. Mais comment savoir si ce comportement résulte d'une adaptation active destinée à ce que le mâle se fasse dévorer ou bien d'un autre mécanisme adaptatif, la perte de l'extrémité de leur organe sexuel destinée à obstruer les organes de la femelle (une telle blessure pourrait affaiblir le mâle et expliquer sa lassitude ultérieure) ? De plus, les mâles des veuves noires sont minuscules par rapport aux femelles : ils pèsent à peine 2 % du poids de celles-ci. Un repas aussi maigre fait-il vraiment une différence dans le régime alimentaire de la femelle ? Enfin, et c'est le point le plus important, la femelle profite-t-elle souvent de l'occasion de faire ce repas ? Si la femelle consommait chaque fois son partenaire épuisé après l'accouplement, je me laisserais plus facilement convaincre. Certains travaux indiquent cependant que le cannibalisme sexuel est peut-être assez rare, bien que les femelles aient manifestement la possibilité d'adopter ce comportement. J'ai même découvert avec surprise, dans plusieurs articles, que les mâles restent souvent sur la toile de la femelle jusqu'à leur mort, c'est-à-dire pendant deux semaines ou même plus, sans être importunés par la femelle. Ross et Smith, par exemple, n'ont observé qu'un seul cas de cannibalisme sexuel et voici ce qu'ils écrivent à ce sujet : « Parmi tous les mâles que nous avons observés et qui ont réussi à féconder la femelle, un seul fut dévoré par sa partenaire juste après l'accouplement ; nous avons cependant découvert plusieurs mâles morts un certain temps après l'accouplement, sur la toile de leur partenaire. »

Je me demande vraiment pourquoi, devant cette troublante absence de preuve, on trouve tant de commentaires dans la littérature spécialisée sur le bien-fondé évident du cannibalisme sexuel du point de vue de l'évolution. En voici un exemple : « Dans certaines conditions, la sélection devrait favoriser la consommation des mâles par leur partenaire. En fait, la probabilité qu'un mâle se fasse dévorer devrait être inversement proportionnelle à ses chances ultérieures de reproduction. » Ou encore : « Les mâles qui sont parvenus à leurs fins auraient tout intérêt, d'un point de vue biologique, à s'offrir en repas postnuptial à leur compagne. »

Ce fossé entre une suspicion raisonnable et la réalité des faits nous fait toucher du doigt une déformation de la pensée de Darwin dont nous nous rendons souvent coupables aujourd'hui. Fondamentalement, la théorie de Darwin est une théorie de la sélection naturelle. Si j'insiste sur ce point, ce n'est pas que je le remette en cause, mais, à mon avis, nous péchons parfois par excès de zèle et nous surestimons le pouvoir et l'étendue du processus de la sélection naturelle en lui attribuant directement les moindres détails de forme et de comportement que nous observons dans la nature. Rien n'est plus satisfaisant, dans ce jeu darwinien, que de marquer un point en découvrant une interprétation sélectionniste satisfaisante de phénomènes qui nous paraissent intuitivement absurdes. Pourquoi, dans notre monde gouverné par la sélection, la femelle transformerait-elle son partenaire en un repas sanguinaire ? Parce que, nous répond le sélectionniste zélé, dans certaines conditions, le mâle augmente ainsi son propre succès reproductif.

Et pourtant, on oublie très souvent qu'un autre principe, ô combien écrasant, de l'évolution vient généralement s'interposer et empêcher l'adéquation parfaite d'un individu à son environnement proche : ce sont les voies bizarres, tortueuses et contraignantes de l'histoire. Les organismes ne sont pas une pâte à modeler que l'environnement façonne à son gré, ni des boules de billard sur le tapis vert de la sélection naturelle. La morphologie de ces organismes et le comportement qu'ils ont hérité du passé exercent une contrainte et freine leur évolution ; il leur est impossible d'acquérir rapidement de nouvelles caractéristiques optimales chaque fois que leur environnement se modifie.

Tout changement adaptatif porte dans son sillage une foule de conséquences. Certaines d'entre elles sont fort heureusement cooptées ultérieurement de manière positive ; d'autres, non. Certaines femelles de grande taille développent, pour des raisons connues d'elles seules, une voracité sans discernement, dont certains mâles supportent les conséquences, même si, au cours de leur propre évolution, ils ont développé une propension à la fuite. Certains traits évolutifs, apparus pour une raison spécifique (ou sans raison), ont des conséquences dans d'autres domaines, dont certaines s'avèrent parfois utiles, par hasard. Les mâles des mantes religieuses peuvent se transformer en monstres sans tête ; les mâles des veuves noires restent sur la toile de leur partenaire. Ces deux types de comportement ont peut-être leur utilité, mais nous n'avons aucune preuve qu'ils résultent d'une sélection active en vue du sacrifice du mâle. En fait, le cannibalisme sexuel assorti d'une participation active du mâle devrait être un phénomène courant dans de nombreux groupes d'êtres vivants : il est en effet assez rare que le mâle ait plus d'une occasion de s'accoupler avec une femelle et, la plupart du temps, il représente une source substantielle de nourriture pour sa progéniture. Et pourtant, le cannibalisme sexuel est un phénomène rare dans la nature, si même il existe. Plutôt que de vous émerveiller sur quelques cas éventuels où la sélection, dans sa grande sagesse, aurait permis l'apparition du cannibalisme sexuel, posez-vous la question suivante : pourquoi ne l'observe-t-on pas plus souvent ? L'histoire met souvent des bâtons dans les roues du hasard et nous empêche parfois d'aller directement d'un point à un autre. On pourrait répondre à cette question que les femelles ne sont justement pas assez voraces, qu'elles sont parfois plus petites que les mâles, ou encore que leur comportement n'est pas suffisamment flexible pour qu'elles puissent développer un mécanisme qui supprimerait l'inhibition générale de leur cannibalisme seulement dans deux circonstances : après l'accouplement et envers les mâles uniquement.

Notre monde n'est pas un paradis divinement orchestré par les toutes-puissantes forces de la sélection. C'est un amas capricieux d'imperfections qui ne fonctionne généralement pas si mal (et même souvent merveilleusement bien) ; c'est un ensemble de bricolages de fortune, construits à partir de pièces détachées disponibles dans chacun des contextes laissés par l'histoire. Darwin, qui était un admirateur éclairé de l'histoire et pas seulement un adepte de la sélection, avait compris que l'histoire était la base de l'évolution. Un monde parfaitement adapté à son environnement serait un monde sans histoire ; et un monde sans histoire aurait pu être créé tel que nous le connaissons. L'Histoire revêt une grande importance ; elle met en échec la perfection et nous montre que notre vie actuelle a transcendé son propre passé. Dans sa célèbre tirade sur les âges de la vie — « Le monde entier est une scène de théâtre » —, Jaques dans *Comme il vous plaira* parle de « cette histoire étrange bourrée d'événements ». Respectons le passé et apprenons le présent.

Post-scriptum

Connaissant mes doutes toujours plus profonds sur l'existence du cannibalisme sexuel (qui est pourtant plausible en théorie) — et ces doutes s'expriment très clairement à travers l'histoire même de cet essai —, vous ne serez pas surpris d'apprendre que je fus absolument ravi par le compte rendu de la réunion annuelle de la Société des sciences neurologiques en 1984. E. Liske, d'Allemagne de l'Ouest, et W.J. Davis, de l'université de Santa Cruz en Californie, ont effectué des dizaines d'enregistrements sur vidéocassette du comportement sexuel et de l'accouplement des mantes religieuses chinoises. Pas une seule femelle ne décapita ni ne mangea son partenaire. En revanche, ces chercheurs ont découvert, en analysant leurs films plan par plan, une série complexe de comportements destinés semble-t-il (en partie au moins) à supprimer la voracité naturelle des femelles. Dans ce but, le mâle fixe des yeux la femelle, il agite doucement ses antennes, il s'approche lentement en fléchissant l'abdomen à plusieurs reprises et, pour finir, il effectue un saut volant qui a pour but de l'amener sur le dos de la femelle. En conclusion, Liske et Davis pensent que toutes les observations de cannibalisme sexuel effectuées jusqu'alors étaient des comportements aberrants liés aux conditions de captivité des mantes (il se peut toutefois que le cannibalisme sexuel fasse normalement partie du comportement d'autres espèces de mantes que celles étudiées par Liske et Davis. Parler de *la* mante religieuse n'a d'ailleurs aucun sens : on connaît la tendance de la nature à la diversité). En tout cas, je suis plus fermement persuadé encore que le cannibalisme sexuel est un phénomène dont on n'a aucune preuve et je pense même qu'il serait bien plus intéressant (et plus approprié) de rechercher pourquoi c'est un phénomène si rare (ou même inexistant) plutôt que de s'attacher à découvrir les raisons de son existence présumée (et suspecte à présent) comme je l'ai fait en choisissant le sujet de cet essai.

Je prétends souvent qu'une légende résiste d'autant mieux qu'elle est plus profondément ancrée dans la culture populaire. Ainsi, dans *Sherlock Holmes et la Femme-araignée* (1944), Rathbone oppose Holmes à Hitler et ses acolytes dans un de ces innombrables et merveilleux pièges anachroniques à la Bruce ; Holmes démasque un entomologiste *poseur* [1] (qui est d'ailleurs le meurtrier du vrai scientifique de l'histoire) grâce à plusieurs inexactitudes qui émaillent son discours. L'imposteur parle de « cages de verre » au lieu de dire des terraria, mais c'est en parlant des araignées veuves noires qu'il se trahit finalement : « On m'a dit qu'elles mangeaient leur partenaire », à quoi Holmes répond : « Vous dites qu'on vous a dit qu'elles mangeaient leur partenaire. Un vrai scientifique n'aurait pas besoin qu'on le lui dise. » J'attends la prochaine mise à jour (à propos, qui joue Charlie Chan, en ce moment ?).

1. En français dans le texte.

3. Sexe et taille

A huit ans, je ramassais les coquillages sur la plage de Rockaway ; taxinomiste en herbe, je classais ma collection selon des règles pratiques mais non linnéennes, en trois catégories : « normale », « anormale » et « extraordinaire ». Mon coquillage préféré, que j'avais bien été obligé de ranger dans la catégorie « normale » en raison de son ubiquité, était la pantoufle (ou crépidule des moules). J'adorais les multiples formes et les couleurs variées qu'adopte ce coquillage, ainsi que la poche inférieure où l'animal s'abrite comme dans une petite maison. Quelques années plus tard à l'approche de la puberté, mon attirance se mua en fascination : j'appris alors les premiers rudiments de taxinomie linnéenne et le nom correct du coquillage, *Crepidula fornicata* — vraiment tout un programme. Je m'émerveillai au passage de la libido sans frein du père de la taxinomie : c'était Linné en personne qui avait baptisé ce coquillage.

Dès que j'en eus appris un peu plus sur les mœurs de *Crepidula fornicata*, je fus assuré de tenir la clé de ce nom particulier. Car les crépidules s'empilent les unes sur les autres par ordre de taille décroissante, en petits tas d'une douzaine de coquillages ou parfois davantage. Les coquillages les plus petits, installés au sommet de la pile, sont toujours des mâles, alors que ceux du bas, qui sont plus grands et servent de base à la pile, sont toujours des femelles. Au cas où vous craindriez que l'isolement des mâles du sommet de la pile ne les réduise à l'homosexualité, je tiens à vous rassurer : leur pénis est bien plus long que leur corps tout entier et peut donc aisément se frayer un chemin jusqu'aux femelles du bas. *Crepidula fornicata* paraît bien mériter son nom.

La chute de cette histoire est nettement plus décevante : je découvris que le nom donné par Linné à la pantoufle n'avait rien à voir avec le sexe. Quand il avait baptisé cette espèce, il n'avait pas la moindre idée du comportement communautaire de ces coquillages : il ne connaissait que des spécimens isolés découverts au fond d'un tiroir dans un musée. En latin, *fornix* signifie « arche, voûte » et Linné choisit ce nom pour rappeler la forme doucement arrondie du coquillage [1].

Quelques années plus tard, ma déconvenue céda finalement le pas à un regain d'intérêt : le nom du coquillage n'était peut-être qu'un attrape-nigaud, mais les détails de sa vie sexuelle étaient croustillants à souhait. *Crepidula* est un transsexuel naturel, ce qu'on nomme en termes techniques un hermaphrodite séquentiel. Au début de leur vie, les jeunes de petite taille développent des caractéristiques mâles, puis en grandissant, ils se transforment en femelles. Les coquillages de taille intermédiaire qui occupent le milieu de la pile sont généralement en train de passer du sexe mâle au sexe femelle.

Ce système est très bien organisé et fonctionne au mieux des intérêts de tous. *C. fornicata* vit plutôt dans la vase, mais doit s'accrocher à un support ferme : le coquillage qui fonde une pile se fixe sur un caillou ou une vieille coquille. Elaine Hoagland a étudié en détail les processus de changement de sexe des *Crepidula* (voir l'article cité en bibliographie) et elle a d'abord constaté que le coquillage fondateur d'une pile disposait d'un mécanisme qui lui permettait d'attirer activement les larves planctoniques de *Crepidula* en cours de métamorphose arrivant de la surface de l'eau (cette attraction résulte vraisemblablement de la sécrétion d'une substance chimique que l'on appelle une phéromone). E. Hoagland fit l'expérience suivante : elle installa au fond de l'eau six récipients contenant les substrats nécessaires, caillou ou vieille coquille et plaça des *Crepidula* adultes dans trois d'entre eux seulement. Les récipients où se trouvaient les adultes attirèrent 722 jeunes mais 232 jeunes seulement vinrent s'installer dans les récipients qui ne contenaient pas d'adultes au départ. Le coquillage fondateur d'une pile grandit rapidement et se transforme en femelle tandis que le jeune au-dessus de lui devient automatiquement mâle. Cette union reste stable pendant un certain temps, mais finalement, le mâle grandit et se transforme en femelle. Ce couple de femelles attire ensuite des jeunes *Crepidula* qui deviennent vite des mâles bien pourvus. La pile grandit, et, quand elle est de taille respectable, le nombre de coquillages et la proportion de mâles et de femelles se stabilisent.

1. Depuis que j'ai écrit cet essai, j'ai appris que l'histoire n'était pas si décevante, ni sans détours (il n'y a pas de coïncidences). Grâce à l'histoire de la linguistique, j'ai pu retracer le chemin qui remonte de la morphologie d'une arche au sexe. Voici ce qu'écrit John Ciardi à la page 137 du *Browser's Dictionary* (Harper and Row, 1980) : ...parce que les Romains... construisaient des arcades en maçonnerie dans les sous-sols de leurs grands bâtiments, et que les pauvres et les prostituées de la ville y habitaient... les premiers écrivains chrétiens inventèrent le verbe *fornicari*, qui signifiait fréquenter les bordels. A Pompéi, les prostituées travaillaient dans le même genre d'endroit.

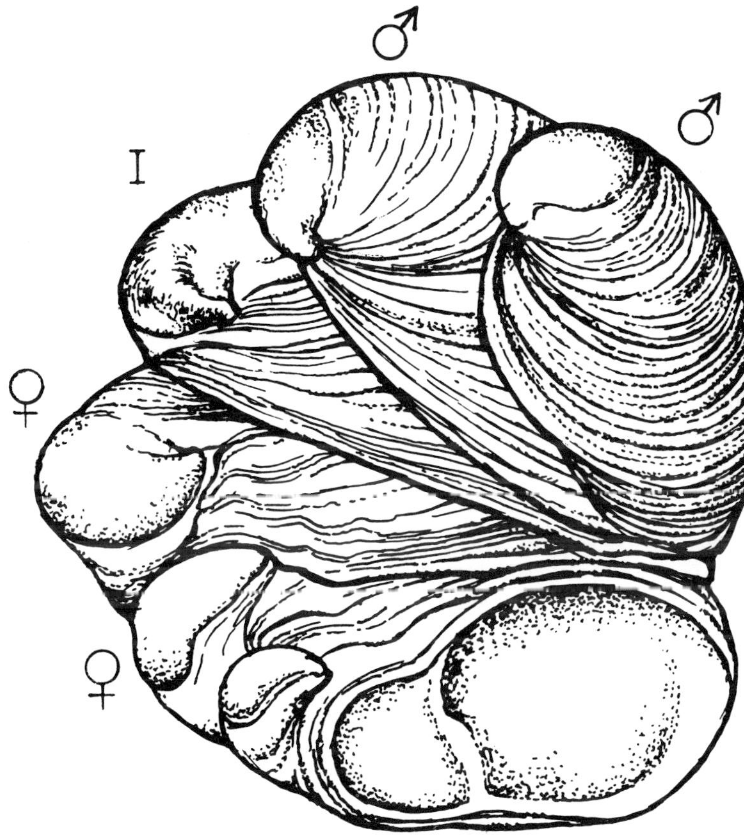

Une pile de *Crepidula* avec l'indication du sexe des différents membres qui composent la pile : les individus du bas sont des femelles ; les individus les plus petits, situés au sommet de la pile, sont mâles. L'animal situé au milieu de la pile (noté I) est en train de passer du sexe mâle au sexe femelle. Reproduit avec l'autorisation du *Natural History Magazine*.

Cette curieuse organisation nous procure un exemple particulièrement intéressant d'un phénomène assez général dans la nature. Au cours de sa croissance, un organisme peut changer de sexe dans un sens — de femelle il devient mâle — ou dans l'autre — de mâle il devient femelle — ou même dans les deux sens. Toutefois, le mode de transformation le plus courant dans la nature est celui de *Crepidula*, qui est d'abord mâle et devient ensuite femelle : on l'appelle la *protandrie* (ce nom dérive de deux mots grecs qui signifient mâle et premier). Le nom du processus inverse est la protogynie : une créature femelle se transforme plus tard en mâle.

La protandrie est donc le processus de changement de sexe le plus courant dans la nature, alors que la protogynie, plus rare, n'est observée que dans des circonstances spéciales (qui ne sont pourtant pas particulièrement rares). Comment expliquer cette différence ?

La réponse à cette question va à l'encontre de l'un de nos plus vieux préjugés et de notre tendance erronée à extrapoler à la nature tout entière l'exemple que nous connaissons le mieux : celui de l'être humain et des autres mammifères. Ainsi nous imaginons volontiers qu'un mâle est fort et puissant et qu'une femelle est une créature plus petite et plus faible : c'est exactement l'inverse de ce que l'on observe le plus souvent dans la nature. En effet, les mâles sont généralement plus petits que les femelles, pour une raison bien précise, même si l'être humain et la plupart des autres mammifères échappent à cette règle. Les spermatozoïdes sont des entités de petite taille, sans grande valeur, que de petites créatures fabriquent aisément en abondance. Le spermatozoïde est une cellule qui ne comporte guère plus qu'un noyau contenant uniquement de l'ADN. Les ovules, en revanche, sont des cellules de plus grande taille : elles comportent également un cytoplasme (tout le reste de la cellule, à l'exception du noyau) où se trouvent des mitochondries (les centrales énergétiques de la cellule) et éventuellement des chloroplastes (qui assurent la photosynthèse chez les plantes) et tout ce dont le zygote a besoin pour amorcer le processus de croissance embryonnaire. De plus, les ovules contiennent généralement les nutriments (les éléments nutritifs) indispensables aux premiers stades du développement de l'embryon. Enfin, ce sont le plus souvent les femelles qui prodiguent les premiers soins aux œufs fécondés, soit en les conservant à l'intérieur de leur corps pendant un certain temps, soit en assurant leur surveillance après la ponte. Voilà pourquoi les femelles de la plupart des espèces animales sont plus grandes que les mâles.

On observe toutefois une inversion de cette règle chez les espèces dont les mâles ont développé, au cours de l'évolution, certaines formes de combat où une plus grande taille leur garantit un avantage sur leurs rivaux dans la conquête des femelles. De telles formes de combat représentent un pur gaspillage si l'on se réfère à des concepts théoriques tels que celui « du bien de l'espèce ». Mais n'oublions pas que le darwinisme, c'est avant tout la lutte des individus pour la transmission du plus grand nombre possible de leurs gènes à leur descendance. Nous trouverons donc la meilleure preuve du caractère darwinien de notre monde dans ces cas où l'évolution est manifestement destinée au seul avantage de l'individu, tels que celui où les mâles ont grandi pour s'assurer une supériorité dans la lutte qui les oppose à leurs rivaux ou dans le pouvoir de séduction qu'ils exercent sur les femelles.

Ce type de compétition requiert généralement un certain degré d'intelligence ; l'individu qui exécute des actions aussi complexes doit posséder un éventail assez vaste de comportements caractérisés par une certaine souplesse. Nous trouverons donc plus souvent des mâles plus grands que les femelles chez les créatures dites supérieures, au cerveau plus développé. Cette corrélation entre la complexité du comportement et le développement mental permet sans doute d'expliquer pourquoi, de tous les groupes de créatures où le nombre d'hermaphrodites séquentiels est important, seuls les vertébrés ont plus fréquemment développé la protogynie que la protandrie. L'étude de l'histoire naturelle de la plupart des poissons protogynes nous montre que le processus de transformation des femelles en mâles de plus grande taille est conditionné par des impératifs comportementaux fondés sur la compétition entre mâles. Ainsi, Douglas Y. Shapiro a étudié le processus de changement de sexe chez *Anthias squamipinnis*, une espèce de poissons qui peuplent les récifs de coraux des hauts-fonds tropicaux. La vie sociale de ces poissons est organisée en petits groupes stables comprenant en moyenne huit femelles adultes et un mâle (voir l'article cité en bibliographie). Il arrive que les mâles se battent très vivement entre eux pour rester en possession de leur groupe de femelles et les protéger. Chaque fois qu'un mâle disparaît, une femelle change de sexe et cette transformation s'accompagne de l'apparition d'un ensemble de caractéristiques qui aideront le nouveau mâle à prendre en charge un groupe de plusieurs femelles : couleurs plus chatoyantes, allongement des piquants des nageoires, voiles de la nageoire caudale plus élaborés et, enfin, augmentation de la taille.

Les fréquences relatives de la protogynie et de la protandrie illustrent la préférence de la nature pour les femelles de plus grande taille bien mieux que ne le ferait une simple liste des espèces d'insectes ou de baudroies dont le mâle est plus petit que la femelle et le reste. Les espèces dont les représentants ne changent jamais de sexe sont en effet des systèmes statiques, où le maintien d'un rapport de taille donné entre les deux sexes peut avoir d'autres origines. Mais quand nous constatons que le processus actif de changement de sexe se produit le plus souvent dans le sens d'une transformation du mâle en femelle, il nous faut en chercher la raison profonde dans l'avantage que présente pour une femelle le fait d'être plus grande.

Nous pourrions encore rechercher une meilleure illustration de ce principe, mais nous ne la découvrirons malheureusement pas dans le règne animal, pour une raison liée au mode de croissance des animaux. Notre exemple idéal serait en effet une créature capable de changer de sexe dans les deux sens, mais qui deviendrait femelle quand elle grandit et mâle quand sa taille diminue. La nature nous offrirait-elle la confirmation absolue de ce principe général sous les traits d'une seule et même créature ? (Aussi longtemps que nous serons obligés de faire notre démonstration à l'aide de plusieurs créatures, un doute fâcheux planera dans notre esprit : et si nous avions tout compris de travers ? Et si la prédominance de la protogynie chez les poissons n'était ni le résultat d'un comportement évolué, ni l'illustration de ce principe darwinien de la compétition entre individus, mais plutôt l'expression de quelque propriété spéciale des poissons que nous ignorons ? Si, en revanche, nous découvrons les deux phénomènes chez une même créature, nous sommes presque assurés de pouvoir leur donner une interprétation unifiée.) Mais sommes-nous en droit d'attendre de la nature qu'elle nous fournisse cet exemple idéal ? Nous pouvons immédiatement éliminer le règne animal : à de rares exceptions près, les animaux ne rapetissent jamais. Voici d'ailleurs la conclusion de l'un des premiers articles sur le changement de sexe des *Crepidula*, écrit en 1935 : « La transformation sexuelle des *Crepidula*, comme la métamorphose d'autres animaux, peut être avancée ou retardée expérimentalement, mais elle est irréversible. »

Une fois de plus — comme toujours — la nature a une réponse toute prête. Cet organisme idéal existe : c'est une plante ; et nous entrons là, j'en ai bien peur, dans le domaine de ma triste et abyssale ignorance. Pour diverses raisons, les plantes peuvent subir des réductions de taille considérables, sans que cela leur soit fatal. Notre exemple est l'un des hôtes gracieux et courants de nos bois du nord-est des États-Unis : *Arisaema triphyllum*, une plante de la famille de l'arum. Je parlerai des résultats que mon ami David Policansky a publiés, il n'y a pas longtemps, dans cette revue scientifique on ne peut plus sérieuse, les *Proceedings of the National Academy of Sciences* (voir l'article cité en bibliographie).

Les fleurs de la plupart des plantes, mais pas de toutes loin de là, portent à la fois des structures mâles et femelles. *Arisaema* ne suit pas cette règle générale : les plants sont ou bien mâles, et les fleurs portent alors des anthères, les structures sexuelles mâles, ou bien femelles et les fleurs portent alors des ovaires surmontés de stigmates. Les plants de petite taille sont mâles et n'ont qu'une seule feuille ; les plus grands sont femelles et portent généralement deux feuilles. Policansky a effectué son étude dans les bois de Estabrook, à Concord (Massachusetts) : pendant trois ans, il a étudié l'évolution de 2 038 *Arisaema* qu'il avait repérés ; cette population comprenait 1 224 mâles d'une hauteur moyenne de 336 millimètres et 814 femelles d'une hauteur moyenne de 411 millimètres.

Selon le modèle qui prend en considération l'avantage lié à la taille, dans le cas le plus courant où le mâle est de petite taille, la transformation du mâle en femelle devrait se produire dès qu'une augmentation supplémentaire de taille deviendrait un avantage plus important pour une femelle (en termes du nombre de graines qu'elle produit) que pour un mâle. (Souvenez-vous qu'un mâle peut produire une grande quantité de sperme même s'il est de petite taille ; une augmentation de taille ne présente donc pour lui qu'un intérêt relativement limité alors qu'une même augmentation de taille représente un avantage considérable pour une femelle.) Se référant à des données sur l'accroissement de la production de sperme et de graines en fonction de la taille du plant, Policansky calcula que la transformation d'un plant mâle d'*Arisaema* en plant femelle devait théoriquement se produire à partir de 398 millimètres. Il découvrit ensuite que dans la nature (à Concord au moins) la hauteur critique était égale à 380 millimètres, ce qui est vraiment très proche de la valeur théorique. En dessous de 380 millimètres, il y avait plus de mâles que de femelles et, au-dessus de cette taille, il y avait plus de femelles que de mâles.

Policansky réunit également des preuves directes du fait que les mâles se transforment en femelles au cours de leur croissance dans des circonstances normales. De plus, et c'est l'observation capitale de cette étude, les plants femelles se transforment en mâles dans des circonstances inhabituelles qui les conduisent parfois à rapetisser. La diminution de taille des plants peut avoir trois origines différentes : lorsqu'une partie du plant est mangée ; lorsque le plant ne reçoit plus de soleil et se rabougrit ; lorsque le plant a fabriqué une quantité anormalement élevée de graines la saison précédente et a donc ralenti sa croissance en consacrant plus d'énergie aux graines elles-mêmes.

Et voilà. *Arisaema* change de sexe dans les deux sens : elle se conforme ainsi au modèle du processus de changement de sexe qui tient compte de l'avantage lié à la taille et respecte également la préférence de la nature pour les mâles plus petits et les femelles plus grandes. A elle toute seule, *Arisaema* nous procure une belle démonstration des erreurs auxquelles nous mènent le plus souvent notre étroitesse d'esprit et nos préjugés sur la taille relative des individus des deux sexes mais il nous fournit également une excellente confirmation d'un principe important de la biologie darwinienne.

4. Vivre enchaîné

La Grande Galerie du Muséum d'histoire naturelle à Paris est fermée depuis quinze ans. Ce vaste hall au toit de verre et à l'armature de fer tremble sur ses bases. Comme les gares monumentales du XIXe siècle qui ont inspiré son architecture, la Grande Galerie est entrée dans l'histoire. Les trésors qu'elle renferme et la manière dont ils sont exposés reflètent d'ailleurs les préoccupations et l'esprit de cette ère victorienne agressive et envahissante qui s'était inspirée au pied de la lettre de ce commandement de la Genèse (1, 22) : « Croissez et multipliez-vous, et remplissez (de poissons) les eaux des océans et laissez les oiseaux peupler la terre. » Les conservateurs des musées préfèrent aujourd'hui mettre l'accent sur un bon éclairage, une ambiance intime, une disposition artistique et des commentaires choisis ; leurs prédécesseurs de l'époque victorienne, en revanche, considéraient que le critère de qualité était la quantité et ils bourraient donc les vastes espaces dont ils disposaient du plus grand nombre possible d'animaux de grande taille. Le musée Rothschild à Tring possède une telle collection de zèbres empaillés qu'il est possible de les entasser sur plusieurs étages, du plancher au plafond.

Construite en 1899 et inchangée depuis, la Grande Galerie est l'ancêtre de ce style suranné : squelettes et animaux empaillés occupent le moindre centimètre carré. La grande pyramide centrale dont un côté est tout en zèbres, l'autre tout en antilopes et le sommet couronné de six girafes, atteint presque le haut plafond de verre. L'obscurité règne sur les collections couvertes de poussière de la galerie déserte et un étrange silence enveloppe cette grandeur défraîchie.

La galerie d'anatomie comparée, en revanche, est plus petite, bien éclairée et encore ouverte au public. Elle est adjacente à la première et tout à fait dans le même style : des rangées interminables de squelettes blanchis entassés sur d'innombrables étagères. Je me promenais donc dans ses allées, admirant une longue rangée de morses et cinq étagères de crânes de singes l'une au-dessus de l'autre, quand brusquement je tombai en arrêt devant la vitrine 106. Le spectacle qu'elle offrait contrastait violemment avec la foule avoisinante de lions épanouis et rappelait sans nul doute aux victoriens imbus d'eux-mêmes que la nature est parfois aussi capricieuse et cruelle qu'elle peut être généreuse. La vitrine 106 renferme une série de spécimens tératologiques, squelettes d'êtres anormaux affligés de malformations de naissance. La plupart sont des squelettes d'êtres humains qui appartiennent à cette catégorie à la fois surprenante et effrayante : les frères ou sœurs siamois. Le squelette A8597 a deux têtes, trois bras et deux jambes ; A8613 est pourvu de quatre bras, deux jambes et deux têtes aux extrémités d'une colonne vertébrale unique ; A8572 est presque normal, cependant un frère sans tête de toute petite taille mais pourvu de bras et de jambes est accroché sur sa poitrine. Tous ces squelettes sont de petite taille et appartenaient manifestement à des enfants mort-nés ou morts peu après la naissance.

L'un des squelettes se distingue pourtant des autres : il est beaucoup plus grand. A8599 est (ou sont) — et c'est à cette distinction entre singulier et pluriel que nous nous intéresserons bientôt — des sœurs siamoises à deux têtes et quatre bras. La moitié supérieure de leurs corps est bien formée et les deux colonnes vertébrales se rejoignent à leur base d'où ne s'échappent que deux jambes, parfaitement formées elles aussi. Selon l'étiquette qui identifie ce squelette, il s'agit d'un *monstre humain dicéphale* [1]. Et pourtant, A8599 a vécu plusieurs mois et l'inscription nous fait également part de ce détail émouvant : les sœurs siamoises furent baptisées et reçurent le nom de « Ritta-Christina ».

Je fus particulièrement troublé par Ritta et Christina et je me posai des questions sur leur vie et sur leur mort. Toutefois, je n'aurais certainement pas consigné mes réflexions par écrit si, deux jours plus tard, je n'avais découvert tout à fait par hasard ce vieux livre poussiéreux chez un bouquiniste : le volume 11 de l'année 1833 des *Mémoires de l'Académie royale des sciences.* Le volume contenait une longue monographie écrite par le grand anatomiste français Étienne Serres : *Théorie des formations et des déformations organiques, appliquée à l'anatomie de Ritta-Christina, et de la duplicité monstrueuse* [1].

Celui qui ne perçoit pas la coexistence du vulgaire et de l'érudit possède à mon avis une conception de la vie trop raffinée ou cloisonnée en compartiments trop étanches. La fascination d'origine viscérale est aussi valable que celle d'ordre intellectuel et elle n'en est pas tellement éloignée. Deux jours auparavant, j'avais observé le comportement d'un groupe d'écoliers en visite devant Ritta-Christina : d'abord bouche bée d'horreur ou de respect, ils masquèrent vite leur émotion par des rires forcés. Aujourd'hui, j'apprenais que le plus grand médecin anatomiste français avait disséqué Ritta-Christina et s'était servi de ses observations

1. En français dans le texte.

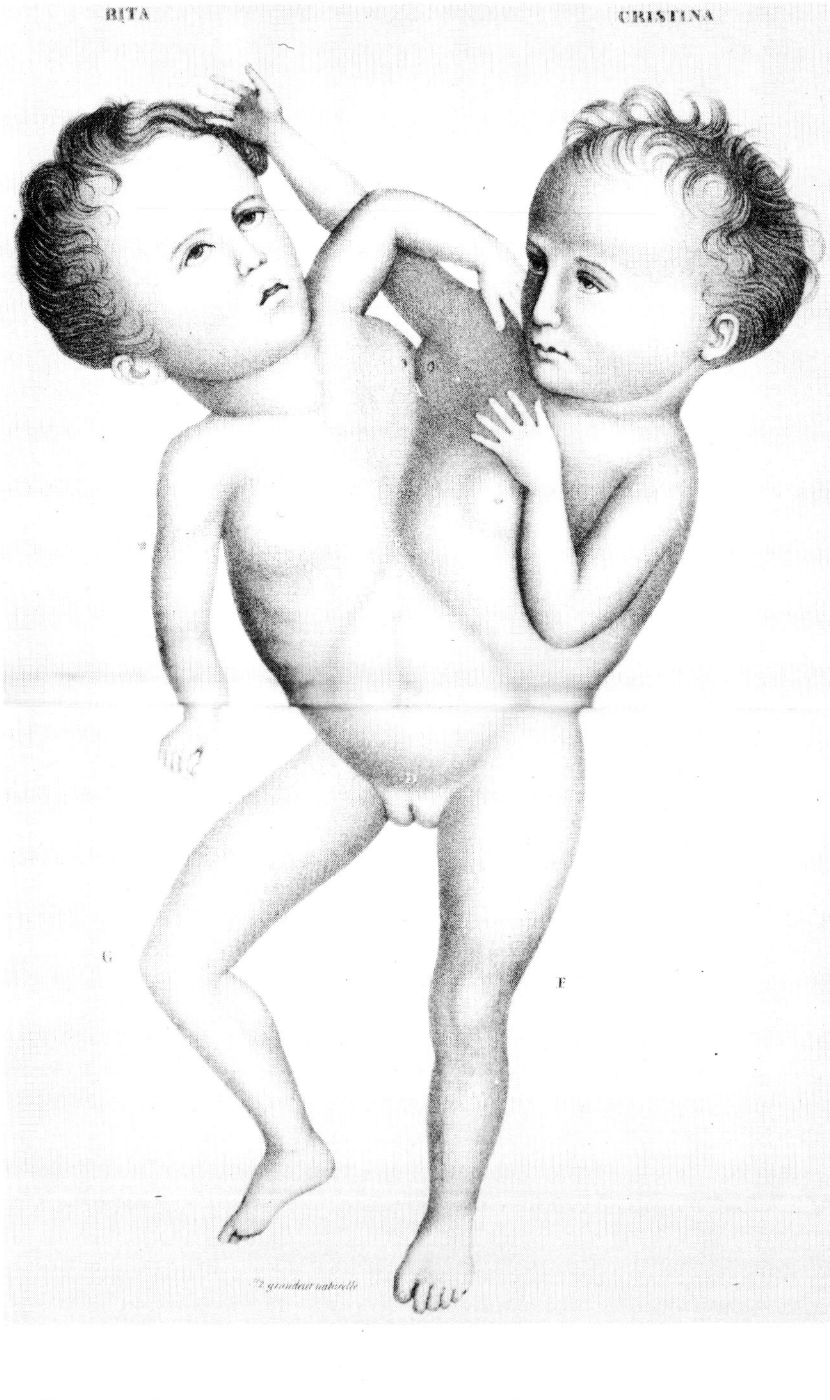

Ritta-Christina, d'après nature. D'après Serres, 1833.

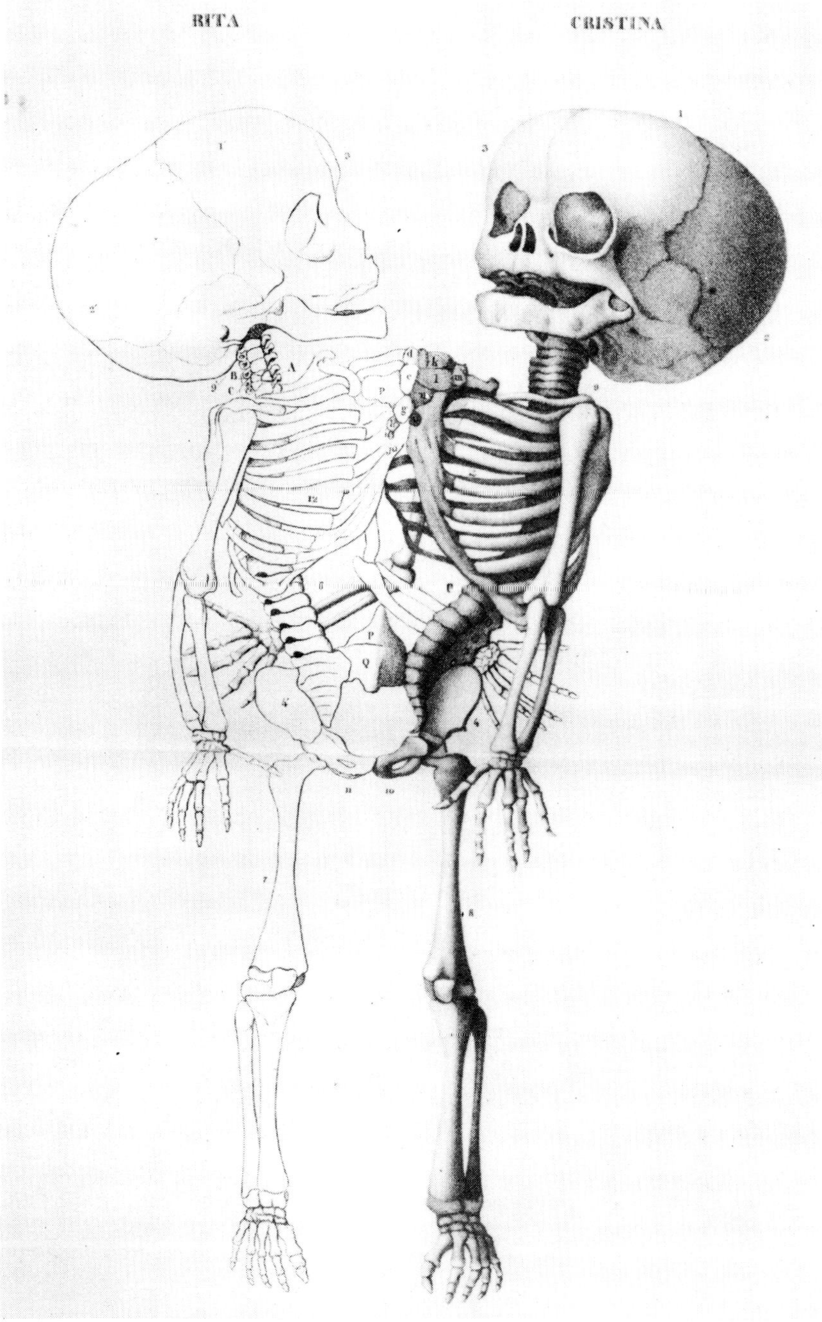

Le squelette de Ritta-Christina, préparé par Serres et toujours exposé à Paris. D'après Serres, 1833.

pour étayer une théorie générale d'embryologie organique (c'est-à-dire pas seulement appliquée à l'être humain). Ces deux thèmes de réflexion me semblaient aussi passionnants l'un que l'autre ; en fait, ils occupaient mes pensées depuis deux jours. Les enfants étaient peut-être incapables de formuler le problème à un niveau plus général, mais je suis certain que la réflexion de M. Serres s'est accompagnée de quelques serrements de gorge. J'achetai donc le livre.

Ritta et Christina étaient nées le 23 mars 1829 dans une famille pauvre de Sardaigne. Les temps étaient difficiles et l'on ne grimpait pas dans l'échelle sociale à moins de circonstances extraordinaires. Aujourd'hui, les parents de tels enfants sont pris en pitié, et ils n'éprouvent qu'un immense chagrin ; en 1829, il fallait être réaliste, et quels que fussent leurs sentiments, les parents se rendaient sans doute compte qu'un tel enfant représentait une source potentielle de revenus substantiels et inespérés [1]. Les parents de Ritta-Christina réunirent donc quelques maigres économies et l'amenèrent à Paris, espérant l'exhiber pour un bon prix. Quinze ans auparavant, la Vénus hottentote avait déjà soulevé suffisamment de protestations ; et pourtant elle était entière, malgré son caractère exotique (voir l'essai 18). La sensibilité du public ayant ses limites, les autorités interdirent toute exhibition de Ritta-Christina. Cela n'empêcha nullement ses parents de l'exposer en privé — bien trop souvent sans doute, car Ritta-Christina mourut à l'âge de 5 mois.

Dans ma description de Ritta-Christina, je suis passé plusieurs fois et volontairement du singulier au pluriel. Quand le commun des hommes se retrouve aux côtés des érudits, c'est bien souvent qu'un même problème exerce sur tous sa fascination et dans le cas des siamois, c'est le problème de l'individualité. Ritta-Christina était-elle une personne ou étaient-elles deux ? C'est bien ce problème qui inspirait leurs malheureuses blagues aux écoliers terrifiés. Et c'est la même motivation qui est à l'origine de l'étude de Serres. Et c'est encore la même question qui se cachait derrière la fascination du public parisien en 1829. A la mort de Ritta-Christina, on pouvait lire dans un quotidien parisien : « Les spiritualistes ont dès à présent abordé ce grave sujet de réflexion : Ritta-Christina avait-elle une seule âme ou deux ? »

1. Je suis tenté de réviser ma position et de revendiquer la portée universelle et historique de cette phrase depuis que j'ai lu les deux histoires suivantes publiées dos à dos dans le *New York Times* du 23 novembre 1984. La première concerne les héritiers de Barney Clark (le premier détenteur d'un cœur artificiel) : ils viennent d'assigner en justice l'éditeur du *Reader's Digest* et lui réclament 2 millions de dollars de dommages et intérêts car il a rompu le contrat passé avec sa veuve et refuse de publier le livre qu'il lui avait commandé sur la vie de son mari. La seconde histoire est celle des parents du bébé Fae à qui l'on a transplanté un cœur de babouin : ils ont vendu l'exclusivité de leur histoire au *People's Magazine*.

Eng et Chang, les frères siamois qui donnèrent leur nom à cette malformation. Avec l'aimable autorisation de la collection Granger.

Un ou deux ? Une ou deux ? Des élucubrations des érudits au mercantilisme des montreurs de foire, c'est toujours le même problème qui fascine depuis que les frères Eng et Chang, les premiers « vrais » siamois ont laissé leur nom à cette malformation. Eng et Chang étaient nés de parents chinois en 1811 dans un petit village près de Bangkok (la Thaïlande s'appelait alors le Siam). Dès la fin des années 1820 et dans les années 1830, les deux frères s'exhibèrent un peu partout en Europe et en Amérique et ils devinrent assez riches. A l'âge de 44 ans, ils s'installèrent finalement en Caroline du Nord où ils épousèrent deux sœurs d'origine anglaise. Ils habitaient deux domaines voisins où ils menaient une vie assez confortable de fermier prospère (ils avaient même leurs esclaves). Tous les trois jours, ils passaient d'un domaine à l'autre, franchissant dans une voiture attelée les deux kilomètres et demi qui séparaient leurs deux maisons. Selon l'usage en vigueur à l'époque, Chang était le maître incontesté de sa maisonnée et Eng donnait les ordres *chez lui* [1]. Les deux unions furent indéniablement fécondes : Chang eut dix enfants et Eng douze.

Du point de vue physique, Eng et Chang étaient parfaitement formés ; ils étaient reliés par une mince bande de chair qui mesurait 8 centimètres environ à l'endroit le plus large et à peine 1,5 centimètre en son endroit le plus épais. Du bout des cheveux au dernier doigt de pied, l'anatomie de chacun des deux frères était celle d'un être humain normal. Ils avaient chacun leur personnalité et s'entretenaient séparément avec leurs visiteurs. Chang était maussade et mélancolique et finit par s'adonner à la boisson. Eng était calme, contemplatif et plus joyeux. Ces frères siamois qui furent pourtant les plus indépendants de l'histoire étaient apparemment, eux aussi, assaillis de doutes quant à leur propre individualité. Ils signaient tous les documents officiels d'un double nom « Chang Eng » et mentionnaient fréquemment l'ambiguïté de leurs sentiments d'autonomie.

Qu'en était-il de Ritta et Christina dont l'indépendance physique s'arrêtait au nombril ? A première vue, on aurait dit deux personnes en haut, et une seule en bas. En vertu de ce vieux critère culturel qui nous fait assimiler une personne à sa tête et son cerveau, Serres aurait pu se contenter de cette solution simple : deux têtes égalent deux personnes. Mais Serres était un scientifique ; il avait aussi étudié des siamois pourvus d'une seule tête, de deux bras et de quatre jambes. Il refusa donc d'adopter cette solution simpliste et poussa plus avant sa réflexion. Selon lui, les processus à l'origine des deux types de malformations devaient présenter une certaine unité ; il ne pouvait donc se rallier à l'idée qu'il y avait deux réponses au problème : une seule personne si les siamois sont unis par le haut, deux s'ils sont unis par le bas.

Serres peina pendant trois cents pages sur ce problème capital pour finalement conclure que Ritta *et* Christina étaient deux personnes. Son argumentation et sa méthode scientifique appartiennent à une ère

1. En français dans le texte.

révolue de l'histoire de la biologie, et, à ce titre, elles méritent qu'on s'y arrête ; je connais en effet peu d'exercices plus satisfaisants pour l'esprit que de comparer comment deux systèmes de pensée diamétralement opposés s'attellent à la résolution d'un même problème qui les passionne. Je pense aussi que Serres avait à moitié tort — au moins.

Serres était un représentant de ce grand courant de pensée du début du XIXe siècle, qui abordait la biologie d'une manière romantique : c'était la *Naturphilosophie* en Allemagne et la morphologie transcendantale dans sa France natale. Aujourd'hui, les morphologistes étudient la forme, soit pour déterminer les relations évolutives, soit pour découvrir la signification des changements adaptatifs à travers l'examen de la fonction et du comportement. Serres et ses collègues poursuivaient un tout autre but. Ils étaient obsédés par l'idée qu'une loi omnipotente et transcendantale était à la base du monde vivant dont elle contrôlait la diversité apparente.

Les lois préexistent — dans la tradition de Platon, l'essence précède l'existence — et les différentes créatures ne voient le jour que pour y obéir. Tout organisme est une incarnation accidentelle du moment ; les lois simples et régulatrices reflètent les principes intemporels de l'ordre universel. L'objectif premier de la biologie doit être la recherche de la trame qui sous-tend l'apparent désordre de la vie dans sa diversité. Bref, les biologistes doivent rechercher les lois de forme.

Serres s'inscrivait tout à fait dans le cadre du transcendantalisme et sa contribution prit la forme d'une étude de l'embryologie. La plupart des collègues de Serres avaient mis l'accent sur l'aspect statique des créatures adultes en recherchant l'expression des lois de la forme uniquement dans des créatures dont le développement était achevé. Mais chaque organisme développe sa propre complexité de l'œuf à l'adulte. Si des lois de la forme gouvernent la morphologie, il existe certainement des principes qui régissent l'aspect dynamique de la construction des êtres, et pas seulement leurs relations en tant que créatures achevées.

La monographie de Serres sur le cas de Ritta-Christina commence par une dissertation obscure de deux cents pages sur les principes de la morphologie et leur application à l'embryologie. A moins de jeter un coup d'œil sur les planches racoleuses de la fin de l'article (où j'ai d'ailleurs choisi trois des illustrations de cet essai), on s'endort sur des généralités avant d'en arriver à la première ligne concernant les célèbres sœurs siamoises. Dans sa structure même, ce texte nous révèle une méthode scientifique radicalement différente de la nôtre. Notre démarche actuelle est empirique : nous partons du principe que l'on ne peut tirer des lois que de l'étude approfondie d'un certain nombre de cas particuliers. Aujourd'hui, tout embryologiste commencerait son article par une discussion du cas de Ritta-Christina et prendrait seulement à la fin de l'article la liberté d'exposer quelques brèves conclusions prudentes. Serres en revanche, comme tout bon transcendantaliste, était persuadé que les lois de la forme existaient bien avant les animaux qui leur obéissent. Si l'abstraction précédait la concrétisation dans la nature, pourquoi les êtres humains ne suivraient-ils pas cet exemple dans leurs œuvres : réflexion et théorie d'abord, exemples et applications ensuite. (En réalité, aucune de ces deux attitudes extrêmes ne rend parfaitement compte de l'interaction très complexe entre la théorie et les faits qui régit notre pratique de la science. Je soupçonne pourtant que l'ordre « inverse » qu'adopte Serres ne déforme pas plus la complexité de la réalité que ne le fait notre démarche scientifique actuelle.)

Dans les premières pages de sa monographie, Serres tente de réduire l'embryologie de tous les animaux à trois lois fondamentales d'« organologie ». Selon la première de ces lois, la loi du *développement excentrique*, appelée aussi la loi de la circonférence vers le centre, les organes se forment d'abord à la périphérie de l'embryon et migrent ensuite vers le centre. La seconde loi est la loi de *symétrie* : tous les organes internes qui n'existent qu'en un seul exemplaire chez l'adulte apparaissent d'abord sous forme de deux ébauches symétriques situées en des points opposés à la périphérie de l'embryon. Enfin, en vertu d'une loi d'*affinité*, ces ébauches symétriques s'attirent mutuellement et fusionnent ensuite au centre de l'embryon pour donner naissance à l'organe unique que l'on observe plus tard chez l'adulte. (Je serai charitable et vous signalerai simplement qu'il s'agit d'une généralisation inconsidérée de certains schémas que l'on observe effectivement parfois au cours du développement. A l'époque où Serres écrivit son article, la théorie cellulaire n'existait pas encore et Karl von Baer venait à peine de découvrir l'existence de l'ovule chez l'être humain quelques années auparavant. La manière dont Serres aborde la morphologie, si éloignée de notre science qui décrypte aujourd'hui les causes d'un phénomène au niveau cellulaire et même parfois au niveau moléculaire, ne fait que refléter l'état des connaissances de son époque.)

Quand enfin, deux cents pages plus loin, Serres en arrive à sa dissection de Ritta-Christina, nous comprenons pourquoi il a consacré tant de pages à ces trois lois fondamentales d'organologie — c'est grâce à elles en effet que Serres résout le grand dilemme de l'individualité. Ritta *et* Christina sont deux être distincts, quelles que soient *leurs* imperfections, et ce sont les lois de la forme qui définissent leur statut.

Personne ne récusa le double verdict de Serres sur la moitié supérieure du corps des sœurs siamoises ; c'était sur la partie inférieure du corps que tout le monde se posait des questions, cette partie correctement formée mais manifestement unique : un seul anus, un seul vagin et deux jambes.

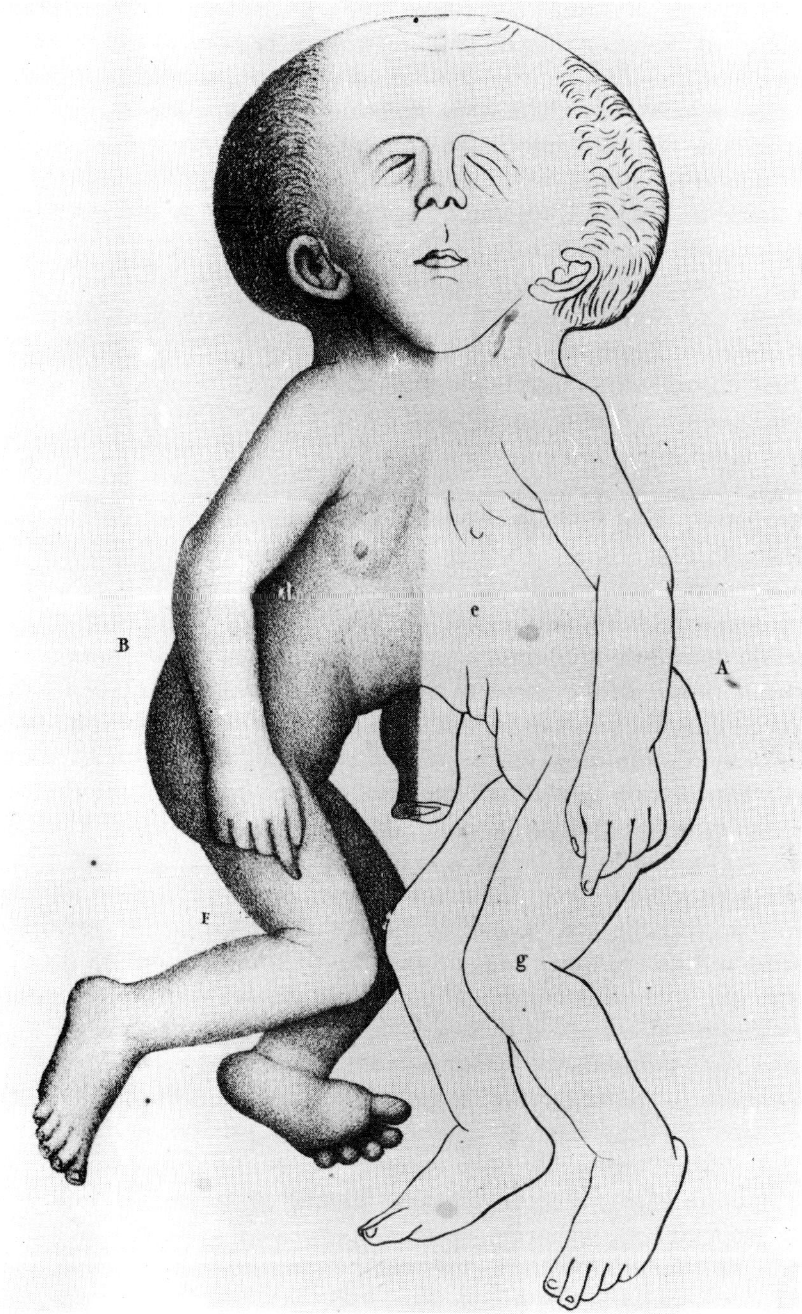

Des frères siamois dont la conformation anatomique est l'inverse de celle de Ritta-Christina : un seul corps dans la partie supérieure, deux dans la partie inférieure. D'après Serres, 1833.

Si Ritta-Christina étaient deux de la tête au nombril, comment la moitié inférieure de son corps épousait-elle si parfaitement la forme du corps d'un être unique ? Comment les deux corps incomplets de deux créatures distinctes pouvaient-ils fusionner et se fondre en une forme impossible à distinguer de la moitié inférieure de créatures aussi clairement individualisées que vous et moi ?

A l'aide de ses lois d'organologie, Serres fit de la moitié inférieure de Ritta-Christina le produit de l'association de deux êtres. Chaque organe unique et harmonieusement formé d'une créature adulte n'est-il pas à l'origine une double ébauche située en deux points symétriques à la périphérie de l'embryon (d'après la loi de la symétrie) ? Ces deux moitiés migrent ensuite vers l'intérieur (pour respecter la loi de la circonférence vers le centre) et se rejoignent finalement au centre pour fusionner en un organe unique et entier (en vertu de la loi d'affinité). Si notre cœur, notre estomac et notre foie, tous nos organes uniques étaient à l'origine constitués de deux ébauches symétriques (bien entendu, ce n'est pas le cas, mais c'est ce que Serres croyait), pourquoi verrions-nous un inconvénient à ce que chaque organe unique de la moitié inférieure du corps des sœurs siamoises résulte de l'amalgame et de la fusion de parties issues de deux individus embryonnaires ? Si les siamoises n'ont qu'un seul utérus, la moitié droite provient de Rita et la moitié gauche de Christina. Ces deux ébauches se sont formées à la périphérie de l'embryon, dans des régions que l'on pouvait attribuer sans ambiguïté à l'une ou à l'autre des deux sœurs (loi de symétrie) ; ces deux ébauches ont ensuite migré vers l'axe de symétrie (loi de la circonférence vers le centre) où elles ont fusionné (loi d'affinité) en un seul organe.

Serres proclama donc fièrement que ses lois de la forme lui avaient permis de trancher en faveur de la dualité : « Comment aurions-nous imaginé un instant que chaque enfant avait fourni la moitié de chaque organe qui leur était commun sans l'aide de la loi du développement excentrique ? C'est elle qui nous enseigne en effet que tous les organes simples sont, normalement, des organes doubles à l'origine. »

Serres ne fut point effrayé de certaines conséquences logiques décidément très particulières de la solution qu'il proposait. Il avait bien remarqué que l'utérus, de taille respectable, était normalement relié aux ovaires et au vagin. Il ne voyait donc aucune objection à ce que Ritta et Christina aient un jour eu des enfants, si elles étaient parvenues à l'âge de la puberté. (Serres découvrit également un second utérus rudimentaire et non fonctionnel.) Selon lui, le grand utérus provenait pour moitié de chaque sœur, et tout embryon qui s'y serait développé aurait eu deux mères naturelles.

> Cette disposition des organes génitaux de Ritta et Christina montre à l'évidence... tandis que la nature avait pris ses dispositions pour assurer la vie de ces deux enfants, elle n'avait pas négligé la possibilité de leur reproduction. En ce qui concerne cette reproduction, la nature avait tout arrangé pour que tout soit partagé, douleurs et plaisirs... Supposons qu'un enfant soit conçu dans ce grand utérus, cet enfant unique aurait eu deux mères distinctes, singulier résultat de cette association vivante.

Serres examine ensuite le cas de frères siamois pourvus de quatre jambes et d'une seule tête ; il opte pour la cohérence et affirme à nouveau la dualité de cet être : dans son cerveau unique et normalement développé fermentait la combinaison des pensées de deux êtres.

> Il y a là une unité parfaite produite par deux individualités distinctes. On y trouve les organes des sens et les hémisphères cérébraux d'un seul individu, adaptés au service de deux êtres, puisqu'il est évident qu'il y a *deux moi dans cette tête unique* [1].

Serres tentait ainsi vaillamment et avec une certaine logique de résoudre un problème dont l'extrême ambiguïté semblait interdire tout espoir de solution. On peut apprécier cet effort à sa juste valeur et prendre plaisir à cette incursion dans le monde particulier de la biologie qu'exerçait Serres. Mais il nous faut rejeter ses conclusions.

Chez l'être humain, le développement d'un ovule fécondé conduit normalement à la naissance d'un seul individu. Quelquefois, mais c'est rare, les cellules en cours de division se séparent en deux groupes distincts qui formeront deux embryons. Les jumeaux « vrais » qui naissent du développement de ces embryons sont parfaitement identiques d'un point de vue génétique. A la limite, on peut considérer que ces deux individus sont l'exacte réplique biologique l'un de l'autre — et la littérature psychologique abonde en témoignages du sentiment de séparation imparfaite qu'éprouvent ceux que l'on appelle des vrais jumeaux. Et nous n'éprouvons pourtant aucune difficulté — au moins s'il ne s'agit que d'une définition — à considérer deux jumeaux issus du même ovule fécondé comme deux individus nettement distincts. Il y a deux excellentes raisons à cela : la première, c'est que notre définition vernaculaire de l'individu repose sur son individualité physique (reportez-vous à l'essai suivant) ; la seconde raison, c'est que la personnalité de l'être humain est modelée dans ses moindres détails et sous toutes ses facettes par l'action complexe de son environnement (même si l'on retrouve effectivement

1. En français dans le texte.

certaines ressemblances troublantes dans le comportement de deux jumeaux vrais élevés séparément) : la voie suivie par chaque être est donc unique.

Le phénomène — beaucoup plus rare — du développement de sœurs ou frères siamois correspond à la séparation, partielle seulement, de deux groupes de cellules en cours de division à partir d'un seul ovule fécondé. Tous les degrés d'accolement possibles existent donc chez des enfants siamois : de l'individu complet pourvu de quelques ébauches rudimentaires d'un jumeau imparfait, à deux individus bien formés, comme Eng et Chang, dont l'accolement est seulement superficiel. Ritta et Christina se situent exactement à mi-chemin entre les deux extrêmes de ce continuum. A la lumière de nos connaissances actuelles en biologie, j'ai bien peur que nous ne soyons obligés de rejeter la solution proposée par Serres et d'admettre plutôt que le problème est insoluble.

Nous vivons dans un monde complexe. Il arrive que certaines limites soient précises et permettent d'effectuer des distinctions claires et sans appel. Mais la nature abrite également des continuums qu'il est impossible de morceler en deux piles bien nettes de « oui » et de « non ». Les biologistes ont fermement rejeté toutes les tentatives de ceux qui sont opposés à l'avortement et veulent définir un « seuil où commence la vie » ; une telle définition serait fausse dans son principe même, puisque nous savons aujourd'hui que toute la séquence de la spermatogenèse, ou l'ovulation, jusqu'à la naissance est un continuum que l'on ne peut morceler en étapes distinctes — personne n'oserait sérieusement prétendre que la masturbation est un crime. Libre à nos représentants au Congrès d'établir une fiction légale qui leur permet de porter des jugements, mais qu'ils n'appellent pas les biologistes à leur secours. Ritta et Christina sont au cœur d'un autre continuum. Elles sont en partie un seul individu, mais elles sont aussi deux. Et voilà, à mon vif regret, la non-réponse de la biologie à ce dilemme séculaire.

Si cette conclusion vous laisse sur votre faim après tout l'effort que vous avez consacré à la lecture de mon verbiage, je ne peux que vous proposer cette petite phrase paradoxale qui est, très souvent, la meilleure réponse à un problème récalcitrant : s'il n'y a pas de réponse à cette question, c'est qu'elle est mal posée. Et en effet, ce vieux débat sur l'individualité des siamois n'a de raison d'être que si tout dans notre monde peut être classé en catégories discontinues. Si nous admettons au contraire que notre monde regorge de continuums irréductibles, le statut intermédiaire des sœurs siamoises ne devrait plus guère nous troubler.

Dante punissait les hérétiques du seul châtiment à la mesure de leurs crimes idéologiques : il les envoyait aux enfers où ils étaient démembrés : « Vois comme Mohammed est écartelé... Celui que tu vois ici, c'est par lui que schisme et scandale sont arrivés quand il était en vie et c'est pour cela qu'on le déchire. »

Apprécions les liens à leur juste valeur et comme Dante avait fait l'analogie entre la séparation physique et le schisme idéologique, tentons de tirer une leçon de l'union indissoluble de Ritta et Christina : notre monde intellectuel se complaît aussi dans la continuité.

5. Un vrai paradoxe

L'abstinence a ses beaux côtés, mais trop, c'est trop. J'ai toujours ressenti une compassion particulière pour la pauvre Mabel, la fiancée de l'apprenti pirate Frédéric. Sur le point de convoler en justes noces, Mabel apprend en effet qu'elle devra patienter soixante-trois ans avant de pouvoir réclamer son bien-aimé, à l'âge de 84 ans, et bien entendu — c'est une comédie de Gilbert et Sullivan — elle promet d'attendre.

Le roi des pirates et Ruth, la vieille bonne et soupirante éconduite de Frédéric, fournissent l'explication de ce « sursis » extraordinaire. Frédéric, enrôlé à tort dans la bande des pirates vient d'avoir 21 ans et ne rêve que de liberté, de respectabilité, et de Mabel. Mais son engagement chez les pirates ne prend fin que le jour de son vingt et unième *anniversaire* et il est né un 29 février. « Tu n'es qu'un gamin de cinq ans », lui dit le roi des pirates au comble de la jubilation à l'idée de prolonger la captivité du jeune homme. Les trois personnages principaux des *Pirates de Penzance* analysent alors tous les détours de cet axiome et entonnent la célèbre chanson du paradoxe :

> comme sont étranges les voies du paradoxe
> allègrement du bon sens elles se moquent

Classiquement, un paradoxe est un problème qui admet deux solutions contradictoires, chacune d'elles étant correcte dans son propre contexte. Les paradoxes de Zénon, celui de la flèche et celui d'Achille et la tortue, sont les archétypes de nos paradoxes occidentaux. La flèche n'atteint jamais son but car, à chaque instant infiniment petit, elle occupe une position définie c'est-à-dire qu'elle est immobile. Achille ne rattrapera jamais la tortue puisqu'il doit toujours franchir au moins la moitié de la distance qui lui reste et qu'il est toujours possible de diviser une distance par deux, si petite soit-elle. Les paradoxes font nos délices, car ils conviennent aussi bien à notre sens du sublime qu'à notre fantaisie. Nous rions des malheurs de Frédéric, mais nous pressentons qu'une vérité profonde sur la nature de la logique et de la vie se cache dans les paradoxes de Zénon.

La biologie est également pourvue d'un paradoxe classique. Les esprits du XIXe siècle s'enflammèrent sur ce problème capital à leurs yeux sans doute parce qu'ils se sentaient proches de sa solution. Les naturalistes les plus éminents s'y attelèrent en vain : Huxley dans un camp et Agassiz dans l'autre ; Haeckel tenta de s'interposer. Le XXe siècle s'est presque totalement désintéressé de la question : peut-être avons-nous enfin compris que ce problème n'avait pas de solution simple. Et pourtant, s'il faut encore justifier notre attirance pour les paradoxes, celui-ci peut encore nous éclairer par son caractère obstinément intraitable.

Physalia, que l'on appelle aussi la galère espagnole, est l'objet de tout ce tapage. C'est un siphonophore, un cousin des coraux et des méduses. Le paradoxe soulevé par *Physalia* met en jeu tout ce qu'il y a de plus fondamental : la définition même d'un organisme et le problème général des délimitations dans la nature. Soyons plus précis : les siphonophores sont-ils des organismes ou des colonies.

Les siphonophores appartiennent au phylum des Cnidaires (ou Coelentérés). Deux aspects particuliers de la biologie des Cnidaires définissent le cadre de notre paradoxe. En premier lieu, de nombreux Cnidaires vivent en colonies d'individus liés les uns aux autres — ce sont les énormes massifs de coraux, gigantesques entassements de millions et de millions de petits polypes liés les uns aux autres. Deuxièmement, le cycle de vie des Cnidaires est caractérisé par un phénomène que l'on appelle l'alternance des générations. Le polype, cylindre sédentaire bordé de tentacules, se reproduit de manière asexuée ; il donne naissance par bourgeonnement à des « méduses » qui se déplacent librement. Ces méduses produisent des cellules sexuelles qui s'unissent puis se développent en un polype. Et ainsi de suite.

Il existe différentes sortes de Cnidaires, qui, selon les cas, ont favorisé l'existence de l'un des deux types de générations au détriment de l'autre. Les Scyphozoaires (les méduses des plages), l'un des trois principaux groupes de Cnidaires, ont complètement abandonné le stade polype au profit du stade méduse ; les Anthozoaires, en revanche, les vrais coraux, se sont débarrassés de leur stade méduse et ont construit des récifs de polypes et de leurs squelettes. Enfin, de nombreux membres du troisième groupe, les Hydrozoaires, ont encore un cycle complet, où apparaissent clairement les stades polype et méduse. Les siphonophores font partie de ce troisième groupe. La littérature technique qui n'est réputée ni pour sa poésie, ni pour sa clarté s'est autorisé — une fois n'est pas coutume — une exception de taille : perdu dans une inextricable forêt de termes jargonnants qui désignent toutes les parties anatomiques des Cnidaires,

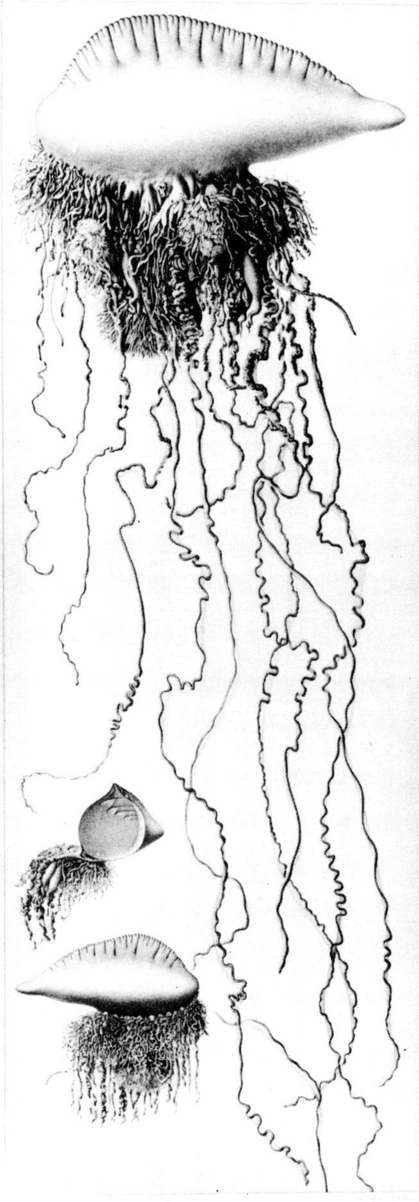

Physalia que l'on appelle également « galère espagnole ». Il s'agit d'une colonie et non pas d'un organisme. Le flotteur est une personne méduse et chaque « tentacule » est une personne polype. D'après Louis Agassiz (1862). Reproduit avec l'autorisation du *Natural History Magazine.*

on trouve le mot « personne » ; c'est le nom que les spécialistes ont choisi pour désigner le stade polype et le stade méduse d'un cycle de vie des siphonophores.

A première vue, *Physalia* est un gros flotteur auquel pendent des

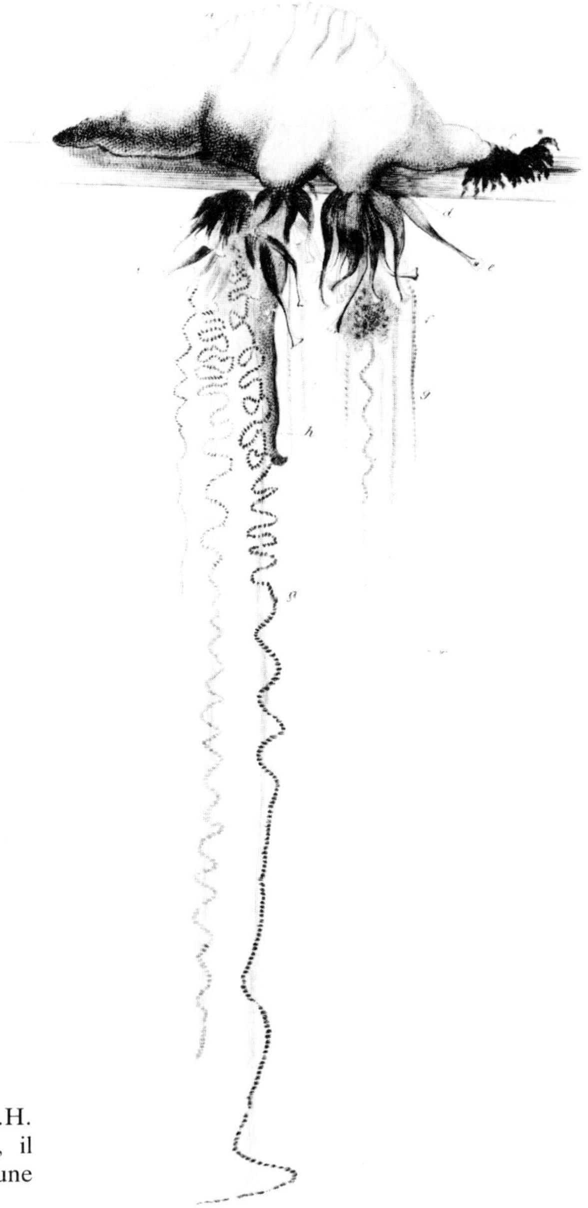

Physalia, représentée par T.H. Huxley en 1849. Selon lui, il s'agit d'un individu et non d'une colonie.

tentacules et ressemble donc à s'y méprendre à une méduse commune (une seule méduse). Un examen plus approfondi nous montre que cette armada flottante est en réalité une colonie de nombreuses personnes, polypes et méduses. A l'origine, le pneumatophore — c'est le nom technique du flotteur — était probablement lui-même une méduse, qui a subi de profondes modifications (certains chercheurs pensent toutefois qu'il s'agit plutôt d'un polype qui a subi des modifications plus profondes encore). Quant aux tentacules, ils ne sont pas tous identiques et assurent chacun une fonction bien précise : capture de la nourriture, digestion et reproduction ; de plus, ils ne correspondent pas aux tentacules habituels d'une méduse, mais à des polypes modifiés — chaque tentacule est donc une personne distincte. (Un autre siphonophore courant prête plus encore à confusion : c'est *Velella*, littéralement petite voile, et que l'on a joliment surnommé en anglais « marin-des-vents » [en français, vellele]. Les personnes de ce siphonophore sont pourtant peu nombreuses, mais elles sont si bien agencées que la colonie ressemble vraiment à un simple flotteur entouré de tentacules — en d'autres termes, une méduse. Et pourtant, le flotteur est une personne méduse, et les tentacules sont des personnes polypes [1].)

Si vous êtes impressionnés par le degré de répartition des tâches entre les différentes personnes, vous n'êtes pas au bout de vos surprises : la nature peut faire nettement mieux. *Physalia* et *Velella* sont des siphonophores simples constitués d'un assez petit nombre de types de personnes modifiées. Les siphonophores plus complexes sont, de loin, les colonies naturelles où l'intégration est la plus proche de la perfection. La différenciation, la spécialisation et la subordination des différentes parties à la colonie tout entière sont tellement importantes que ces parties se comportent comme les organes d'un corps plutôt que les personnes d'une colonie.

La plupart des siphonophores sont de petites créatures transparentes qui vivent en pleine mer. Ils flottent à la surface au milieu du plancton ou nagent activement à faible profondeur. Les siphonophores sont carnivores et se nourrissent de petits animaux du plancton, qu'ils capturent à l'aide de leurs tentacules. Les siphonophores de plus grande taille, comme *Physalia*, parviennent même à emprisonner et à dévorer des poissons d'une taille respectable, et, vous l'avez peut-être appris à vos dépens, les *Physalia* s'attaquent parfois aux baigneurs, mais ils se contentent de leur infliger une piqûre douloureuse.

Les siphonophores plus complexes sont constitués d'un éventail très

1. Peu après la publication de cet essai, je donnai un cours sur le même sujet et je tentai d'enfoncer cette phrase clé dans le crâne de mes étudiants avides de nouveautés : « Vous pensiez que *Physalia* était une méduse ; eh bien ce n'en est pas une. » Un peu plus tard, l'une de mes étudiantes me raconta, à ma grande horreur, qu'elle avait perdu un jeu de « trivial poursuite » en répondant *correctement* à la question : « Qu'est-ce qu'un *Physalia ?* » Le croiriez-vous, les Solons de la culture pop ont officiellement élevé cette colonie au statut de méduse, ils l'ont écrit en toutes lettres. Mais ce n'en est toujours pas une !

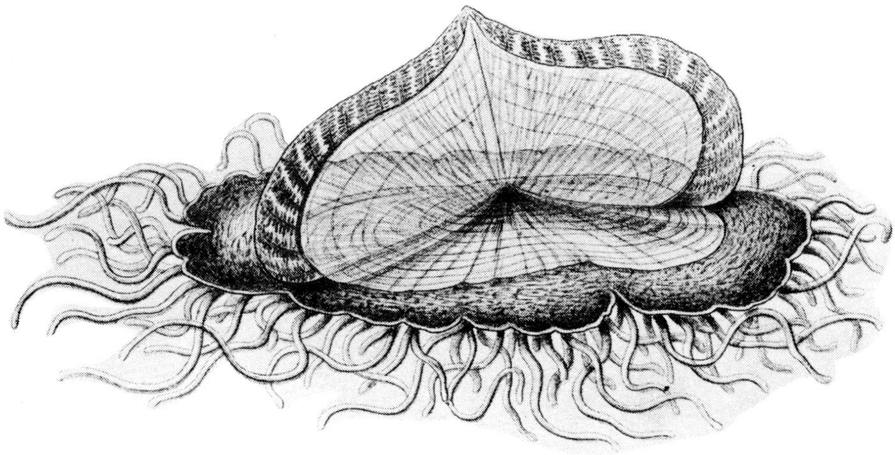

Velella, surnommée « marin-des-vents », est une colonie. Le flotteur est une personne méduse et chaque tentacule est une personne polype. D'après la monographie de Haeckel, *Challenger* (1888). Reproduit avec l'autorisation du *Natural History Mag.*

impressionnant de structures bien différenciées. En première approximation, on distingue deux parties dans leur anatomie : une partie supérieure comprenant une série de bulbes et de pompes destinées à la locomotion, et au-dessous, une série de filaments et de tubes qui assurent l'alimentation et la reproduction. Chacune de ces deux parties comporte une série de méduses et de polypes variés.

Examinons d'abord les différences de forme et de fonction adoptées par les personnes polypes. Il en existe trois types fondamentaux, dont les variations sont innombrables. Les organes alimentaires ou siphons (qui ont donné leur nom à ce groupe d'animaux puisque *siphonophore* signifie « qui porte des siphons ») sont des structures tubulaires comportant chacune un estomac et une bouche en forme de trompette. Les siphons pendent généralement en grand nombre sous les personnes qui assurent la flottaison et la natation de l'ensemble. Les siphons sont des personnes polypes extrêmement peu modifiées : il est donc facile de comprendre qu'ils correspondent, à l'origine, à un organisme complet et quel est cet organisme. Tous les autres types de polypes et la plupart des méduses ont subi des modifications bien plus importantes et se sont fortement spécialisés : il est donc plus difficile de les relier à leur personnalité originelle. Le deuxième type de personnes polypes, les dactylozoïdes (ce qui signifie les animaux « doigts » ou « qui touchent »), capturent la nourriture et la transportent vers les siphons. On trouve dans ce groupe de très fins tentacules, qui mesurent parfois plus de 15 mètres de long chez

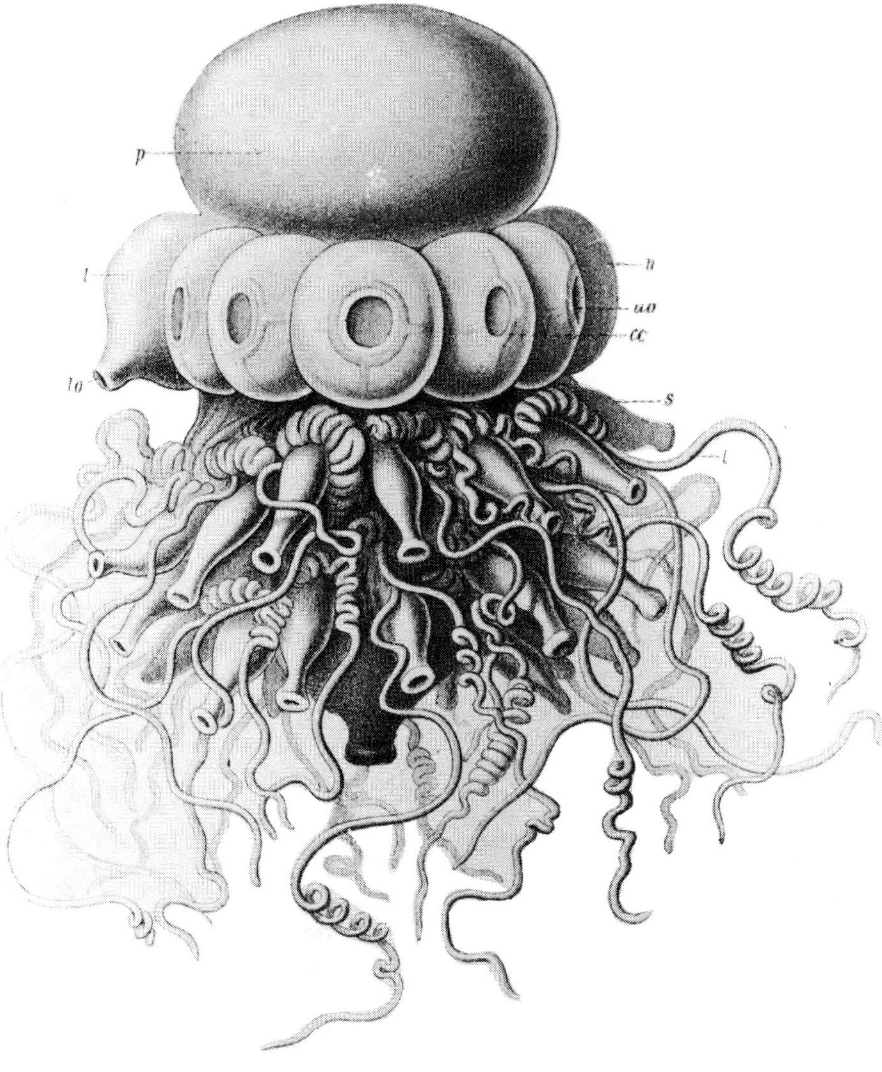

Un représentant assez « simple », pour débutants, des siphonophores complexes. On y distingue seulement quatre types d'individus principaux. Les deux rangées supérieures représentent des personnes méduses (en *p*, le pneumatophore ou flotteur, et en *n*, une rangée de nectophores, destinés à la natation) ; les deux rangées inférieures sont des personnes polypes (en *s*, les siphons alimentaires et en *t*, les tentacules sensitifs). D'après la monographie de Haeckel, *Challenger*, 1888.

Physalia. Ces tentacules pourvus de nématocystes ou cellules urticantes forment autour de la proie un filet transparent pour la capturer. Ils ne portent plus de bouche ni d'appareil digestif, et on les prendrait donc aisément pour les parties d'une personne plutôt que des personnes à part entière si l'on n'était parvenu à retracer leur origine en les surprenant au stade de bourgeon individuel en croissance.

Ces organes destinés à capturer la nourriture ont souvent des formes et des fonctions extrêmement complexes. Ainsi, les cellules urticantes peuvent être regroupées dans des renflements ou « batteries », quelquefois protégés par un capuchon. Chaque batterie, chez *Stephanophyes*, contient environ 1 700 cellules urticantes de quatre types différents et se termine par un délicat filament. Comme un vrai lasso, ce filament terminal entoure la proie et décharge sur elle les quelques cellules urticantes dont il est pourvu. Si cela ne suffit pas à régler son compte à la victime, le filament se contracte et la transporte vers l'une des extrémités de la batterie, qui décharge alors une volée de cellules urticantes de plus grande taille dans la victime. Si cette dernière continue à se débattre, une simple contraction des filaments l'amène à l'autre extrémité de la batterie où les cellules urticantes les plus grandes et les plus puissantes mettent fin à ses tourments avant de la transférer dans un siphon où elle sera ingérée.

Dans une étude récente des personnes chargées de la capture des proies et de l'alimentation, Jennifer Purcell apporte de nouvelles preuves à l'appui du rôle actif qu'elles jouent dans la capture de la nourriture : elles ne se contentent pas de former un réseau passif comme la toile d'une araignée. J. Purcell a montré que, chez deux espèces, les batteries de cellules urticantes sont de véritables appâts : dans leur forme et dans les mouvements qu'elles effectuent, elles ressemblent aux petits animaux du plancton que mangent habituellement les proies des siphonophores. Ainsi, les batteries d'*Agalma okeni* ont l'aspect d'un copépode pourvu de deux longues antennes ; chacune d'elles se contracte indépendamment toutes les 5 à 30 secondes, faisant apparaître ainsi des systèmes de petits courants qui simulent les brusques mouvements d'une escadre de copépodes (ou tout autre nom que vous choisirez de donner à ces groupes de minuscules arthropodes du plancton). Pour couronner l'histoire, Purcell a découvert dans l'estomac des *Agalma* les restes de trois prédateurs différents des copépodes. Les batteries d'une autre espèce, *Athorybia rosacea*, ressemblent à des larves planctoniques de poissons. Elles se contractent aussi très rapidement, reproduisant les mouvements que leurs modèles effectuent quand ils nagent ou s'alimentent.

La troisième catégorie de personnes polypes, les gonozoïdes, sont les structures destinées à la reproduction. Ce sont le plus souvent de simples tubes courts et immobiles, dépourvus de bouche et qui produisent les personnes méduses par bourgeonnement. Les personnes méduses fabriquent par la suite les cellules sexuelles qui donneront naissance à la génération suivante de siphonophores.

Un siphonophore complexe comporte quatre types principaux de personnes méduses : celles qui assurent la flottaison et d'autre part la natation de l'ensemble, celles qui sont chargées de la protection et, enfin, celles qui sont destinées à la reproduction. Les organes natatoires, les nectophores, sont à peu de chose près des méduses — le flotteur supérieur dépourvu des tentacules. Certains siphonophores portent plusieurs rangées bien ordonnées de nectophores, dont les contractions musculaires rythmées propulsent bien souvent l'animal selon des trajectoires tourbillonnantes complexes. Les flotteurs passifs, ou pneumatophores, sont remplis d'un mélange de gaz dont la composition est proche de celle de l'air ; ces flotteurs maintiennent le siphonophore à la surface, ou sous l'eau à une profondeur intermédiaire. L'origine de ces flotteurs est sujet à controverse : on a longtemps pensé qu'ils étaient des personnes méduses modifiées, mais certains biologistes considèrent aujourd'hui que les pneumatophores étaient à l'origine des polypes qui ont subi des modifications plus complexes encore. Les deux siphonophores les plus courants, *Physalia* et *Velella*, construisent de très gros flotteurs, mais sont dépourvus de nectophores. Ils se déplacent donc passivement, au gré des vents et des courants, souvent entraînés en vastes amas à l'intérieur des baies et vers les plages.

Les bractées (ou boucliers), organes qui couvrent l'ensemble, sont les structures modifiées les plus curieuses de toutes. Elles sont généralement plates, en forme de prisme ou de feuille, et ressemblent si peu à des méduses qu'il nous aurait été impossible de soupçonner leur origine si nous n'étions parvenus à suivre leur croissance, depuis leur bourgeonnement.

Les personnes méduses qui assurent la reproduction, ou gonophores, sont issues, par bourgeonnement, des gonozoïdes, les polypes dont nous avons déjà parlé. Chez quelques espèces, les gonophores sont relâchés de leur support et partent à la dérive sur l'océan ; mais ils sont incapables de se nourrir et meurent très rapidement après avoir libéré leurs cellules sexuelles. Toutefois, les gonophores de la plupart des espèces ne se séparent jamais de la colonie à laquelle ils restent attachés comme une sorte d'organe sexuel.

En fait, le paradoxe des siphonophores réside en un point que j'évite grâce à un certain nombre de louvoiements depuis que je vous présente la taxinomie de ces personnes ou de ces parties. J'ai décrit toutes ces structures qui permettent au siphonophore de flotter, de se propulser, de

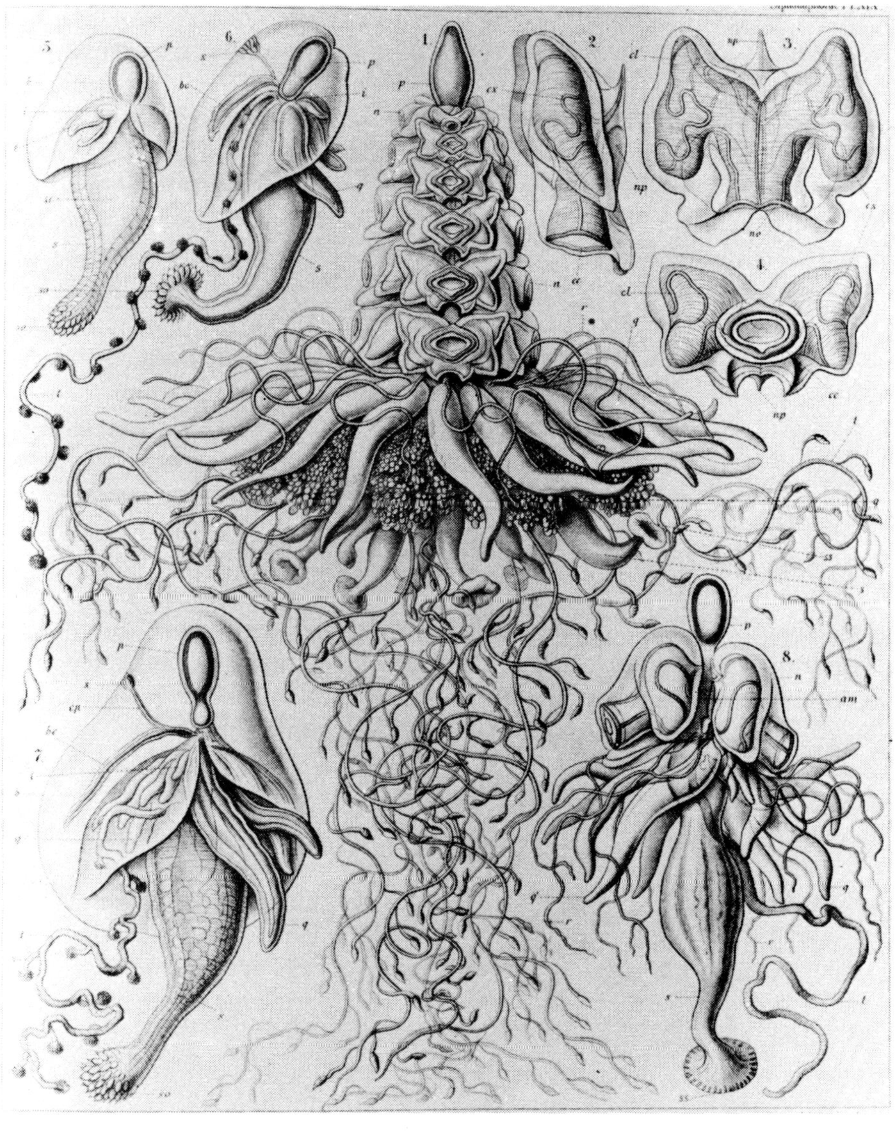

Le dessin central représente un siphonophore complexe dans son intégralité. De haut en bas, la colonie comporte les personnes modifiées suivantes : le flotteur unique ou pneumatophore *(p)* ; des rangées d'organes natatoires, les nectophores *(n)* ; une série de structures sensitives en forme de doigt, que l'on appelle palpons *(q)* ; des groupes d'organes reproducteurs *(g)* ; des siphons destinés à l'alimentation et pourvus de bouches en forme de trompette *(s)* : et de longs filaments tortueux destinés à capturer la nourriture *(t)*. Les autres dessins de cette figure représentent la même colonie à différents stades plus précoces de son développement. D'après la monographie de Haeckel, *Challenger*, 1888. Reproduit avec l'autorisation du *Natural History Mag*.

se protéger, de capturer ses proies et de s'alimenter et enfin de se reproduire, comme des organismes individuels, polypes ou méduses. Selon les critères de l'histoire de l'évolution, cette description est presque à coup sûr correcte et la grande majorité des biologistes s'y rallie. D'un point de vue historique, les siphonophores sont des colonies ; ils résultent de l'évolution d'agrégats plus simples constitués d'organismes individuels assez complets, capables de s'acquitter de presque toutes les fonctions (comme aujourd'hui dans les récifs de coraux). Mais, l'intégration des différents individus de la colonie s'est tellement perfectionnée, les différentes personnes ont acquis une forme tellement spécialisée et une telle subordination à l'ensemble de la colonie qu'elle fonctionne à présent comme un individu unique, un superorganisme.

Du point de vue de la fonction qu'elles exercent, les personnes d'un siphonophore n'ont plus d'individualité : elles sont chacune spécialisées dans l'accomplissement d'une seule tâche et se comportent comme les organes d'une entité de plus grande taille. Elles ne ressemblent pas à des organismes distincts et ne pourraient survivre isolément. La colonie tout entière fonctionne comme un seul être et les mouvements de ses diverses parties (ou personnes) sont coordonnés. Chaque nectophore (qui assure la propulsion) possède toujours son propre système nerveux, mais un cordon nerveux commun les relie tous les uns aux autres. Les influx nerveux qui se propagent le long de ce cordon contrôlent les mouvements des rangées de nectophores de telle sorte que la colonie (ou l'animal) tout entière se déplace avec précision et avec grâce. Si vous touchez le flotteur de *Nanomia* à l'une de ses extrémités, les nectophores de l'autre extrémité se contracteront pour écarter l'animal (ou la colonie, comme vous préférez) du danger. Les siphons envoient la nourriture qu'ils ont digérée au reste de la colonie par l'intermédiaire d'un tronc commun, mais les siphons vides sont également connectés à ce système péristaltique général, ce qui permet d'assurer une distribution plus efficace de la nourriture à la colonie (ou à l'organisme) entière.

Dans ce dernier paragraphe, toutes les parenthèses sont voulues et destinées à souligner le paradoxe fondamental. Faut-il appeler l'ensemble du siphonophore un organisme ou une colonie — car, dans l'histoire de l'évolution, le siphonophore est une colonie, mais dans la fonction qu'il exerce aujourd'hui, le siphonophore est plutôt un organisme. Et comment nommerons-nous ses parties ou ses personnes ? Historiquement, elles sont des individus modifiés, mais aujourd'hui elles se comportent plutôt comme les organes d'une entité plus grande. Que faut-il en conclure ?

Voilà donc le cœur du grand débat sur les siphonophores qui enflamma les spécialistes d'histoire naturelle au XIXe siècle. T.H. Huxley avait étudié

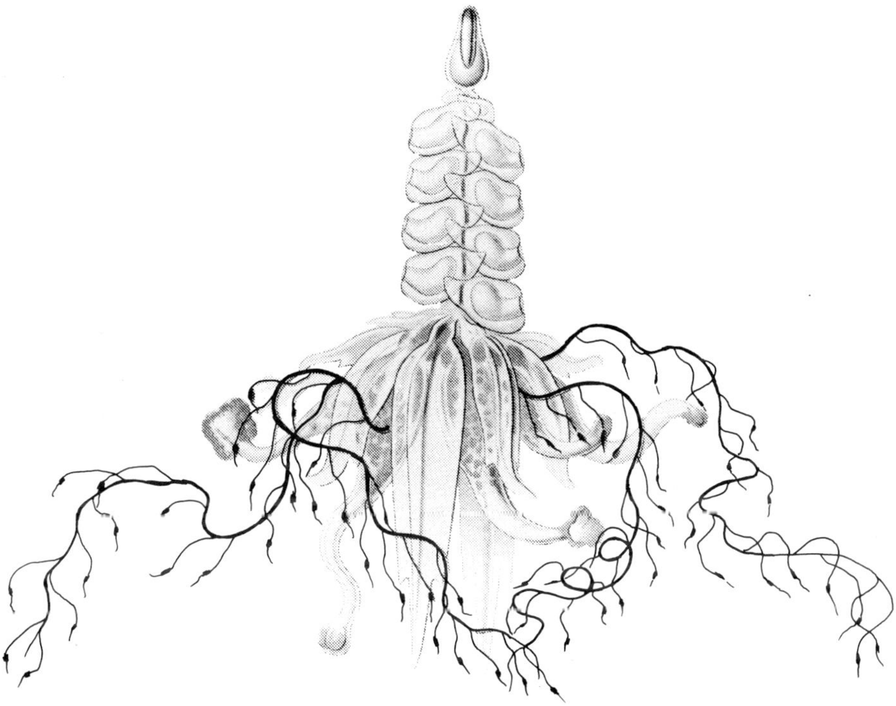

Un siphonophore complexe de plus, pour la bonne mesure, qui comporte une variété supplémentaire de personnes : les bractées protectrices. De haut en bas : le pneumatophore, unique ; deux rangées de nectophores verticaux ; des siphons destinés à l'alimentation et munis d'une bouche en forme de trompette ; et enfin, de longs filaments destinés à capturer la nourriture. D'après E. Haeckel, 1888. Reproduit avec l'autorisation du *Natural History Magazine.*

les siphonophores au cours d'un voyage d'étude sur le *Rattlesnake* (une odyssée moins célèbre que celle de Darwin sur le *Beagle*, mais un autre exemple de cette formation-modèle et prolongée en histoire naturelle qui n'a plus cours aujourd'hui). Huxley pensait que les siphonophores étaient des organismes, et leurs parties, de vrais organes et non des personnes modifiées. Huxley choisit d'ailleurs le siphonophore comme le modèle exemplaire pour illustrer un essai célèbre sur la nature de l'individualité en biologie. Louis Agassiz étudia *Physalia* sur les rivages de sa terre d'adoption, l'Amérique. Lui, en revanche, pensait que les *Physalia* étaient des colonies et que leur degré d'intégration était l'œuvre d'une main divine. (J'ai inclus dans cet essai sa merveilleuse lithographie de *Physalia*.)

Ernst Haeckel, artiste et naturaliste *extraordinaire* [1], décrivit les spécimens de siphonophores qu'il avait recueillis au cours de l'une des plus célèbres expéditions océanographiques de toute l'histoire de la science, celle du *H.M.S. Challenger,* 1873-1876. Haeckel joignit à son rapport une série de planches (parmi lesquelles j'ai choisi toutes les autres illustrations de cet essai) dont la beauté est restée inégalée (bien qu'elles laissent un peu à désirer sur le plan de la précision : Haeckel rajoutait souvent une touche personnelle de symétrie pour en accentuer l'esthétique). Il joignit également plusieurs planches de siphonophores à son *Kunstformen der Natur* (les Formes d'art dans la nature), publié en 1904 — une extraordinaire série de cent lithographies de plantes et d'animaux disposés de manière étrangement contournée avec des effets de symétrie fulgurant, dans la meilleure tradition de l'*art nouveau* [1] si bien illustré à la même époque par les bouches du métro parisien.

Il faudrait presque écrire un autre essai pour expliquer et explorer en détail la théorie de Haeckel sur les siphonophores. En fait, il tenta d'adopter une position intermédiaire entre celles d'Huxley et d'Agassiz : il considérait partiellement les siphonophores comme des colonies (c'était selon ses termes la théorie de la poly-personne) et partiellement comme des organismes (théorie du poly-organe). Ainsi que Huxley l'avait fait avant lui, Haeckel se servit des siphonophores pour illustrer, à l'aide de quelques analogies d'un goût douteux, ses conceptions personnelles sur l'organisation de notre société. Il exposa ces idées dans un article intitulé *Über Arbeitstheilung in Natur und Menschenleben* (Sur la division du travail dans la nature et chez l'être humain). Il compara d'abord les colonies simples d'autres Cnidaires avec le mode de vie des sociétés humaines « primitives » et leur conception limitée de la répartition des tâches répétitives entre tous les membres de la communauté : « Les populations sauvages qui en sont restées au niveau le plus bas jusqu'à nos jours n'ont pas encore découvert la culture ni la division du travail — ou plutôt, comme le font la plupart des animaux, ils limitent le concept de la division du travail à une simple répartition des tâches en fonction du sexe. » Haeckel compara ensuite le mode de vie des colonies plus complexes des siphonophores avec le « progrès » qui résulte de la division du travail dans les sociétés humaines plus « évoluées » — il s'aventura même dans le domaine des industries contemporaines d'armement, où la fabrication des instruments de destruction « nécessite des centaines de bras, travaillant de multiples façons ».

Sommes-nous aujourd'hui en mesure de résoudre ce vieux problème ? Pouvons-nous proposer une position intermédiaire entre deux critères

1. En français dans le texte.

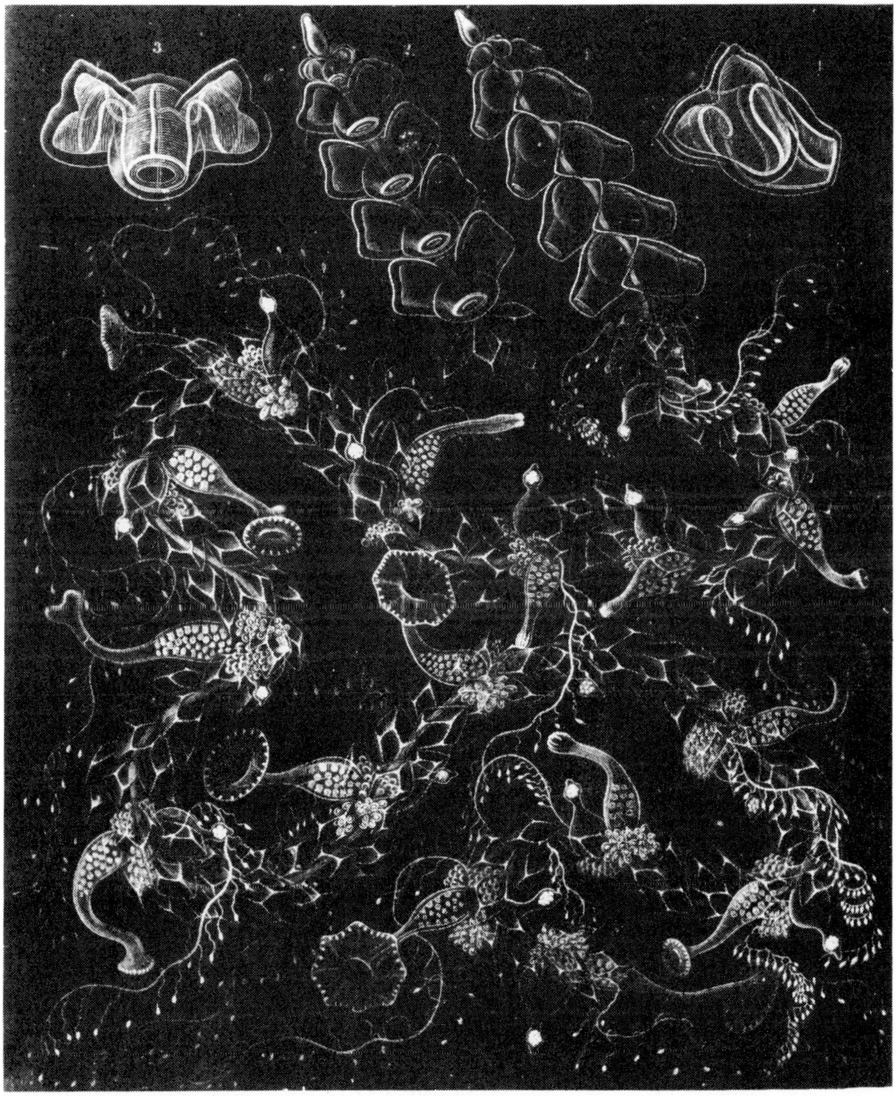

Et enfin, uniquement pour une question d'esthétique, une planche complète de siphonophores complexes dessinés par Haeckel (1888).

également légitimes qui conduisent apparemment à des résultats opposés — le critère historique en faveur de la théorie des poly-personnes (les siphonophores sont des colonies et leurs parties sont des personnes) et le critère de la fonction actuelle qui vient au contraire à l'appui de la théorie du poly-organe (les siphonophores sont des organismes et leurs différentes parties sont des organes) ? Pouvons-nous faire pencher la balance dans un sens ou dans l'autre, en nous référant au troisième critère principal de l'histoire naturelle — la croissance et la forme ?

Le concept de croissance et de forme nous confronte à un *embarras de richesses* [1] car il nous apporte des arguments pour et contre les deux théories. D'une part, les siphonophores se développent à partir d'une seule cellule fécondée, ce qui est un puissant argument en faveur de la théorie du poly-organe ; tout au début de sa vie, le siphonophore est un individu distinct et unique — ne devrions-nous pas, dans ce cas, considérer tout développement ultérieur comme un simple processus d'élaboration de cet individu ? De plus, le siphonophore adulte se comporte comme un objet distinct. Enfin, de nombreuses espèces présentent une symétrie d'ensemble bien définie et complexe : il existe ainsi des versions « droites » et des versions « gauches » chez certaines *Physalia*.

Nous pouvons cependant avancer des arguments tout aussi valables à l'appui de la théorie de la poly-personne. Bien sûr, chaque colonie se développe à partir d'un seul œuf, mais, par la suite, une série d'entités — des personnes à part entière dans ce sens — bourgeonnent à partir d'un tronc commun. Ce monde de croissance est l'apanage de nombreux types d'agrégats que l'on considère sans hésitation comme des colonies. Un bosquet de bambou résulte parfois de la croissance d'une seule graine et, pourtant, nous considérons le plus souvent comme un individu chaque branche qui s'est formée par bourgeonnement.

De plus, certaines structures hautement spécialisées portent parfois des vestiges de leur statut de personne. En voici un exemple : selon la théorie de la poly-personne, les nectophores sont des méduses qui ont perdu leurs structures alimentaires et digestives, ne conservant que la partie en forme de cloche. Mais des tentacules rudimentaires poussent sur certains nectophores et, chez une espèce, ces tentacules portent même encore des ocelles. De toutes les parties du siphonophore, les bractées protectrices sont celles qui ont subi les modifications les plus profondes et qui se sont le plus fortement spécialisées et pourtant, chez deux espèces, on retrouve les vestiges d'une bouche sur les bractées — un indice de leur statut antérieur de personne méduse distincte.

On dirait que nous recommençons à jouer à pile ou face. Nous pourrions résoudre notre paradoxe si la croissance se conformait à l'un ou à l'autre des deux schémas possibles — mais la nature ne nous facilite pas la tâche. Si, au début de leur croissance, toutes les structures étaient des personnes complètes, pourvues d'un jeu complet de parties, qu'elles perdraient ou conserveraient par la suite en fonction de leur utilité dans

1. En français dans le texte.

leur fonction spécialisée — la natation, la protection, l'alimentation ou la reproduction — la théorie de la poly-personne aurait certainement le dessus. Mais la théorie du poly-organe prévaudrait si, au contraire, les parties issues du tronc principal par bourgeonnement étaient au départ des individus complets et se désarticulaient seulement par la suite — les parties en forme de cloche se transformant en nectophore et les tentacules en siphons, par exemple. Mais la majorité des parties spécialisées poussent tout simplement sous la forme que nous leur connaissons : les nectophores se différencient en nectophores, les bractées en bractées. Nous sommes donc plongés dans un conflit insoluble entre des critères d'égale valeur : des bourgeons distincts poussent comme une personne et sont pourvus de parties spécialisées comme un organe. Dans quelle catégorie classerions-nous le gonophore, par exemple, cette méduse reproductrice dégénérée issue d'un polype par bourgeonnement ? Si le gonophore se sépare de la colonie, nous pourrions décider de le considérer comme un organisme. Mais il n'a pas de bouche et est incapable de se nourrir ; il est donc voué à une mort certaine peu après avoir libéré ses cellules sexuelles. Oserions-nous donner le nom d'individu à une machine reproductrice aussi limitée ? Et si le gonophore reste accroché à la colonie, comme c'est le plus souvent le cas, devons-nous le considérer comme un organe sexuel ou davantage ?

Nous devons en tout cas mettre en doute le bien-fondé de notre démarche quand elle devient emberlificotée à ce point-là. Nous devons retourner à la case départ, changer de vitesse et formuler le problème sous une nouvelle forme. Il ne sert à rien de courir après chaque nouvelle petite parcelle d'information ou de rechercher toutes les nuances d'un vieil argument, sans cesse poussé par l'espoir que la découverte d'un élément crucial, inconnu jusqu'alors, va nous conduire enfin à cette insaisissable solution.

La nature se présente parfois à nous sous forme de continuums et non d'objets distincts aux délimitations précises. L'un des nombreux continuums de la nature s'étend des colonies aux organismes. La définition des termes qui caractérisent les deux extrêmes de ce continuum — organisme et colonie — n'est elle-même ni précise ni dépourvue d'ambiguïté. Nous pourrions toutefois nous fonder sur deux critères de notre vernaculaire : nous donnons généralement le nom d'organisme à tout objet biologique qui ne maintient aucun lien physique permanent avec les autres, et dont les parties sont si bien intégrées qu'elles fonctionnent de manière coordonnée dans le seul intérêt du fonctionnement harmonieux de l'ensemble.

La plupart des créatures sont proches de l'une ou l'autre extrême de ce continuum, et nous n'éprouvons aucune difficulté à le classer parmi les organismes ou parmi les colonies. Nous nous classons nous-mêmes parmi les organismes — et pourtant, il y a des milliards d'années, tous les organismes multicellulaires étaient probablement des colonies. Mais cette origine remonte à la nuit des temps, et bien des choses se sont passées depuis lors : aujourd'hui, nous ne détectons aucun signe de « colonialité » dans notre comportement habituel. Nous sommes donc, d'après les usages de notre langage courant, des organismes. Les récifs de coraux, en revanche, sont des colonies : chacun des polypes qui les constitue est une créature complète, parfaitement fonctionnelle, mais elle est physiquement liée à ses congénères.

Mais à mi-chemin entre la colonie et l'individu, au milieu de ce continuum construit par la nature, nous découvrirons certainement des systèmes ambigus, que nous ne parviendrons pas à classer — et cette impossibilité sera l'expression non pas des limites de notre connaissance, mais simplement d'une propriété de la nature. Promenons-nous le long de ce continuum, de l'un de ses extrêmes, les créatures qui sont indubitablement des organismes, vers le centre. Les sociétés humaines sont constituées d'organismes : chaque être humain est génétiquement distinct et physiquement indépendant. Et les fourmis ? Nous les considérons encore comme des organismes, et, pourtant, leur individualité se fond à un tel point dans le canevas complexe de leurs sociétés que certains naturalistes n'hésitent pas à désigner une colonie de fourmis par le terme superorganisme.

Et qu'en est-il des pucerons ? Leur situation est déjà moins nette. Tous les représentants d'un clone de pucerons sont des femelles ; chaque mère porteuse, sans nul besoin d'être fécondée, élève ses petits à l'intérieur de son corps. Tous ses rejetons sont donc identiques sur le plan génétique. Le clone est-il donc un assemblage d'individus distincts ou un gigantesque organisme évolutif constitué d'innombrables parties identiques ? (Un biologiste de l'évolution très connu a fortement recommandé la seconde de ces deux interprétations, il y a peu de temps.)

Et un bosquet de bambous ? Plus épineux encore ! Toutes les tiges appartiennent au même clone ; elles sont génétiquement identiques et sont rattachées à un stolon souterrain commun. Chaque tige est-elle une personne ou n'est-elle qu'une partie ? Le plus souvent, nous optons pour la première réponse (même si bien des biologistes protestent) parce que tous ces individus se ressemblent et sont pourvus d'un jeu complet de structures [1]. Et finalement, que dire des siphonophores ? Cette fois-ci,

1. Les botanistes sont plus souvent confrontés à ce problème que les zoologistes : ils ont donc inventé une terminologie spéciale pour désigner l'ensemble, d'une part, et les parties identiques dont il est constitué, d'autre part. Mais cette nouvelle terminologie ne résout pas le problème : c'est tout simplement l'expression formelle de notre incapacité à résoudre ce problème à l'aide de nos concepts habituels.

nous sommes en plein milieu d'un continuum et nous ne pouvons répondre précisément à cette question. Historiquement, les différentes parties des siphonophores sont des personnes ; mais leur fonction actuelle en fait plutôt des organes, et leur croissance les fait appartenir aux deux catégories à la fois. Nos critères de séparation et d'indépendance du fonctionnement sont impuissants dans ce cas, mais nous ne pouvons nier une histoire qui, aujourd'hui encore, s'étale sous nos yeux.

Les siphonophores ne se conforment donc pas à ce cliché d'un romantisme échevelé, selon lequel la nature forme un tout gigantesque, dont toutes les parties seraient intimement liées et régies dans leur interaction par une grandiose et ineffable harmonie. La nature se délecte au contraire des délimitations et des frontières ; nous vivons dans un univers structuré. Mais cet univers structuré a une histoire au cours de laquelle il a évolué : il présente donc nécessairement certaines frontières floues où les transitions sont progressives. Aussi longtemps que nous persisterons dans nos vieilles habitudes et que, pour rassurer notre pauvre intellect surchargé, nous ne renoncerons pas à vouloir classer toutes les choses de la nature dans des catégories bien précises et délimitées, nous serons toujours plongés dans la confusion par ces objets qui se trouvent précisément aux frontières entre les catégories.

Les siphonophores nous apportent donc une réponse — inattendue, mais très profonde — à la question que nous nous étions posée. Cette réponse, c'est que nous n'avions pas posé la bonne question : nous avions posé une question dépourvue de sens car elle était fondée sur des suppositions qui vont à l'encontre des lois de la nature. Les siphonophores sont-ils des organismes ou des colonies ? Ni l'un ni l'autre et les deux à la fois. Ils se situent au milieu d'un continuum dont les deux extrêmes se transforment progressivement l'un en l'autre.

Le problème des siphonophores ne doit pas nous décourager, il nous apporte au contraire quelque chose d'important : si nous comprenons pourquoi il n'a pas de solution, c'est que nous avons compris une vérité profonde sur la structure de la nature. L'histoire des siphonophores a d'ailleurs la même signification que cette vieille histoire de la dame qui se rend chez son boucher le vendredi matin, dans l'intention d'acheter un gros poulet pour le repas du sabbat. Le boucher fouille dans son frigo et constate, à son grand regret, qu'il ne lui reste plus qu'une volaille maigrelette. Il la pose en grande pompe sur la balance : 900 grammes. « Ce n'est pas assez », dit la dame. Le boucher remet la bête dans le frigo, fait semblant de fouiller à nouveau dans un grand tas de poulets inexistants, ressort le même, le pose à nouveau sur la balance en y appuyant son doigt : 1,3 kilo. « Très bien, dit la dame, je prendrai les deux [1]. » Les choses qui nous paraissent distinctes ne sont souvent que les différente facettes d'une seule et même chose.

1. Le Dr S.I. Joseph m'a raconté qu'il avait rencontré la même dame chez l'épicier. Elle demandait le prix des pamplemousses « Deux pour cinq francs », lui dit-on. « Et combien l'un ? demanda-t-elle. — Trois francs, dit l'épicier. — Bien, je prendrai l'autre », répondit la dame.

deuxième partie

Théorie et intuitions

6. Le nombril d'Adam

Les artistes faisaient autrefois bon usage de l'ample feuille de vigne : ils abritaient derrière ce paravent végétal la nudité de nos premiers parents installés dans la félicité et l'innocence de l'Éden. Et pourtant, sur bien des peintures anciennes, le feuillage ne cache pas seulement les parties génitales d'Adam : une vigne s'égare jusqu'au niveau de son nombril. S'il fallait, par pudeur, voiler le sexe d'Adam, un motif tout différent — un mystère insondable — imposait la présence d'une plante sur son ventre. Le nombril d'Adam fut l'objet d'un débat théologique plus solennel encore que celui du nombre d'anges que l'on peut installer sur la pointe d'une aiguille et de nombreux croyants se demandèrent très sérieusement si Adam avait un nombril.

Après tout, Adam n'était pas né d'une femme, et il n'était donc pas nécessaire de lui faire porter la trace d'un cordon ombilical qui n'avait jamais existé. Et pourtant, Dieu n'aurait-il pas voulu que son prototype, le premier homme qu'il avait créé, ressemble à tous les suivants ? En d'autres termes, Dieu n'aurait-il pas voulu qu'apparaisse chez Adam la trace d'une histoire, d'une préexistence ? Nul indice ne permettait de résoudre ce problème irritant et de nombreux artistes, désirant ne s'attirer aucune inimitié, couvraient leur responsabilité, et le nombril d'Adam, au moyen de cette feuille de vigne.

Quelques siècles plus tard, au temps des balbutiements de la géologie, les premiers artisans de cette science réunissaient des preuves de la longue histoire de notre Terre ; certains émules de l'interprétation littérale de la Bible soulevèrent alors, au sujet de la planète tout entière, le même problème qu'avait posé le nombril d'Adam. Les strates géologiques et les fossiles qu'elles contenaient témoignaient peut-être de l'écoulement d'innombrables années, mais ne seraient-elles pas plutôt l'empreinte d'une main divine qui voulait donner l'apparence d'une préexistence à la terre qu'elle avait créée ? Dieu n'aurait-il pas créé les strates géologiques et les fossiles pour octroyer un passé raisonnable (même s'il était illusoire) à notre vie actuelle et lui donner ainsi une certaine harmonie ? A l'image d'Adam pourvu d'un nombril qui soulignait la continuité de l'espèce à venir, Dieu aurait gratifié le monde qu'il venait de créer d'une apparence d'histoire bien ordonnée. La Terre n'aurait ainsi pas plus de quelques milliers d'années d'existence conformément à ce qui est écrit dans la Genèse, mais elle pourrait néanmoins receler les témoignages apparents d'indicibles éons.

Cet argument, que l'on cite souvent comme l'exemple suprême du raisonnement absurde, fut repris le plus sérieusement du monde et en détail par le naturaliste anglais Philip Henry Gosse en 1857. Gosse gratifia son livre d'un titre où l'allusion historique était claire : *Omphalos* (le mot grec qui signifie nombril) en l'honneur de celui d'Adam, et le pourvut d'un sous-titre : *Tentative de dénouement du nœud géologique.*

Omphalos est un tel tissu d'inepties que certains lecteurs se demanderont, peut-être à juste titre, pourquoi j'ai même choisi d'aborder le sujet. Je l'ai fait avant tout parce que l'auteur du livre était un homme extrêmement sérieux, et tout aussi fascinant ; il n'était ni un malade incurable ni un contestataire. Et toute honnête passion mérite notre attention, ne fût-ce que pour la plus vieille des raisons si bien exprimée dans cette phrase de Térence : *Homo sum : humani nihil a me alienum puto* (je suis un homme et rien de ce que font les hommes ne m'est indifférent).

Philip Henry Gosse (1810-1888) était en Grande-Bretagne le David Attenborough de son temps, le plus fin vulgarisateur des charmes de la nature. Il écrivit une douzaine de livres sur les plantes et les animaux, donna de nombreuses conférences de vulgarisation et publia plusieurs articles plus spécialisés sur les invertébrés marins. De plus, en ces temps où la religion était une soupape de sûreté aux passions interdites ailleurs, Gosse était un fondamentaliste convaincu et très engagé : il appartenait à la secte Brethren de Plymouth. Même si l'on ne lit plus aujourd'hui son *Histoire des anémones de mer de Grande-Bretagne* et autres vagabondages dans la nature, Gosse a conservé une certaine notoriété pour un tout autre motif. Il est en effet l'un des deux personnages principaux d'un livre écrit par son fils : *Père et fils.* Dans cet ouvrage d'auto-analyse et de confession caractéristique de la fin de l'ère victorienne, Edmund nous fait un merveilleux récit des démêlés d'un jeune homme avec l'extrémisme écrasant d'une religion imposée par un père aimant et aimé.

J'ai pourtant une seconde raison de parler d'*Omphalos* : ce livre me permet en effet d'aborder sous un autre angle ce thème si fréquent dans mes essais sur les petites bizarreries de la nature : l'exception confirme la règle. Si vous désirez comprendre les gens ordinaires, un seul marginal vous en apprend bien plus que dix mille citoyens respectables. De même, en comprenant pour quel motif *Omphalos* est un livre inacceptable (et vous verrez que ce n'est pas pour la raison que l'on invoque habituellement), nous comprendrons bien mieux quelles sont les caractéristiques d'une vraie démarche scientifique et d'un raisonnement logique bien conduit. L'examen d'*Omphalos* est, de toute façon, un exercice d'anthropologie de la connaissance unique en son genre : cette étrangeté sans pareil a surgi de l'imagination d'un bon Anglais bien flegmatique, dont nous saisirons assez facilement la personnalité générale et les racines culturelles, plus proches des nôtres que les systèmes exotiques de cultures étrangères, *terra incognita* sur la forme aussi bien que sur le fond.

Pour comprendre *Omphalos,* nous devrons d'abord nous poser une question. La thèse de ce livre — les strates géologiques et les fossiles furent créés en même temps que la Terre et sont uniquement destinés à nous donner l'illusion de l'écoulement du temps — nous aurait certainement paru plus naturelle de la part d'un théologien de salon indifférent aux merveilles de la nature. Mais un fin naturaliste qui avait passé des journées voire des mois entiers en excursions géologiques, qui avait, des heures durant, examiné des fossiles, appris à les différencier et à retenir leur nom — comment un tel homme pouvait-il admettre de bonne grâce que les objets auxquels il accordait toute son attention n'avaient jamais existé, que ces objets étaient l'incarnation d'une plaisanterie cosmique que nous aurait jouée notre Seigneur à tous ?

Philip Henry Gosse était le meilleur naturaliste descriptif de son époque. Voici ce que son fils écrivait de lui : « En son temps, il n'avait pas son pareil pour rassembler des faits et classer ses observations. » Le problème réside dans la caricature habituelle que l'on fait d'*Omphalos* : Dieu, en créant la Terre, avait délibérément conçu ce mensonge compliqué pour mettre notre foi à l'épreuve ou tout simplement pour satisfaire à quelque impénétrable dessein humoristique. Gosse, farouchement engagé vis-à-vis de son Dieu, mais tout autant envers ses fossiles, nous proposait une interprétation opposée : il fallait étudier la géologie avec soin et accorder le respect voulu à tous les faits géologiques même s'ils n'avaient aucune existence propre dans la réalité du temps. Si nous comprenons quel motif a poussé cet empiriste intègre à soutenir la thèse d'*Omphalos* (« la création avec l'apparence de la préexistence »), alors seulement nous comprendrons quelles erreurs plus profondes Gosse a commises dans ce livre.

Gosse fondait son argumentation sur les prémisses suivantes — sujettes à caution pour le moins — : chaque processus naturel est cyclique et parcourt indéfiniment le même cercle — la poule vient de l'œuf qui vient de la poule, le chêne donne un gland qui donne un chêne.

> Voici donc ce qui préside à l'ordre de toute matière organique dans la nature. A partir du moment où nous nous trouvons dans une quelconque

> portion de ce cycle, nous sommes piégés dans ce sillon circulaire aussi sûrement qu'un cheval aveugle faisant tourner la roue du moulin...

(Autrefois, les moulins étaient actionnés par des chevaux ; on leur faisait porter les œillères, ou bien, c'est triste à dire, on les aveuglait irrémédiablement afin qu'ils continuent à tourner en rond, car les chevaux qui disposent de repères visuels ont tendance à se diriger tout droit.)

> Cette loi ne s'applique pas seulement à quelques espèces particulières, mais à toutes : elle règne dans toutes les classes d'animaux et toutes les classes de plantes, du palmier royal au protocoque, de la monade à l'homme ; la vie de chaque être organique tourne et tourne en un cercle qui n'a ni commencement ni fin... La vache succède inéluctablement à un embryon, qui est lui-même naturellement issu d'une vache.

Gosse ne concevait pas le moindre doute sur le fait que toutes les espèces devaient leur existence à un fiat divin et n'avaient jamais subi le moindre processus d'évolution ; et chaque fois que Dieu décidait de créer, pensait Gosse, il fallait qu'il pénètre (ou qu'il « fasse irruption », comme l'écrivait Gosse) quelque part dans ce cercle idéal. Quel que soit l'endroit où Dieu pénètre dans le cercle (l'endroit qu'il marque de son sceau créateur, selon la métaphore de Gosse), il doit faire porter à la première créature d'une série les traces de toutes les étapes antérieures qu'elle a parcourues dans le cercle, même si ces étapes n'ont pas d'existence en temps réel. Si Dieu choisit de créer des êtres humains adultes, leurs cheveux et leurs ongles (sans parler de leur nombril) doivent témoigner d'une croissance antérieure qui ne s'est en réalité jamais produite. Même si Dieu choisit de nous créer sous forme d'un simple ovule fécondé, cette forme initiale, nécessairement issue du sein d'une mère fantôme, est le fruit de deux parents inexistants responsables de la transmission de l'hérédité.

> L'ensemble de la création ne peut rien être d'autre qu'une série d'irruptions dans des cercles. Supposons que l'irruption ait lieu en un endroit quelconque du cercle et faisons varier indéfiniment et à loisir la position de cette irruption, nous ne pouvons échapper à la conclusion suivante : chaque organisme portait, dès l'instant de sa création, les traces d'une existence antérieure. Mais les concepts de création et d'histoire antérieure sont incompatibles : le concept de création d'une organisme exclut toute possibilité d'existence antérieure de cet organisme, en tout ou en partie ; il s'ensuit que toute trace d'existence antérieure que porte un organisme est fausse, ou, du moins, elle ne témoigne pas de l'écoulement du temps.

Gosse conçut alors une terminologie qui permettait de distinguer les portions du cercle antérieure et postérieure à l'acte de création. Il qualifia de « prochroniques », c'est-à-dire situées en dehors du temps, toutes les caractéristiques d'un organisme qui semblent indiquer son passage par les étapes antérieures du cercle de la vie, mais qui ont été fabriquées par Dieu au moment de sa création. Les événements qui se déroulent au cours du temps réel, après l'acte de création sont au contraire « diachroniques ». Ainsi, le nombril d'Adam était prochronique et les 930 années de sa vie sur Terre étaient diachroniques.

Les trois cents premières pages, près des neuf dixièmes du livre de Gosse, sont consacrées à une énumération d'exemples dont le seul but est d'illustrer la petite partie qui suit et qui est en fait la thèse de son livre — si les différentes espèces de créatures doivent leur existence à un acte de création qui est intervenu subitement, en un point quelconque de leur cycle de vie, leur apparence initiale doit nécessairement porter des traces illusoires (prochroniques) de leur existence antérieure. J'ai pensé que vous apprécieriez au moins l'un de ces innombrables exemples caractéristique de l'argumentation de Gosse, et celui que j'ai choisi vous donnera également un aperçu de sa prose flamboyante. Si Dieu a créé les vertébrés au stade adulte, prétend Gosse, les schémas d'usure et de remplacement de leurs dents doivent témoigner d'un passé prochronique.

Gosse nous convie en imagination à une visite du monde vivant une heure à peine après la création, dans un endroit sauvage. Il s'arrête au bord du rivage et scrute au loin les vagues :

> Je vois là-bas... un tyran terrifiant de la mer... C'est l'effroyable requin. Il se glisse furtivement vers nous... Approchons-nous et jetons un coup d'œil dans sa gueule... Voyez-vous ce redoutable déploiement de couteaux et de bistouris ? C'est une véritable trousse d'instruments chirurgicaux — ne vous fait-elle pas frémir d'horreur ? Cette rangée de scalpels triangulaires vous amputerait si facilement d'une jambe !

Le schéma de croissance de ces dents est une spirale : les dents poussent chacune à leur tour, au fur et à mesure de l'utilisation et de la chute des dents précédentes :

> En conséquence, les dents que nous voyons à présent, dressées et menaçantes, succèdent aux précédentes qui ont aujourd'hui disparu, mais autrefois, ces dents étaient en attente, comme celles que nous voyons à présent derrière elles... Ces observations nous inciteraient donc à conclure que cet animal vit depuis très longtemps et, pourtant, il n'a pas vu le jour depuis plus d'une heure.

Oserions-nous prétendre que ces dents sont les premières de leurs spirales, et que leur présence n'implique en rien l'existence de dents antérieures, Gosse nous rétorque aussitôt que l'état d'usure de ces dents témoigne de leur passé prochronique. Et si nous suggérons alors que les dents d'un requin qui vient d'être créé sont peut-être bien toutes neuves, Gosse nous réduit au silence avec l'exemple suivant.

> Dirigeons-nous vers cette vaste rivière. C'est ici que se vautre et se déchaîne l'énorme hippopotame. Que peut nous apprendre sa dentition ?

De nos jours, tout hippopotame adulte est pourvu de canines et d'incisives très usées et taillées en biseau, signe manifeste d'un usage intensif durant toute une longue vie. Et si nous suggérions, comme dans le cas précédent, que les dents de devant d'un hippopotame qui vient d'être créé sont peut-être toutes neuves et bien aiguisées ? Gosse nous répond, et c'est exact, qu'un hippopotame ne pourrait jamais se servir de dents intactes. Les dents d'un hippopotame créé à l'âge adulte doivent être usées, en témoignage d'un passé prochronique :

> La surface polie des dents usées à force d'avoir frotté l'une contre l'autre est une preuve criante de l'écoulement du temps. Certains élèveront peut-être l'objection suivante : « De quel droit affirmez-vous que les dents de l'hippopotame étaient usées au moment de sa création, en supposant qu'il a été créé à l'âge adulte ? Pourquoi n'aurait-il pas des dents neuves ? » Je réponds : impossible : jamais l'hippopotame ne pourrait se servir de ses dents si elles n'étaient pas usées ; à vrai dire, il lui aurait même été impossible de refermer les mâchoires si ses canines avaient été intactes et il aurait été obligé de maintenir sa bouche ouverte jusqu'à ce qu'elles soient suffisamment usées, et bien entendu, il serait mort de faim longtemps avant... Le degré d'usure des dents est surtout une question de temps... Nous voilà donc confrontés à une preuve indéniable de l'écoulement du temps, et pourtant, quelle illusion, puisque cet animal vient d'être créé !

Cette argumentation pourrait être répétée indéfiniment (et c'est à peu près ce qui se passe dans le livre) ; laissez-moi vous faire part d'un dernier exemple « dentaire ». Gosse, poursuivant son voyage imaginaire vers l'intérieur des terres et en altitude, atteint une forêt où il découvre le *Babiroussa*, ce célèbre porc d'Asie dont les canines supérieures poussent hors de la bouche, et s'incurvent si loin vers l'arrière qu'elles lui transpercent presque le crâne :

> Dans les fourrés de ce bosquet de muscadiers, juste à côté de nous, se terre un Babiroussa ; examinons-le. Le voici, presque englouti dans cette mare tiède. Gentil cochon à la défense arrondie, ouvre-nous, s'il te plaît, ta jolie bouche !

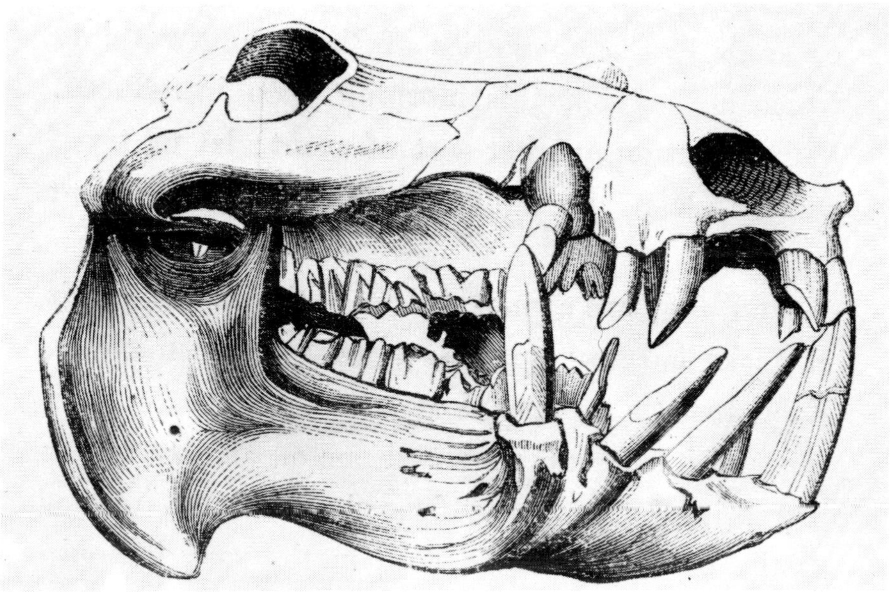

Le crâne d'un hippopotame, dessiné par Gosse (1857), montre clairement l'usure en biseau des dents (qui se produit progressivement au cours du temps), indispensable au bon fonctionnement de ses mâchoires.

Créé par Dieu depuis une heure à peine, le cochon, fort obligeant, fait étalage de ses molaires usées et, surtout, de ses canines recourbées, produits d'une longue croissance ininterrompue.

Gosse résout, à mon avis, d'une manière assez satisfaisante — dans les limites de ses hypothèses de départ — le vieux dilemme de la poule et de l'œuf (qui me paraît aussi important que celui du nombril d'Adam ou du nombre d'anges sur la pointe d'une aiguille) ; à la question : « Qui de la poule ou de l'œuf vient en premier ? » Gosse nous répond : « L'un ou l'autre au bon plaisir de Dieu, peu importe, du moment que le premier porte les traces prochroniques du second. » Mais les raisonnements ne valent que ce que valent leurs prémisses et le non-sens inspiré de Gosse est pris en défaut : une autre théorie — celle de l'évolution —, dont le bien-fondé ne fait plus aucun doute aujourd'hui, rend tout simplement caduc le dilemme de la poule et de l'œuf. Les cycles de Gosse ne tournent pas éternellement en rond ; chacune des formes de vie que nous connaissons aujourd'hui était à l'origine une substance inorganique dissoute dans l'océan primitif. Si les organismes devaient réellement leur existence à des actes de création *ab nihilo*, il fallait respecter le

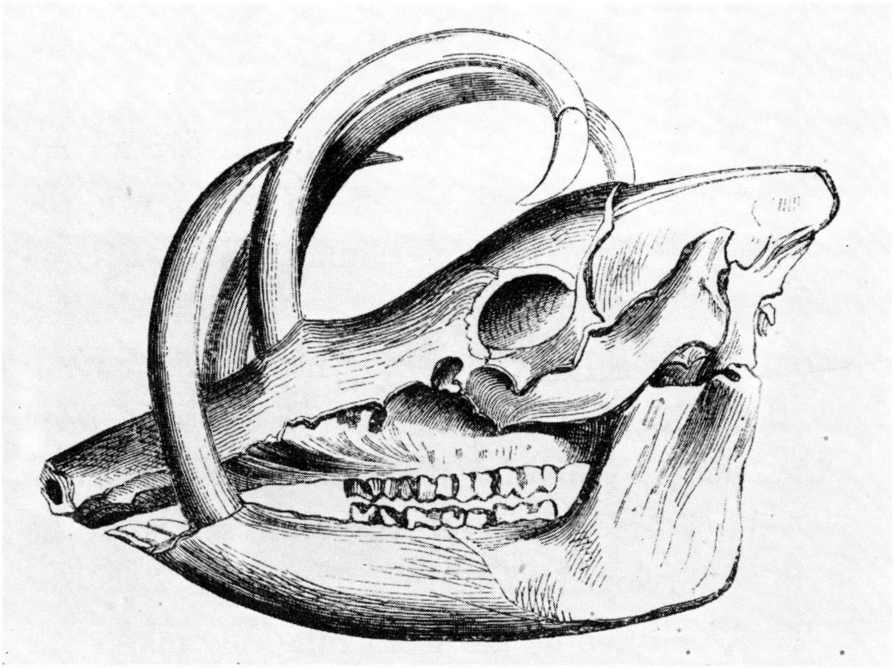

Un crâne de *Babiroussa* dessiné par Gosse (1857) où les marques du temps écoulé apparaissent dans le degré d'usure des molaires et les longues canines recourbées.

raisonnement de Gosse sur les caractéristiques prochroniques de ces organismes. Mais si l'on admettait que chaque espèce avait évolué jusqu'à la forme que nous connaissons aujourd'hui, *Omphalos* perdait tout son sens et s'effondrait d'un bloc. Gosse avait parfaitement compris la menace qui planait sur son livre et il préféra prendre les devants : il rejeta la théorie de l'évolution, sans autre forme de procès. Cette théorie, il l'admettait, jetait le discrédit sur son système, mais seuls des idiots pouvaient se laisser berner par ce genre d'absurdité et d'idolâtrie (Gosse avait écrit *Omphalos* deux ans avant que Darwin publie son *Origine des espèces*).

> Si quelqu'un ose affirmer, comme beaucoup le font, que les espèces sont progressivement parvenues à leur état de développement actuel à partir de formes moins évoluées, soit... il est libre d'avoir cette opinion, mais je ne la partage nullement. Ces pages ne le concernent donc pas.

Gosse dut ensuite affronter une seconde difficulté, plus grande encore : si les créatures vivantes et leurs cycles de vie se pliaient bien à sa théorie du prochronisme, comment étendrait-il ce concept à la Terre tout entière et à ses fossiles — car, ne l'oublions pas, *Omphalos* devait réconcilier la géologie et la chronologie de la Bible ; ce traité était, selon les termes de Gosse, « une tentative pour dénouer le nœud géologique ». Et toutes ses affirmations sur les caractéristiques prochroniques des êtres vivants avaient pour unique objet d'étayer la thèse principale de son livre qui concernait la géologie. Et c'est précisément sur ce point que Gosse échoue : sa théorie géologique repose en effet sur une analogie extrêmement douteuse avec un raisonnement qui convient bien mieux aux organismes (il le reconnaissait d'ailleurs lui-même, puisqu'il y consacre les neuf dixièmes de son livre).

Vaillamment, Gosse s'efforçait d'appliquer à la Terre entière les deux prémisses qui lui avaient si bien servi pour démontrer le prochronisme chez les animaux. Mais un monde contraire se liguait contre les acrobaties de ce raisonnement et *Omphalos* s'effondra sous son propre poids d'illogisme. Gosse essaya d'abord de prouver que tous les processus géologiques, comme les cycles de vie des êtres vivants, se déroulent selon des cercles :

> En fait, avant de nous prononcer définitivement sur le problème de l'analogie entre le globe terrestre et les organismes, il nous faut d'abord répondre à la question suivante : l'histoire de la vie du globe est-elle cyclique ? Dans l'affirmative (et nous avons de nombreuses raisons de croire que c'est probablement le cas), je suis certain que le prochronisme apparaissait clairement dès la création du globe, puisqu'il n'existe aucun point d'un cercle qui ne soit pas précédé de nombreux autres points.

Mais Gosse ne découvrit jamais d'exemple irréfutable de système cyclique en géologie, et son raisonnement s'embourba dans un marais de rhétorique et d'allusions tirées de l'Ecclésiaste : « Toutes les rivières vont à la mer ; et pourtant la mer n'*est* pas remplie. C'est donc à l'endroit où les rivières prennent leur source qu'elles retournent à nouveau. »

De plus, pour que les fossiles se plient à sa théorie, c'est-à-dire qu'ils soient les caractéristiques prochroniques du globe, Gosse eut recours à des analogies tellement tirées par les cheveux qu'elles auraient plongé le meilleur psychiatre dans un embarras profond — l'embryon est à l'adulte ce que le fossile est à la créature contemporaine. On admettra qu'une poule est nécessairement précédée d'un œuf, mais pour quelle raison un reptile moderne ferait-il partie du même cycle cosmique qu'un dinosaure (surtout pour le farouche adversaire de la théorie de l'évolution qu'était Gosse). Le python n'est pas le successeur inéluctable d'un *Triceratops* illusoire mis au tombeau dans une strate prochronique.

Ce résumé de l'argumentation de Gosse nous permet de répondre à la question que nous nous posions au début de l'essai et de comprendre le caractère paradoxal de l'attitude de Gosse : s'il pouvait à la fois reconnaître le caractère illusoire des strates et des fossiles et néanmoins recommander leur étude, c'est parce que la partie prochronique d'un cycle ne lui semblait pas moins « vraie » ni moins riche en informations que la partie diachronique qui se déroule selon nos normes temporelles classiques. Dieu a simplement décrété, selon Gosse, qu'il y a deux sortes d'existence : l'une, construite en une seule fois, porte apparemment les traces d'un certain passé, l'autre se déroule linéairement dans le temps. Ces deux formes d'existence se succèdent mutuellement dans l'harmonie, en cercles ininterrompus dont l'ordre et la majesté nous donnent un aperçu des pensées et des desseins de Dieu.

La partie prochronique d'un cycle n'est ni une farce ni une mise à l'épreuve de notre foi ; c'est simplement une manifestation de la volonté de Dieu de respecter sa propre logique et de tirer les conséquences de sa première décision : l'organisation de la création en cercles. Les strates et les fossiles, pensées de Dieu concrétisées dans la pierre grâce à des actes de création *ab nihilo*, sont aussi vrais que s'ils étaient la manifestation de l'écoulement du temps réel. Les géologues doivent consacrer autant de soin et de zèle à l'étude des objets prochroniques qu'à celle des objets diachroniques car Dieu nous fait part de ses enseignements aussi bien par les uns que par les autres. L'échelle du temps géologique n'est pas plus un instrument de mesure qu'une carte des pensées de Dieu.

> L'adhésion aux principes exposés dans ce livre... ne modifierait pas le moins du monde notre façon d'étudier la géologie scientifique. La nature et l'ordre des strates... les flores et les faunes successives et tous les autres phénomènes seraient encore toujours des faits. Ils resteraient tout autant qu'aujourd'hui des objets d'analyse et de recherche... Nous continuerions peut-être à parler de la durée inconcevable des phénomènes en question, mais en étant conscients qu'il ne s'agit pas d'une durée réelle mais d'une durée fictive — la projection d'une durée dans l'esprit de Dieu.

Gosse offrait donc *Omphalos* au secours de scientifiques troublés par d'éventuels conflits entre leur religion et leur profession ; il ne remettait en cause ni leurs méthodes ni la pertinence de leurs observations.

Gosse fondait de très grands espoirs sur *Omphalos*, et son fils Edmund écrivait à ce propos :

> Jamais un auteur ne confia son « bébé » au public avec une plus grande anticipation de son succès que ne le fit l'auteur de cet ouvrage curieux, entêté et fanatique. Mon père vivait dans l'attente fiévreuse du sort

> fabuleux réservé à son livre. Cet *Omphalos* de son cœur mettrait un point final aux remous des spéculations scientifiques, jetterait la géologie dans les bras de l'Écriture Sainte et ferait brouter le lion et l'agneau dans les mêmes paturages.

Le public accueillit cependant *Omphalos* avec incrédulité, des ricanements ou, pis, un silence de plomb. Edmund Gosse poursuit :

> Il offrit son ouvrage d'un même geste exalté aux athées aussi bien qu'aux croyants. Ce livre devait être la panacée universelle ; la thérapeutique intellectuelle qui ne pourrait que guérir des atteintes de l'âge. Mais hélas ! Les athées et les croyants se donnèrent le mot pour jeter un coup d'œil au livre, en rire, et le rejeter.

Si Gosse ne voyait pas d'inconvénient à ce que son Dieu ait créé un passé aux détails si minutieux mais illusoires, la plupart de ses concitoyens frappèrent d'anathème cette conception. Le peuple britannique est pratique et empirique ; c'est, selon la célèbre phrase d'Adam Smith, « une nation de boutiquiers », enclins à prendre les faits de la nature pour ce qu'ils sont plutôt que d'adopter les modes d'interprétation alambiqués tant prisés sur le continent. Le prochronisme était tout simplement trop difficile à avaler. Le révérend Charles Kingsley, intellectuel très en vue dont on ne pouvait mettre en doute la dévotion ni à Dieu ni à la science, se fit l'interprète de ses concitoyens et déclara qu'il « lui était impossible de renoncer aux conclusions auxquelles l'avaient lentement et laborieusement mené vingt-cinq années d'étude de la géologie et de croire que Dieu avait imprimé dans la roche ce mensonge gigantesque et superflu ».

Voilà le sort qui fut réservé à la théorie d'*Omphalos* et qui n'a pas changé depuis ; Gosse n'en était d'ailleurs pas l'inventeur, et un certain nombre de créationnistes la remettent régulièrement au goût du jour. Mais le public ne réserva jamais un accueil favorable à cette théorie, car elle heurte violemment notre conception de la bienveillance divine que, intuitivement, nous sentons exempte de desseins diaboliques ; si Gosse ne voyait en effet dans le prochronisme qu'une brillante expression de l'imagination de son Dieu, la plupart des gens ne pouvaient se départir de la désagréable sensation de s'être tout simplement fait berner. Aujourd'hui, les créationnistes américains rejettent violemment la thèse de Gosse qui, selon eux, laisse planer quelques doutes sur la droiture morale de leur Dieu ; ils ont préféré lui substituer une version plus ridicule encore, qui attribue au Déluge universel les kilomètres de strates fossilifères qu'ils n'ont ainsi aucune difficulté à télescoper dans l'échelle de temps de la Genèse.

Mais qu'y a-t-il de si désespérément faux dans *Omphalos* ? Une seule chose en fait — cela vous surprendra peut-être — : il est impossible de prouver que Gosse avait tort, comme il est d'ailleurs impossible de prouver qu'il avait raison. *Omphalos* est l'exemple parfait de la thèse invérifiable : que les strates et leurs fossiles soient prochroniques ou témoignent au contraire d'une longue histoire, notre monde n'en serait pas changé d'un iota. C'est à cause de l'absurdité de sa méthodologie que nous devons rejeter *Omphalos* et non pour quelque erreur effective et démontrable. Si nous percevons cela, nous comprendrons que la science est avant tout un moyen d'accéder à la connaissance et *Omphalos* aura joué son rôle de repoussoir ou d'aiguillon intellectuel.

La science est un creuset où l'on vérifie et où l'on rejette des hypothèses ; elle n'est pas l'abrégé d'une certaine connaissance. Toute proposition dont il est possible de prouver l'inexactitude appartient au domaine de la science — parce qu'il s'agit d'une erreur qu'il faut donc écarter, mais surtout parce que ce type de proposition respecte un critère méthodologique essentiel : il est possible de la contrôler. Toute théorie qui est par essence invérifiable n'appartient plus au domaine de la science. La science est le champ de l'action et du réel et non un ensemble de constructions brillantes et purement intellectuelles ; *Omphalos* n'est pas faux, il est inutile ; voilà pourquoi nous le rejetons.

La plus grande erreur de Gosse réside dans son manque d'appréciation de ce critère primordial de tout raisonnement vraiment scientifique. Il creusa lui-même la tombe de son livre en soulignant sans cesse qu'*Omphalos* n'entraînait aucun bouleversement pratique, que l'aspect du monde serait parfaitement identique si son passé était prochronique ou diachronique (Gosse espérait ainsi s'attirer l'approbation des géologues traditionnels ; il ne prit jamais conscience que c'était au contraire le moyen le plus sûr de leur faire rejeter en bloc son système inapplicable). « Je ne peux imaginer, écrivait-il, que ce système oblige à renoncer à une seule des conclusions que nous acceptons aujourd'hui en géologie, sauf bien entendu, celle de la chronologie réelle. »

Gosse insistait sur le fait qu'il nous était impossible de découvrir quel endroit du cercle cosmique Dieu avait marqué du sceau de sa création puisque les objets prochroniques, créés *ab nihilo*, ressemblaient à s'y méprendre aux produits diachroniques de la chronologie réelle. A ceux qui soulevaient l'objection des coprolithes, ces excréments fossilisés qui prouvaient que des animaux s'étaient alimentés au cours d'un passé géologique bien réel, Gosse répondait que Dieu, ayant placé des matières fécales dans les intestins des adultes qu'il avait créés, avait également installé des crottes pétrifiées dans les strates au moment de leur création (je n'invente pas cet exemple pour vous faire rire, vous le trouverez à la page 353 d'*Omphalos*). Par cette déclaration, Gosse réglait définitivement son sort et se plaçait lui-même au ban de la science :

> A présent, je le répète une fois de plus, ne vous efforcez pas de découvrir une différence entre le développement prochronique et diachronique, il n'y en a pas la moindre. Le raisonnement d'un physiologiste, démontrant qu'une vache fut un jour un fœtus dans l'utérus de sa mère, s'applique en tout point et avec autant de force à la démonstration suivante : la vache créée *ab nihilo* était également un embryon quelques années avant sa création. ...Il n'y a, et il ne peut y avoir, aucun élément dans ces phénomènes qui nous indique que le commencement eut lieu ici plutôt que là ou que nulle part ailleurs en fait. Le commencement, c'est un fait, je dois l'apprendre d'un témoignage ; il m'est impossible d'en déduire l'endroit d'une quelconque observation des phénomènes.

Gosse fut écrasé de chagrin par l'échec d'*Omphalos*. Durant les longues soirées de ce mois de janvier glacial de l'année 1858 où il connut ce revers, Gosse tentait de chasser ses pensées amères, installé au coin du feu avec son fils. Il racontait au jeune Edmund alors âgé de 8 ans les crimes de son époque et ceux du passé, et il ne lui épargnait aucun détail horrible. Le jeune Edmund entendit ainsi parler de Mrs. Manning, qui enterra sa victime dans la chaux vive et fut pendue habillée de satin noir ; de Burke et Hare, les vampires écossais ; et du « mystère du sac de voyage », un sac que l'on avait retrouvé suspendu à une pile du pont de Waterloo, et qui était rempli des morceaux d'un être humain soigneusement dépecé. Ce n'était probablement pas le sujet de conversation qui convenait le mieux à un jeune garçon impressionnable (de son propre aveu, Edmund était « presque pétrifié d'horreur ») ; pourtant, j'éprouve un certain réconfort à l'idée que Gosse, terrassé par le rejet de sa théorie invérifiable, s'était réfugié dans l'évocation de faits aussi indéniablement concrets.

Post-scriptum

Après avoir écrit cet essai, j'ai appris qu'un de mes écrivains favoris, Jorge Luis Borges, avait écrit un petit commentaire fascinant sur *Omphalos* (« La création et P.H. Gosse », in *Other Inquisitions*, 1937-1952, publié en 1964 par les Presses universitaires du Texas et traduit par Ruth L.C. Simms). Borges cite d'abord plusieurs allusions à l'absence de nombril chez nos premiers parents, qu'il avait découvertes au gré de ses lectures : Sir Thomas Brown écrivait dans *Religio Medici* (1642), en guise de métaphore pour évoquer le péché originel : « L'homme sans nombril qui vit encore en moi » ; et James Joyce, dans le premier chapitre d'*Ulysses* (on trouve absolument tout dans ce livre incroyable) déclare : « Heva, naked Eve, she had no navel » (Eve, Eve nue n'avait pas de nombril). J'apprécie tout particulièrement le joli raccourci et la perspicacité de la conclusion de Borges (même si je ne partage pas son avis quant au second point) : « J'aimerais souligner deux qualités de la thèse oubliée de Gosse. En premier lieu, sa monstrueuse élégance. Ensuite, sa démonstration involontaire de l'absurdité du concept de création *ab nihilo*, qui prouvait indirectement que l'Univers est éternel conformément à la pensée exprimée dans le Veda, par Héraclite et Spinoza ainsi que par les partisans de la théorie atomiste. »

7. Noé dans les glaces

Certains morceaux choisis d'un lointain passé se révèlent parfois d'une étonnante actualité. Après tout, l'émotion et la pensée humaine ont un je ne sais quoi d'universel qui brave le temps et transforme les diverses périodes de l'histoire en autant de théâtres où les auteurs contemporains puisent leur inspiration.

Je vais vous raconter un épisode d'une vingtaine d'années de l'histoire de la géologie en Grande-Bretagne, entre 1820 et 1840 environ. C'est un exemple réconfortant de ce que peut être la science sous son meilleur jour. L'un des géologues anglais les plus éminents avait proposé une théorie. Cette proposition dont l'énoncé ne laissait planer aucun doute était, comme toutes les théories, fortement imprégnée de la psychologie et du statut social de son auteur. Mais elle reposait également sur des bases empiriques, et, de ce fait, elle était facile à vérifier. Vérifications faites, la théorie se révéla fausse. Ses deux défenseurs les plus ardents se rétractèrent aussitôt, et s'efforcèrent, par la suite, de formuler une interprétation différente, plus conforme aux phénomènes qui avaient conduit à l'élaboration de cette théorie.

En 1823, le révérend William Buckland (1784-1856), premier géologue « officiel » de l'université d'Oxford, publiait un traité scientifique dont le titre accrocheur dévoilait clairement ses intentions : concilier les deux facettes de sa vie professionnelle, la religion et la géologie. Buckland avait intitulé son livre *Reliquiae diluvianae,* ou *les Reliques du Déluge.* Dès le sous-titre, on comprenait quel genre de preuves Buckland apportait à l'appui de sa théorie, destinée avant tout à retrouver les indices géologiques du cataclysme biblique qui fut le théâtre des aventures de Noé et de son Arche : *Commentaires sur les restes organiques retrouvés dans des grottes, des crevasses et des graviers diluviens, et autres phénomènes géologiques attestant des effets du déluge universel.* Après avoir été mise à l'épreuve, la théorie de Buckland fut rejetée à l'unanimité par les géologues, aussi bien par les créationnistes que par les vrais scientifiques. Il faut dire que le sujet du Déluge n'avait pas agité les bancs des géologues depuis cent cinquante ans.

Ces fondamentalistes contemporains qui se sont eux-mêmes donné le nom de « créationnistes scientifiques » ont remis Noé à la mode et ont fait du Déluge la cheville de leur science : ils attribuent à cet événement la formation de *toutes* les strates géologiques renfermant des fossiles. Buckland, en revanche, avait un objectif bien plus raisonnable : selon lui, seules les couches superficielles de terre et de graviers non consolidées étaient les vestiges du Déluge. Dans l'État d'Arkansas, la « loi de la création » établissait légalement la responsabilité géologique primordiale du Déluge ; cette loi fut toutefois déclarée inconstitutionnelle en 1982. Rien n'illustre mieux, à mon avis, la différence entre science et pseudoscience que la comparaison entre l'attitude rationnelle de Buckland — une proposition concrète, soumise à l'analyse puis rejetée — et l'attitude dogmatique des fondamentalistes modernes.

Bien d'autres géologues avaient proposé des « théories diluviennes » avant Buckland, mais la version que proposait ce dernier avait un double avantage : elle était à la fois raisonnable et vérifiable. L'ancêtre des théories du Déluge hantait la géologie depuis plusieurs siècles ; selon cette théorie, reprise si inopportunément par les créationnistes, tous les dépôts géologiques du monde — ou presque — avaient une seule et même origine : le Déluge universel. A l'époque de Buckland, cette version n'était déjà plus guère crédible, et, en 1836, il la rejetait d'un simple paragraphe, qui est encore largement suffisant pour réfuter ce que nos créationnistes s'efforçaient d'enseigner aux enfants de l'Arkansas :

> Certains ont tenté d'attribuer au Déluge des Écritures la formation de toutes les roches stratifiées de notre Terre ; cette hypothèse est absolument incompatible avec l'épaisseur considérable de ces sédiments et le nombre presque infini de leurs subdivisions. Elle est également incompatible avec l'abondance des restes d'animaux et de végétaux qui se succèdent régulièrement dans ces couches et diffèrent d'autant plus des espèces que nous connaissons que les strates où ils se trouvent sont plus anciennes ou situées à de plus grandes profondeurs.

D'autres géologues avaient considéré le Déluge comme une période de bouleversements de la surface de la Terre : des terres anciennes s'effondrèrent tandis que de nouveaux continents jaillirent des profondeurs de l'océan — ce qui expliquait au passage la présence de coquillages au sommet des montagnes. Mais Buckland avait admis que notre Terre avait une très longue histoire, ponctuée d'épisodes de soulèvements, brefs, mais fréquents. Il n'avait donc nul besoin d'un déluge récent pour expliquer la topographie de la Terre et le contenu géologique de ses montagnes.

Le déluge de Buckland était moins spectaculaire, moins catastrophique, et nettement plus crédible que celui de ses prédécesseurs. Les eaux du Déluge — un déluge universel et transitoire, selon ses propres termes — avaient temporairement noyé les continents qui occupaient déjà leur position actuelle. Les eaux s'étaient ensuite retirées, et la seule empreinte de leur passage était un dépôt superficiel de terres et de graviers et toute une série de caractéristiques topographiques façonnées par la montée puis le retrait des eaux.

Reliquiae diluvianae n'est donc pas un traité théorique grandiloquent et vide de sens sur les tenants et aboutissants du Déluge ; c'est une étude empirique bien précise des grottes et de la faune qui y était associée. La première grotte où Buckland avait entrepris des fouilles était située dans le Yorkshire et son étude lui avait valu la médaille Copley de la Société royale. Il avait ensuite étendu son champ d'investigation, fouillant d'autres grottes en Grande-Bretagne et un ensemble de grottes et de crevasses en Allemagne.

Buckland avait choisi les grottes comme témoins de ce déluge récent et transitoire, et il justifiait son choix de la manière suivante : la montée des eaux avait tellement bouleversé tout ce qui se trouvait à l'air libre, que l'on découvrirait uniquement dans l'isolement relatif des grottes des traces intactes de la vie des communautés antédiluviennes.

> Dans sa violence, ce cataclysme formidable a détruit et remodelé la forme de la surface de la Terre à un point tel que notre seul espoir de retrouver des indices de la période qui a immédiatement précédé ce déluge réside dans les grottes que ses ravages ont épargnées.

Les grottes étaient remplies d'os piégés par la montée des eaux ; ces os appartenaient à des espèces locales (l'ampleur du Déluge n'avait donc pas été suffisante pour remanier toute la faune en un gigantesque pot-pourri mondial). Ces restes osseux étaient encore assez frais — ils étaient donc enfouis depuis peu — et leur gangue était constituée de boue amenée par les eaux du Déluge ou d'un léger dépôt de substances contenues dans les eaux qui dégoulinent du toit des grottes (ce qui soulignait également le caractère récent du Déluge) ; enfin, ces os appartenaient à des espèces aujourd'hui disparues (celles qui n'avaient pas eu la chance d'être recueillies sur l'Arche), mais dont il était facile d'établir une parenté avec les espèces contemporaines.

On se fait une idée claire des méthodes de travail de Buckland et de son mode de raisonnement en lisant son commentaire sur la grotte de Kirkdale. Cette grotte renfermait un important dépôt d'os fossilisés, brisés en fragments aux arêtes vives, tantôt emprisonnés dans une gangue

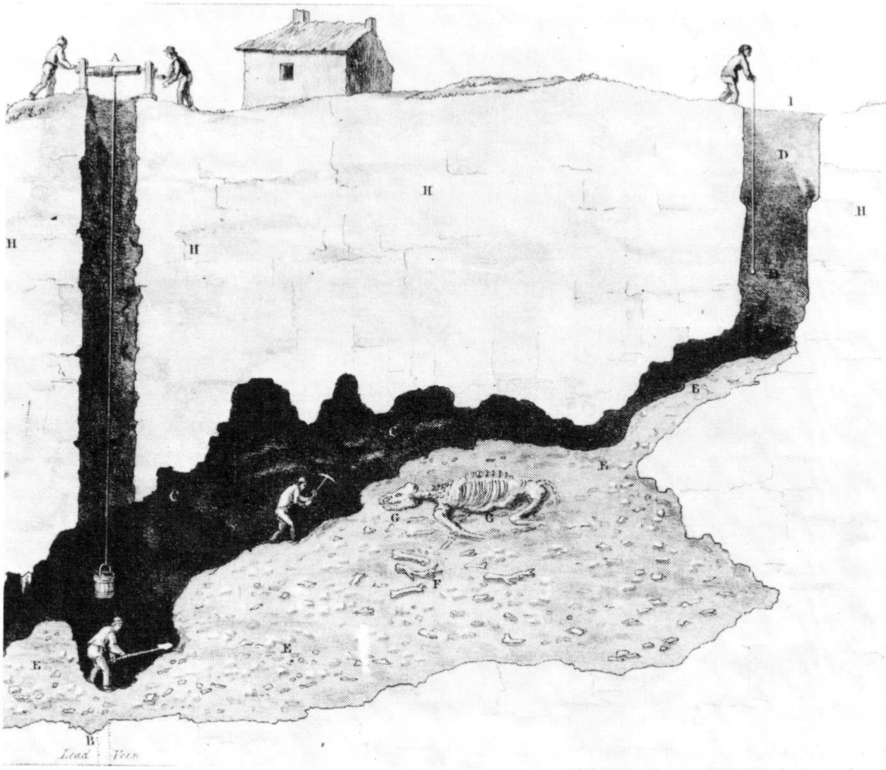

Le type de fouilles que l'on effectuait au XIXe siècle. Cette grotte, vue en coupe, contient des « reliques du Déluge ». D'après Buckland, 1823.

de boue, tantôt couverts d'une croûte calcaire déposée par les gouttes d'eau tombant du toit de la grotte. Voici comment Buckland décrit son butin, n'hésitant pas à faire des comparaisons gastronomiques à l'occasion :

> En certains endroits où la couche de boue était peu épaisse et les empilements de dents et d'os étaient assez importants, certains morceaux s'élevaient parfois de 5 à 10 centimètres au-dessus de la croûte de stalagmites recouvrant la boue. Des morceaux d'os dépassaient donc çà et là, comme les pattes d'un pigeon en croûte ; leur extrémité supérieure couverte de fines stalagmites s'élevait dans l'espace qui les séparait du toit de la grotte tandis que leur extrémité inférieure était simplement couverte de la boue où elle était emprisonnée.

Buckland consacre presque toute sa monographie à la démonstration suivante : il s'efforce de prouver que la grotte de Kirkdale était l'antre d'un groupe d'hyènes et que tous les fragments d'os qu'elle renferme sont les reliefs des repas de ses habitants. Comme tout bon géologue, Buckland procédait par analogie et tentait de découvrir la signification de ses trouvailles du passé à la lumière de leur équivalent contemporain. Il rassembla tous les renseignements possibles sur les hyènes, de l'étude des classiques latins à quelques visites personnelles au zoo d'Exeter. Il montra ainsi que les hyènes brisaient et broyaient aujourd'hui les os en fragments de forme identique à celle des morceaux aux arêtes vives qu'il avait découverts dans la grotte de Kirkdale. Il découvrit aussi que ces curieux petits os ronds qu'il avait trouvés dans ses grottes ressemblaient furieusement aux crottes de ses amies emprisonnées à Exeter. Enfin, il découvrit un grand nombre d'os d'hyènes dans la grotte, tous en morceaux et broyés : les hyènes subissaient apparemment un sort identique à celui qu'elles réservaient aux animaux et aux charognes des espèces qui constituaient leurs repas habituels. Buckland ne découvrit aucun os d'hyène intact à l'intérieur de la grotte, mais il en trouva un certain nombre dans les parages, ce qui lui fit supposer que la montée des eaux avait mis les hyènes en fuite vers les collines voisines :

> Si quelqu'un venait à nous demander pourquoi nous n'avons pas trouvé à l'intérieur de la grotte un seul squelette intact du ou des derniers représentants qui n'avaient plus laissé de survivant pour les dévorer, nous lui répondrions, et cela nous paraît amplement suffisant, que les derniers survivants ont probablement trouvé la mort dans les circonstances suivantes : si au moment de la montée des eaux, des hyènes s'étaient trouvées à l'intérieur de la grotte, elles se seraient ruées à l'extérieur et se seraient réfugiées sur les collines ; si elles étaient ailleurs, sur les collines par exemple, la montée des eaux les aurait empêchées de revenir dans la grotte. Il est clair que l'espèce fut exterminée par ce cataclysme : on a retrouvé des os d'hyène dans les dépôts de graviers diluviens en Angleterre aussi bien qu'en Allemagne.

La plupart des os découverts à Kirkdale appartenaient à des éléphants, des rhinocéros et des hyènes. Comme tous ces animaux vivent aujourd'hui sous les tropiques, Buckland supposa que le Déluge s'était accompagné d'un brusque refroidissement du climat (il se trompait complètement : nous savons à présent que toutes ces espèces à longs poils étaient des cousins de l'ère glaciaire des représentants tropicaux actuels). L'un des traits distinctifs des *Reliquiae diluvianae* est l'absence totale de discussion des causes des phénomènes et de théorie générale. Buckland renia la méthode plus traditionnelle qui consistait à élaborer un système et à discuter différentes hypothèses ; il écrivit plutôt une monographie empirique sur les preuves explicites de l'existence d'un déluge. Grâce à la méthode adoptée par Buckland, il était possible de vérifier sa thèse et, le cas échéant, de la réfuter, ce que l'on fit — c'est le mode de fonctionnement le plus sain de la science. Buckland ne se permit qu'un seul écart à la ligne de conduite qu'il s'était fixée : au moment où il discuta du refroidissement hypothétique du climat, il spécula sur les causes de ce phénomène, mais se rétracta aussitôt, en accord avec ses objectifs :

> Quant à l'origine de ce phénomène, qu'il s'agisse d'un changement d'inclinaison de l'axe de rotation de la Terre, de l'approche d'une comète, ou de toute autre cause ou combinaison de causes astronomiques, là n'est pas la question : cette discussion sort du cadre du présent mémoire.

Après avoir discuté le cas de Kirkdale et d'autres grottes situées en Angleterre et en Allemagne, Buckland nous présente des preuves supplémentaires du caractère universel du Déluge. La dernière partie de *Reliquiae diluvinae* est consacrée à la discussion de deux éléments qui corroborent sa théorie. En premier lieu, Buckland avait étudié les couches de terres et de graviers qui alternent avec les strates rocheuses dans toute l'Europe septentrionale et il y avait découvert les os d'animaux identiques à ceux qui fréquentaient ses grottes. Selon Buckland, ces dépôts de terres et de graviers étaient la conséquence directe du Déluge ; les fossiles découverts dans les grottes, identiques à ceux que renfermaient les dépôts diluviens, étaient donc les témoins des derniers jours précédant le déluge des Écritures. Buckland prétendait, d'autre part, que le modelé des collines et des vallées était l'œuvre caractéristique du flot tourbillonnant des eaux.

En résumant sa discussion sur la grotte de Kirkdale, Buckland formulait une conclusion d'importance capitale et se faisait ainsi l'artisan de sa propre perte. Dans sa théorie du Déluge, Buckland voulait montrer qu'un seul et même événement, le Déluge, était responsable des dépôts de terres et de graviers et de ceux qui remplissaient les grottes. Il était donc indispensable que deux points précis soient confirmés : il fallait, d'une part, que les dépôts de graviers et les dépôts des grottes soient contemporains, mais il fallait également que tous ces dépôts correspondent à un phénomène unique, et ne résultent pas d'une succession de déluges ou de tout autre type de catastrophe.

> Le dépôt de cette grotte n'est pas constitué d'une alternance des couches de boue avec des couches d'os ou de stalagmites comme le serait inévitablement un dépôt formé en plusieurs fois, par des inondations successives. Toute cette boue fut apparemment déposée en une seule fois et nous pouvons considérer qu'elle fut véhiculée par les eaux troubles de cette

même inondation qui a déversé les sédiments et les graviers diluviens sur la planète tout entière.

En tirant cette conclusion, Buckland s'écartait de la voie strictement empirique dont il se réclamait (un objectif mal fondé, que peu de scientifiques doués d'imagination peuvent et doivent respecter, en tout cas). Il n'étayait d'aucune donnée valable sa première proposition — le caractère contemporain des dépôts des grottes et des dépôts de graviers. De plus, les grottes qu'il avait étudiées étaient assez éloignées les unes des autres, et il lui était impossible de démontrer l'appartenance de tous les fossiles à une même époque. En fait, Buckland raisonnait à l'envers : il se fondait sur sa conviction personnelle pour parvenir à une conclusion empirique. C'est parce qu'il croyait si profondément à la réalité historique du Déluge que Buckland supposait que ces dépôts variés et discontinus étaient contemporains. Et pourtant, il prétendait aussi que les preuves dont il disposait attestaient à elles seules la réalité du Déluge de Noé. Il essayait vraiment de gagner sur tous les tableaux.

Voici néanmoins ce qu'il proclamait audacieusement quatre ans avant la publication de son livre, dans cette conclusion frappante de son discours inaugural à Oxford :

> Les preuves de cet événement général et relativement récent que fut le déluge universel sont si décisives et indiscutables que la géologie elle-même aurait été obligée d'invoquer l'existence d'une catastrophe de ce genre si les Écritures ou toute autre autorité en la matière ne nous l'avaient déjà fait connaître.

Cette phrase est restée célèbre et fut souvent tournée en ridicule : on pensait que Buckland souffrait d'autosuggestions hallucinatoires nées de ses convictions religieuses. Ce n'est pas le cas. L'affirmation de Buckland, un peu trop énergique peut-être, n'est pas déraisonnable et elle contient l'une des plus belles ironies de toute l'histoire des sciences.

Nous savons aujourd'hui que de gigantesques calottes glaciaires ont recouvert l'Angleterre et toute l'Europe septentrionale, assez récemment et à plusieurs reprises. Les traces qui subsistent sur le terrain après le retrait des glaces ressemblent à s'y méprendre aux conséquences d'inondations de très grande ampleur : énormes blocs de roche transportés fort loin de leur lieu d'origine, graviers hétéroclites apparemment entassés sous l'effet de processus cataclysmiques. Et la topographie caractéristique des périodes glaciaires est en effet principalement modelée par les eaux de fonte des glaces. Buckland découvrait donc en réalité les indices d'une période glaciaire, mais, tout naturellement, il interprétait ses observations en termes de déluge. Si Buckland avait habité le sud de l'Europe, ou encore si la science de la géologie avait fait ses premières armes sous les tropiques, cette version très raisonnable des théories diluviennes n'aurait jamais marqué notre histoire. Nous pouvons difficilement blâmer Buckland de n'avoir pas imaginé que son pays fut un jour couvert d'un kilomètre de glace. Il est certain que, dans les années 1820, le concept d'une calotte de glace continentale était non seulement ridicule, mais inimaginable ; le déferlement des eaux d'un déluge, en revanche, n'était ni déraisonnable ni incompatible avec les connaissances de l'époque. On comprend toutefois aisément, et toujours rétrospectivement, pourquoi la théorie de Buckland ne résista pas très longtemps à l'épreuve. Selon Buckland, les dépôts de sédiments à l'intérieur des grottes et tous les autres dépôts résultaient de l'action d'*un seul déluge* alors que, en réalité, tous ces dépôts étaient le produit de *plusieurs* épisodes de *glaciation.*

Tout au long des années 1820, la théorie de Buckland fit l'objet d'une controverse animée à la Société de géologie de Londres et divisa les géologues britanniques les plus éminents en deux camps opposés. Buckland comptait comme principal allié le révérend Adam Sedgwick, son homologue de Cambridge et frère en Dieu. Charles Lyell, le grand apôtre du gradualisme et l'aristocratique Roderick Impey Murchinson prirent la tête du camp adverse. Le débat prit des proportions aussi vigoureuses que les flots diluviens de Buckland, mais, dix ans plus tard, Sedgwick et Buckland jetaient l'éponge.

Buckland fut obligé de battre en retraite pour deux raisons. D'une part, il lui fallut bien admettre, en définitive, que les dépôts de sédiments et de graviers n'étaient pas disséminés sur toute la planète (ce que l'on aurait observé dans le cas d'un déluge universel) ; ces dépôts étaient uniquement situés dans les pays de latitudes nordiques (c'était le reflet — mais Buckland ne pouvait le savoir — de l'extension limitée des glaciers depuis le pôle).

La seconde découverte qui mit en échec la thèse de Buckland était encore plus lourde de conséquences. Grâce au travail de fourmi des géologues de terrain qui établissent des corrélations entre les strates, il était clair que les dépôts des grottes et les autres dépôts n'étaient pas tous contemporains ; de plus, certains dépôts étaient manifestement le produit de plusieurs inondations successives (disons plutôt glaciations puisque nous le savons à présent). L'établissement de « corrélations » entre les strates est la principale activité des géologues de terrain : nous nous promenons d'affleurement en affleurement, nous nous efforçons de découvrir dans quelle direction les strates se poursuivent à partir d'un endroit donné, et nous tentons alors d'identifier quelles couches d'un endroit correspondent à un ensemble donné de strates d'un autre endroit (les strates correspondantes sont contemporaines).

Grâce à la progression de ce travail de base, les géologues acquirent la certitude que les dépôts des grottes de Buckland et les dépôts de graviers ne correspondaient pas à un déluge universel unique, mais à de nombreux épisodes successifs. Cette découverte ne les obligeait pas à écarter l'idée de déluge et à rechercher d'autres causes, mais elle dépouillait le déluge de Noé de son statut particulier. S'il y avait eu de nombreux déluges, il n'y avait en effet aucune raison d'imputer les preuves réunies par Buckland à un événement biblique précis. Enfin, Buckland n'avait jamais découvert le moindre ossement humain dans ses grottes, or, le déluge de la Bible était destiné à exterminer l'humanité rapace, Buckland conclut donc finalement que *tous* ces nombreux déluges dont il reconnaissait désormais l'existence s'étaient produits avant le déluge de la Bible.

Voici le compte rendu triomphaliste de Lyell à Gideon Mantell, l'un de ses partisans, après un débat houleux qui s'était tenu en 1829 à la Société de géologie sur l'étude menée par Coneybeare dans la vallée de la Tamise (William Coneybeare soutenait ouvertement Buckland) :

> Je me suis battu comme un lion aux côtés de Murchinson, et Buckland est resté très piano. Le mémoire de Coneybeare est tout sauf convaincant. Il reconnaît qu'il y a eu trois déluges avant celui de Noé ! et Buckland y ajoute Dieu sait combien d'autres catastrophes : nous les avons joliment boutés hors de leur géologie biblique.

(Aux lecteurs qui ne sont pas familiers avec les termes utilisés en musique, je signale que piano signifie « doux » en italien. On peut jouer du piano doucement — piano — ou bruyamment — forte — et à l'origine, cet instrument s'appelait un pianoforte.)

Dans l'ouvrage suivant qu'il publia en 1836, Buckland reconnaissait lui-même sa défaite, mais il n'avait pas encore admis l'hypothèse des glaciations :

> Depuis la publication de cet ouvrage *(Reliquiae diluvianae)* de nouvelles découvertes montrent que de nombreux animaux décrits dans ce livre ont existé pendant plus d'une période géologique précédant le cataclysme responsable de leur extermination. Il semble désormais plus probable que le cataclysme en question fut le dernier d'une longue série de bouleversements géologiques provoqués par des déferlements d'eaux bien plus violents que cette inondation plutôt tranquille que nous décrivent les textes inspirés.

Quand les scientifiques de qualité comme Buckland sont pris en défaut, ils ne se contentent pas d'admettre leur défaite, de se terrer dans leur trou et d'endosser le cilice. Ils redoublent d'intérêt et s'efforcent de découvrir de nouvelles interprétations. Buckland n'a pas seulement abandonné sa théorie du Déluge quand elle fut réfutée par des données nouvelles, il se fit en définitive le champion des théories de la glaciation en Grande-Bretagne.

Même s'il n'est pas très élégant d'effectuer une critique rétrospective du travail d'un auteur disparu, je dois avouer que, à la lumière de nos connaissances actuelles sur les processus de glaciation, la lecture des *Reliquiae diluvianae* m'a procuré quelques frissons. Tant de preuves que Buckland citait à l'appui de sa théorie du Déluge étaient en fait de criants indices en faveur d'une théorie de la glaciation. Ainsi, Buckland souligne à maintes reprises que les flots qui envahirent l'Angleterre aussi bien que l'Amérique du Nord venaient très certainement du nord, une origine bien plus vraisemblable pour des glaces en provenance du pôle que pour les eaux d'un océan en crue à l'échelle de la planète. De même, les rochers qui furent entraînés du sommet du Mont-Blanc prouvent, selon Buckland, que l'inondation du Déluge couvrit le sommet des montagnes, alors qu'il était si simple d'imaginer que des glaciers avaient entraîné les rochers dans leur progression vers les basses altitudes.

Louis Agassiz, ce géologue suisse qui avait grandi parmi ces montagnes couvertes de glaciers, conçut la théorie des glaciations au cours des années 1830. Buckland devint l'ami d'Agassiz et le compagnon de ses expéditions. Buckland fut également l'un des premiers Britanniques converti aux théories de la glaciation. Entre 1840 et 1841, sous la forme de trois articles présentés à la Société de géologie, Buckland réinterprétait ses données à la lumière de cette nouvelle théorie et, finalement, il parvint à persuader son vieil adversaire Charles Lyell de la réalité de ces calottes de glaces continentales et de leurs conséquences. Buckland ne s'était donc pas contenté de renoncer à sa théorie diluvienne aussitôt qu'on lui eut démontré son erreur, il devint le chef de file de ceux qui recherchaient l'interprétation correcte de ses données, et se réjouit de cette nouvelle découverte.

Sous l'impulsion de G. M. Price qui la remit au goût du jour il y a cinquante ans, les créationnistes modernes ont érigé en dogme et prêchent depuis lors une version encore plus démodée et contestée de ces théories du Déluge. Ils ne mènent aucune recherche sur le terrain pour étayer leurs affirmations (ils utilisent plutôt les résultats des géologues authentiques et les déforment au gré de leur rhétorique) et ils ne modifieront pas d'un iota leur théorie absurde.

Le contraste entre cette pseudo-science contemporaine et l'authentique esprit scientifique est illustré à merveille par ces paroles de rétractation d'Adam Sedgwick, prononcées à l'occasion de son allocution présidentielle à la Société de géologie en 1831. Principal allié de Buckland, Sedgwick s'était fait le champion de sa théorie du Déluge, mais il prit ensuite conscience de son erreur. Il reconnut également que son raisonnement présentait une certaine faiblesse sur le point suivant, critique : ce n'était pas sur la base de ses observations qu'il avait établi une corrélation entre les dépôts des grottes et les autres dépôts, mais sur sa foi profonde dans la réalité historique du déluge des Écritures. Quand de nouveaux résultats vinrent démanteler sa théorie, Sedgwick reconnut le point faible de son argumentation et se livra à une autocritique rigoureuse. Ses paroles de rétractation, dans leur franchise, constituent à mon avis la plus belle déclaration de toutes les annales de la science et j'aimerais vous les communiquer en guise de conclusion. J'ai d'ailleurs lu ce même passage devant la cour de l'État d'Arkansas, où j'étais appelé à témoigner au procès contre le créationnisme. A mon avis, ce texte illustre à merveille l'abîme qui sépare le dogmatisme et son immobilisme de la vraie science, pratiquée dans ce cas précis par des créationnistes. L'ironie de cette histoire et son message profond tiennent en quelques lignes : la théorie du Déluge, ce dogme du créationnisme contemporain, fut réfutée, il y a cent cinquante ans, par une majorité de gens d'Église qui étaient en même temps des géologues, des scientifiques exemplaires et des créationnistes. L'ennemi de la science et de la connaissance n'est pas la religion, c'est l'irrationalisme.

> Ayant moi-même profondément cru à cette théorie, et participé de mon mieux à la propagation de ces idées qui me paraissent aujourd'hui une hérésie philosophique, ayant été cité plus d'une fois pour des opinions que je ne professe plus aujourd'hui, il me semble juste que l'un des derniers actes que je poserai avant d'abandonner cette chaire soit de me rétracter publiquement par le texte suivant...
> Je suis conscient qu'une conclusion négative très importante, dont l'exactitude ne fait à présent plus aucun doute, a établi le fait suivant : les énormes quantités de graviers diluviens dispersés presque partout sur la planète n'appartiennent pas à une période transitoire unique et cataclysmique...
> Nous aurions effectivement dû marquer une pause avant d'adopter la théorie diluvienne et d'attribuer à l'action du Déluge tous ces anciens dépôts superficiels de graviers.
> ... En réunissant sous une appellation unique des formations inconnues et éloignées l'une de l'autre, en leur attribuant une même origine dans le temps sans en déterminer la date d'après les restes organiques que nous y avions découverts, mais d'après ceux que nous nous attendions à y découvrir en fonction de nos hypothèses, en nous conduisant ainsi, nous avons une fois de plus donné l'exemple de cette précipitation avec laquelle notre esprit saute à des conclusions générales sous l'emprise de la passion et de son empressement à faire abstraction de réalités sans rapport entre elles.

8. Prémisses boiteuses, science de qualité

Si je devais désigner le titre d'article scientifique le plus arrogant de toute l'histoire, mon vote irait sans la moindre hésitation au célèbre article écrit en 1866 par lord Kelvin, « Brève réfutation de la " doctrine de l'uniformité " en géologie ». Le plus grand physicien anglais prétendait, par ce texte, détruire les fondements d'une discipline qui n'était pas la sienne. Voici ce qu'il écrivait :

> Selon la « doctrine de l'uniformité » telle que la défendent de nombreux géologues britanniques des plus éminents, la surface de la Terre et la partie supérieure de l'écorce terrestre sont depuis des millions et des millions d'années à la même température et présentent les mêmes propriétés physiques que celles que nous observons aujourd'hui. Cependant, la chaleur annuelle dégagée à présent par la Terre, et que nous pouvons mesurer, est très importante : si *ce processus* s'était poursuivi avec un minimum d'uniformité pendant 20 milliards d'années, le dégagement total de chaleur aurait été équivalent à celui émis, à 100 °C, par une masse de roche superficielle égale à cent fois la masse de la Terre (voir les calculs ci-joints). Bien plus qu'il n'en fallait pour faire fondre une masse de roche superficielle égale à la masse de la Terre tout entière. Même si l'on passe en revue toutes les hypothèses qui ont la moindre parcelle de vraisemblance — action chimique, fluidité interne de la Terre, effets de pression à grande profondeur, propriétés éventuelles de composés situés à l'intérieur de la Terre —, aucune de ces hypothèses ne permet de justifier cette proposition : il est donc impossible que l'écorce terrestre soit restée identique à elle-même tout en libérant une telle quantité de chaleur, que celle-ci provienne de son entièreté ou de l'une de ses parties seulement.

Je suis navré de vous infliger une aussi longue citation tout au début d'un essai, mais il ne s'agit pas d'un extrait de l'article de Kelvin. C'est l'article tout entier (sans les calculs en appendice). Kelvin avait le sentiment, par ce simple paragraphe, d'avoir bouleversé de fond en comble cette discipline scientifique voisine de la sienne.

Kelvin fit preuve d'une telle arrogance, mais on lui riva son clou d'aussi maîtresse façon par la suite, que les manuels de géologie en mal de sermon font leurs délices de l'histoire de cet article de 1866 et de la campagne acharnée menée par Kelvin pendant quarante ans en faveur du jeune âge de notre Terre. Mais méfiez-vous de ce genre d'histoires à morale : elles sont en général aussi vraies que celle de George Washington qui aurait lancé un dollar en argent de l'autre côté de la Rappahannock [1].

Voici donc l'histoire telle qu'on la raconte le plus souvent. La géologie s'essoufflait depuis quelques siècles, sous la férule de l'archevêque Ussher et de sa chronologie biblique qui n'accordait pas plus de quelques milliers d'années d'existence à la Terre. Cette compression du temps imparti à l'histoire de la Terre avait conduit à l'élaboration de la doctrine non scientifique du catastrophisme — cette théorie qui permet d'inclure dans la chronologie biblique toute l'histoire géologique de notre Terre, en supposant qu'elle fut ponctuée d'un certain nombre de bouleversements miraculeux et cataclysmiques. Après de longues polémiques, Hutton et Lyell parvinrent à substituer à la doctrine du catastrophisme leur concept d'uniformitarisme et firent ainsi de la géologie une science — selon cette théorie, il suffisait, pour expliquer scientifiquement l'histoire de notre Terre, d'extrapoler dans un passé sans limites le déroulement des processus géologiques et leurs conséquences tels que nous les observons aujourd'hui. Cette doctrine, toujours selon l'histoire telle qu'on la raconte, reposait sur deux propositions : le temps n'avait pas de limites, d'une part, ce qui permettait d'expliquer les conséquences des phénomènes naturels par une lente accumulation de ces effets au cours du temps ; et d'autre part, la configuration de la Terre et le type de processus dont elle est le siège étaient restés fondamentalement les mêmes pendant tout ce temps. Le concept d'uniformité en géologie conduisit au concept d'évolution en biologie et la révolution se propagea dans toute la science. Si nous remettons en cause l'uniformité, reprend notre sermon, ce sont les bases de la science elle-même que nous menaçons, et nous replongeons la géologie dans l'obscurantisme du passé.

Inconsciemment peut-être, Kelvin s'attaquait pourtant bel et bien à ce triomphe de la géologie scientifique. Kelvin fondait son raisonnement sur le fait que la Terre était, à l'origine, une masse en fusion et ses calculs du dégagement de chaleur provenant de l'intérieur de la Terre (comme celui que l'on mesure dans les mines) l'amenèrent à la conclusion suivante :

1. Pour montrer sa force, et bien qu'un dollar en argent fût une fortune de son temps, Washington aurait parié qu'il parviendrait à lancer ce dollar par-dessus la rivière Rappahannock, et il aurait réussi.

l'écorce terrestre n'était certainement pas très ancienne — 100 millions d'années peut-être, 400 millions au plus (Kelvin revint d'ailleurs sur cette estimation par la suite, la ramenant au chiffre de 20 millions d'années à peine). Puisqu'ils ne disposaient plus que d'un laps de temps si court pour héberger toute l'évolution — sans parler de l'histoire physique des roches —, quel autre recours les géologues avaient-ils que l'idée discréditée des catastrophes ? Kelvin avait plongé la géologie dans un dilemme inextricable tout en la parant du prestige des méthodes quantitatives de la physique, la reine des sciences. Voici par exemple ce que l'on peut lire dans un manuel de géologie en vogue (celui de C.W. Barnes, cité en bibliographie) :

> Le temps géologique était libéré du carcan de l'interprétation littérale de la Bible et n'avait plus de limites ; le concept d'uniformité des processus de transformation, formulé d'abord par Hutton en géologie, s'étendait à présent à celui de l'origine et de l'évolution de la vie. A lui seul, Kelvin balaya temporairement la pensée uniformitariste et le concept d'évolution. Il avait à nouveau emprisonné le temps géologique dans des limites que les lois de la physique fixaient avec une rigidité comparable à celle du littéralisme biblique.

Par bonheur pour la géologie scientifique, l'argumentation de Kelvin reposait sur des prémisses erronées. Il avait en effet postulé que le dégagement de chaleur que l'on observe aujourd'hui résulte encore toujours du même processus de refroidissement de la Terre, depuis la masse en fusion des origines ; Kelvin n'avait pas envisagé que ce dégagement de chaleur était peut-être entretenu par une source en perpétuel renouvellement. Dans ce dernier cas, il était en effet illégitime d'utiliser les mesures actuelles de la chaleur pour calculer ce qui s'était produit dans le passé. En fait, mais Kelvin l'ignorait, le dégagement de chaleur actuel de la Terre provient presque uniquement des processus de désintégration des noyaux radioactifs : il s'agit donc bien d'une quantité constamment renouvelée. Les calculs de Kelvin étaient certes élégants, mais ils étaient fondés sur de fausses prémisses et la découverte de la radioactivité, au début de ce siècle, sonna le glas de toute son argumentation. Dès le début, les géologues auraient dû se fier à leur intuition et refuser de s'incliner devant les leurres des physiciens. L'uniformité eut gain de cause, en définitive, et la géologie scientifique retrouva sa sérénité. Cet épisode nous enseigne qu'il vaut mieux faire confiance aux données fondées sur les observations soigneuses, établies par l'ensemble d'une profession, et considérer avec circonspection les interventions théoriques comminatoires venues de l'extérieur, si crédibles soient-elles en apparence.

En voilà assez sur les héros de cette mythologie. En réalité, l'histoire n'est nullement aussi schématique et la morale que l'on peut en tirer ne tombe pas aussi facilement sous le sens. Comme je l'ai déjà signalé, le raisonnement de Kelvin était nécessairement erroné, mais ses arguments n'étaient pas aussi grossiers ou inadmissibles qu'on le prétend généralement. La plupart des géologues accueillirent même le raisonnement de Kelvin comme une authentique réforme de leur profession jusqu'à ce que Kelvin se laisse emporter et réduise encore ses premières estimations de 100 millions d'années. L'opposition farouche de Darwin n'était pas l'expression d'un consensus général, c'était une campagne personnelle que Darwin menait au nom de ses propres convictions sur le concept de changement graduel qu'il poussait à l'extrême. Wallace et Huxley acceptèrent tous deux l'âge que Kelvin proposait pour la Terre : ils n'y voyaient aucune incompatibilité avec le processus de l'évolution. D'autre part, la révision que proposait Kelvin ne replongeait pas la géologie dans un passé obscurantiste : elle offrait au contraire une interprétation *scientifique* différente, fondée sur un concept de l'histoire plus valable peut-être que le strict uniformitarisme prêché par Lyell. L'uniformitarisme tel que Lyell s'en faisait l'avocat était une théorie de l'histoire spécifique et restrictive ; ce n'était pas, comme on le pense souvent à tort, l'exposé d'une méthodologie de la science. Les attaques de Kelvin étaient légitimes.

Les arguments de Kelvin et la réaction des géologues

Lord Kelvin avait participé à l'établissement de la seconde loi de la thermodynamique et il avait donc fondé son estimation de l'âge minimum de la Terre sur le processus de dissipation de l'énergie originelle du système solaire sous forme de chaleur. Il énonçait trois propositions distinctes dont il tentait d'extraire une estimation unique et cohérente de l'âge de la Terre (la plupart des renseignements techniques cités dans cet essai sont extraits de l'ouvrage de Joe D. Burchfield *Lord Kelvin and the Age of the Earth* [Lord Kelvin et l'Age de la Terre] cité dans la bibliographie).

La première proposition de Kelvin concernait l'âge du Soleil. Kelvin supposait que la formation du Soleil résultait de l'effondrement d'un certain nombre de météorites de plus petite taille. Ces météorites s'étaient rassemblés sous l'effet des forces d'attraction gravitationnelle ; leur énergie potentielle s'était transformée en énergie cinétique, elle-même finalement convertie en chaleur sous l'effet des collisions. Cette chaleur était à l'origine de la lumière émise par le Soleil. Kelvin calcula d'abord l'énergie potentielle totale d'une quantité de météorites dont la somme des masses était égale à la masse du Soleil, et, de là, il supposa qu'il pouvait estimer la valeur de la chaleur émise à l'origine par le Soleil. A partir de cette estimation, il calcula l'âge minimum du Soleil, en supposant que son rayonnement était constant depuis sa formation. Mais ce calcul dépendait d'un ensemble de facteurs que Kelvin n'était pas en mesure d'estimer et dont l'importance était pourtant critique — le nombre initial de météorites et leurs distances mutuelles initiales, par exemple. Kelvin ne se risqua donc jamais à proposer un âge précis pour le Soleil — il le situait, au mieux, entre 100 et 500 millions d'années, soulignant que 100 millions était le chiffre le plus vraisemblable.

Le second argument de Kelvin était fondé sur l'âge probable de l'écorce terrestre. Il supposa que la Terre était à l'origine une masse en fusion, qu'elle s'était ensuite refroidie et que le dégagement de chaleur mesuré actuellement dans les mines résultait de ce même processus de refroidissement qui avait provoqué la solidification de la croûte terrestre. Si l'on parvenait à mesurer la vitesse de cette déperdition de chaleur, pensait Kelvin, il suffirait de procéder par extrapolation et l'on remonterait ainsi au moment où la quantité de chaleur était suffisante pour maintenir le globe tout entier en fusion. Kelvin supposait aussi que le taux de dissipation de la chaleur était resté constant au cours du temps (voilà le pivot de la « Brève » réfutation que je citais au début de l'essai). Cette proposition a des résonances plus « solides » que la précédente, qui contenait une hypothèse sur le mode de formation du Soleil. Au moins avons-nous quelque espoir de mesurer le premier ingrédient de cet argument — le dégagement de chaleur actuel de la Terre. Mais la seconde proposition de Kelvin repose, comme la première, sur plusieurs hypothèses critiques et invérifiables concernant la composition de la Terre. Pour la bonne marche de ses calculs, Kelvin devait assimiler la Terre à un corps de composition presque homogène qui s'était solidifié du centre vers l'extérieur, et qui était au moment de la formation de la croûte une sphère pleine dont la température était uniforme. Du fait de ces restrictions, Kelvin fut également incapable de préciser la date de la solidification de l'écorce terrestre — il la situait entre 100 et 400 millions d'années avant notre ère, précisant à nouveau sa préférence pour l'estimation inférieure.

Le troisième point de l'argumentation de Kelvin reposait sur la forme du globe terrestre, un sphéroïde aplati aux pôles. Kelvin estimait qu'il était possible d'établir une relation entre l'aplatissement de la Terre aux pôles et la vitesse de rotation de la Terre à l'époque où elle était encore en fusion et donc susceptible de se déformer. Nous savons aujourd'hui — et Kelvin le savait aussi — que la vitesse de rotation de la Terre est en constante diminution, en raison des forces de friction dues aux marées. La Terre tournait plus vite au moment de sa formation ; sa forme actuelle devrait donc nous renseigner sur son âge. Si la Terre est très ancienne, pensait Kelvin, elle tournait donc très vite au moment de sa formation et elle devrait aujourd'hui être très aplatie. Si, en revanche, la Terre est nettement plus jeune, sa vitesse de rotation était à l'origine peu différente de sa vitesse de rotation actuelle et l'aplatissement aux pôles devrait être moins prononcé. Et la faible déformation aux pôles que nous observons dans la réalité était donc, selon Kelvin, un indice du très jeune âge de la Terre. Pour la troisième fois, Kelvin fondait son raisonnement sur tant d'hypothèses si peu vérifiables (l'homogénéité de la composition de la Terre, par exemple) qu'il lui fut impossible d'estimer l'âge de la Terre avec précision.

Aucun des trois points de l'argumentation de Kelvin n'était donc précis, en dépit du vernis quantitatif dont ils étaient parés. Tout le raisonnement de Kelvin reposait sur une série d'hypothèses simplificatrices et injustifiables. Tout n'était donc que vagues estimations entachées de grandes marges d'erreur. Au cours des quarante années de sa campagne, Kelvin avança le plus souvent le chiffre de 100 millions d'années pour l'âge de la Terre — bien assez, on le verra, pour satisfaire la grande majorité des géologues et des biologistes.

L'opposition farouche de Darwin envers Kelvin n'était un secret pour personne et les commentateurs de cet épisode de l'histoire supposèrent que Darwin se faisait le porte-parole d'une majorité ébranlée. Il n'en est rien : l'antipathie de Darwin pour Kelvin lui était tout à fait personnelle, et fondée sur son attachement indéfectible à cette conception du monde si fortement marquée par le gradualisme. Pour Darwin, il était presque inconcevable qu'une évolution gouvernée par le processus de la sélection naturelle se soit déroulée en un temps autre qu'illimité : il invitait ses lecteurs à délaisser la lecture de *l'Origine des espèces* s'ils n'étaient pas convaincus de cette nécessité : « Que celui qui a lu cet ouvrage grandiose de Sir Charles Lyell, *Principes de géologie*, et n'admet pas encore l'incommensurable éternité du passé, referme immédiatement ce livre. » Darwin commet là une erreur de raisonnement : il associe changement graduel et sélection naturelle — cette confusion que l'on retrouve tout au long de son œuvre et qui inspira la critique la plus vive que Huxley formula à l'égard de *l'Origine des espèces* : « Vous vous chargez vous-même d'une difficulté inutile en n'émettant aucune réserve à l'égard du concept que vous avez adopté, *Natura non facit saltum* (la nature ne procède pas par bonds). » Cependant, on ne peut rejeter tout le blâme sur

Darwin : Kelvin commettait la même erreur en soulignant explicitement que le jeune âge de la Terre remettait fortement en cause le mécanisme de l'évolution proposé par Darwin, la sélection naturelle (mais Kelvin ne contestait pas le principe de l'évolution lui-même). Il écrivait :

> Les limites que les sciences physiques imposent à la durée des périodes géologiques n'infirment évidemment pas l'hypothèse de la transmutation des espèces ; mais elles constituent un argument suffisant, semble-t-il, pour réfuter le mécanisme proposé pour cette transmutation, « cette descendance avec modification qui résulte de la sélection naturelle ».

Voilà pourquoi Darwin considérait encore les calculs de Kelvin comme l'objection la plus sérieuse à sa théorie. En 1869, il écrivait à Wallace que « les vues de Thomson (lord Kelvin) sur le caractère récent de la formation de notre monde sont depuis un certain temps l'une de mes plus douloureuses préoccupations ». Et en 1871, cette image frappante : « mais Sir W. Thomson revient comme un spectre odieux ». Darwin n'en démordait pas, et il sentait bien au plus profond de lui-même qu'il y avait une erreur quelque part dans les calculs de Kelvin ; il se résolut pourtant à un compromis dans la dernière édition de ses *Origines* (1872) ; il admettait qu'un rythme de transformation plus rapide aux premiers temps de la Terre aurait accéléré le processus de l'évolution, et tous les changements que nous observons se seraient peut-être ainsi produits dans le court laps de temps imparti à l'histoire de la Terre par les calculs de Kelvin :

> Il est cependant probable, ainsi que le proclame Sir William Thompson *(sic)* avec insistance, que tout au début de son histoire notre monde ait subi des variations de conditions physiques plus rapides et plus brutales que celles que nous observons aujourd'hui ; dans ce cas, des variations de rythme correspondantes ont sans doute marqué le cours de l'évolution des organismes qui existaient alors.

Wallace et Huxley, les deux principaux partisans de Darwin en Angleterre, ne partageaient pas ses angoisses. Pour Wallace, le rythme désespérément lent de l'échelle de temps de Darwin n'était pas une condition indispensable au déroulement du processus de la sélection naturelle ; il déclara tout simplement que, si Kelvin limitait l'âge de la Terre à 100 millions d'années, la sélection naturelle agissait donc bien plus vite que nous ne l'imaginions auparavant : « Il nous faut donc comprimer dans cet intervalle de temps (les 100 millions d'années de Kelvin) l'ensemble des transformations géologiques, l'origine et le développement de toutes les formes de vie. » En 1870, Wallace se déclarait même satisfait du chiffre de 24 millions d'années, âge des premiers fossiles de l'explosion du Cambrien.

Huxley était moins préoccupé encore, et plus particulièrement depuis qu'il avait longuement évoqué la possibilité d'une évolution par sauts, parallèlement au lent processus de la sélection naturelle. Selon Huxley, nos convictions sur l'indolence de l'évolution procèdent d'une logique absurde, qui tourne en rond : aucun élément indépendant ne nous permet de considérer que l'évolution est un processus lent. Seule la durée présumée du processus de formation des strates géologiques nous avait conduits à la conclusion que l'évolution avait elle-même été très lente. Si Kelvin nous dit aujourd'hui que la formation de ces strates s'est produite bien plus vite, il nous faut réviser en termes correspondants notre estimation de la durée de l'évolution.

> La biologie calque son échelle de temps sur la géologie. Nous n'avons qu'une seule raison de croire à la lenteur de l'évolution des représentants du monde vivant : les fossiles de ces créatures apparaissent dans toute une série de dépôts qui ont mis très longtemps à se former, nous enseigne la géologie. Si l'horloge géologique est fausse, tout ce que les naturalistes devront faire est de modifier leurs notions de vitesse en conséquence.

Les géologues britanniques les plus éminents se ralliaient aux conclusions de Wallace et Huxley plutôt qu'à celles de Darwin. Ils affirmaient que Kelvin avait rendu service à la géologie en mettant en doute la quasi-éternité du monde de Lyell et en « mettant bon ordre dans les retraits insouciants » que les géologues opèrent de manière aussi inconsidérée « dans la banque du temps », comme le soulignait T.C. Chamberlin dans une métaphore bien appropriée. Les géologues se rebellèrent seulement tout à la fin de la campagne de Kelvin, quand il se ravisa et ramena ses estimations d'un vague et confortable 100 millions d'années (ou peut-être même plus) à cette date plus proche qu'il encadrait de limites plus rigides, 20 millions d'années. Voici ce qu'écrivit alors A. Geikie, défenseur inconditionnel de Kelvin à l'origine :

> Les géologues ont rapidement admis qu'ils faisaient fausse route en supposant que l'éternité était à eux et qu'ils pouvaient y installer l'évolution de l'histoire de la Terre. Ils se sont pliés sans rechigner aux arguments de la physique qui n'accordait qu'un âge limité à la Terre et le fixait dans des limites plus ou moins précises. Dans l'ensemble, les géologues étaient disposés à transiger sur les 100 millions d'années que leur offrait lord Kelvin pour y héberger les longs cycles de l'histoire de la géologie. Mais les physiciens sont devenus insatiables et implacables. Avec une cruauté comparable à celle des filles de Lear, ils ont amputé par tranches

successives le laps de temps qu'ils accordaient à l'histoire de la Terre, certains la réduisant même à une durée inférieure à 10 millions d'années. C'est en vain que les géologues ont protesté et soutenu qu'il y avait certainement un point faible dans cette démonstration dont les conclusions sont en désaccord total avec d'autres éléments qui attestent clairement du caractère plus ancien de notre Terre.

Le défi scientifique de Kelvin et les significations multiples du mot uniformité

Maître dans l'art de la rhétorique, Charles Lyell menaçait de ses foudres quiconque mettait en doute sa doctrine de l'uniformité, et replongeait par là même la géologie dans l'ère préscientifique des catastrophes. L'un des éléments de la doctrine de l'uniformité contribuait au maintien de l'intégrité de la science — cette proposition selon laquelle les lois de la nature sont immuables dans l'espace et dans le temps et que l'on ne peut invoquer, pour expliquer l'évolution géologique, l'intervention d'événements miraculeux qui permettent de s'affranchir de ces lois. Mais l'uniformité, dans cette acception méthodologique du terme, ne posait plus de problème au temps de Kelvin, ni même en 1830 (dans les milieux scientifiques, du moins), date de la première édition des *Principes de géologie* de Lyell. Les scientifiques attachés à l'idée de catastrophes n'étaient pas des vendeurs de miracle, mais des hommes qui acceptaient pleinement l'uniformité des lois de la nature et s'efforçaient de présenter l'histoire de la Terre en termes de calamités *naturelles* et peu fréquentes dans le passé.

Mais Lyell accordait un sens à la fois plus restrictif et plus profond au concept d'uniformité. Il désignait également par ce terme une théorie particulière de l'histoire de la Terre, fondée sur deux postulats contestables ; d'une part, les vitesses des processus de changement sont à peu près constantes au cours du temps, et la lente accumulation des effets des phénomènes géologiques que nous observons aujourd'hui suffit à expliquer le passé ; d'autre part, la Terre est restée fondamentalement la même depuis sa formation et son histoire ne se déroule pas dans une direction privilégiée, mais représente un état d'équilibre dynamique permanent.

Inconsciemment sans doute, Lyell avait alors recours à un artifice de raisonnement, habile mais peu valable. Son uniformité avait deux significations distinctes, elle reposait sur deux éléments composites ; le premier d'entre eux était un critère méthodologique concernant l'uniformité des lois de la nature et tous les scientifiques devaient accepter ce postulat s'ils voulaient exercer correctement leur profession ; le second élément était une revendication personnelle de Lyell concernant l'histoire réelle de la Terre, et la validité de cette proposition était tout à fait contestable. En coiffant ces deux notions du chapeau de l'uniformité, et en montrant que tous les scientifiques étaient uniformitaristes au sens premier du terme, Lyell sous-entendait habilement que tout scientifique digne de ce nom devait également accepter l'autre signification du terme. Et de là naquit un mythe : toute opposition au concept d'uniformité aurait une action retardatrice sur la science elle-même — et Kelvin, qui attaquait la doctrine de l'uniformité en géologie, représentait sûrement les forces réactionnaires.

En réalité, Kelvin acceptait sans réserve l'immuabilité des lois de la nature et c'est précisément sur cette uniformité qu'il fondait ses calculs du dégagement de chaleur. Il s'opposait uniquement à la partie plus personnelle (et contestable) de la vision de Lyell et formulait deux critiques à son encontre. Il contestait d'abord la question des vitesses : si la Terre était réellement plus jeune que Lyell et les uniformitaristes le croyaient, il était impossible d'expliquer son histoire en invoquant uniquement la lente action des processus de changement tels que nous les observons aujourd'hui. Quand la Terre était plus chaude, tout au début de son histoire, les causes de ces phénomènes étaient certainement plus énergiques et plus intenses (c'était le compromis auquel s'était finalement plié Darwin, expliquant ainsi les vitesses supérieures des processus de changement aux débuts de l'histoire de la vie). Le second point que Kelvin reprochait à Lyell concernait le sens de ces changements. Si la Terre était à l'origine une sphère de matière fondue et se refroidissait continuellement au cours du temps, le motif de son histoire et la voie qu'empruntaient ses changements étaient bien définis. La Terre n'avait pas toujours été identique à elle-même, et la position des océans et des continents n'avait pas changé en une danse sans fin qui ne menait nulle part. L'histoire de la Terre se déroulait dans un sens bien défini, de cette sphère chaude et pleine d'énergie à une Terre froide et apathique qui, à la longue, n'entretiendrait même plus la vie. Kelvin combattait la vision de Lyell, celle d'un état stationnaire éternel, et tentait de lui substituer, mais toujours dans un contexte scientifique, une conception de l'histoire *à court terme* et *directionnelle*. Notre conception actuelle ne représente la victoire ni de l'une ni de l'autre de ces attitudes, c'est une synthèse créative des deux.

La découverte de la radioactivité et la chute de Kelvin

Kelvin avait certainement raison de taxer d'extrémisme la vision de Lyell — une Terre complètement figée, qui n'allait nulle part depuis des temps immémoriaux. Aujourd'hui, notre échelle de temps est pourtant plus proche du concept de temps illimité de Lyell que des 100 millions d'années proposées par Kelvin et leurs conséquences restrictives sur les vitesses des processus de changement. La Terre a 4,5 milliards d'années.

Lyell avait gagné cette manche d'une bataille si compliquée parce que le raisonnement de Kelvin contenait, à la base, une grave erreur. Sur ce point, l'histoire telle qu'on la raconte habituellement est correcte. L'argumentation de Kelvin n'était pas un ensemble de propositions dont l'enchaînement mathématique était inéluctable. Son raisonnement reposait sur une hypothèse critique, non prouvée, qui sous-tendait tous ses calculs. Il n'était légitime de calculer l'âge de la Terre à partir des valeurs de la déperdition de chaleur qu'à une seule condition : il fallait que la quantité de chaleur initiale ait été dissipée progressivement — aussi régulièrement que le tic-tac d'une horloge — depuis la sphère en fusion de l'origine jusqu'à l'épuisement complet de ce réservoir. Mais supposons au contraire que de la chaleur nouvelle soit continuellement créée : le dégagement de chaleur ne refléterait plus alors l'épuisement progressif du réservoir initial mais serait l'expression d'un processus de génération en cours. Il cesserait alors d'être une jauge de l'âge de la Terre.

Kelvin reconnaissait la nature contingente de ses calculs, mais, en son temps, les physiciens ne connaissaient aucune force capable d'engendrer de la chaleur et Kelvin pouvait se conforter avec sérénité dans sa position. Au début de sa campagne, dans ses calculs de l'âge du Soleil, Kelvin avait admis que son raisonnement dépendait crucialement de l'absence d'un processus de génération de chaleur : il avait déclaré que ses conclusions étaient valables « excepté si de nouvelles sources de chaleur, inconnues de nous à ce jour, fermentent dans le grand entrepôt de la création ».

En 1903, Pierre Curie annonçait que les sels de radium libèrent continuellement de la chaleur. Il avait découvert cette source de chaleur inconnue. Les premiers scientifiques qui étudièrent le phénomène de la radioactivité se rendirent vite compte que la désintégration des noyaux radioactifs était sans doute à l'origine de la majeure partie de la chaleur libérée par la Terre ; ce dégagement n'était pas le simple résidu d'un processus enclenché au moment où la Terre était un globe en fusion — ils comprirent que le raisonnement de Kelvin s'effondrait par la même occasion. En 1904, Ernest Rutherford faisait ce compte rendu d'une conférence donnée en présence de lord Kelvin, et qui mettait un point final à la campagne que celui-ci avait menée pendant quarante ans en faveur du jeune âge de la Terre :

> J'entrai dans la salle plongée dans la pénombre, et reconnus à ce moment lord Kelvin dans l'assemblée ; je réalisai que je serais bien obligé de l'affronter à la fin de cet exposé où j'abordais le problème de l'âge de la Terre, objet de notre désaccord. A mon grand soulagement, Kelvin s'endormit profondément, mais, au moment crucial, le vieux hibou se redressa, ouvrit un œil, et me transperça du regard. Alors me vint une soudaine inspiration : lord Kelvin avait limité l'âge de la Terre, dis-je, à la seule condition qu'aucune nouvelle source de chaleur ne fût découverte. Cette affirmation prophétique ne concernait rien d'autre que ce dont nous parlons ce soir : le radium !

Kelvin connut ainsi l'ère nouvelle de la radioactivité. Il n'admit jamais son erreur, et ne se rétracta jamais par écrit, mais il reconnut, en privé, que la découverte de la radioactivité jetait quelque discrédit sur certaines de ses affirmations.

La découverte de la radioactivité s'accompagnait malicieusement d'une double ironie scientifique. Elle fournissait non seulement cette nouvelle source de chaleur qui démantelait le raisonnement de Kelvin, mais aussi l'horloge qui permettait de mesurer l'âge de la Terre et de découvrir qu'elle est effectivement très vieille ! La vitesse de désintégration des noyaux radioactifs est constante et constitue une mesure exacte de l'écoulement du temps. Moins de dix ans après la découverte du radium et de la chaleur qu'il émet, les premières datations effectuées à l'aide de noyaux radioactifs établissaient déjà que certaines roches parmi les plus anciennes étaient âgées de plusieurs milliards d'années.

Nous supposons parfois que l'histoire de la science est une inexorable marche vers le progrès, fondée sur l'accumulation objective de données dont la qualité s'améliore sans cesse. Cette conception est à l'origine des sermons moralisateurs qui émaillent nos comptes rendus habituels de l'histoire de la science — Kelvin, dans ce cas, avait clairement entravé le progrès de la science, par son hypothèse erronée. Mais ne nous laissons pas abuser par ce genre d'histoire réconfortante et inadéquate. Le raisonnement de Kelvin était fondé sur les meilleures connaissances scientifiques de son époque et ses collègues avaient accepté ses calculs. Nous ne pouvons lui reprocher son ignorance d'une source de chaleur qui n'existait pas dans le contexte scientifique de son époque et qui fut seulement découverte plus tard. Au temps de Kelvin, rien dans la physique ne permettait de croire à l'existence d'une nouvelle source de chaleur, tout comme Maupertuis ne disposait pas, dans la biologie de son temps, d'une métaphore qui lui permette d'exprimer correctement que des instructions codées se cachent peut-être au sein d'un embryon.

Le progrès de la science ne procède pas uniquement de l'accumulation de données nouvelles : il exige des contextes et des cadres intellectuels nouveaux. Et d'où proviennent ces visions du monde fondamentalement neuves ? Elles ne surgissent pas seulement de l'observation pure et simple, mais de l'exercice de nouveaux modes de pensée. Et où les trouve-t-on, puisque les modes de pensée d'une époque ne contiennent pas les métaphores nécessaires à la suivante ? Le vrai génie réside sans doute dans cette aptitude intangible à faire surgir de nouveaux modes de pensée d'un chaos apparent. Les jeux de l'imprévisible et du hasard qui façonnent la science sont également tributaires de la difficulté fondamentale de cette tâche.

9. Faute d'une métaphore appropriée

En 1745, le grand savant français Pierre-Louis Moreau de Maupertuis écrivit un tout petit livre dont le sujet était ambitieux et le titre plutôt curieux. (Dans son édition originale, ce livre mesure seulement 14 centimètres sur 8 et comporte moins de deux cents pages ; et grâce aux marges confortables de cette époque plus généreuse, le texte n'occupe pas plus de 8 centimètres sur 4,5 sur chaque page.) Maupertuis intitula son livre la *Vénus physique*, ce qui signifie en clair l'« amour physique », par opposition aux autres dimensions, spirituelles ou psychologiques, de ce sujet éternel. Comme son titre l'indique, ce livre nous offre un vaste compte rendu de l'histoire naturelle de la procréation — l'*a.b.c.* de comment s'y prennent les animaux. Nous apprenons ainsi dans une audacieuse juxtaposition que

> L'impétueux taureau, fier de sa force, ne s'amuse point aux caresses : il s'élance à l'instant sur la génisse, il pénètre profondément dans ses entrailles et y verse à grands flots la liqueur qui doit la rendre féconde. La tourterelle par de tendres gémissements annonce son amour : mille baisers, mille plaisirs précèdent le dernier plaisir.

Descendant les derniers barreaux de l'échelle du monde vivant (ou du moins c'est ainsi qu'on le concevait à cette époque), Maupertuis parvient dans le monde hermaphrodite des escargots et discute de leurs dards. (De nombreux escargots terrestres sont pourvus d'une sorte de flèche calcaire munie d'une pointe merveilleusement bien formée. Au cours des rituels élaborés qui précèdent la copulation, l'escargot qui joue le rôle de mâle enfonce à maintes reprises ce dard dans le pied musculeux de sa partenaire. Le dard ne fait pas partie du pénis et s'il est évident qu'il intervient dans un processus de stimulation sexuelle, nous ne connaissons toujours pas sa fonction précise.) Maupertuis n'en savait pas plus, mais ce dard lui inspira une comparaison intéressante même si elle fait sourire :

> Quel est l'office de cet organe passager ? Peut-être cet animal si froid et si lent dans toutes ses opérations a-t-il besoin d'être excité par ces piqûres. Des gens glacés par l'âge ou dont les sens étaient émoussés, ont eu quelque fois recours à des moyens aussi violents, pour réveiller en eux l'amour. Malheureux ! qui tâchez par la douleur d'exciter des sentiments qui ne doivent naître que de la volupté... Innocent limaçon, vous êtes peut-être le seul pour qui ces moyens ne soient pas criminels ; parce qu'ils ne sont chez vous que les effets de l'ordre de la Nature. Recevez et rendez mille fois les coups de ces dards dont elle vous a armés.

Tout en bas de l'échelle, les hydres d'eau douce, ces cousins au corps mou des coraux, mirent Maupertuis aux prises avec un problème particulier. Maupertuis et ses collègues considéraient les hydres comme des formes de vie intermédiaires entre les plantes et les animaux : la reproduction des hydres s'effectue en effet de deux manières : soit par bourgeonnement à partir d'un pied parental, soit par régénération complète d'un individu à partir de fragments dissociés de ce même pied. Pour Maupertuis, cela ne faisait aucun doute, le dessein ultime de la nature dans le processus de la reproduction était le plaisir :

> La nature a le même intérêt à perpétuer toutes les espèces : elle aura inspiré à chacune le même motif ; et ce motif, dans toutes, est le plaisir. C'est lui qui dans l'espèce humaine fait tout disparaître devant lui ; qui, malgré mille obstacles qui s'opposent à l'union de deux cœurs, mille tourments qui doivent la suivre, conduit les amours au but que la Nature s'est proposé.

Mais, si le plaisir est le commandement de la nature, comment la bien modeste hydre peut-elle apprécier le processus de la reproduction, un simple morcellement dans son cas ?

> Que peut-on penser de cette étrange espèce de génération ? de ce principe de vie répandu dans chaque partie de l'animal ?... La Nature, qui dans tous les autres animaux a attaché le plaisir à l'acte qui les multiplie, ferait-elle sentir à ceux-ci quelque espèce de volupté lorsqu'on les coupe par morceaux ?

Ce sont peut-être ces passages qui ont inspiré à Maupertuis sa décision de publier sous le couvert de l'anonymat ; et pourtant, le siècle où il vivait était bien moins prude que le suivant, et aussi bien plus rafraîchissant (et le mode d'expression direct et charmant de Maupertuis fait également un contraste si agréable avec les perpétuelles analyses affectées de notre époque). Malgré tout, *Vénus physique* n'est pas un ouvrage principalement consacré à l'histoire naturelle de l'amour, quel que fût l'impact de ces chapitres sur la publicité faite à cet ouvrage ou sur la renommée immédiate dont il jouit. Ce livre est presque tout du long un traité très élaboré d'embryologie — autrement dit, il est consacré à l'étude des conséquences pratiques les plus directes et les plus durables de l'amour. Le titre était peut-être accrocheur, mais le livre est un chef-d'œuvre.

Maupertuis est né en France en 1698. Même s'il empiétait largement sur les frontières qu'une époque ultérieure installa entre les différentes disciplines, Maupertuis acquit sa réputation dans le domaine de la physique — il eut le courage d'introduire et d'exposer les travaux de Newton dans un pays fortement marqué par la pensée de Descartes et il prit la direction d'une expédition périlleuse en Laponie, où fut confirmée cette prédiction de Newton concernant la forme de la Terre, une sphère imparfaite aplatie aux pôles. Grâce à cette combinaison d'audace et de soin apporté à son travail, Maupertuis gagna l'appui de Voltaire et vit alors son étoile se lever. En 1738, Voltaire recommanda Maupertuis à Frédéric le Grand pour le poste de directeur de l'Académie des sciences de Berlin qui venait d'être réorganisée. Maupertuis prit donc ses fonctions et s'épanouit dans ce poste durant plusieurs années. Mais une série d'intrigues compliquées le firent tomber en disgrâce et lui attirèrent l'implacable courroux de Voltaire et les satires mortelles de sa plume acerbe. En fin de compte, Maupertuis fut disculpé, mais il ne retrouva jamais la santé ni sa réputation. Il mourut, brisé, en 1759.

Comme bien des traités généraux, la *Vénus physique* avait été inspirée par un problème très précis. Dans le contexte de cette culture aux traditions profondément racistes, la couleur de la peau a toujours exercé une certaine fascination et aucun aspect de ce sujet n'a jamais suscité plus d'intérêt que la découverte occasionnelle d'individus particuliers qui semblent transgresser les limites. Ce qui faisait dire au Dieu de Jérémie, pessimiste quant aux chances de rédemption de ceux qui s'écartaient du droit chemin : « L'Éthiopien peut-il changer la couleur de sa peau ou le léopard les taches de sa fourrure ? » Mais certains êtres humains franchissaient les frontières entre des catégories apparemment stables, ce qui faisait naître en chacun des craintes que ses propres descendants s'écartent du troupeau ou encore, que les catégories elles-même ne soient pas si commodément installées une fois pour toutes dans leurs statuts habituels de valeur respective. Dans l'essai 21, j'expose le cas d'une femme de race blanche couverte de grandes plages de peau noire qui fascina un médecin de Londres en 1813. Mais son cas était rare et s'écarte de notre propos. Un autre phénomène, plus général, était toutefois assez répandu et suscitait donc autant l'inquiétude que la fascination — il s'agit de l'albinisme chez les hommes de couleur. L'albinisme est un phénomène que l'on a observé chez presque toutes les races et les espèces de vertébrés à la peau foncée. Les Noirs albinos sont plus pâles que n'importe quel homme blanc et ce trait est héréditaire.

Un enfant albinos de parents noirs avait été exhibé à Paris, et les réflexions qu'il suscita chez Maupertuis et ses observations furent la source de son inspiration pour sa *Vénus physique*. Son ouvrage porte en effet le sous-titre suivant : *Dissertation physique à l'occasion du nègre blanc*. La *Vénus physique* comprend deux parties : la première, la plus longue est consacrée à l'embryologie et à l'histoire naturelle de l'amour et les quarante-cinq dernières pages constituent une conclusion sur l'origine des races humaines. (Cette seconde partie contient quelques ébauches de spéculations sur l'évolution qui valurent à Maupertuis la réputation de précurseur de Darwin — affirmation injustifiée et anachronique fondée sur quelques passages où Maupertuis s'écartait brièvement des préoccupations de son temps. La *Vénus physique* est un traité d'embryologie et l'un des sujets de discussions les plus passionnants de ce siècle.)

La seconde partie du livre est donc une discussion de biogéographie humaine où Maupertuis tente d'expliquer ce modèle erroné qui avait été établi sur la foi de récits peu sûrs des voyageurs — selon cette « légende », les Noirs habitaient uniquement les régions tropicales alors que les régions arctiques étaient la réserve exclusive des géants et des nains. Maupertuis soutenait, en un mot, que les races blanches, supérieures, avaient tout simplement bouté tous les mécréants et autres farfelus hors des régions tempérées les plus favorables. On comprend aisément quel cheminement de pensée conduisit Maupertuis de l'enfant albinos à cette seconde partie, mais quelle influence cet enfant avait-il exercée sur le thème central de la *Vénus physique*, l'embryologie, qui faisait l'objet de la première partie du livre, la plus importante ? La réponse à cette question nous fournit la clé de la *Vénus physique* et nous permet d'apprécier à sa juste valeur l'opinion créative de Maupertuis et sa position originale dans le grand débat de son époque sur l'embryologie.

L'embryologie fut en effet à l'origine de l'une des controverses scientifiques les plus brûlantes du XVIIIe siècle qui divisait en deux camps les spécialistes de l'étude du développement et cette dichotomie remontait à la science de la Grèce antique. Selon Aristote, le développement d'un embryon constituait à la fois le plus grand de tous les mystères de la biologie et la clé d'une compréhension profonde des organismes — deux propositions toujours aussi vraies aujourd'hui, tant notre ignorance dans ce domaine reste profonde, qu'au moment où elles furent énoncées, il y a plus de deux mille ans par le « maître de ceux qui savent ». Les scientifiques grecs proposaient deux grands types de solutions au problème du développement, et leurs successeurs du XVIIIe siècle étaient restés fidèles à ces catégories. Pour les préformationnistes, l'embryologie n'était rien d'autre que le déploiement d'une structure préexistante, un minuscule homoncule « enroulé » dans le spermatozoïde ou l'ovule. Il n'était pas nécessaire que cet homoncule soit la miniature parfaite d'un être adulte — car la forme et la position relative des différentes parties du corps peuvent se modifier au cours de la croissance —, mais il était indispensable que toutes les structures y soient présentes et reliées les unes aux autres dès le départ. Une seconde école, les épigénéticiens, à laquelle appartenait Maupertuis, prétendait qu'il fallait interpréter à la lettre tout ce que l'on observait du développement : si, au cours du développement de l'embryon, des parties complexes semblaient se différencier à partir d'une structure originelle très simple, cela correspondait certainement à la réalité (non, rétorquaient alors les préformationnistes, les microscopes de l'époque n'étaient tout simplement pas assez puissants pour qu'apparaissent les parties préformées de cet embryon minuscule et gélatineux à l'origine). L'embryologie est une succession d'additions et de différenciations, il s'agit plus que d'un simple déploiement. Ne nous laissons pas abuser par le scénario stupide des « bons et des méchants » que des analyses rétrospectives ont associé par erreur à cette histoire : on a souvent prétendu, en effet, que les préformationnistes, aveuglés par leurs préjugés religieux contre toute forme de changement, avaient attribué à l'ovule et au spermatozoïde des caractéristiques qu'ils étaient incapables d'observer, alors que les épigénéticiens, héros d'une science fondée sur l'observation, exposaient les choses telles qu'ils les voyaient sous leur microscope.

En réalité, les conceptions scientifiques des préformationnistes étaient bien plus proches des nôtres. Les préformationnistes étaient des mécanistes et recherchaient assidûment les causes matérielles de tout phénomène. Ils furent simplement limités par l'état des connaissances de leur siècle. Quelle autre hypothèse auraient-ils pu proposer ? La prodigieuse complexité d'un corps humain ne peut surgir miraculeusement d'un néant informe ; il faut donc que tous les organes soient présents dès l'origine. Bon nombre d'épigénéticiens, pour leur part, se satisfaisaient d'une conception des relations causales que nous qualifierions aujourd'hui de « vitaliste », et qu'il nous faudrait donc rejeter — ils croyaient qu'une force extérieure et immatérielle avait le pouvoir d'imposer une organisation complexe à un œuf fécondé qui n'était pourvu à l'origine que d'un potentiel informe.

Maupertuis, qui était à la fois un fervent épigénéticien et un mécaniste enragé, avait adopté une position clairement excentrique dans ce grand débat. Contrairement à ses collègues épigénéticiens, il s'attendait à découvrir des éléments matériels précurseurs de chaque partie du corps dans les ovules et les spermatozoïdes. Mais, selon lui, ces éléments ne pouvaient être assemblés en un homoncule préformé. Ils devaient être totalement dispersés et complètement dissociés. De plus, ils devaient être en nombre nettement supérieur à celui qui était nécessaire à la construction d'un embryon (en effet, si les ovules et les spermatozoïdes avaient contenu le nombre exact d'éléments nécessaires, Maupertuis aurait risqué de se faire taxer de préformationniste déviationniste qui défendait l'hypothèse d'un homoncule désarticulé). Selon le modèle de Maupertuis, le développement de l'embryon correspondait ainsi à une sélection, un tri, puis une attraction et un assemblage créateur de ces différentes parties ; il ne s'agissait pas d'un simple agrandissement de structures dont la forme, la position et le nombre étaient fixés à l'avance. Mais quelle force présidait au rassemblement de ces éléments disjoints, comment s'effectuait le tri des parties correctes puis leur assemblage (et pourquoi observait-on dans certains cas l'incorporation de parties anormales dans le fœtus ?). Le concept d'un homoncule préformé présentait décidément moins de problèmes.

Maupertuis opposait au préformationnisme plusieurs ripostes classiques de son époque. Contre les ovistes, ceux qui plaçaient l'homoncule dans les ovules, il brandissait l'argument, banal mais toujours troublant, de l'« emboîtement ». Les ovules de cet homoncule contenaient forcément des homoncules encore plus petits, et ainsi de suite pendant d'innombrables générations dont la taille s'amenuisait dans des proportions inconcevables. En fait, l'histoire de l'humanité tout entière devait avoir été préfigurée dans les ovaires d'Eve.

> Les œufs destinés à produire des mâles ne contenaient chacun qu'un seul mâle. L'œuf d'où devait sortir une femelle contenait cette femelle pourvue bien sûr de ses ovaires, dans lesquels d'autres femelles contenues, et déjà toutes formées, étaient la source de générations à l'infini. La matière divisible à l'infini forme aussi distinctement dans son œuf le fœtus qui doit naître dans mille ans, que celui qui doit naître dans neuf mois.

Et pourquoi alors les mâles existent-ils ? Est-ce que leur semence est simplement émise pour insuffler la vie à un homoncule préalablement inanimé ? Était-ce là le feu que Prométhée avait dérobé aux dieux, se demandait Maupertuis ?

Contre les spermatistes qui plaçaient l'homoncule dans le sperme, Maupertuis élevait une objection supplémentaire : des cellules sont libérées par millions lors de chaque éjaculation. La nature, dans une véritable débauche de moyens, aurait-elle installé, dans des millions de cellules qui ne seraient jamais utilisées, des homoncules parfaits qui ne profiteraient jamais de la vie ?

> Ce petit ver qui nage dans la liqueur séminale contient une infinité de générations de père en père ; il a la liqueur séminale dans laquelle nagent des animaux d'autant plus petits que lui qu'il est plus petit que le père dont il est sorti et il en est ainsi de chacun de ceux-là à l'infini. Mais quel prodige si l'on considère le nombre et la petitesse de ces animaux. Un homme qui a ébauché sur cela un calcul trouve dans la liqueur séminale d'un brochet, dès la première génération, plus de brochets qu'il n'y aurait d'hommes sur la Terre, quand elle serait partout aussi habitée que la Hollande... Richesse immense, fécondité sans bornes de la Nature, n'êtes-vous pas ici une prodigalité ? Et ne peut-on pas vous reprocher trop d'appareil et de dépense ?

Maupertuis proposait une autre interprétation, intéressante mais erronée, du rôle de ces « animalcules spermatiques » récemment découverts et surnommés ainsi par ses collègues anglais. Il imagina que ces animalcules remuaient et mélangeaient les fluides séminaux mâle et femelle et rapprochaient ainsi les unes des autres les parties qui formaient l'embryon.

Mais Maupertuis ajoutait à ce grand ballet embryologique quelques arguments nouveaux et une perspective d'une étonnante originalité. Pendant des siècles, l'embryon et les étapes de son développement avaient constitué l'enjeu du débat. La vraie créativité consiste souvent à rassembler des éléments disparates appartenant à des domaines différents et à percevoir que des phénomènes sans relation apparente, provenant d'autres disciplines, offrent parfois la solution à de vieux problèmes. Et c'est ainsi que nous en revenons finalement à notre albinos et à la perspicacité et la créativité de Maupertuis.

Maupertuis fut l'un des premiers scientifiques européens à rechercher la transmission héréditaire de caractères anormaux dans l'arbre généalogique d'une famille. Il se rendit compte que ces observations, sans relation apparente avec l'embryologie, permettraient peut-être de résoudre le grand débat et de donner raison aux épigénéticiens. Il établit la liste, sur trois générations, de tous les membres d'une famille d'origine allemande atteints de polydactylie (une malformation qui consiste en un trop grand nombre de doigts) et donna ainsi la preuve définitive d'un point critique, qui n'avait jamais été établi avec certitude même s'il alimentait depuis longtemps les anecdotes et le folklore : les caractères héréditaires étaient transmis à la fois par la lignée mâle et la lignée femelle. En d'autres termes, la polydactylie était aussi bien transmise par le père que par la mère. Maupertuis se rendit compte que cet élément de la science de l'hérédité, bien mieux que tout autre directement lié à l'embryologie, lui permettrait de résoudre le problème du développement ; en effet, comment donner raison aux préformationnistes si l'on s'apercevait que les *deux* parents contribuaient en réalité à la forme de leurs descendants. Si les homoncules sont empaquetés soit dans les ovules, soit dans les spermatozoïdes, il est certain que le parent qui ne fournit pas l'homoncule ne participe pas d'une façon équivalente à la forme de son descendant. Et que dire des hybrides où l'on retrouve manifestement les caractéristiques de deux parents appartenant à des espèces différentes ? Voilà la conclusion de Maupertuis ;

> Mais l'un et l'autre de ces deux systèmes me paraissent encore plus sûrement détruits par la ressemblance de l'enfant tantôt au père, tantôt à la mère ; et par les animaux mi-partis qui naissent de deux espèces différentes... mais de ce que l'enfant ressemble à l'un et l'autre, je crois qu'on peut conclure que l'un et l'autre ont eu également part à la formation.

Maupertuis ne put retracer l'arbre généalogique de cet enfant albinos de parents noirs qu'il avait vu à Paris. Mais il apprit que l'on avait déjà étudié le cheminement de l'albinisme dans des familles de Noirs au Sénégal, et il décréta que l'albinisme, au même titre que la polydactylie, enfoncerait un autre clou dans le cercueil du préformationnisme. En tout cas, le « nègre blanc » permit à Maupertuis de mettre de l'ordre dans ses réflexions sur le développement et lui inspira ce livre qui est un classique de la science du XVIIIe siècle.

Les préformationnistes avaient une réponse toute prête au fait que l'hérédité passait par l'intermédiaire des deux parents. L'un des parents portait l'homoncule, disaient-ils, et le fluide séminal du second parent pouvait modifier celui-ci. Maupertuis tourna cet argument en ridicule, en se fondant sur l'exemple de la mule, née du croisement d'une jument et d'un âne :

> Si le fœtus était le ver qui nage dans la liqueur séminale du père, pourquoi ressemblerait-il quelquefois à la mère ? S'il n'était que l'œuf de la mère, que sa figure aurait-elle de commun avec celle du père ? Le petit cheval déjà tout formé dans l'œuf de la jument prendrait-il des oreilles d'âne parce qu'un âne aurait mis les parties de l'œuf en mouvement ?

Malgré tous les discours de Maupertuis, l'argument des préformationnistes n'était pas absurde dans le cas de certaines caractéristiques ordinaires, qui varient de manière continue : ainsi, le petit homoncule de l'un des deux parents pouvait peut-être allonger sous l'effet du fluide séminal de l'autre parent ; et même les oreilles d'un cheval pouvaient peut-être s'allonger grâce au contact avec le sperme d'un âne, animé de mouvements vigoureux. Mais pour d'autres caractéristiques, inhabituelles et qui varient d'une manière discontinue, comme la polydactylie ou l'albinisme, Maupertuis marquait indéniablement un point. On retrouvait en effet ces caractéristiques exactement sous la même forme dans la descendance, qu'elles proviennent du père ou de la mère. Pouvions-nous vraiment croire que la transmission des caractères héréditaires se déroulerait exactement de la même manière, pour des traits rigidement préformés dans un homoncule et pour des traits résultant des mouvements du fluide séminal du parent passif ?

Maupertuis se servit également du « nègre blanc » pour formuler deux autres arguments contre le préformationnisme. D'une part, il assimila l'albinisme à une difformité et le mit donc au rang des malformations de naissance (au même titre que les naissances siamoises ou la polydactylie). Ces anomalies du fœtus posaient un grave problème aux préformationnistes. Si la malformation était entièrement préexistante, les préformationnistes étaient aux prises avec ce dilemme théologique d'un dieu maladroit ou malveillant qui aurait délibérément organisé un tel malheur et l'aurait programmé dans les ovaires d'Eve. S'ils prétendaient plutôt (et c'est généralement ce qu'ils faisaient) que l'apparition de parties excédentaires résultait de l'amalgame accidentel de deux homoncules, il fallait vraiment déployer des trésors d'imagination pour admettre que la quasi-totalité de l'enfant polydactyle provenait d'un germe à l'exception de son doigt surnuméraire qui provenait de l'autre germe. De toute façon, cette explication était inapplicable au cas de l'albinisme. Il aurait fallu croire que quelques homonculi blancs avaient été disséminés dans les fluides de l'ancêtre du peuple noir. Possible, mais peu vraisemblable.

Et deuxièmement, disait Maupertuis, comment les préformationnistes expliquaient-ils les variations de la couleur de la peau des êtres humains s'ils étaient tous nés du même aïeul ?

> Il y aurait eu dans la première mère des œufs de différentes couleurs qui contenaient des suites innombrables d'œufs de la même espèce, mais qui ne devaient éclore que dans leur ordre de développement, après un certain nombre de générations et dans les temps que la Providence avait marqués pour l'origine des peuples qui y étaient contenus. Il ne serait pas impossible qu'un jour la suite des œufs blancs qui peuplent nos régions vienne à manquer, et que toutes les nations européennes changent de couleur ; comme il ne serait pas impossible que, la source des œufs noirs étant épuisée, l'Éthiopie n'eût plus que des habitants blancs.

Maupertuis s'était servi efficacement du « nègre blanc » pour appuyer ses arguments contre le préformationnisme, mais comment défendre sa version personnelle et particulière de l'épigenèse ? Puisqu'il refusait d'admettre l'intervention de forces extérieures vitalistes, il lui fallait découvrir la source de cet ordre au sein des fluides séminaux eux-mêmes. Comment les parties disjointes se rapprochaient-elles et pourquoi leur assemblage était-il si souvent correct — au point d'empêcher généralement l'adjonction de parties surnuméraires et de justifier la rareté d'anomalies comme la polydactylie ? Maupertuis était acculé dans une impasse mais il s'efforça vigoureusement d'en sortir.

La meilleure proposition qu'il avança s'inscrivait dans le cadre de sa perspective newtonienne, si chère à sa conception de la science. Si l'attraction entre les objets physiques était d'origine gravitationnelle, le même type de force devait attirer les unes vers les autres les parties correctes du futur fœtus. Les parties correspondant aux yeux auraient une affinité naturelle pour les parties correspondant au nez ; celles du nez seraient attirées par celles des dents et ainsi de suite jusqu'à ce qu'un animal tout entier se constitue, de la même manière qu'Ezéchiel ramena à la vie les ossements desséchés qu'il avait trouvés dans le désert. De plus, chacune des parties issues du père et de la mère avait exactement la même chance d'être incorporée dans l'embryon qui serait ainsi un amalgame des caractéristiques des deux parents.

> Pourquoi si cette force existe dans la nature n'aurait-elle pas lieu dans la formation du corps des animaux ? Qu'il y ait dans chacune des semences des parties destinées à former le cœur, la tête, les entrailles, les bras, les jambes ; et que ces parties aient chacune un plus grand rapport d'union avec celle qui, pour la formation de l'animal, doit être sa voisine, qu'avec tout autre, le fœtus se formera.

Maupertuis estimait que les monstres pourvus d'organes excédentaires appuyaient tout particulièrement sa théorie gravitationnelle : les organes surnuméraires se formaient toujours au bon endroit. Jamais un doigt supplémentaire ne poussait sur l'abdomen ou dans la nuque : il apparaissait toujours près des cinq autres, ce qui confirmait l'affinité naturelle des parties correspondant aux doigts les unes pour les autres et pour les parties avoisinantes de la main.

J'adore participer aux joutes intellectuelles, même si c'est seulement en spectateur ; j'étais donc follement excité à la lecture de la *Vénus physique*, car j'avais ainsi l'occasion d'observer comment un homme brillant s'acharnait à expliquer les plus grands mystères de la biologie tout en ayant parfaitement conscience de l'inanité des efforts qu'il avait déployés sur près de deux cents pages. Maupertuis se rendait compte des faiblesses de sa théorie gravitationnelle pour laquelle il n'avait aucune preuve directe, et qui était fondée sur une analogie plutôt que sur une quelconque observation directe. Cependant, il fallait bien qu'il propose quelque chose et il n'avait rien trouvé de mieux. Car Maupertuis était aussi fermement attaché à la philosophie mécaniste qu'à ses vues personnelles sur l'épigenèse, et, pour se conformer à cette position intellectuelle, il était bien obligé de prétendre que les particules matérielles nécessaires à la formation du fœtus existaient dans les fluides séminaux des deux parents : aucune force vitaliste ne pouvait diriger la différenciation de structures complexes à partir du néant. Voilà pourquoi Maupertuis opta pour cette théorie des éléments disjoints, mus par un certain mécanisme qui leur permettait de se retrouver et de s'assembler pour former l'embryon. Et Maupertuis avait correctement perçu la nature improbable et peu satisfaisante de sa théorie.

Nous dirions aujourd'hui que l'intuition de Maupertuis était fondamentalement correcte : la complexité ne peut surgir d'un potentiel informe ; il y avait donc « quelque chose » dans l'œuf et dans le sperme. Mais notre conception actuelle de ce quelque chose est toute différente. Là où Maupertuis ne pouvait voir au-delà de parties réelles, nous avons découvert des instructions programmées. Les ovules et les spermatozoïdes ne contiennent pas les parties effectives de l'embryon, ils sont pourvus d'instructions codées inscrites dans leur ADN, qui régissent la construction correcte de l'embryon.

Mais comment Maupertuis serait-il parvenu à cette élégante solution alors que son siècle n'avait pas encore découvert, sur les plans conceptuel et technique, de processus comparable qui lui aurait permis d'imaginer comment passer des éléments réels aux règles de programmation de leur construction ? Les instructions codées ne faisaient pas partie de l'arsenal intellectuel des penseurs du XVIIIe siècle. Les boîtes à musique indiquaient certes la direction à suivre, mais la première invention révolutionnaire à faire appel à des instructions programmées ne fit son apparition qu'au début des années 1800 : c'était le métier à tisser de Jacquard. Ce dispositif de tissage automatique qui fonctionnait grâce à des instructions perforées sur des cartes fut la source d'inspiration directe d'Hollerith qui conçut plus tard une machine destinée au recensement et fonctionnant à l'aide de cartes perforées (l'ancêtre des célèbres cartes IBM — ne pas plier, tordre ou déchirer). Comment Maupertuis pouvait-il imaginer la solution correcte de son problème — des instructions codées —, en ce siècle où ni le piano mécanique ni les programmes d'ordinateur n'avaient été inventés ?

Dans notre grande naïveté, nous pensons souvent que le manque de données constitue le principal obstacle au progrès — découvrez les faits qui complètent votre série de données, et les difficultés s'aplaniront. Mais les barrières sont souvent plus profondes et plus abstraites. Nous n'avons pas seulement besoin de données brutes, il nous faut également disposer d'une formulation adéquate. Ceux qui révolutionnent la pensée humaine ne sont pas avant tout ceux qui collectionnent le plus d'information, mais ceux qui conçoivent la trame de nouvelles structures intellectuelles. En définitive, Maupertuis doit son échec au fait que son époque n'avait pas encore développé ce concept caractéristique de notre temps : les instructions codées, sous-jacentes à la complexité matérielle.

troisième partie

L'importance de la taxinomie

10. De guêpes en guêpier [1]

« Il accable nos mères, nos épouses, nos filles et nos sœurs de la plus vile insulte sous prétexte d'apporter une contribution importante à la recherche scientifique. » L. B. Heller, congressiste new-yorkais, qualifiait en ces termes le rapport Kinsey sur le *Comportement sexuel de la femme* (1953), dans une lettre adressée au responsable général des postes qu'il pressait d'interdire toute expédition de ce livre. Le président du séminaire de l'Union théologique, le Dr Henry Van Dusen, doutait quant à lui des faits exposés dans le rapport Kinsey, mais décrétait néanmoins que s'ils étaient anthentiques « ils révélaient une dégradation des mœurs de la société américaine comparable aux pires expressions de la décadence de l'Empire romain ». « Ce qu'il y a de plus choquant, ajoutait Van Dusen dans sa violente diatribe contre le rapport Kinsey, c'est que les prémisses même de cette étude n'ont suscité aucune réaction éthique spontanée. »

Les prémisses de cette étude étaient pourtant d'une simplicité enfantine. Kinsey s'était efforcé, en interrogeant minutieusement plus de 5 000 femmes, de dresser un rapport statistique sur ce que les gens font réellement et non sur ce que la loi et les usages leur conseillent de faire. Il ne portait aucun jugement et se contentait d'exposer les faits tels qu'on les lui racontait ; il découvrit toutefois au cours de son étude que la fréquence des rapports sexuels avant le mariage et celle des relations extra-conjugales débordaient largement (c'était le moins que l'on puisse en dire) du cadre des images d'Épinal auxquelles s'accrochaient bon nombre de naïfs, d'hypocrites et de rassis installés dans leur petit confort — et en particulier ces gens d'un certain âge qui détenaient le pouvoir.

Alfred C. Kinsey eut le malheur de publier son rapport en 1953, au paroxysme de l'hystérie maccartiste aux États-Unis (son rapport précédent sur le *Comportement sexuel des hommes*, publié en 1948, avait certes suscité un certain émoi, mais il n'avait pas fait l'objet de calomnies aussi

1. En américain, *wasp* signifie guêpe mais également *white anglo-saxon protestant* ce que l'on peut traduire par Anglo-Saxon bien-pensant, protestant et de race blanche. *(N.d.T.)*

violentes, sans doute pour la simple raison que la société a toujours admis un éventail plus large de comportements chez les hommes et aussi parce que le climat politique était nettement plus libéral dans les années d'après guerre). Beaucoup taxèrent le rapport Kinsey sur la sexualité féminine d'incitation au communisme, et, s'ils n'y voyaient pas une incitation directe à la subversion, son contenu leur semblait suffisant pour affaiblir la fibre morale américaine au point de permettre au communisme d'envahir nos terres troublées. Un comité spécial de la Chambre, chargé de vérifier l'utilisation des subsides versés par les fondations exemptées d'impôts, et présidé par un partisan célèbre de la guerre froide, Caroll Reece, mit la Fondation Rockefeller dans son collimateur. La Fondation capitula sous la pression du Comité, entre autres, et du jour au lendemain, Kinsey fut privé de son principal appui financier. Dans son rapport de décembre 1954 publié à la majorité, le Comité Reece accusait certaines fondations de détourner les dons exonérés d'impôts à « des usages ouvertement subversifs ». Les rapports Kinsey furent cités nommément ; Kinsey était indigne de l'appui financier qu'on lui avait prodigué. Kinsey ne trouva plus jamais d'autre source de financement ; il mourut deux ans plus tard, surmené, exaspéré et angoissé à l'idée que d'autres résultats de toutes ces années de travail ne seraient peut-être jamais publiés (d'autres fonds parvinrent ultérieurement, mais trop tard pour soutenir Kinsey lui-même).

Kinsey n'avait pas fait de sa vie une croisade destinée à nous éclairer sur la sexualité. Il se tourna vers cette discipline presque par accident (même s'il s'y était déjà intéressé auparavant). Kinsey était entomologiste de formation et, au moment où il changea de profession, il passait pour l'un des plus grands taxinomistes américains sur les guêpes. Peu après son changement d'orientation, il commençait une conférence à l'association Phi Beta Kappa de l'université d'Indiana par ces mots [1] :

> Pendant quelque vingt ans de recherche en laboratoire et sur le terrain, je me suis consacré à l'étude d'un phénomène biologique bien particulier : la variation individuelle. J'ai mesuré sous toutes les coutures des dizaines de milliers de petits insectes que vous n'avez sans doute jamais vus et qui ne vous intéressent certainement pas. Je me suis efforcé de rassembler en quantité suffisante les données nécessaires au fondement de la connaissance scientifique. Ces deux dernières années, par un curieux concours de circonstances, j'ai été amené à étudier des données concernant les variations individuelles de certains types de comportement humains.

1. Aux États-Unis, les associations de tous les étudiants d'une même discipline dans une université sont désignées par trois lettres grecques. *(N.d.T.)*

La plupart des gens ont tendance à rire quand ils découvrent la spécialisation initiale de Kinsey.

C'est vraiment bizarre qu'un homme qui a bouleversé la société américaine tout entière ait consacré la majeure partie de sa vie professionnelle à la taxinomie d'insectes minuscules. Quelle relation pourrait-il y avoir entre deux carrières si disparates ? Un inconnu avait d'ailleurs griffonné sur la page de garde de l'unique exemplaire du principal ouvrage de Kinsey sur les guêpes conservé à Harvard : « Pourquoi ne choisis-tu pas un sujet un peu plus intéressant, Al ? »

Je tiens cependant à souligner le point commun entre les deux « carrières » de Kinsey : il avait abordé l'étude du phénomène de variation individuelle chez les guêpes et chez les êtres humains dans le même état d'esprit. Et puisque les unes ont précédé les autres, je dirai que la carrière de taxinomiste de Kinsey eut un impact profond et une influence directe sur ses recherches sur le comportement sexuel. En fait, Kinsey a mené ses travaux sur le comportement sexuel en suivant ce que l'on pourrait appeler une « démarche taxinomique de la pensée », une démarche très valable en science, même si elle ne correspond pas à une pratique très répandue. Le caractère particulier du travail de Kinsey — les aspects de son étude qui firent sa renommée mais furent également à l'origine de tous ses ennuis — était l'expression directe de la démarche qu'il avait acquise et perfectionnée en taxinomie, quand il était entomologiste.

Si les conclusions spécifiques du travail de Kinsey choquèrent profondément l'Amérique — toutes ces choses que les gens « bien » ne font pas mais qui sont en fait si répandues, l'homosexualité, les relations prénuptiales et extra-conjugales des femmes, les relations des hommes élevés dans les fermes avec les animaux —, c'est surtout la manière radicalement différente dont Kinsey abordait la recherche sur le sexe qui bouleversa le monde. Il resta fidèle à trois principes qui avaient marqué tous ses travaux de taxinomiste. Premièrement, il n'établirait ses conclusions qu'à partir d'échantillons bien plus vastes qu'aucun autre chercheur n'avait étudiés avant lui. Il ne se permettrait pas, comme on le faisait habituellement, d'extrapoler à l'humanité tout entière les observations effectuées sur une petite population bien homogène d'étudiants de collège, par exemple. Deuxièmement, il étudierait des échantillons de population hétérogènes : vieux et jeunes, campagnards et citadins, pauvres et riches, illettrés et instruits. Comme les guêpes variaient d'un arbre à l'autre, le comportement sexuel des êtres humains présentait certainement des variations importantes d'une classe sociale à l'autre, d'un sexe à l'autre et d'une génération à l'autre. Et troisièmement, Kinsey ne porterait aucun jugement, il se contenterait d'exposer ce que les gens faisaient.

Kinsey était docteur en entomologie de l'université de Harvard ; il accepta ensuite un poste de professeur-assistant à l'université d'Indiana où il demeura jusqu'à la fin de ses jours. Il consacra les vingt premières années de sa carrière à l'étude de la taxinomie, de l'évolution et de la biogéographie des guêpes du genre *Cynips* qui forment des galles, et mena ces travaux avec une minutie sans précédent. Ces petites guêpes pondent leurs œufs dans les tissus des plantes (les feuilles et les tiges de chêne le plus souvent). L'éclosion des larves induit la sécrétion d'une galle par la plante et cette galle qui entoure la larve lui assure protection et nourriture. Les larves se métamorphosent dans les galles et en sortent finalement sous forme d'insectes pourvus d'ailes et prêts à recommencer le cycle. Kinsey publia ses travaux sur *Cynips* sous forme de quelques articles assez courts et de deux monographies importantes citées en bibliographie, *The Gall Wasp Genus « Cynips ». A Study in the Origin of Species* (1930) (la Guêpe à galle du genre Cynips : étude de l'origine de l'espèce) et *The Origin of Higher Categories in Cynips* (1936) (l'Origine des catégories supérieures de Cynips).

En 1938, suite à une pétition des étudiants, l'Université organisa un cours libre sur le mariage (pour ne pas dire un cours d'éducation sexuelle, je suppose). Kinsey, qui avait l'intention de consacrer le reste de sa vie à l'étude des guêpes, fut sollicité pour présider le comité d'organisation de ce cours et donner trois conférences sur la biologie du sexe. Kinsey était extrêmement consciencieux et son désir de fonder toute démarche scientifique sur l'observation des faits était presque excessif. Avant de donner ses cours, il se rendit à la bibliothèque de l'Université pour se documenter sur la sexualité humaine, mais ses recherches furent vaines. Il se résigna à faire sa propre enquête. Il commença par interroger les étudiants de l'Université mais se rendit rapidement compte qu'il n'obtiendrait pas ainsi des renseignements représentatifs de l'hétérogénéité de la société américaine. Tous les week-ends, il entreprit, à ses frais, de petits voyages dans les villes environnantes où il interrogeait les habitants. Il conçut un questionnaire extrêmement détaillé et prit note des réponses en code pour respecter l'anonymat de ceux qu'il interrogeait (Kinsey faisait preuve au cours de ses interrogatoires d'une intuition et d'une habileté qui devinrent rapidement légendaires). Poursuivant ses recherches jusqu'à Gary, Chicago, Saint-Louis et dans les prisons de l'État d'Indiana, Kinsey découvrit que le comportement sexuel des gens variait énormément en fonction de leur situation économique. Les travaux de Kinsey acquirent progressivement une certaine notoriété et suscitèrent des critiques, mais l'Université accordait toujours son appui à Kinsey et à sa recherche de la vérité.

Finalement, toujours soutenu par son université, Kinsey fonda un

Institut pour la recherche sur le sexe et convainquit la Fondation Rockefeller de le financer pour mener ses enquêtes de plus en plus nombreuses, et entreprendre leur publication. Son travail fut couronné par la publication de deux épais volumes synthétisant chacun plus de 5 000 interrogatoires menés auprès d'Américains de race blanche dans les divers milieux de la société : *le Comportement sexuel de l'homme*, et *le Comportement sexuel de la femme*. (Fidèle à ses convictions sur l'importance de la variabilité, Kinsey était conscient du fait qu'il ne possédait pas suffisamment de données pour tirer des conclusions valables sur les Noirs américains, et les représentants d'autres nations ou d'autres cultures.) Kinsey avait abandonné ses travaux sur les guêpes bien avant la publication de ses deux rapports, mais ce fut avec de nombreuses hésitations et un profond regret, car ces études lui avaient procuré de grandes satisfactions et lui avaient permis de fixer ses normes en matière de recherche scientifique.

Si Kinsey avait restreint le cadre de ses principaux travaux sur les guêpes à l'étude d'une seule famille, celle des Cynipidés, ses ambitions étaient aussi vastes que l'histoire naturelle elle-même. Il avait profondément réfléchi à la manière dont on pratiquait la taxinomie et à la signification de cette discipline, et il espérait en reformuler les principes. Voici ce qu'il écrivait en 1927 :

> Sur la base de l'étude des Cynipidés, et de travaux réalisés dans d'autres domaines de la taxinomie, je vais tenter de formuler une philosophie de la taxinomie, de montrer son utilité dans la description et l'interprétation des espèces telles qu'elles existent dans la nature et de souligner l'importance de cette discipline dans la coordination et l'interprétation des données biologiques.

Kinsey avait le sentiment qu'il pourrait atteindre ces objectifs plus vastes s'il accumulait au cours de son étude systématique une quantité telle de détails concrets que des principes généraux se dégageraient du volume de l'information lui-même. Kinsey était un bourreau de travail avant même que l'expression n'existe. En 1919 et en 1920, grâce à une bourse de voyage, il parcourut près de 29 000 kilomètres, dont 4 000 à pied, dans l'Ouest et le Sud des États-Unis, où il rassembla quelque 300 000 spécimens de guêpes à galle. Les deux voyages qu'il effectua dans les années 1930 dans les campagnes du Mexique et de l'Amérique centrale sont des monuments de zèle insatiable. Et pourtant, il n'était jamais satisfait. Dans une monographie écrite en 1936, il se plaignait de n'avoir recueilli en moyenne *que* 214 insectes et 755 galles pour chacune de ses 165 espèces. Il décréta qu'il ne serait pas satisfait avant d'avoir récolté un total de 1 530 000 insectes et 3 à 4 millions de galles pour 51 de ces 165 espèces (des groupes variables dans des régions de topographie uniforme).

Les désirs exprimés par Kinsey et les efforts qu'il déployait dans la réalité allaient bien au-delà de la simple passion du collectionneur. Et un statisticien pourrait reprocher aujourd'hui à Kinsey sa méconnaissance des théories de l'échantillonnage : il n'est vraiment pas nécessaire de réunir tous les exemplaires sans exception. Mais Kinsey poursuivait inlassablement ses récoltes, mû par ce principe qu'il jugeait capital en biologie : l'importance primordiale et le caractère irréductible de la variation.

Curieusement, bien des taxinomistes n'avaient pas intégré à la pratique de leur profession le changement fondamental apporté par la théorie de l'évolution en biologie. De nombreux taxinomistes considéraient encore que l'on pouvait diviser le monde en une série de petites niches distinctes, abritant chacune une espèce. Dans cette optique, chaque espèce était définie par son « essence » — une série de caractéristiques fondamentales qui la distinguaient de toutes les autres espèces. La variabilité était considérée, au mieux, comme un inconvénient, une sorte d'élargissement accidentel de la forme essentielle, dont le seul but était de créer la confusion parmi les taxinomistes et de les empêcher d'effectuer correctement leur travail de classement. La plupart des taxinomistes classiques considéraient la variabilité comme un mal nécessaire et ils établissaient bien souvent l'existence d'une espèce après n'avoir étudié qu'un nombre restreint de spécimens.

Les taxinomistes comme Kinsey, en revanche, avaient saisi toutes les implications de la théorie de l'évolution et adoptèrent une attitude radicalement différente à l'égard du phénomène de la variation. Des îlots de forme existent, c'est certain ; tous les félidés ne voguent pas ensemble dans un océan de continuité : nous les trouvons sous forme de lions, de tigres, de lynx, de chats mouchetés et ainsi de suite. Et même si les espèces sont distinctes, elles n'ont pas une essence immuable. La variation est le matériau brut du changement évolutif —, c'est une réalité fondamentale de la nature et non un écart par rapport à une norme établie. La variation est le phénomène primordial, l'essence est un concept illusoire. Un éventail de variations irréductibles, voilà la vraie définition d'une espèce.

Cette conception anti-essentialiste a de profondes conséquences sur notre perception fondamentale de la réalité. L'essentialisme a dominé la pensée occidentale depuis que Platon a projeté des ombres sur le mur de sa caverne. Cette façon de penser nous a encouragés à négliger l'existence des continuums et à diviser la réalité en un ensemble de catégories immuables et correctes ; correctes, dans le sens où l'essentialisme établit des critères de jugement et de valeur : les objets proches de leur essence sont « bons », ceux qui s'en écartent sont « mauvais », voire irréels.

La pensée anti-essentialiste nous contraint à une vision différente du monde où les enchaînements et les continuums sont fondamentaux. Il nous faut abandonner les critères de jugement et les références à des « idéaux » : les hommes de petite taille, les handicapés mentaux, les hommes dont les convictions, la couleur ou la religion sont différents sont des hommes à part entière. Le taxinomiste essentialiste rassemble une pleine poignée d'escargots sous le chapeau d'une seule espèce, s'efforce d'en abstraire une essence, et classe ensuite ses escargots en fonction de leur congruence à cette moyenne. L'anti-essentialiste voit tout autre chose dans cette même poignée d'escargots — un continuum de variations irréductibles définissant l'espèce, dont certains variants sont plus nombreux que d'autres, mais qui sont tous de bons escargots. Ernst Mayr, notre principal théoricien de la taxinomie, a longuement et fort élégamment disserté sur la différence entre l'essentialisme et la variation, réalité ultime (« penser en termes de population » dans ses propres termes — reportez-vous à son dernier livre : *the Growth of Biological Thought*).

Kinsey, qui avait si bien compris les conséquences de la théorie de l'évolution était un anti-essentialiste convaincu en taxinomie. Sa conviction de l'importance primordiale de la variation le poussait à recueillir, presque frénétiquement, toujours plus de spécimens. Sa croyance dans les continuums l'incitait à explorer pratiquement chaque mètre carré susceptible de convenir aux *Cynips* d'Amérique du Nord — chaque fois qu'il observait une interruption importante, il soupçonnait (souvent à juste titre), qu'il découvrirait des formes intermédiaires dans les zones géographiquement voisines.

Finalement, l'anti-essentialisme de Kinsey passa presque les bornes. Il était tellement convaincu que les espèces se transformaient progressivement en d'autres espèces, qu'il se mit à considérer des variants réellement intermédiaires géographiquement au sein d'une espèce comme des entités séparées, et il coiffa le tout d'une super-taxinomie, attribuant un nom complet à chaque variant mineur, transitoire et local. (Selon Kinsey, l'apparition d'une nouvelle espèce résultait de l'augmentation de fréquence de mutations discrètes aux effets mineurs, au sein d'une population locale. Il créait donc une espèce nouvelle chaque fois qu'il découvrait une population locale qui se distinguait de ses voisines par une mutation comparable à celles que l'on produit en laboratoire. Mais il arrive bien souvent, au sein d'une même espèce, que des populations subissent de petites mutations sans perdre pour autant la caractéristique fondamentale qui les lie au reste de l'espèce — la capacité de se reproduire entre elles.)

Et, ce qui est plus important encore pour l'histoire de la société américaine, Kinsey transposa tel quel le farouche anti-essentialisme de ses études d'entomologie à ses recherches sur le comportement sexuel. Les vingt années consacrées aux *Cynips* ne sont certainement pas du temps perdu par rapport aux travaux ultérieurs qui rendirent Kinsey célèbre. Bien au contraire, le travail de Kinsey sur les guêpes lui permit d'établir la méthodologie et les principes de raisonnement qui firent de lui un pionnier dans la recherche sur le comportement sexuel. Je ne suis pas en train de tirer des conclusions savantes qui avaient échappé au maître de l'anti-essentialisme. Kinsey était parfaitement conscient de ce qu'il faisait. Il n'a jamais regretté un seul instant consacré à l'étude des guêpes, car il les aimait tout autant et il savait bien que cette étude avait établi les bases de ses conceptions intellectuelles. Dans le premier chapitre de son premier traité sur le *Comportement sexuel de l'homme*, Kinsey écrivait un passage remarquable sur « l'approche taxinomique » qu'il avait divisé en deux sous-sections : « en biologie », suivie du transfert explicite « dans les sciences appliquées et sociales ». Kinsey écrivait :

> La méthode employée dans nos travaux a été celle de la taxinomie, dans le sens où le biologiste moderne entend ce terme. Cette méthode est le fruit de la longue pratique de l'auteur en matière de taxinomie appliquée aux insectes. La transposition du domaine des insectes à celui des êtres humains n'est pas illogique : c'est une méthode qui peut être appliquée à l'étude de toute population aux éléments hétérogènes dans n'importe quel domaine.

L'importance de la taille de l'échantillon était l'empreinte personnelle du travail de Kinsey. Dans le passé, la plupart des travaux sur le comportement sexuel humain avaient été consacrés à l'étude de cas inhabituels (*Psychopathia sexualis* de Krafft-Ebing, par exemple) ou bien c'étaient des généralisations formulées à partir d'échantillons homogènes de petite taille. Tout comme Kinsey voulait rassembler des millions de spécimens pour ses recherches sur les guêpes et leurs galles, il lui fallait interroger plusieurs milliers d'êtres humains au minimum. Kinsey savait qu'il avait besoin d'un aussi grand nombre d'interviews : ses conceptions anti-essentialistes lui dictaient deux grandes vérités sur la variation qui s'appliquaient aux guêpes aussi bien qu'aux êtres humains. La première était la suivante : des populations apparemment homogènes en un lieu donné (tous les étudiants d'un collège de l'Indiana ou tous les assassins d'Alcatraz) présenteraient un éventail très vaste de variations irréductibles ; d'autre part, des populations locales discrètes, installées dans des régions différentes (les femmes âgées de la bourgeoisie moyenne ou les jeunes hommes pauvres de New York) présenteraient un comportement sexuel moyen très variable (c'est ce que les biologistes appellent respectivement les variations intra- et inter-population). Kinsey décida qu'il devrait sélectionner de nombreux groupes très différents et de nombreuses personnes au sein de chaque groupe. Voici ce qu'il écrivait dans le premier paragraphe de son traité sur les hommes :

> Il s'agit d'un exposé de faits où nous avons tenté de découvrir quelle est l'activité sexuelle des êtres humains, et quels facteurs peuvent expliquer les différences de comportement d'un individu à l'autre ou d'une couche de la population à une autre.

Dans son paragraphe sur « l'approche taxinomique en biologie », Kinsey explique comment l'expérience acquise sur les guêpes lui avait inspiré sa méthode d'étude des êtres humains.

> La taxinomie moderne est née du fait que les biologistes se sont de plus en plus nettement rendu compte du caractère unique de l'individu et de la diversité que peut présenter n'importe quel groupe d'individus. La taxinomie s'occupe donc essentiellement de mesurer les variations des séries d'individus qui représentent l'espèce à étudier.

Kinsey fit de la diversité et du caractère primordial de la variation sa croisade personnelle. Son exposé de 1939 à Phi Beta Kappa, « Les individus », était centré sur la « non-identité illimitée » qui existe parmi les organismes de toute population ; il reprochait aux spécialistes en biologie et en sociologie de tirer des conclusions générales à partir d'échantillons bien trop petits et trop homogènes. Par exemple :

> Le comportement d'une souris placée aujourd'hui dans un labyrinthe est considéré comme l'échantillon représentatif du comportement de tous les individus de toutes les espèces de souris, hier, aujourd'hui et demain. Une demi-douzaine de chiens de pedigree inconnu, issus de croisements que l'on ne connaît pas non plus, sont globalement appelés « chiens », ce qui signifie toutes sortes de chiens, quand cela ne signifie pas que les conclusions sont explicitement ou du moins implicitement appliquées à vous, ou à « vos cousins », ou à toutes sortes d'autres êtres humains... Un chimiste américain connu, spécialiste dans le domaine des colloïdes, attire l'attention du pays tout entier : il a découvert une nouvelle méthode de désintoxication des drogués ; et c'est seulement quand d'autres laboratoires avouent leur impuissance à obtenir les mêmes résultats que nous apprenons que l'expérience originale a été menée sur une demi-douzaine d'individus.

L'importance de la taxinomie

Kinsey avait transféré un autre concept très important de l'anti-essentialisme caractéristique de ses travaux d'entomologie : il soulignait sans cesse l'impossibilité de classer les comportements humains en catégories rigides et bien définies. De même que, d'une espèce à la suivante, ses guêpes ne formaient qu'un grand continuum, le comportement sexuel des êtres humains était fluide, mouvant, et dépourvu de limites tranchées. De l'homosexualité masculine, il écrivait :

> Les personnes du sexe mâle ne sont pas divisées en deux populations discontinues : les hétérosexuels d'une part, et les homosexuels de l'autre. Le monde n'est pas divisé en bons et en méchants. Tout n'est pas tout noir ou tout blanc. La nature, comme nous l'enseigne ce principe fondamental de la taxinomie, procède rarement par catégories discontinues. Seul l'esprit humain invente des catégories et s'efforce de faire correspondre les faits à des cases séparées. Le monde vivant tout entier est un continuum dans ses moindres aspects. Plus tôt nous comprendrons que ce principe régit le comportement sexuel de l'homme et plus tôt nous parviendrons à une saine compréhension des réalités du sexe.

Le troisième principe de travail que Kinsey transféra de son étude des guêpes à celle du comportement sexuel des êtres humains soulevait un point litigieux : celui du jugement, le vrai responsable de tous les ennuis de Kinsey. Si la variation est un principe essentiel, si elle est importante et irréductible et si les espèces n'ont pas d'essence, quel critère « naturel » nous permettra de poser des jugements ? Un variant singulier appartient tout autant à son espèce qu'un individu moyen. Même si l'individu moyen est — par définition — plus courant qu'un organisme un peu spécial, pourquoi l'un serait-il « meilleur » que l'autre — car il n'existe pas d'essence immuable qui définisse la forme « correcte » au sein d'une espèce. Kinsey écrivait dans « Les individus », faisant à nouveau explicitement référence aux guêpes :

> En réalité, les préceptes ne sont que les croyances affichées de ceux qui nous les prescrivent. Ce qui convient à un individu ne convient pas forcément à son voisin et ce qui est péché et abomination pour l'un constitue peut-être un aspect valable de la vie d'un autre. L'éventail des variations individuelles, pour n'importe quelle caractéristique, est le plus souvent bien plus vaste qu'on ne le pense généralement. Certains traits structuraux de mes insectes varient jusqu'à 1 200 %. Cela signifie que les populations d'une même localité peuvent renfermer des individus dont les ailes ont une longueur de 15 unités aussi bien que des individus dont les ailes mesurent 175 unités. Certains traits morphologiques et physiologiques intervenant dans le comportement humain que j'étudie varient de plus de 12 000 %. Et pourtant, on nous prescrit des normes de conduite sociale et

> des codes de moralité comme si tous les individus étaient identiques, et nous jugeons, nous récompensons et nous pénalisons sans tenir compte de l'immense problème que pose une telle uniformité d'exigences à une telle diversité de personnes.

Kinsey se targuait souvent d'avoir simplement consigné des faits dans ses deux grands rapports sur le comportement sexuel, et de n'avoir jamais porté de jugement, explicite ou implicite. A la première page de sa préface au rapport sur les hommes, il écrivait :

> Depuis quelque temps, de nombreuses personnes ont pris de plus en plus conscience de l'avantage que nous procurerait, dans le domaine du comportement sexuel, un ensemble de données représentant une accumulation de faits scientifiques, totalement dégagés des notions de valeur morale ou de tradition sociale.

Ceux qui critiquèrent Kinsey lui opposèrent l'argument suivant : dans le contexte d'un rapport aussi vaste, l'absence de jugement est, en soi, une forme de jugement. Je serais tenté de leur donner raison. Il me semble impossible qu'une science sociale puisse totalement se libérer de toute échelle de valeurs. Kinsey a peut-être nié l'existence de ces valeurs dans le contenu de ses rapports, mais l'extrait de son essai de 1939 que je viens de citer ne laisse planer aucun doute : Kinsey jugeait que l'absence de jugement est une attitude moralement préférable — et les conséquences implicites de son attachement profond à la primauté de la variation étaient évidentes. Peut-on ne pas tenir compte de ce que la nature offre de fondamental ? (Oui, bien entendu, mais peu de gens donneront la préférence à une éthique qui rejette la vie et le monde tels que nous les trouvons inévitablement.)

Mais que faire d'autre ? Ne pas établir la liste des données réelles sur le comportement sexuel des êtres humains ? Ou bien assaisonner chacune de ses découvertes d'un petit commentaire personnel et non pertinent sur sa valeur morale ? Ce serait plutôt arrogant. En fin de compte, je dois avouer que si j'approuve Kinsey et s'il m'attire beaucoup, c'est tout simplement parce que nous partageons le même centre d'intérêt. Je suis, moi aussi, un taxinomiste.

Au début des *Raisins de la colère*, quand Tom Joad s'en retourne chez lui après un séjour en prison, il rencontre Casy, son ancien pasteur. Casy explique qu'il a renoncé aux réunions du ressourcement religieux, parce qu'il était incapable de concilier son propre comportement sexuel (souvent inspiré par la ferveur des réunions elles-mêmes) avec le contenu de son sermon :

Je dis : « C'est peut-être pas un péché. Peut-être c'est juste comme ça que sont les gens... » Eh bien ! j'étais étendu sous un arbre pendant que je m'imaginais tout ça. Et je me suis endormi. La nuit tombe et il fait noir quand j'me réveille. Y avait un coyote qui jappait des cris rauques pas loin de là. Et voilà qu'avant de m'en rendre compte je criais tout haut... « Y a pas de péché et y a pas de vertu. Il y a juste ce que les gens font... Et certaines choses que les gens font sont belles et certaines autres ne le sont pas, mais c'est tout ce que les gens ont le droit de dire. »

11. Opus 100 [1]

J'écris ces essais depuis une bonne dizaine d'années et, pourtant, pour des raisons bien précises, je n'ai jamais abordé le sujet qui me tient le plus à cœur en biologie. Cependant, pour ce centième effort, je vous demande d'être indulgents et je me permets de vous imposer *Cerion*, l'escargot terrestre des Bahamas, objet de ma propre recherche et de mes travaux sur le terrain. J'aime *Cerion* de tout mon cœur et de tout mon esprit mais je l'ai toujours tenu à l'écart de ces colonnes : il me semble en effet très difficile, quand on est plongé dans un sujet jusqu'au cou, de faire la part entre la passion personnelle et l'intérêt général ; une image me vient trop facilement à l'esprit, celle de ces parents bêtifiants qui imposent à leurs voisins et leurs amis des soirées assommantes de projection des films de toute la petite famille. Je me suis en effet fixé deux règles intangibles dans la rédaction de ces essais : ne jamais vous mentir et m'efforcer de ne pas vous ennuyer. Mais pour cette fois, cette seule fois sur cent, je prends le risque d'enfreindre la seconde règle uniquement pour mon plaisir personnel.

Cerion est l'escargot terrestre des Antilles le plus remarquable. Son habitat s'étend des îles au large de la Floride jusqu'aux petites îles d'Aruba, de Curaçao et de Bonaire juste à la hauteur de la côte vénézuélienne, mais la majorité des espèces s'est établie dans deux centres principaux, Cuba et les Bahamas. La vie de *Cerion* est extraordinairement peu intéressante selon nos critères. La plupart des espèces sont installées parmi les rochers et la végétation peu abondante du littoral. Ces escargots vivent entre cinq et dix ans, mais ils passent le plus clair de leur temps en estivation — l'équivalent dans ces pays chauds de l'hibernation que nous connaissons — suspendus la tête en bas aux rochers ou à la végétation. Après une pluie, ou parfois dans la fraîcheur et l'humidité

1. Ce livre est le quatrième volume où je réunis des essais publiés à l'origine sous forme d'une chronique mensuelle dans le magazine *Natural History*. Je n'ai jamais rendu un article en retard, mais je ne vous dirai pas combien de fois je l'ai échappé belle. Je tiens donc à marquer cet événement et à me faire plaisir pour ce centième effort.

relatives de la nuit, ils descendent de leur ramille ou de leur pierre, grignotent les champignons qui poussent sur la végétation en décomposition, et font même parfois l'amour. Nous avons marqué un certain nombre d'escargots et repéré leur itinéraire et, d'une année à l'autre, nous retrouvons la plupart d'entre eux au même endroit à quelques mètres carrés de gazon près.

Pourquoi choisir *Cerion* ? C'est vrai, pourquoi consacrer tant de temps à l'étude détaillée d'un quelconque cas particulier alors que les généralités sur la théorie de l'évolution offrent du travail à nous en donner le vertige et que notre vie est si courte que nous ne viendrons à bout que de quelques problèmes seulement ? Je m'en voudrais de faire fausse route dès le départ et de passer à côté de cette sagesse fondamentale de la nature qui nous enseigne que les concepts sont vains s'ils ne sont pas fondés sur des perceptions (comme le disait Kant), et qu'aucun chercheur ne peut acquérir une sensibilité valable à l'égard de la nature (ce préalable indéfinissable à la compréhension profonde) s'il n'explore pas dans les moindres détails quelques groupes d'organismes bien choisis. Ainsi, avant de proclamer que le monde est éternel, Aristote disséquait des calmars, Darwin écrivait quatre volumes sur les bernacles et un seul sur l'origine des espèces. Les plus grands naturalistes et évolutionnistes américains, G.G. Simpson, T. Dobzhansky et E. Mayr ont respectivement commencé leur carrière comme expert des mammifères du Mézozoïque, des coccinelles et des oiseaux de Nouvelle-Guinée.

Les scientifiques ne se plongent pas dans l'étude de cas particuliers pour la gloriole ou dans un but intéressé, sous prétexte que de telles études peuvent les mener à des généralisations importantes. C'est tout simplement pour le plaisir : la joie de la découverte prime son importance. C'est aussi par goût de l'aventure et des développements inattendus. Bien sûr, un voyage aux Bahamas est nettement moins spectaculaire que l'équipée de Darwin sur le *Beagle*, le voyage de Bates en Amazonie ou l'expédition de Wallace dans l'archipel de Malaisie. J'ai pourtant frôlé la mort quand des drogués en manque m'ont tiré dessus à Nord Andros et je n'aimerais pas rééditer cette expérience. J'apprécie d'autant mieux les heures calmes passées dans d'autres mondes : une soirée de discussion sur la phytothérapie à Mayaguana, la découverte de tous ces toits ornés de sculptures à l'île Longue et à Andros Sud, et le meilleur repas de ma vie, des conques fraîches, mijotées dans une marmite sur un feu de camp, accompagnées de patates douces du jardin de J. Nixon à Inagua, après une chaude et harassante journée de travail.

Si tous les bons naturalistes choisissent un groupe d'organismes et s'absorbent dans leur étude jusque dans les moindres détails, ils n'effectuent pas ce choix sans réfléchir, ou au hasard (ou même comme le

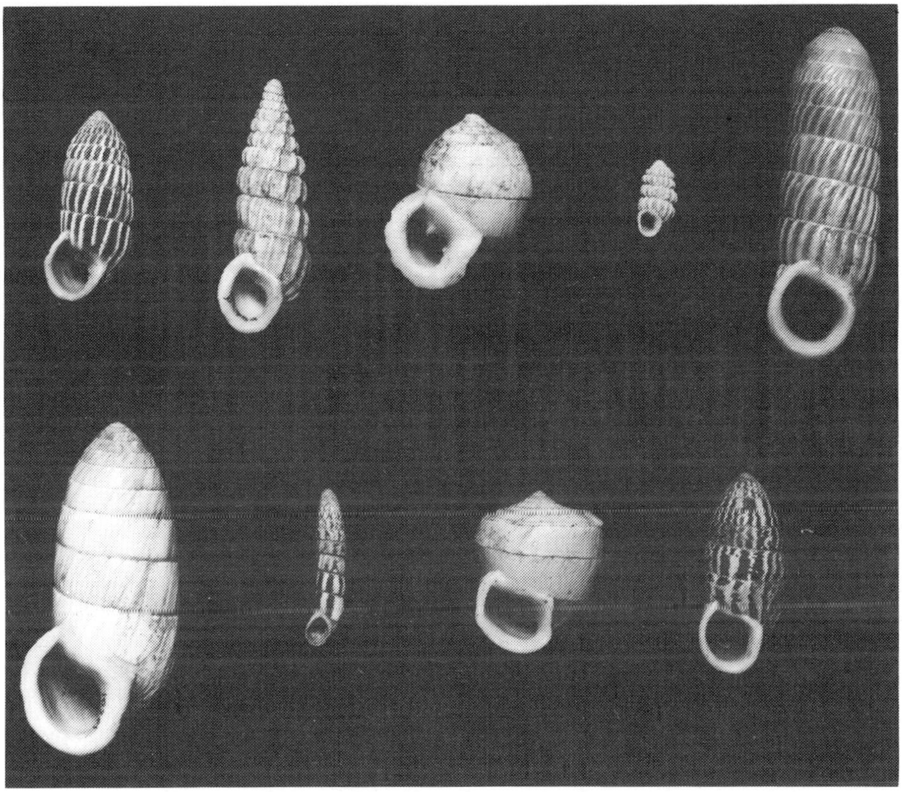

Ces quelques coquilles de *Cerion* provenant des Bahamas et de Cuba illustrent la diversification de forme inégalable chez ce genre d'escargot terrestre. Photo Al Coleman.

prétendent certains cyniques parce que les Bahamas sont tout de même plus agréables que le Yukon). Ce qui m'intéresse par-dessus tout, c'est l'évolution de la forme et je me suis efforcé de comprendre comment les différentes formes qu'un individu adopte au cours de sa croissance servent de source aux changements évolutifs (j'ai écrit un livre plus technique sur ce sujet, *Ontogeny and Phylogeny*, cité en bibliographie). Un paléontologiste des invertébrés, intéressé par ce sujet, devait tout naturellement porter son choix sur les escargots : leur coquille préserve la trace de la croissance complète de l'animal, de l'œuf jusqu'à l'adulte.

Et celui qui s'intéresse à la forme et qui a un réel penchant pour les gastéropodes devait absolument choisir *Cerion* car ce genre comporte, parmi quelques centaines d'espèces, un éventail de formes que ne présente nul autre groupe d'escargots. Certains *Cerion* sont grands et minces comme des crayons, d'autres ont la forme d'une balle de golf. Quand un collègue prétendit à une conférence que les escargots carrés n'existent pas, je lui ai aussitôt prouvé le contraire en lui montrant la photo du *Cerion* carré à la page 161, dernière rangée, second à partir de la droite. Il y a cinq ans, j'ai découvert le plus grand de tous les *Cerion*, un fossile géant de plus de 70 millimètres de haut, mince et aux côtés parallèles ; il provenait de Mayaguana. Le plus petit *Cerion* est pratiquement sphérique et mesure 5 millimètres de diamètre ; il provient de Little Inagua.

Le mystère et l'intérêt suscités par *Cerion* ne proviennent pas de sa seule diversité. De nombreux groupes d'animaux comportent certains représentants qui ont une tendance inhabituelle à la spéciation et à la variation de forme qui s'ensuit. Les espèces sont les unités fondamentales de la diversité biologique, des populations distinctes, à jamais isolées les unes des autres puisqu'elles ne peuvent pas se reproduire entre elles. L'apparition d'une grande diversité de forme dans les groupes qui comportent de nombreuses espèces ne devrait pas nous surprendre : plus il y a d'unités distinctes, plus large sera l'éventail des morphologies.

Devant un tel foisonnement de formes, les naturalistes d'autrefois découvrirent de très nombreuses espèces — quelque 600 — chez *Cerion*. Mais la plupart de ces espèces n'en sont pas réellement, car elles ne respectent pas ce critère biologique de la définition de deux espèces distinctes : ne pas se reproduire entre elles. Or, en dix ans de travail sur le terrain, sur toutes les plus grandes îles des Bahamas, nous n'avons découvert qu'un seul cas où deux populations distinctes de *Cerion* vivant au même endroit ne se reproduisaient pas entre elles — de véritables espèces, par conséquent. C'étaient des géants et des nains et ils suscitaient bien sûr les jeux de mots que l'on imagine sur les chihuahuas et les grands danois. Dans tous les autres cas, quelle que soit la diversité de taille ou de forme, deux formes de *Cerion* se croisent entre elles et produisent des hybrides à l'endroit de leur rencontre géographique. D'une certaine manière, *Cerion* parvient à cette diversité de forme inégalée sans morceler sa population en espèces. Comment est-ce possible ? De plus, si des formes aussi variées s'hybrident aussi facilement, c'est qu'elles ne sont pas très différentes sur le plan génétique. Mais comment une telle diversité de taille et de forme peut-elle se manifester en l'absence de variations génétiques importantes ?

Le second mystère des *Cerion* est lié au premier : on retrouve souvent, dans des îles fort éloignées les unes des autres, les mêmes formes bien précises de *Cerion*. Il existe deux explications simples à cette observation : ces différentes colonies représentent la même espèce, qui a été disséminée un peu au hasard au gré des tempêtes ; ou encore, des colonies

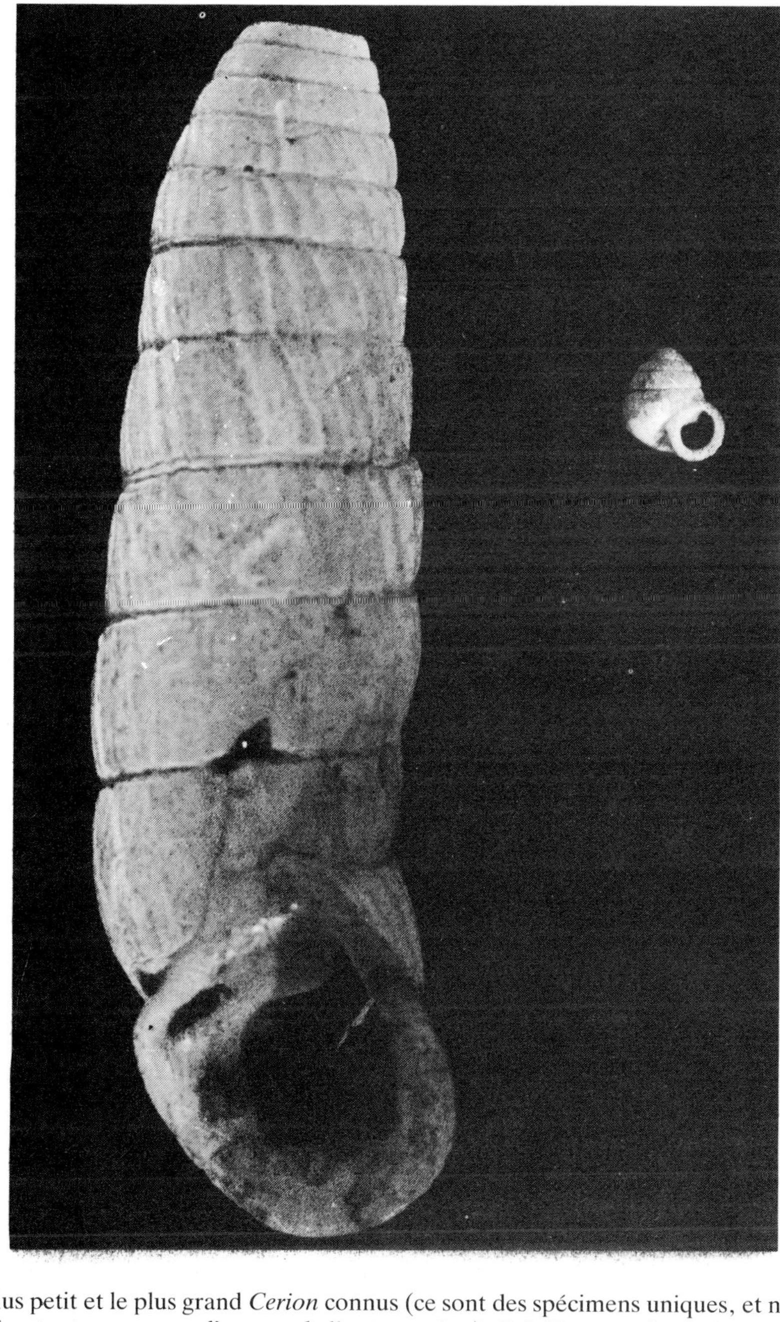

Le plus petit et le plus grand *Cerion* connus (ce sont des spécimens uniques, et non les représentants communs d'une ou de l'autre espèce). J'ai découvert le *Cerion excelsior* géant à Mayaguana. Il mesure sans doute plus de 70 millimètres (si l'on inclut le morceau manquant de l'extrémité supérieure). Le spécimen nain, *Cerion baconi* vit sur l'île de Little Inagua. Photo Ron Eng.

d'une même espèce occupaient autrefois des îlots intermédiaires, puis ont disparu, laissant de grandes distances entre celles qui ont survécu. Cependant, tous les experts en *Cerion* ont le sentiment (que je partage) que ces colonies séparées ont évolué *in situ*, indépendamment les unes des autres, en dépit de tous leurs traits identiques, dont la liste est longue. Si cette interprétation peu orthodoxe est correcte, comment expliquer qu'un tel assortiment complexe de caractères se soit développé plusieurs fois de manière identique en des endroits géographiques séparés ?

Cerion présente donc deux caractéristiques remarquables dans sa diversité inégalée : ses formes les plus différentes s'hybrident entre elles et ne constituent donc pas de véritables espèces, et ces même formes, bien que très complexes, sont apparues plusieurs fois, et indépendamment. Tout scientifique qui interprétera ces phénomènes étranges contribuera de manière non négligeable à notre meilleure compréhension de la forme et de son évolution en général. Je vais essayer de décrire les quelques premiers pas hésitants que nous avons accomplis sur la voie d'une telle solution.

Cerion a déjà retenu l'attention de quelques naturalistes éminents : Linné, en 1758, baptisa les premières espèces de *Cerion* et, deux cents ans plus tard, Ernst Mayr fut le pionnier de l'étude de ses populations naturelles. Et pourtant, malgré les efforts d'un petit groupe d'aficionados, *Cerion* n'a pas la renommée qu'il mérite, eu égard à sa biologie étrange et à l'exemplarité de l'évolution de sa forme. S'il est relativement peu connu, la faute en incombe aux pratiques biologiques d'autrefois. Les naturalistes qui nous ont précédés ont enterré la biologie peu commune de *Cerion* sous une telle avalanche de noms d'espèces (qui n'en sont pas réellement) que leurs collègues intéressés par l'évolution furent incapables de s'y retrouver dans ce chaos total et perdirent tout intérêt pour *Cerion*.

Le plus coupable de tous fut C.J. Maynard, un excellent biologiste amateur qui recensa des centaines d'espèces de *Cerion* entre 1880 et 1920. Il était persuadé de rendre un grand service à la biologie et proclamait en 1889 :

> Les conchybiologistes trouveront peut-être à redire à certaines de mes nouvelles espèces ; ils penseront peut-être que j'ai usé de caractères trop superficiels pour les distinguer. Je crois, pour ma part, qu'un devoir impérieux incombe aux naturalistes d'aujourd'hui : celui de recenser minutieusement tous les points de différence entre les animaux... Je n'ai donc pas hésité à les désigner, même si ce n'est que dans l'intérêt des générations futures.

Je ne pense pas que l'on m'accusera de cynisme déplacé si j'ajoute une autre raison à celle qu'invoque Maynard : il finançait ses voyages aux Bahamas avec le produit de la vente des coquilles ; plus il découvrait d'espèces, plus il pouvait en fourguer. *Caveat emptor.*

Les professionnels traitèrent durement Maynard et ses subdivisions pléthoriques. H.A. Pilsbry, le plus grand conchybiologiste d'Amérique, déclara avec une véhémence inhabituelle que « les dieux et les hommes pourraient bien être étonnés d'apprendre que chaque colonie de chaque champ de sisal et de chaque carré de patates des Bahamas a reçu un nom d'espèce ». W.H. Dall traita les efforts de Maynard de « nuisibles et stupéfiants ». Cependant, après avoir été mis au pied du mur, ni Pilsbry ni Dall ne furent à la hauteur de leurs mots courageux. L'un et l'autre reconnurent au moins la moitié des espèces proposées par Maynard, ce qui représentait encore une telle abondance qu'elle pouvait à nouveau conduire à enterrer tout modèle explicatif dans la forêt de noms inutiles.

La diversité de *Cerion* était si riche et ses espèces si abondantes que G.B. Sowerby, remarquable conchybiologiste anglais qui se vantait (et pas vraiment à juste titre) d'être poète, écrivit ces vers de mirliton en préface à sa monographie sur le genre :

Sorties du néant à ta commande
Formes admirables, elles se tiennent devant toi
Et toutes ensemble, entonnent pour leur créateur
Un merveilleux concert de louange

Sowerby dressait ensuite la liste de ce qu'on pourrait appeler un chœur. Et ce quatrain date de 1875, bien avant que Maynard eut baptisé son premier *Cerion*.

Devant ce véritable chaos, et avant que nous puissions nous poser les questions plus générales que j'ai mentionnées plus haut au sujet de la forme, il nous faut accomplir une tâche bien plus fondamentale, mais plus humble. Nous devons rechercher si quelque modèle explicatif se dégage de la distribution écologique et géographique des *Cerion* aux diverses morphologies. Si nous ne découvrons absolument aucune corrélation entre la forme et la géographie ou l'écologie, que pourrons-nous expliquer ? Heureusement, en dix ans de travail, nous avons réduit le chaos de la nomenclature existante à un système cohérent et nous avons ainsi établi les bases d'une explication plus profonde. Sur la nature de cette explication plus profonde nous avons des indications et des intuitions, mais nous ne possédons pas d'information bien définie et pas même l'outil qui nous permettrait d'accéder à cette information (car nous sommes coincés dans un domaine de la biologie — la génétique du développement — qui est lui-même sous-développé). Cependant, je pense que nos débuts sont prometteurs. Je dis nous parce que je me suis très vite rendu compte qu'il me serait impossible d'accomplir seul ce travail. L'analyse de la croissance et des formes des coquilles relève de ma compétence, mais je ne suis un expert ni en génétique ni en écologie, deux domaines qu'il faut associer à la morphologie dans toute étude d'ensemble. J'ai donc travaillé en collaboration avec David Woodruff, biologiste à l'université de San Diego en Californie. Pendant dix ans, nous avons tout fait ensemble, depuis les ampoules aux mains jusqu'aux coups de fusil à Andros.

(Il faut absolument que je m'arrête, car je me rends compte que j'ai presque enfreint ma première règle. Lorsque les scientifiques parlent de leur travail, ils ont une fâcheuse tendance à le présenter dans un emballage ficelé de logique, comme s'ils avaient tout imaginé à l'avance, tout planifié avec soin et rigueur, et qu'ils se contentaient ensuite de se conformer à ces plans. Cela ne se passe jamais ainsi, pour la bonne raison que quiconque pense et voit fait des découvertes inattendues qui l'amènent à modifier de fond en comble la stratégie prévue à l'origine. Ainsi, les chercheurs s'embarquent dans des problèmes pour des raisons tout à fait bizarres et accidentelles. Les projets se développent comme les organismes avec le don de la découverte et un grand pouvoir d'adaptation et non pas selon le déroulement linéaire d'une démonstration de géométrie plane. Je l'avoue. J'ai été amené à étudier *Cerion* parce que je désirais comparer ses fossiles avec des escargots que j'avais étudiés aux Bermudes. J'évitais soigneusement tous les *Cerion* vivants parce que l'abondance de leurs noms me paralysait et que je jugeais ce problème intraitable. Woodruff vint pour la première fois à Inagua parce qu'il désirait étudier les bandes colorées de la coquille d'un autre genre d'escargot. Mais il s'y rendit à la plus mauvaise période, celle des moustiques, et il ne résista pas plus de deux jours. Nous fîmes route ensemble pour la première fois vers la Grande Bahama. Moi, pour étudier mes fossiles et lui pour essayer à nouveau son autre genre d'escargot. Je constatai rapidement qu'il n'y avait pas de roches d'origine terrestre [ou très peu] à la Grande Bahama et qu'il n'y aurait donc pas de fossiles d'escargots terrestres. Le genre recherché par Woodruff n'était pas beaucoup plus répandu. Mais nous devions rester là toute une semaine. Nous nous sommes donc attaqués à l'étude des *Cerion* vivants et nous découvrîmes un modèle explicatif derrière cette pléthore de noms. Depuis, suivant le conseil de Satchel Paige, nous n'avons plus jamais regardé en arrière.)

Sur la Grande Bahama et son île voisine Abaco, une quinzaine de noms

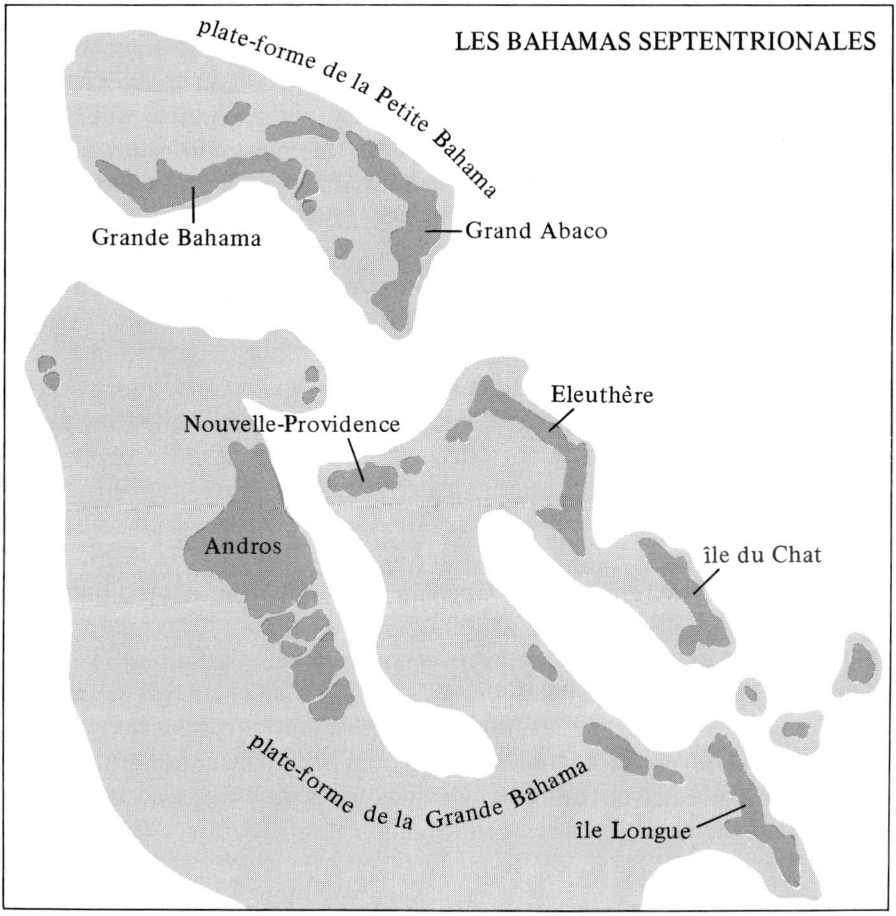

Carte des Bahamas, où sont indiquées les limites de la plate-forme continentale. Reproduit avec l'autorisation du *Natural History Magazine.*

avaient été attribués aux *Cerion.* Après une semaine de recherches, nous constations qu'il n'y avait que deux espèces distinctes sur ces deux îles, chacune se trouvant dans un environnement bien précis, différent de l'autre.

Abaco et la Grande Bahama dépassent d'un haut-fond appelé Little Bahama Bank (voir la carte de la page suivante). Au cours de la dernière époque glaciaire, le niveau de la mer était plus bas, la plate-forme tout entière était émergée et les îles étaient réunies par des terres. Little Bahama Bank est séparé par un océan profond de Great Bahama Bank, plus étendu, d'où surgissent les îles Bahamas qui nous sont plus familières : Nouvelle-Providence, et sa capitale Nassau, Bimibi, Andros, Eleuthère, l'île du Chat, les îles Exuma et bien d'autres. Toutes ces îles étaient également réunies durant les périodes glaciaires où le niveau de la mer était plus bas. D'une île à l'autre, sur Great Bahama Bank, nous trouvions partout cette même distribution en deux populations différentes toujours installées dans les mêmes environnements. Sur Little Bahama Bank, nous rattachions à nos catégories une douzaine de noms qui avaient été attribués à tort. Sur Great Bahama Bank, les noms tombèrent littéralement par centaines. Un tiers environ des « espèces » de *Cerion* (près de 200) portaient des noms erronés attribués à des variants mineurs. Nous avions donc réduit le chaos de noms impropres à un seul ordre basé sur l'écologie. (Cette réduction ne concerne que les îles de Little et Great Bahama Bank. Les îles des autres plates-formes continentales au sud-est des Bahamas, y compris l'île Longue, la plus grande, abritent des *Cerion* vraiment différents. Il est également possible de réorganiser ces *Cerion* en fonction d'un ordre plus cohérent comportant quelques « vraies » espèces seulement. Mais on ne peut pas tout dire en un seul essai et je me limiterai aux Bahamas septentrionales.)

On trouve deux sortes de littoral sur les îles Bahamas. Les îles principales sont situées juste au bord de leur plate-forme. Le sommet des plates-formes est assez plat et situé à faible profondeur, mais les bords de ces plates-formes sont très marqués et plongent très brutalement dans les profondeurs de l'océan. Les côtes des îles qui sont situées au bord de la plate-forme surplombent donc pratiquement la pleine mer et sont plutôt sauvages et rudes. Des dunes se forment le long de ces côtes battues par les vents, et se transforment à la longue en rochers que les touristes confondent avec du corail. Les côtes en bordure de plate-forme sont donc le plus souvent rocheuses également (dans la suite du texte, je les appellerai côtes rocheuses). En revanche, les littoraux qui sont orientés vers l'intérieur des plates-formes sont environnés d'eaux calmes, de hauts-fonds qui s'étendent sur des kilomètres, et ne sont pas propices à la formation de dunes (je les appellerai des côtes basses). Les côtes basses sont également calmes et couvertes de végétation.

Nous avons découvert que dans les Bahamas septentrionales, les côtes rocheuses sont invariablement peuplées de *Cerion* à la coquille épaisse, profondément striée, de couleur uniforme (entre le blanc et le brun foncé) ; ces escargots sont assez grands et les côtés de leur coquille sont parallèles. Pour éviter d'écrire la suite de ce texte en latin, je n'utiliserai pas les noms formels et je désignerai ces formes sous le nom de « populations striées » (voir la photo ci-contre). Les côtes basses en revanche sont le domaine de *Cerion* à la coquille fine, sans stries, ou

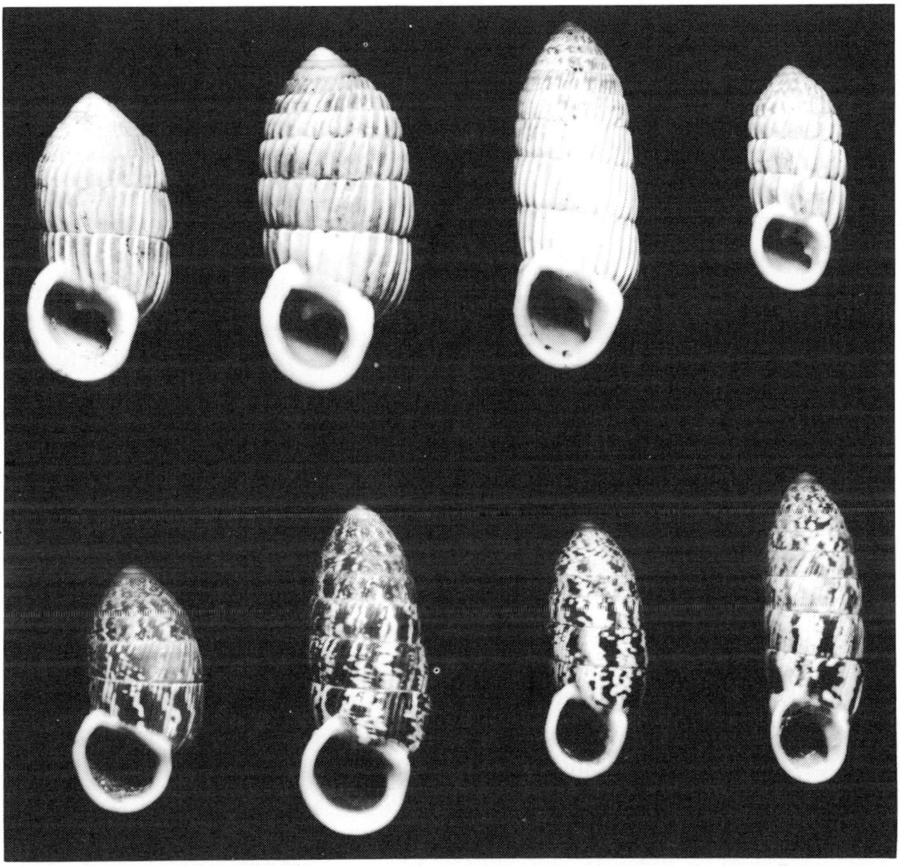

Les *Cerion* striés en provenance des bords de la plate-forme de Little et Great Bahama Bank (rangée supérieure) et les *Cerion* tachetés en provenance de l'intérieur de la plate-forme (rangée inférieure). Photo Al Coleman.

faiblement striée, et bigarrée (le plus souvent tachetée de blanc et de brun) ; ces escargots sont étroits et à peu près cylindriques — les « populations tachetées ». (J'ajouterai que l'on trouve également les *Cerion* tachetés à l'intérieur des îles, loin des régions côtières et que les *Cerion* striés vivent exclusivement le long des côtes rocheuses.)

Ce modèle explicatif est si cohérent et invariable qu'il suffit d'un coup d'œil à la carte bathymétrique pour « cartographier » les zones hybrides, avant même d'avoir accosté. Les zones hybrides apparaissent aux endroits où les côtes rocheuses rencontrent les côtes basses.

A première vue, ce modèle explicatif mérite à peine un indulgent hochement de tête. Les populations tachetées et striées ne sont peut-être pas si différentes. L'environnement a peut-être favorisé l'apparition de deux formes différentes à partir d'un réservoir génétique commun, de même qu'une nourriture riche et abondante peut engendrer un obèse tandis qu'une maigre chère peut transformer le même homme en épouvantail. La corrélation entre la forme et le milieu écologique est si précise et si prévisible que cette solution est plausible, même si elle ne présente pas un grand intérêt du point de vue biologique. Cependant, deux arguments s'opposent de manière concluante à cette interprétation, et suggèrent que les *Cerion* tachetés et striés sont deux entités biologiques différentes.

D'une part, les escargots striés ne sont pas des formes tachetées à coquille plus épaisse et plus striée. Ma contribution technique à notre travail consistait, entre autres, à mesurer chaque coquille de vingt façons différentes. Je suis ainsi parvenu à caractériser à la fois la croissance et la forme adulte finale en termes mathématiques. Et j'ai montré que les différences entre striés et tachetés font intervenir plusieurs déterminants de forme qui varient indépendamment.

D'autre part, une analyse des zones hybrides montre qu'elles correspondent au mélange de deux entités différentes ; il est clair que ce ne sont pas deux formes aux différences superficielles qui se fondent l'une dans l'autre. Mon analyse morphologique montre dans de nombreux cas des anomalies de forme et une augmentation de la variation, deux phénomènes qui apparaissent quand deux programmes de développement différents sont mêlés dans la descendance. L'analyse génétique de Woodruff prouve également que deux systèmes profondément différents sont combinés chez les hybrides, car il détecte une augmentation générale de la variabilité génétique et des gènes qui n'existent chez aucune des deux populations parentales.

Nous avons ainsi montré que les populations striées et tachetées comportent des différences biologiques importantes, mais il nous a été impossible de préciser l'origine de cette séparation, car nous n'avons pas pu choisir entre deux hypothèses. La première hypothèse est d'ordre écologique : les formes striées et tachetées sont peut-être récentes et résultent peut-être d'adaptations immédiates à leur environnement local. Les coquilles blanches et claires sont peu visibles dans les paysages rocheux des dunes et la coquille épaisse et striée protège l'escargot du vent qui souffle sur ces côtes rocheuses. Les coquilles tachetées sont également peu visibles (et même remarquablement camouflées) quand la lumière mouvante du soleil joue à travers la végétation où se cachent les *Cerion* sur la plupart des côtes basses. De plus, la finesse et la légèreté de la coquille permettent aux escargots de se suspendre sans problème aux herbes et aux fines brindilles. La seconde hypothèse est d'ordre historique : ce modèle de distribution serait nettement plus ancien (mais probablement adaptatif, lui aussi, pour les mêmes raisons que le premier). Au cours de la période glaciaire, quand le niveau de la mer était plus bas et quand les plates-formes étaient émergées, la forme striée occupait peut-être toutes les régions côtières (puisque à cette époque elles étaient toutes en bordure de la plate-forme), alors que la forme tachetée se développait uniquement à l'intérieur des terres. A la montée des eaux, les escargots striés et tachetés gardèrent simplement leurs positions et leurs préférences. Les nouvelles côtes basses correspondaient à la partie centrale des îles d'autrefois et restèrent l'habitat des escargots tachetés.

Cette distinction entre coquille striée et tachetée nous permit de résoudre la majeure partie des deux cents dénominations attribuées autrefois aux *Cerion* des Bahamas septentrionales. Un problème mettant en cause une dizaine de noms subsistait cependant. Une troisième sorte de *Cerion* à la coquille épaisse mais lisse, toute blanche et triangulaire avait été découverte à Éleuthère et dans l'île du Chat. Dans les rapports antérieurs, il n'existait aucune indication sur les habitudes et l'écologie de ces escargots, mais nous les découvrîmes en deux endroits distincts au sud d'Éleuthère et au sud-est de l'île du Chat. Ces escargots préfèrent habiter la partie centrale des îles et se conforment au schéma général d'organisation des *Cerion* d'une manière tout à fait rassurante — c'est-à-dire qu'ils s'hybrident avec les populations tachetées au voisinage des côtes basses et avec les populations striées sur les côtes rocheuses. Mais qui sont-ils ? L'écologie et la génétique nous ont permis d'établir un modèle explicatif pour les escargots tachetés et striés ; c'est la paléontologie qui nous aidera à interpréter l'origine de cette troisième source de diversité.

Les dunes fossiles des Bahamas se sont formées à l'époque où le niveau de la mer était plus élevé, au cours des périodes plus chaudes entre les époques glaciaires. L'île de Nouvelle-Providence, la seule île dont on connaisse bien l'histoire géologique, est constituée de trois groupes principaux de dunes (voir Garrett et Gould dans la bibliographie). Des plus jeunes aux plus anciennes, on trouve d'abord quelques petites dunes âgées de moins de 10 000 ans, formées après la fonte des derniers glaciers. Ensuite, un groupe de dunes beaucoup plus étendu, formant l'épine dorsale de l'île, correspond à l'époque de la montée du niveau des eaux, il y a 120 000 ans, avant la formation des derniers glaciers. Enfin, un groupe plus petit de dunes (situé près du centre de l'île) a été édifié avant une période glaciaire antérieure, il y a plus de 200 000 ans. Les dunes les plus anciennes contiennent un fossile de *Cerion* qui a disparu des Bahamas depuis lors (voir la photo de la page 173. Le second groupe de dunes, le plus étendu, renferme deux espèces de *Cerion*, une forme naine aujourd'hui disparue et une grande espèce blanche et lisse appelée *Cerion agassizi* (du nom d'Alexander Agassiz, fils de Louis, et pionnier de l'océanographie scientifique aux Antilles). Le groupe de dunes le plus récent contient, comme prévu, à la fois des *Cerion* tachetés et des *Cerion* striés correspondant à la faune moderne. En comparant les grandes coquilles blanches d'Éleuthère et de l'île du Chat avec *C. agassizi*, nous n'avons constaté aucune différence fondamentale. Les petites populations que nous avons découvertes sur ces îles sont les survivants d'une espèce autrefois très abondante sur toutes les îles de Great Bahama Bank.

Les deux cents « espèces » de *Cerion* des Bahamas septentrionales se réduisent donc à trois types fondamentaux dont la distribution est cohérente et ordonnée. Le critère géographique nous a permis d'identifier les populations tachetée et striée de *Cerion*, et nous avons eu besoin de l'aide de l'histoire pour comprendre les coquilles lisses et blanches d'Éleuthère et de l'île du Chat. Mais il reste un chemin excessivement long à parcourir entre cet exercice de taxinomie en histoire naturelle et notre but ultime : comprendre comment cette diversité de forme inégalée s'est développée chez *Cerion* au cours de l'évolution. Nous avons fait le premier pas dans la seule voie que je connaisse.

Pour montrer que ce modèle explicatif peut éclaircir les questions plus générales, nous avons utilisé notre distinction entre forme tachetée et forme striée, afin d'établir, pour la première fois, que l'hypothèse proposée à l'origine par la plupart des experts sur *Cerion* était correcte : l'assortiment complexe de caractères qui définit les formes de base, striée et tachetée, est effectivement apparu plusieurs fois et indépendamment. La même distinction entre forme striée et forme tachetée existe à la fois sur Little et Great Bahama Bank. L'explication orthodoxe d'une telle observation serait la suivante : les coquilles tachetées que l'on observe sur les deux plates-formes correspondent en fait à une seule souche, tandis que les escargots striés des deux plates-formes correspondent à un autre groupe généalogique, différent. Mais Daniel Chung, étudiant de Woodruff, et Simon Tillier, anatomiste éminent des escargots terrestres au Muséum d'histoire naturelle à Paris, ont étudié pour nous l'anatomie génitale de ces escargots et ont fait cette découverte surprenante : sur Little Bahama Bank, les *deux* formes d'escargots striée et tachetée, présentent toutes deux la *même* anatomie, tandis que sur Great Bahama Bank, les formes tachetée et striée ont en commun un autre ensemble de structures génitales, très différentes des premières. (L'anatomie génitale est l'outil standard qui permet d'établir les affinités généalogiques chez les escargots terrestres. Les différences sont suffisamment profondes et complexes pour indiquer qu'une anatomie génitale commune correspond à une descendance commune ; la morphologie de la coquille, elle, évolue indépendamment.) Les traits caractéristiques des formes tachetée et

Ces fossiles proviennent de l'île de Nouvelle-Providence. De gauche à droite : le premier correspond à une espèce éteinte qui habitait les dunes les plus basses ; le second, une espèce naine éteinte également *(Cerion universe)* et le troisième, *Cerion agassizi*, proviennent tous deux de dunes âgées de 120 000 ans ; le dernier est un escargot strié qui vit dans les dunes les plus récentes. On trouve également des survivants de *Cerion agassizi* sur l'île d'Eleuthère et celle du Chat. Photo Al Coleman.

striée peuvent donc effectivement évoluer indépendamment et plusieurs fois. Nous ne serions jamais parvenus à cette conclusion si nous n'avions pas d'abord décelé le mode d'organisation en escargots striés et tachetés au sein du chaos de noms existants.

A présent, je crois que nous commençons à y voir un tout petit peu plus clair dans le profond mystère de la forme. Nous avons montré qu'un ensemble complexe de traits peut évoluer indépendamment plus d'une fois, de manière presque identique. Je ne vois pas comment cela serait possible si chaque trait se développait indépendamment, suivant sa propre voie génétique, chaque fois. Il doit exister une certaine coordination dans le programme génétique de *Cerion* ; ces traits doivent être sollicités ou « appelés à naître » ensemble. Quelque mécanisme de déclenchement génétique doit coordiner l'apparition concertée de ces caractères. Le maître programme de tous les *Cerion* contient-il toutes les instructions pour les différentes voies alternatives du développement présidant à la réalisation des différentes formes fondamentales qui se sont manifestées à de multiples reprises dans des endroits différents ? Les mutations homéotiques (voir l'essai 15 dans *Quand les poules auront des dents*) indiquent qu'une sorte de système hiérarchique de ce type régule le développement : on observe en effet que des organes bien formés se développent parfois en des endroits inadéquats (des pattes à la place des antennes par exemple) ; cela signifie qu'un commutateur régule à un niveau supérieur le fonctionnement des gènes responsables de la formation des pattes, et qu'un mécanisme situé à un niveau encore plus élevé dans la hiérarchie est capable de faire basculer ce commutateur au mauvais moment ou au mauvais endroit. De même, quelque commutateur à un niveau supérieur au sein du programme génétique de *Cerion* permet à l'un ou l'autre des schémas de base du développement de s'exprimer et contrôle l'apparition de l'ensemble des traits caractérisant l'une ou l'autre des formes fondamentales qui sont apparues répétitivement. Ainsi, *Cerion* nous permet d'aborder d'un peu plus près ce qui est sans doute le problème le plus ardu et le plus important de la théorie de l'évolution. Comment des formes nouvelles et complexes (et pas simplement des caractéristiques individuelles dont le bénéfice adaptatif est évident) apparaissent-elles, si chacune de ces formes requiert la coordination de milliers de transformations indépendantes (puisque les étapes intermédiaires de transformation n'auraient pas beaucoup de sens pour le bon fonctionnement de l'organisme). Si les programmes génétiques et développementaux sont effectivement organisés selon une certaine hiérarchie, comme le suggèrent les phénomènes de mutation homéotique et l'évolution multiple des formes de base chez *Cerion*, il n'est pas nécessaire que les nouveaux types de traits apparaissent indépendamment (avec tous les problèmes insolubles que poserait une telle interprétation) ; ces traits peuvent apparaître d'une manière coordonnée, grâce à des commutateurs situés à de hauts niveaux (des régulateurs) dans les programmes du développement. Cependant, notre ignorance dans le domaine de l'embryologie et de la nature du développement est encore si grande aujourd'hui, que nous pouvons seulement étudier les résultats finaux (une *Drosophile* adulte pourvue d'une patte à la place d'une antenne, des *Cerion* tachetés qui sont apparus plusieurs fois) pour formuler quelques hypothèses incertaines sur la nature des mécanismes fondamentaux.

J'ai choisi *Cerion* car je pensais qu'il pourrait éclairer ces problèmes très importants et encore très flous. Cependant, même s'ils me trottent toujours dans la tête, ces problèmes ne constituent pas la source de mon bonheur quotidien. La confirmation d'une minuscule prédiction, la conception d'une idée plus intéressante que l'on substitue à une supposition erronée, voilà le pain quotidien de la satisfaction. *Cerion*, ou tout autre « bon » sujet de travail sur le terrain, nous stimulera inlassablement tant que de toutes petites énigmes se révéleront aussi intensément absorbantes, fascinantes et frustrantes que de grands problèmes fondamentaux.

Le travail sur le terrain n'est pas l'équivalent du 100 000ᵉ essai sur les sonnets de Shakespeare — il comporte toujours quelque chose de réellement nouveau, ce n'est pas un commentaire sur les commentaires précédents.

Je me souviens du jour où nous avons découvert la première population de *C. agassizi* vivants dans la partie centrale de l'île d'Éleuthère. Pour établir la validité de notre modèle explicatif de la distribution des *Cerion*, il nous fallait confirmer deux prédictions (ou bien nous aurions été dans de beaux draps) : au voisinage des côtes basses, cette population de *C. agassizi* devait disparaître par hybridation avec les escargots tachetés et sur les côtes rocheuses, elle devait disparaître par hybridation avec les escargots striés. Une excursion vers la côte basse nous permit de découvrir les premiers hybrides juste au bord de la route de l'aéroport. Ensuite, nous prîmes la direction de la côte rocheuse, vers l'est, par une route abandonnée où la végétation poussait jusqu'à 1,50 mètre de haut entre les traces des pneus. Nous aurions dû y trouver nos hybrides, mais il n'y en avait pas. C'est alors que nous nous sommes rendu compte qu'il y avait un étang juste à l'est de la route ; les formes striées, qui préfèrent nettement la côte elle-même, ne s'étaient peut-être pas aventurées à l'ouest de l'étang. En traversant l'étang à gué, nous découvrîmes la zone hybride tant attendue entre les *C. agassizi* et les *Cerion* striés (les *Cerion* striés avaient simplement manœuvré pour contourner l'étang par le sud, mais n'avaient pas suffisamment remonté vers le nord par la rive ouest de l'étang pour y rencontrer la population *agassizi*). J'aurais voulu pousser un hurlement de joie. Puis je pensai : « Mais à qui dire cela ? Qui cela intéresse-t-il ? » Et je me répondis : « Je n'ai besoin de le dire à personne. Nous venons simplement de voir et de comprendre quelque chose que personne n'avait jamais vu ni compris avant nous. Que peut-on vouloir de plus ? »

Un de mes éminents collègues, qui s'est lui-même beaucoup démené, m'a dit un jour sur un ton mi-plaisant mi-sérieux que la recherche sur le terrain était bien la manière la plus pénible de recueillir des informations. Tout ce temps, ces efforts et cet argent dépensés pour un résultat qui paraît souvent bien maigre en comparaison. C'est vrai, surtout si je compte les heures passées à boire le café cubain de l'aéroport de Miami, seul plaisir que j'ai trouvé dans cet endroit détestable. Mais toutes les frustrations et le caractère assommant de ces efforts répétitifs disparaissent en fumée devant la joie sans mélange qui naît de la découverte de quelque chose de nouveau — et l'on peut savourer ce bonheur chaque jour si l'on se penche avec autant d'intérêt sur les petites choses de la vie. Dire : « Nous avons découvert quelque chose. Nous en comprenons la signification. Nous avons apporté un peu de cohérence et d'ordre dans la confusion de la nature. » Existe-t-il plus grande récompense ?

12. L'égalité des hommes est un accident de l'histoire

Pretoria, 5 août 1984

L'avion le plus célèbre de l'histoire, le *Spirit of Saint Louis* de Lindbergh, est suspendu au plafond du Musée de l'air et de l'espace à Washington, invisible dans sa majesté aux yeux de certains visiteurs. Il y a quelques années, une délégation de personnes aveugles désirant visiter le musée s'était adressée au directeur pour discuter des difficultés soulevées par leur handicap. Et si nous construisions une reproduction à l'échelle de cet avion, que vous pourriez examiner et toucher à loisir, suggéra le directeur ? La construction d'un tel modèle résoudrait-elle votre problème ? Après s'être consultées, les personnes de la délégation fournirent cette réponse qui m'a profondément bouleversé par sa connaissance frappante de nos besoins universels. Oui, dirent-elles, nous serions heureux de disposer d'un tel modèle, à une seule condition, c'est qu'il soit placé juste au-dessous de l'original que nous ne pouvons pas voir.

L'authenticité exerce sur nous une étrange fascination. Notre monde recèle des endroits et des objets sacrés dont l'impact ne peut être uniquement d'origine esthétique : jamais un faux McCoy [1], impossible à distinguer d'un vrai, n'inspire le même sentiment. Le choc que produisent ces endroits et ces objets sacrés est direct et d'ordre émotionnel, c'est le sentiment le plus puissant que je connaisse. Et pourtant, il s'agit d'un élan purement intellectuel, ce qui réfute viscéralement ce non-sens romantique selon lequel la connaissance abstraite ne peut engendrer une émotion profonde.

Hier soir, j'admirais le coucher du soleil sur la savane sud-africaine — berceau de nos ancêtres australopithèques. L'air fraîchit ; la nuit se peupla de bruits, l'incessant répons des crapauds aux insectes parfois entrecoupé du mugissement saisissant d'un fauve. La Croix du Sud apparut dans le ciel et Jupiter, Mars et Saturne s'alignèrent au-dessus des bras du Scorpion. J'étais envahi de ce sentiment de respect et de crainte

1. Horace McCoy : auteur de romans policiers. *(N.d.T.)*

que procure le mystère de la nuit. J'ai presque envie de dire (je décris seulement mes émotions, je ne tire aucune conclusion sur des réalités supérieures ou autres) que je touchais à l'origine de la religion, ce phénomène historique de la psyché humaine. Je me sentis extrêmement proche en cet instant des racines les plus profondes de l'espèce humaine. J'imaginais qu'il y a près de 3 millions d'années *Australopithecus africanus* avait peut-être ressenti devant ce même spectacle, dans les mêmes circonstances, un sentiment semblable mêlé de respect et de terreur.

Je me sentis alors brutalement arraché à ce sentiment de communion sublime, mais éphémère, avec tous les êtres humains du passé et du présent. Je repris pied dans la réalité : j'étais en 1984, en Afrique du Sud, goûtant un instant de répit au cours d'une tournée de conférences sur l'histoire du racisme. Tout l'aspect tragique des diverses théories sur les races humaines qui virent le jour tout au long de l'histoire m'apparut tout à coup plus clairement que jamais. L'histoire de ces théories est avant tout une histoire de divisions, un compte rendu des classes et des barrières instituées au profit du pouvoir et de l'hégémonie des plus haut placés. L'ironie de la situation ne m'échappait pas : j'étais en visite dans le pays le plus farouchement attaché aux mythes de l'inégalité des races alors que la savane de ce même pays avait été le théâtre d'une histoire évolutive de signification diamétralement opposée.

Ma perception instinctive de la fraternité humaine est en parfait accord avec les découvertes les plus récentes de la biologie. Une telle harmonie entre les sentiments et la réalité des faits est bien rare, car les uns n'entraînent pas nécessairement les autres (une pierre de plus dans le jardin des romantiques). Nombreux sont ceux qui croient — ou craignent — que l'égalité des races humaines ne représente que l'espoir d'une sensibilité libérale probablement écrasée par les dures réalités de l'histoire. Ils se trompent.

Tout le contenu de cet essai est exprimé dans son titre, dont on pourrait presque faire une devise : l'égalité des hommes est un accident de l'histoire. Le concept d'égalité des hommes n'est pas un axiome. Ce n'est pas non plus un principe éthique (bien que l'on puisse ériger en principe l'égalité dans la manière dont on traite les hommes), pas plus que l'énoncé des normes de l'action sociale. C'est tout simplement le résultat du déroulement de l'histoire des hommes. On pourrait imaginer une centaine de scénarios tous aussi plausibles de l'histoire des hommes, dont les résultats auraient été différents, et qui auraient probablement été à l'origine de problèmes moraux insurmontables. Ces scénarios ne se sont pas produits.

L'histoire des idées occidentales sur les races est aussi marquée par une succession de retranchements — une longue série de replis d'une position initiale qui revendiquait la séparation stricte et le classement des êtres humains en fonction de leur valeur intrinsèque vers l'acceptation du caractère superficiel des différences qui se sont révélées à la suite de notre histoire contingente. Je n'exposerai dans cet essai que deux grandes étapes de repli qui ont marqué chacun des deux thèmes principaux suivants : d'une part, la généalogie, ou la séparation des races en fonction de leur âge géologique. D'autre part, la géographie, ou notre lieu d'origine. Je résumerai ensuite les trois raisons principales fournies par la biologie moderne, qui devraient nous ouvrir les yeux sur le caractère étonnamment restreint des différences entre les races.

Généalogie : le premier argument

Avant que la théorie de l'évolution règle définitivement ce problème, les anthropologues furent divisés, du début jusqu'au milieu du XIXe siècle, en deux écoles farouchement opposées : les monogénistes et les polygénistes. Les tenants du monogénisme pensaient que tous les hommes avaient des ancêtres uniques, Adam et Ève, le couple originel. Les races inférieures, selon eux, résultaient de la dégénérescence de cette originelle perfection. Pour les polygénistes, en revanche, Adam et Eve étaient les ancêtres exclusifs des hommes blancs ; les autres races, les races inférieures, autrement dit, avaient été créées séparément. Ces deux théories pouvaient l'une et l'autre alimenter une doctrine d'inégalité sociale, mais le polygénisme avait certes une supériorité, car il justifiait l'incitation à l'esclavage, à la domination chez soi et au colonialisme. « Un esprit bienveillant, écrivait en 1839 Samuel George Morton (un des chefs de file du polygénisme en Amérique), peut regretter l'incapacité de l'Indien à se

→

(En haut.) L'une des très bonnes lithographies de John Collins, tirée du livre de S.G. Morton, *Crania Americana*, 1839. Remarquez la disposition bien précise et subtile (mais sans doute inconsciente) qui a été adoptée pour la représentation de ce crâne d'un Indien d'Amérique ; elle suscite une impression d'« infériorité ». Le crâne n'est pas orienté de la manière habituelle, il est légèrement penché en arrière de sorte que la boîte crânienne paraisse plus basse et plus aplatie (et donc plus petite et plus « primitive »). Comparez-le au crâne du bas, qui est celui d'un homme de race blanche.
(En bas.) Crâne d'un homme blanc, où sont indiquées les différentes mesures craniométriques, tiré du livre de Morton, *Crania Americana*. Ce crâne est orienté de la manière habituelle (comparez avec celui du haut).

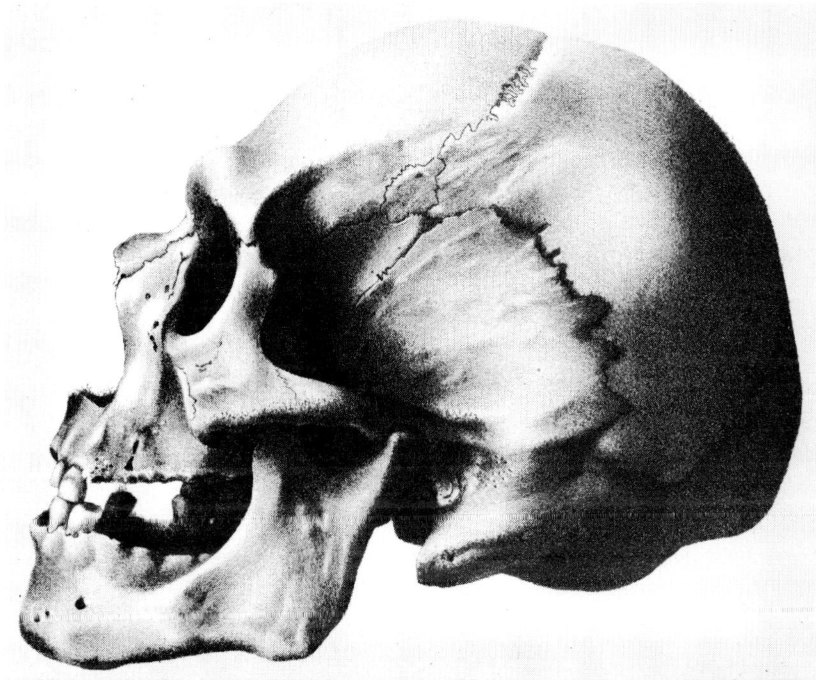

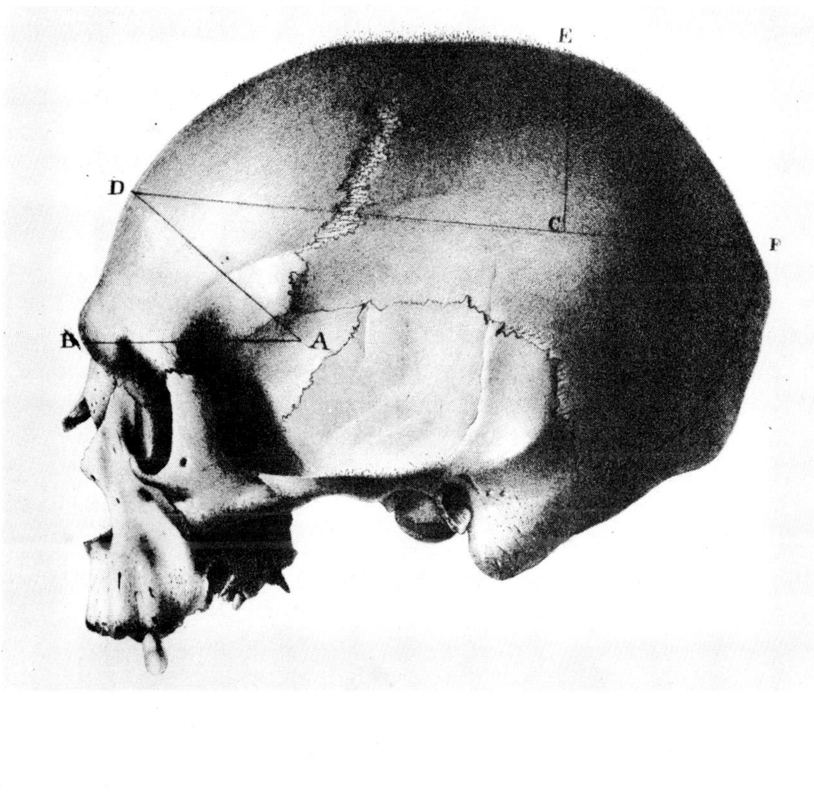
E
D
C
F
B
A

civiliser. La structure de son esprit paraît différente de celle de l'homme blanc... Ils ne sont pas seulement réfractaires aux contraintes de l'éducation, mais la plupart d'entre eux sont incapables de mener à bien une réflexion soutenue sur un sujet abstrait. »

Généalogie : le second argument

La théorie de l'évolution impliquait que toutes les races humaines avaient une origine commune mais de nombreux anthropologues post-darwiniens trouvèrent le moyen de préserver l'esprit du polygénisme. Ils prétendaient, s'écartant ainsi un minimum de l'idée de séparation irrévocable entre les races, que la division de notre lignée en races modernes s'était produite il y a si longtemps que la lente accumulation des différences au cours des siècles avait creusé des abîmes aujourd'hui infranchissables. Semblables autrefois dans une aube simiesque, les races humaines sont aujourd'hui inégales et distinctes.

La majeure partie de l'histoire de l'anthropologie de la fin du XIXe siècle et du début du XXe siècle, et sa pléthore de noms taxinomiques attribués au moindre fragment d'os fossile, nous serait assez incompréhensible si nous ne tenions pas compte de l'obsession de l'époque à identifier et classer les races. Le but de nombre de plans de classification était de présenter les divers fossiles comme les ancêtres respectifs des différentes races modernes et à utiliser leur âge relatif et leur caractère plus ou moins simiesque comme critères de supériorité raciale. Si le crâne de l'homme de Piltdown, par exemple, est parvenu à berner des générations de professionnels, c'est en partie parce qu'il servait si bien la cause des partisans de la supériorité de la race blanche. Après tout, cet homme « ancien » était pourvu d'un cerveau aussi volumineux que le nôtre (qui n'était qu'une supercherie, nous le savons aujourd'hui, fabriquée à partir d'un crâne contemporain) et vivait en Angleterre — il était donc l'ancêtre tout désigné des Blancs, alors que les fossiles simiesques et authentiques, ceux-là, de l'*Homo erectus* habitaient Java et la Chine, berceau présumé des races de couleur. Nous devons la dernière plaidoirie en faveur de cette théorie à Carleton Coon, qui publia en 1962 son *Origine des races*. Coon divisait l'humanité en cinq races principales : les caucasoïdes, les mongoloïdes, les australoïdes et, parmi les Noirs d'Afrique, les congoloïdes et les capoïdes. Selon lui, ces cinq groupes étaient déjà des sous-espèces distinctes à l'époque de notre ancêtre, *Homo erectus*. L'évolution vers *Homo sapiens* se produisit ensuite parallèlement dans ces cinq groupes, qui auraient suivi les mêmes chemins leur permettant d'accéder à la conscience. Mais les Blancs et les Jaunes qui occupaient les régions zoologiques les plus favorables de la planète franchirent les premiers le pas qui les séparait d'*Homo sapiens* tandis que les peuples noirs restaient en arrière et payent depuis leur paresse. Si les races noires sont inférieures, selon Coon, ce n'est la faute de personne, mais d'un simple accident dans l'évolution, provoqué par un environnement moins stimulant :

> Les caucasoïdes et les mongoloïdes ne sont pas parvenus par accident à leur position actuelle de domination sur le plan du nombre et de la culture... Toute autre sous-espèce qui aurait évolué dans ces régions aurait probablement connu un succès équivalent.

Les évolutionnistes principaux du monde entier réagirent avec incrédulité aux propositions de Coon. Était-il vraiment possible d'identifier l'origine des différentes races au niveau d'*Homo erectus* ? Je serai éternellement reconnaissant à W.E. Le Gros Clark, le plus grand anatomiste anglais de ce temps. Je faisais une année de second cycle en Angleterre, parfait inconnu dans ce pays qui m'était étranger. Et pourtant, Clark me consacra un après-midi entier, répondant avec la plus grande patience aux questions que je lui posai sur les races et sur l'évolution. Lorsque je le questionnai sur l'hypothèse de Coon, il me répondit avec une admirable modestie que lui, du moins, se sentait incapable d'identifier une quelconque race moderne dans les os d'une espèce fossile.

En fait, il est même possible de réfuter la thèse de Coon, d'une manière plus générale, pour une simple question de probabilité : comment une évolution se serait-elle produite cinq fois indépendamment et avec une telle précision dans le parallélisme ? Comment cinq sous-espèces distinctes auraient-elles subi des changements si profonds et seraient-elles néanmoins restées si semblables qu'elles continuent, encore aujourd'hui, à se reproduire librement entre elles ? Les faiblesses pratiques et les incohérences théoriques de la thèse de Coon la relèguent au statut d'ultime soubresaut d'une tradition en voie de disparition et empêchent qu'on la considère comme une synthèse crédible d'éléments de preuve disponibles.

Généalogie, les conceptions modernes

Les races modernes ne sont ni des espèces distinctes (premier argument) ni l'expression de divisions qui se seraient produites autrefois au sein d'un tronc commun en évolution (second argument). Les différentes races sont des sous-populations d'origine récente et peu différenciées, qui se sont développées à partir de l'*Homo sapiens* à des intervalles de quelques dizaines ou quelques centaines de milliers d'années au maximum et les différences génétiques entre ces sous-populations sont extrêmement faibles.

Géographie, le premier argument

Quand Raymond Dart découvrit le premier australopithèque en Afrique du Sud, il y a soixante ans, le monde scientifique rejeta à l'unanimité sa qualité du plus vieil ancêtre de l'homme : ce merveilleux spécimen des stades intermédiaires de l'évolution de l'homme n'avait pas vu le jour au bon endroit. Darwin, sans le moindre petit fragment de fossile, mais grâce à ses déductions correctes, avait bien deviné que le berceau de l'homme était l'Afrique. Nos plus proches parents vivants, disait-il, sont les chimpanzés et les gorilles, espèces que l'on trouve uniquement en Afrique, berceau probable de notre ancêtre commun.

Et pourtant, peu de scientifiques admettaient la conclusion de Darwin : elle allait à l'encontre de leurs attentes, de leurs traditions et de leur racisme qui situaient plutôt notre demeure ancestrale dans les plaines de l'Asie centrale. Poussés par le concept de la supériorité de la race aryenne, les anthropologues supposèrent que c'étaient les vastes étendues stimulantes de l'Asie, et non les soporifiques régions tropicales de l'Afrique, qui avaient pressé nos ancêtres d'abandonner leur passé simiesque et de gravir les échelons qui les menèrent aux sources de la culture indo-européenne. La diversité des peuples de couleur des zones tropicales n'était que le reflet de migrations secondaires et de la dégénérescence ultérieure de ce réservoir originel. L'objectif principal de la grande expédition menée dans le désert de Gobi, et financée par le Musée américain d'histoire naturelle quelques années à peine avant la découverte de Dart, était la recherche de l'ancêtre de l'homme en Asie. Si cette expédition est restée dans notre mémoire, c'est surtout pour la découverte des dinosaures et de leurs œufs ; nous oublions que ses recherches principales se soldèrent par un échec monumental, parce que Darwin avait effectué un raisonnement correct.

Géographie, le second argument

Vers les années 1950, grâce à des études anatomiques plus poussées, et devant l'abondance indéniable d'incessantes découvertes, la majorité des scientifiques fut bien obligée d'admettre que nos racines sont australopithèques et que l'Afrique est notre berceau. Mais un préjugé inavoué exerçait encore son emprise sur les mentalités et contribuait, avec d'autres arguments plus scientifiques, à refuser à l'Afrique son rôle de berceau pour ce qui nous importe le plus : la conscience humaine. La plupart des scientifiques adoptèrent une position de repli intermédiaire : si l'Afrique était bien notre berceau, elle n'avait pas assisté aux premiers balbutiements de notre conscience. Nos ancêtres avaient quitté l'Afrique, pour se diriger vers notre mère l'Asie, où ils franchirent le pas qui les fit accéder à la conscience, sous forme d'*Homo erectus* (l'homme de Java ou de Pékin). Nous étions nés des singes en Afrique. Notre intelligence, elle, vit le jour en Asie. Carleton Coon écrivait en 1962 : « Si l'Afrique fut le berceau de l'humanité, elle fut un simple jardin d'enfants. L'Europe et l'Asie furent les écoles qui nous marquèrent de leur importance. »

Géographie, le point de vue moderne

Depuis la métaphore de Coon sur les mérites respectifs des continents dans notre éducation, le rythme des découvertes en Afrique s'est fortement accéléré. On y a également découvert des fossiles d'*Homo erectus*, datant de plus de 2 millions d'années alors que les fossiles d'Asie sont peut-être plus jeunes que ne le laissaient supposer les évaluations précédentes. On pourrait bien sûr faire un pas de plus sur le chemin de la retraite et prétendre qu'*Homo sapiens*, lui, s'est développé plus tard à partir d'une branche asiatique d'*Homo erectus*. Mais le fait qu'*Homo erectus* ait émigré en Europe et en Asie ne garantit pas du tout (et ne suggère pas non plus) que cette lignée mobile se soit ensuite différenciée. Car *Homo erectus* a également continué à vivre en Afrique. On n'en est pas encore absolument certain, mais les derniers indices que l'on a recueillis suggèrent cependant que l'Afrique fut également le berceau d'*Homo sapiens*. Ce qui signifierait, comble d'ironie pour les interprétations antérieures, que chaque espèce d'homme est d'abord apparue en Afrique et s'est seulement dispersée ailleurs par la suite (en ce qui concerne les deux dernières espèces).

Jusqu'ici, je ne vous ai présenté que les arguments négatifs qui prouvent, comme je le pense, que l'égalité des races humaines est un accident de l'histoire. Je n'ai fait qu'envoyer en fumée les vieilles bases de l'inégalité. Il me reste à présent deux choses importantes à faire : résumer les principaux arguments positifs (au nombre de trois) et montrer comment l'histoire aurait pu tout aussi facilement se dérouler autrement, ce qui est au moins aussi important.

L'argument positif (formel ou taxinomique) provenant de la définition même du mot race

Au sein de l'espèce, nous ne reconnaissons qu'une seule catégorie formelle de division — la sous-espèce. Par définition, les races sont donc des sous-espèces. Les sous-espèces sont des populations qui occupent une portion géographique bien définie du territoire d'une espèce ; de plus, il faut que n'importe quel ensemble de traits de cette sous-espèce permette de la distinguer taxinomiquement d'une autre sous-espèce. Les sous-espèces diffèrent de tous les autres niveaux de la taxinomie sur deux points bien précis. D'une part, les sous-espèces sont des catégories de convenance et il n'est jamais nécessaire de les désigner explicitement. Chaque organisme doit appartenir à une espèce, à un genre, à une famille et à tous les autres niveaux supérieurs de la hiérarchie ; mais il n'est pas nécessaire de diviser formellement l'espèce. Chaque sous-espèce correspond à la décision personnelle d'un taxinomiste qui espère ainsi rendre compte le mieux possible des variations géographiques. En second lieu, les limites de ces catégories ne sont ni fixes ni définies. Par définition, les représentants des différentes sous-espèces appartiennent à la même espèce et peuvent donc se reproduire entre eux. Grâce aux nouvelles méthodes de quantification à leur disposition, les taxinomistes peuvent aujourd'hui décrire la variabilité géographique avec plus de précision et en termes chiffrés. Il n'est donc plus nécessaire de désigner par une nomenclature formelle des différences qui sont par définition éphémères et changeantes. De ce fait, la pratique qui consiste à désigner des sous-espèces est largement tombée en désuétude et les taxinomistes n'ont désormais plus recours à ces catégories. Les variations existent au sein de l'espèce humaine ; la désignation conventionnelle des races appartient au passé.

Chez certaines espèces, la division en races géographiquement distinctes reste acceptable. Ainsi, il arrive qu'une espèce sédentaire soit séparée en deux populations distinctes à la suite de la dérive de deux continents. Ces deux sous-populations ne se rencontreront plus jamais, et il se peut que d'importantes différences apparaissent entre elles. Dans ce cas, la subdivision formelle se justifie peut-être encore. Mais les êtres humains se déplacent dans le monde entier, et il est évident qu'ils ont pris depuis toujours l'habitude de se reproduire entre eux. La répartition des êtres humains en zones géographiques bien délimitées n'est pas suffisamment prononcée pour que la désignation de sous-espèces ait un sens.

De plus, les variations au sein de l'espèce humaine présentent un degré de complexité qui fait frémir (ou se réjouir, selon les cas) les taxinomistes qui préfèrent alors éviter de donner un nom aux sous-espèces. Examinons simplement trois points précis. Premièrement, le manque de parallélisme dans les variations des différents caractères. Ainsi, la couleur de la peau paraîtrait *a priori* un critère raisonnable de division en sous-espèces, mais nous découvrons immédiatement que les groupes sanguins suggèrent un autre type de subdivision. Quand tant de caractères présentent des variations aussi discordantes, il est impossible de choisir un critère valable qui permette de définir sans ambiguïté les différentes sous-espèces. Le second point concerne la fluidité et les gradations de ces variations. Partout, les êtres humains se reproduisent entre eux, détruisant des barrières et créant de nouveaux groupes. Que dire des métis de l'Afrique du Sud, un peuple vigoureux de plus de 2 millions d'hommes, descendants des unions entre les Africains et les immigrants blancs (les ancêtres, ô ironie, des inventeurs de l'apartheid et des lois ségrégationnistes). Représentent-ils une nouvelle sous-espèce ou simplement la preuve vivante que noir et blanc ne sont pas si différents ? Enfin, le troisième point concerne la convergence. Partout et en tous temps, des caractéristiques très proches se sont développées indépendamment. Voilà de quoi décourager toute tentative de classement sur la base de caractères précis. Ainsi, les habitants de presque toutes les régions tropicales du monde ont la peau foncée.

Les arguments qui vont à l'encontre d'une classification des êtres humains en races sont puissants, mais on ne peut nier la variabilité de l'espèce humaine, et nos différences pourraient encore susciter quelques comparaisons odieuses. Il nous faut donc ajouter un second et un troisième argument.

Un argument positif : le caractère récent de la subdivision

Comme je l'ai signalé dans la première partie de cet essai (il me suffit donc de le répéter à présent), la subdivision de l'espèce humaine en différents groupes « raciaux » s'est produite hier en termes géologiques. Cette différenciation est postérieure à l'origine de notre espèce, *Homo sapiens*, et ne s'est sans doute pas produite il y a plus de quelques dizaines (ou au plus quelques centaines) de milliers d'années.

Un argument positif : les différences génétiques très faibles

Les travaux de Mendel furent redécouverts en 1900 et la science de la génétique marque notre siècle tout entier. Cependant, l'un des problèmes fondamentaux de la génétique de l'évolution ne fut résolu qu'il y a une vingtaine d'années environ. Il nous fut longtemps impossible de calculer la variabilité génétique moyenne au sein d'une population, car nous n'avions pas encore découvert comment délimiter un échantillon statistique de gènes. Avec les techniques mendéliennes classiques, il est impossible d'identifier un gène tant qu'il ne varie pas d'un individu à l'autre. Par exemple, si toutes les *Drosophiles* du monde, sans exception, avaient les yeux rouges, nous soupçonnerions à bon droit qu'une information génétique quelconque spécifie cette caractéristique universelle. Mais il nous serait impossible d'identifier le gène responsable des yeux rouges au moyen d'une analyse de transmission héréditaire puisque toutes les mouches auraient la même apparence. En revanche, si nous découvrons quelques mouches aux yeux blancs, il nous suffit de les croiser avec les mouches aux yeux rouges puis d'étudier la transmission héréditaire de ces variations génétiques chez les descendants, et nous serons alors en mesure de faire des déductions correctes sur les bases génétiques de la couleur des yeux.

Pour mesurer les différences génétiques moyennes entre les races d'êtres humains, nous devons en premier lieu être capables d'échantillonner des gènes au hasard — et il nous sera impossible d'effectuer impartialement cette sélection si nous parvenons uniquement à identifier les gènes variables. Il se peut que tous les hommes du monde aient plus de 90 % de gènes identiques et que nous commettions une erreur grossière dans l'estimation de la différence totale en nous confinant à l'analyse des gènes variables.

A la fin des années soixante, plusieurs généticiens s'attelèrent à la résolution de ce vieux problème. Ils firent appel à une technique courante : l'électrophorèse, qui consiste à étudier la migration de différentes protéines dans un champ électrique (on sait que les gènes sont responsables de la synthèse des protéines). On pouvait ainsi identifier n'importe quelle protéine, indépendamment du fait qu'elle soit ou non variable. (Toutefois, les résultats de l'électrophorèse ne nous donneront qu'une estimation minimale de la variabilité. Il se peut en effet que la variation d'une protéine ne se traduise pas par une différence de comportement dans une champ électrique, mais par la variation d'une autre de ses caractéristiques.) Grâce à la technique d'électrophorèse, nous pouvions donc nous poser cette question clé : quelle est l'importance des différences génétiques entre les races ?

La réponse, qui en surprit plus d'un, fut claire et nette : il n'y a presque pas de différence. Et plus de dix ans d'études poursuivies sur le même sujet n'ont pas permis d'identifier un quelconque gène « racial » — c'est-à-dire un gène qui soit présent chez tous les représentants d'un groupe et chez aucun représentant d'un autre groupe. Les fréquences des gènes varient, souvent énormément, au sein d'un même groupe, mais toutes les races humaines sont en définitive chou vert et vert chou. Nous pouvons détecter tellement de différences entre individus *au sein* d'une même race que le fait d'ajouter une autre race à l'échantillon ne change pas grand-chose. En d'autres termes, la majorité des différences entre les êtres humains s'exprime au sein des groupes, mais les différences entre les groupes sont à peine perceptibles. Mon collègue Richard Lewontin (voir la bibliographie), auteur d'une grande partie du travail d'électrophorèse, l'a formulé solennellement : si, à Dieu ne plaise, l'holocauste avait lieu « et que seul le peuple xhosa en réchappait au fin fond de l'Afrique, l'espèce humaine conserverait encore 80 % de sa diversité génétique ».

Aussi longtemps que la plupart des scientifiques acceptaient l'ancienne subdivision en races, ils s'attendaient à découvrir des différences génétiques importantes. Mais la découverte du caractère récent de l'origine des races (le second argument) confirme le caractère minime des différences génétiques que nous venons de découvrir par ailleurs. Un petit nombre de caractères très visibles différencie les groupes d'êtres humains de manière frappante (la couleur de la peau, la texture des cheveux) — et ces différences externes pourraient nous induire en erreur et nous faire croire que la différence est très grande dans son ensemble. Mais nous savons maintenant que l'expression que nous utilisons couramment pour exprimer la superficialité — à fleur de peau — est à prendre au pied de la lettre.

Au terme de mon analyse, j'espère qu'un point essentiel ne sera pas mal interprété : je le dis solennellement, je ne suis pas en train de m'exprimer sur des principes éthiques, mais d'informer, au mieux de nos connaissances actuelles. Ce serait un raisonnement extrêmement pauvre et une stratégie pire encore, d'utiliser ce simple énoncé des faits de la biologie humaine pour appuyer une doctrine morale ou politique concernant l'égalité des chances ou des droits. Il se peut en effet que des conclusions fondées sur l'observation auxquelles nous sommes parvenus soient un jour remises en cause — comme c'est souvent le cas en science. Nous nous verrions alors obligés de justifier préjugés et apartheid (et peut-être même pour notre propre perte, car qui sait qui se retrouverait au bas de l'échelle). Je ne suis pas un philosophe de l'éthique, mais je peux seulement considérer l'égalité des chances comme un droit inaliénable, universel, et sans rapport avec le statut biologique des individus. Les caractéristiques des êtres humains varient très peu entre les races, mais les variations individuelles sont considérables — et je ne parviens pas à imaginer que l'on puisse qualifier de décent un monde où l'on n'accorde pas à la personne la plus profondément retardée tout le respect dû à une personne à part entière, malgré ses limites évidentes et importantes.

Je fais plutôt une petite remarque qui m'amuse, car elle surprend beaucoup de gens. La conclusion est évidente une fois qu'on l'a énoncée, mais on pose rarement le problème de cette manière. J'ai dit que l'égalité des hommes était le résultat accidentel de l'histoire. Jusqu'ici, j'ai parlé du résultat, mais qu'en est-il de son caractère accidentel ? En d'autres termes, comment l'histoire aurait-elle pu se dérouler différemment ? Beaucoup d'entre nous saisissent et acceptent le concept d'égalité ; mais peu d'entre nous considèrent la plausibilité d'autres scénarios qui ne se sont pas produits.

Mes créationnistes de cauchemar, dans l'un de leurs raisonnements délicieusement ridicules, imaginent souvent qu'ils peuvent balayer l'évolution de ce commentaire sans réplique : « Eh bien ! disent-ils, vous prétendez que l'homme descend du singe, juste ? » Je réponds : « Juste. — Alors, si l'homme descend du singe, pourquoi y a-t-il toujours des singes ? Répondez, si vous le pouvez. » Je suppose que cet argument mériterait notre attention si l'évolution se déroulait de cette manière caricaturale — une échelle du progrès, dont chaque barreau disparaîtrait au profit du suivant. Mais l'évolution est un buisson et les lignées ancestrales survivent généralement à leur descendance. Il existe beaucoup de singes de toutes les sortes, mais une seule lignée a donné naissance aux êtres humains.

La plupart d'entre nous ont entendu parler des buissons, mais nous ne pensons pas toujours à leurs implications. Nous savons que nos ancêtres furent les australopithèques et qu'il y avait plusieurs espèces dans leur buisson. Mais nous les considérons comme nos aïeux, ce qui sous-entend subtilement qu'ils ont disparu depuis que nous sommes là. C'est le cas en effet, mais cela ne devait pas *nécessairement* se produire. Une population d'une lignée d'australopithèques devint l'*Homo habilis,* quelques autres survécurent. Une espèce, *Australopithecus robustus*, disparut il y a moins d'un million d'années et vécut en Afrique en même temps que l'*Homo erectus* pendant un million d'années. Nous ignorons les causes de la disparition d'*Australopithecus*. Il aurait très bien pu survivre et nous confronter aujourd'hui à tous les dilemmes éthiques que nous poserait une espèce réellement et très nettement moins intelligente que nous (sa capacité crânienne était égale au tiers de la nôtre). Aurions-nous construit des zoos, installé des réserves, promu l'esclavage, commis un génocide, ou bien aurions nous été gentils avec eux ? L'égalité des hommes est le résultat accidentel de l'histoire.

D'autres scénarios plausibles auraient pu conduire à des inégalités très grandes. *Homo sapiens* est une espèce jeune et sa subdivision en races est plus récente encore. Son histoire n'est pas suffisamment longue pour que des différences substantielles aient eu la possibilité de naître de l'évolution. Mais de nombreuses espèces ont des millions d'années, et leurs subdivisions sont marquées et profondes. *Homo sapiens* aurait pu, lui aussi, évoluer sur une telle échelle de temps et des races très anciennes, ayant accumulé des différences importantes, auraient pu se développer — mais ce n'est pas le cas. L'égalité des hommes est le résultat accidentel de l'histoire.

Quelques devises bien placées pourraient servir d'antidote puissant aux habitudes profondément ancrées de la pensée occidentale qui nous emprisonnent tant parce que nous en nions l'influence — à condition que ces devises correspondent à une compréhension profonde et non à de vulgaires distorsions du style « tout est relatif » pour résumer la pensée d'Einstein.

Je vous propose mes trois devises favorites, elles sont courtes, mais leurs implications sont importantes. Ma première devise, un résumé de la théorie des équilibres ponctués, nous rappelle que le changement graduel n'est pas la seule réalité de l'évolution, d'autres choses comptent tout autant : « La stase évolutive est un fait. » La seconde affirme que la loi du progrès représente un préjugé et que l'évolution ne consiste pas obligatoirement en une séquence ascendante : « Les mammifères sont les contemporains des dinosaures. » La troisième est le thème de cet essai : il s'agit de la mise en lumière fondamentale de la variabilité de l'espèce humaine. Dites-le cinq fois avant votre petit déjeuner demain matin et n'oubliez pas ses multiples implications : « L'égalité des hommes est un accident de l'histoire. »

13. La règle de cinq

L'esprit humain se délecte tant à découvrir des modèles qu'il trouve souvent des explications profondes là où il n'y a que coïncidences ou analogies forcées. Il n'est pas de processus de pensée ancré plus profondément dans l'âme de cette petite créature que nous sommes, à la recherche inlassable du sens de ce monde complexe qui n'a pas été créé à notre intention.

> Et dans cet Univers, ne sachant ni pourquoi
> Ni d'où, comme l'eau qui s'écoule malgré soi.

comme dit le *Rubaiyat* [1]. C'est sans doute l'erreur de raisonnement qui entache le plus opiniâtrement nos tentatives de comprendre certains des aspects essentiels du monde — les voies tortueuses de l'histoire, l'imprévisibilité des systèmes complexes et l'absence de rapport entre des événements semblables à première vue.

Dans notre quête de la signification des choses, les coïncidences numériques sont l'une des voies de perdition intellectuelle les plus courues. Nous adorons cataloguer des objets disparates reliés par un même chiffre et bien souvent l'unité sous-jacente à ces ensembles est une affaire d'instinct. Nos ancêtres méditaient sur la mystique du chiffre sept : le nombre de planètes (le Soleil, la Lune et les cinq planètes visibles tournant toutes autour de la Terre dans le système de Ptolémée), les sept péchés capitaux, les sept sceaux des Prophéties. Mais le chiffre cinq a également été à l'honneur, pas seulement pour les doigts et les orteils, mais aussi pour les cinq actes d'une pièce de théâtre bien conçue comme *Horace*, les cailloux lisses choisis par David pour abattre Goliath, les pains avec lesquels le Christ nourrit la foule, le nombre de fils de Mrs. Bixby[2] (qui ne sont pas tous morts au champ d'honneur, n'en déplaise à

1. Ruba-iyyat est un mot arabe dérivé de 4 (sorte de quatrain).
2. D'après un film de l'après-guerre, *The Sullivans* (J'avais cinq fils) du réalisateur Lloyd Bacon. Ces cinq fils d'une même famille périrent tous sur le même bâtiment de guerre, ce qui poussa ultérieurement la marine américaine à modifier une loi établie par Lincoln et à ne plus permettre aux membres d'une même famille de servir sur le même bâtiment. *(N.d.T.)*

Mr. Lincoln). Le chiffre cinq entre également dans l'histoire du Hibou et du Minet[1] qui prirent le large avec tous leurs biens emballés dans un billet de cinq livres (un très gros billet, au sens propre et au figuré en ces temps glorieux de la reine Victoria). Ce dont ce pays a besoin, et qu'il n'aura plus jamais, c'est un bon cigare à cinq cents.

Dans cet essai, j'examinerai deux systèmes taxinomiques (des systèmes de classification des organismes) à la mode durant les décennies précédant la publication de *l'Origine des espèces*. Dans ces deux systèmes, la classification des organismes était fondée sur d'autres mécanismes que celui de l'évolution : tous deux proposaient un mode de classification hiérarchique des organismes en groupes et en sous-groupes fondé sur le chiffre cinq. Tous deux prétendaient qu'une régularité numérique aussi simple était l'expression d'une structure intrinsèque de la nature plutôt qu'une nomenclature fausse et illusoire, sans rapport avec la réalité bien plus complexe. Je me propose de décrire ces systèmes et de montrer ensuite comment la théorie de l'évolution a supprimé leur raison d'être et révolutionné pour toujours la taxinomie, ôtant toute consistance à ces schémas numériques simples grâce à une interprétation nouvelle de la nature. Ce tournant capital dans la pensée scientifique renferme un message de portée générale sur le caractère de l'histoire et sur les types de classification que l'on peut (ou ne peut pas) découvrir dans un monde construit par l'histoire et pas selon un plan préétabli. Louis Agassiz écrivait de son maître, l'embryologiste allemand Lorenz Oken :

> Maître dans l'art d'enseigner, il exerçait une influence presque irrésistible sur ses étudiants. Il sortait tout l'univers de son propre cerveau... classant les animaux comme par magie, d'après une analogie basée sur le corps désarticulé de l'homme. Il nous semblait, à nous qui l'écoutions, que le lent et laborieux processus d'accumulation de connaissances, si précises dans le détail, ne pouvait être que le travail des inutiles, qui attendaient qu'un esprit généreux et décideur construise le monde par la puissance de son imagination.

Oken était un excellent anatomiste descriptif ; ses traités sur l'embryologie du porc et du chien écrits en 1806 sont des classiques de soin et de méticulosité. Mais Oken était également l'un des chefs de file de l'école de

1. Héros d'une chansonnette des *Nursery Rhymes* anglaises. *(N.d.T.)*

The owl and the pussy cat went to sea / in a beautiful pea-green boat /
they took some honey and plenty of money / wrapped up in a five pound note /
the owl looked up to the stars above / and sang to a small guitar /
« O lovely Pussy oh pussy my love / What a beautiful Pussy you are. »

la *Naturphilosophie* célèbre au début du XIXe siècle — un mouvement intellectuel qui prônait une version romantique du monde selon laquelle des lois de mouvement très simples régissaient la nature, lois que les grands esprits saisissaient grâce à une sorte d'intuition créative. La contribution majeure d'Oken à ce mouvement est son *Lehrbuch der Naturphilosophie* (1809-1811), une liste d'environ 4 000 énoncés — car la science n'avait pas de secret pour lui —, où l'on trouve une foule de déclarations tranchantes sur tout et sur n'importe quoi, depuis : pourquoi la Terre est un cristal (bordé de chaînes de montagnes), jusqu'à : pourquoi *Kriegskunst* (l'art de la guerre) est la tâche humaine la plus noble.

Oken, quoique très respecté en son temps (même par ses ennemis intellectuels), subit un sort classique : il est surtout cité aujourd'hui par ceux qui se gaussent du passé à la lumière du brillant présent. Il faut l'admettre, ses déclarations en forme d'oracles nous font rire par leur style désuet. Que faire d'autre de son hymne au zéro ? « Toute la mathématique émerge du zéro ; de même que tout le reste... a dû sortir de l'éternité ou du néant de la nature... Il n'y a pas d'autre science que celle qui traite du néant » ; ou son affirmation : tous les animaux « inférieurs » sont tout simplement des êtres humains incomplets. « Le règne animal tout entier n'est que le démembrement de l'animal le plus haut placé, je veux dire l'Homme. »

Lorsqu'on extrait les affirmations d'Oken de leur contexte, elles perdent toute signification, et leur style désincarné ne peut que nous faire rire. Quand on les replace dans leur contexte, elles prennent au moins un sens (même s'il nous paraît faux aujourd'hui), et il est alors possible d'attribuer le style d'Oken à des différences de goût et de coutume, et non à sa stupidité et à son manque d'à-propos.

Le contexte de la plupart de ses déclarations singulières — la suprématie du zéro, les animaux, humains avortés, la taxinomie par cinq — repose sur la doctrine de la *Naturphilosophie* : l'idée d'une tendance unique au développement linéaire progressif dans la nature. Tous les processus naturels s'acheminent vers le haut à partir d'un néant primitif (le zéro d'Oken) et progressent vers la complexité humaine et au-delà (la conception d'Oken n'est pas évolutionniste : d'après lui l'accession à chaque nouvel état est un processus qui repart du zéro primitif, mais qui atteint un niveau supérieur à celui de l'état précédent. Une forme plus évoluée ne résulte pas de la transformation d'un ancêtre moins développé, comme dans la théorie évolutionniste). Puisque l'on peut placer tous les animaux sur une échelle linéaire de complexité croissante, les hommes y occupant le sommet, les créatures inférieures de cette échelle sont des êtres humains incomplets (selon Oken, chaque nouvelle étape dans la complexité correspondrait à *l'addition* d'un organe ; les créatures qui occupaient les barreaux inférieurs de l'échelle du progrès contenaient moins d'organes et elles étaient donc incomplètes).

L'excitation provoquée par les nouvelles théories repose sur leur pouvoir de transformer les contextes, de rendre caduc ce qui semblait autrefois sensé. Si nous rions du passé, anachronique à la lumière des théories actuelles, comment pouvons-nous comprendre ces changements de contexte ? Et comment nous garder alors de nous enorgueillir de nos théories favorites actuelles qui seront sans doute un jour sans importance ? Les passions intellectuelles honnêtes méritent toujours notre respect.

La théorie évolutionniste fut le plus grand responsable d'un changement de contexte dans l'histoire de la biologie. Theodozius Dobzhansky écrivit, dans une déclaration célèbre, que rien n'avait de sens en biologie sauf à la lumière de la théorie de l'évolution. Mais le monde d'Oken avait un sens dans le cadre d'un ensemble de conceptions différentes sur le mode de fonctionnement de la nature. Dobzhansky voulait évidemment dire que, une fois que nous reconnaissons en l'évolution le fondement de l'histoire des êtres organiques, il est nécessaire de reformuler toute la biologie. Mais si nous voulons comprendre pourquoi la théorie de l'évolution provoqua un tel raz de marée dans l'histoire des idées, il nous faut d'abord comprendre à quels contextes cette théorie se substituait et ne pas les considérer comme des précurseurs imparfaits de la théorie de l'évolution. Ces idées étaient astucieuses, brillantes (et fausses) mais pas stupides. Nous devons étudier des théories telles que celle d'Oken sur la classification par cinq et nous devons comprendre pourquoi la théorie de l'évolution a détruit leur raison d'être, si nous voulons saisir l'envergure et le pouvoir de la théorie de l'évolution elle-même.

La taxinomie par cinq d'Oken s'efforce de concilier deux principes chers à la *Naturphilosophie* mais contradictoires à première vue. Selon le premier principe, les animaux sont ordonnés en une série linéraire de complexité croissante définie par l'addition successive d'organes. Selon le second principe, des analogies très significatives s'expriment dans toute la nature et chaque segment de taxinomie imite ou reflète tous les autres (on retrouve par exemple dans l'ordre des mammifères la répétition miniaturisée du même schéma qui organise toute la nature). Mais comment la nature s'accommode-t-elle à la fois d'une progression ascendante linéaire et d'un ensemble de cycles répétitifs ? Examinons séparément ces deux assertions. Considérons d'abord le résumé qu'Oken nous donne de son propre credo : tous les animaux ne forment qu'une seule série dont la progression ne dépend que de l'addition d'organes (aphorismes 3067-3072 de son *Lehrbuch*) :

— Le règne animal n'est qu'un seul animal.

— Le règne animal n'est que le démembrement de l'animal suprême, c'est-à-dire l'homme.

— Les animaux s'ennoblissent d'autant plus qu'augmente le nombre d'organes qui sont libérés collectivement ou désarticulés du Grand Animal, et qui entrent dans leur composition. Un animal qui n'existerait par exemple que sous forme d'un intestin serait sans aucun doute inférieur à celui dont l'intestin serait combiné à une peau.

— Les animaux se perfectionnent progressivement par additions successives d'organes.

— Chaque animal se range de ce fait au-dessus de l'autre : il n'y en a jamais deux au même niveau.

— Les animaux sont reconnaissables... par le nombre de leurs différents organes.

Mais une progression linéaire aussi simple ne pouvait satisfaire l'âme d'un homme fermement convaincu que chaque nuance de la nature et son imbrication avec les autres avait une profonde signification. Oken ne pouvait pas abandonner l'amibe dans sa mare ou le crabe sur sa plage puisque toutes les créatures étaient les éléments imbriqués d'une harmonie complexe et pas simplement les barreaux successifs d'une échelle. Oken mit donc au point un schéma comportant une trame ; la nature serait un tissu de signification et pas seulement une ligne droite de progrès.

Oken pensa qu'il avait percé le code secret de l'ordre numérique de la nature en reconnaissant la présence universelle d'un cycle de cinq éléments basé sur les organes des sens dont la séquence ascendante était : le toucher, le goût, l'odorat, l'ouïe et la vue. Poussé par sa vision romantique de la matière vivante avide d'atteindre la perfection par des voies simples éclatantes de signification, Oken découvrit des cercles ascendants de cinq éléments, partant de la plus grande échelle qui inclut tous les animaux, à la plus petite, celle des races humaines.

Il classait le règne animal tout entier en un cycle ascendant de cinq éléments reflétant l'addition successive (ou la perfection) des organes des sens. « Les classes d'animaux, disait-il, ne sont virtuellement rien d'autre qu'une représentation des organes des sens... Il faut donc les organiser en accord avec eux. » Les invertébrés, les poissons, les reptiles, les oiseaux et les mammifères, ou le toucher, le goût, l'odorat, l'ouïe et la vue. Je ne vous assommerai pas avec les détails des arguments forcés et spécieux qui conduisirent Oken à cette correspondance fantaisiste. La nature complexe et récalcitrante se comporte très mal lorsque nous essayons de lui faire correspondre de tels schémas (voyez par exemple comme il est difficile d'identifier les mammifères à la vue, alors que dans le règne inférieur des oiseaux, on trouve des espèces dont la vue est plus perçante que celle de n'importe quel mammifère). Je me contente de citer le raisonnement d'Oken :

> A proprement parler, il n'y a que cinq classes d'animaux. Les Dermatozoa ou invertébrés ; les Glossozoa ou poissons, ces animaux qui seraient les premiers à posséder une langue digne de ce nom ; les Rhinozoa ou reptiles, où apparaît une communication entre le nez et la bouche et un processus d'inhalation de l'air ; les Otozoa, ou oiseaux, qui les premiers possèdent des oreilles ouvertes sur l'extérieur ; les Ophtalmozoa ou Thricozoa (mammifères), chez qui tous les organes des sens sont présents et complets, les yeux mobiles recouverts de deux membranes ou paupières.

Ce qui convient aux grands convient aux plus petits. Oken parvint même à classer les races humaines dans l'ordre conventionnel de l'époque grâce à ses analogies sensorielles, bien que, cette fois, il n'essayât même plus de justifier ses choix :

1. L'homme-peau est le noir, l'Africain.
2. L'homme-langue est le brun, l'Australien ou Malais.
3. L'homme-nez est le rouge, l'Américain.
4. L'homme-oreille est le jaune, Asiatique ou Mongol.
5. L'homme-œil est le blanc, l'Européen.

Mais comment faire correspondre simultanément à la nature des cycles régis par les organes des sens et une progression linéaire gouvernée par l'addition d'organes ? Il nous faut une image, une analogie, et une charte.

L'image : l'objet qui marque la voie du progrès n'est pas une créature qui marche à grandes enjambées, c'est une roue qui roule, munie de cinq rayons correspondant au toucher, au goût, à l'odorat, à l'ouïe et à la vue. Chaque fois qu'un rayon touche le sol, il dépose une créature correspondant à son degré d'avancement sensoriel le long de la voie du progrès. Quand le rayon supérieur, celui de la vue, touche enfin le sol, une roue nouvelle plus petite se détache et dépose à son tour des créatures le long de la même séquence sensorielle.

L'analogie : dans la pensée occidentale, plusieurs théories de l'histoire parviennent à concilier l'idée de progrès continu avec des répétitions cycliques. Le vitrail du XVIe siècle de la chapelle de King's College à Cambridge représente la figure puissante de Jonas, vomi du ventre de la baleine, juste au-dessus d'une image du Christ sortant du tombeau — les deux hommes ressuscitèrent le troisième jour, *in extremis*. L'histoire du christianisme va inexorablement de l'avant, mais le Nouveau Testament répète l'Ancien et les volontés de Dieu sont révélées deux fois.

La charte : le diagramme de la page suivante représente quatre cycles

Les voies du progrès et les roues à cinq éléments selon Oken.

TOUS LES ANIMAUX		MAMMIFÈRES		MAMMIFÈRES ÉVOLUÉS		ÊTRES HUMAINS	
Toucher	invertébrés						
Goût	poissons						
Odorat	reptiles						
Ouïe	oiseaux						
Vue	mammifères	**Toucher**	rongeurs				
		Goût	paresseux et marsupiaux				
		Odorat	chauves-souris et insectivores				
		Ouïe	cétacés et mammifères ongulés				
		Vue	carnivores et primates	**Toucher**	chats et chiens		
				Goût	phoques		
				Odorat	ours		
				Ouïe	singes		
				Vue	hommes	**Toucher**	Africains
						Goût	Australiens
						Odorat	Amérindiens
						Ouïe	Orientaux
						Vue	Blancs

Reproduit avec l'autorisation du *Natural History Magazine.*

de roues sensorielles divisées en cinq parties et correspondant d'abord à la classification de tous les animaux, ensuite à celle de tous les mammifères, puis les groupes de mammifères supérieurs, et enfin les plus hautes espèces des plus hauts groupes. Selon Oken, ces identifications avec les organes des sens et ces correspondances de roues divisées en cinq parties à tous les niveaux dans toute la nature ne représentaient pas un système artificiel mnémotechnique ou plus simplement évocateur : c'était une découverte de la réalité profonde de la nature. Oken espérait tirer des résultats pratiques de ces correspondances. Il tentait bien sûr d'organiser le monde minéral et le monde végétal en roues à cinq rayons également. Puisque les médicaments proviennent des plantes et de la chimie, nous découvrirons les traitements appropriés en effectuant les correspondances correctes. Nous guérirons les Africains avec les plantes du toucher, les Blancs avec les plantes de la vue.

> Si les genres de minéraux, plantes et animaux sont placés correctement l'un en face de l'autre, il s'ensuivra un avancement considérable dans la science des matières médicales car les genres correspondants agiront spécifiquement l'un sur l'autre.

Les cercles quinaires de Swainson correspondant aux vertébrés et à tous les animaux. Les liens d'affinité s'exercent au sein du même cercle et les liens d'analogie entre les cercles.

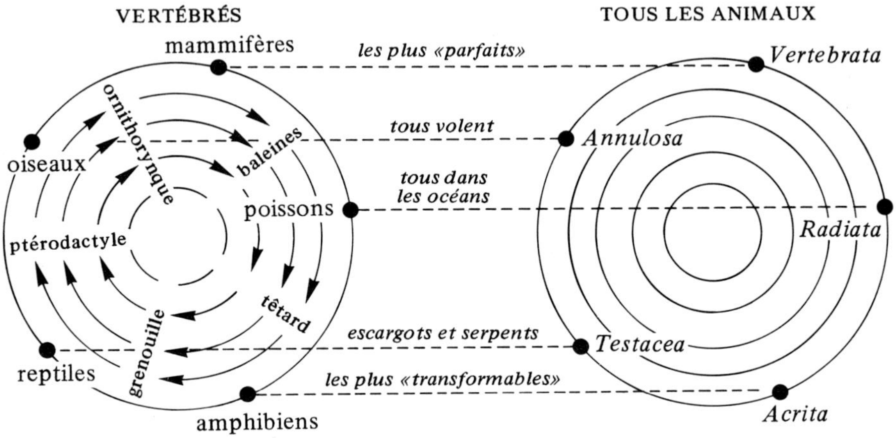

Reproduit avec l'autorisation du *Natural History Magazine.*

J'admire l'envergure et la cohérence de la vision d'Oken mais je veux bien redescendre au niveau de l'ouïe et devenir l'oncle d'un singe si tout cela nous aide en quoi que ce soit à mieux comprendre la nature.

Pendant qu'Oken construisait ses roues ascendantes dans les décennies prédarwiniennes, de nombreux naturalistes anglais inspirés par une autre théorie taxinomique, le système quinaire, installaient tous les organismes sur différents cercles également divisés en cinq. Le système quinaire est comparable au schéma d'Oken parce que lui aussi comportait des cercles divisés en cinq niveaux différents et qu'il cherchait à établir des correspondances entre les organismes situés à la même position sur différents cercles. Ce système s'efforçait également de résoudre l'apparente contradiction entre le progrès linéaire et la répétition cyclique.

Le système quinaire est fondé sur la distinction entre deux sortes de ressemblances : l'affinité et l'analogie. Les liens d'affinité unissent les formes installées sur le même cercle, les analogies caractérisent les correspondances entre les cercles. Ainsi, en 1835, William Swainson, quinquénariste anglais de premier plan, expliquait de la manière suivante le cercle des vertébrés. Nous admettons que les poissons, les amphibiens, les reptiles, les oiseaux et les mammifères constituent cinq groupes caractérisés par une configuration anatomique semblable. Mais comment ces groupes représentent-ils à la fois un cheminement ascendant et un cercle fermé de cinq éléments ? Swainson explique que nous devons unir chaque couple de groupes par une forme intermédiaire qui matérialise leurs liens d'affinité — le poisson à l'amphibien par le têtard, l'amphibien au reptile par la grenouille adulte, le reptile à l'oiseau par le ptérodactyle volant, l'oiseau au mammifère par l'ornithorynque et le mammifère au poisson, par notre plus grand transporteur naturel, la baleine. Puisque les baleines connectent les mammifères les plus hauts sur l'échelle du progrès aux poissons, qui sont en bas, l'échelle du progrès se courbe elle-même et forme un cercle fermé. D'après les dires de Swainson : « La nature elle-même décrit le cercle puissant et le déclare " complet ". »

On peut alors unir le cercle des vertébrés à d'autres cercles supérieurs ou inférieurs, grâce aux liens analogiques existant entre les groupes de positions similaires (je dois avouer que les arguments de Swainson me paraissent tout aussi tirés par les cheveux que ceux d'Oken. Les quinquénaristes n'ont jamais avancé de critères rigoureux permettant de distinguer en quoi certaines relations étaient des affinités et d'autres des analogies. On a la désagréable impression que les quinquénaristes ont d'abord construit leur cercle favori, et qu'ils ont ensuite inventé des justifications pour les affinités et les analogies ainsi établies, mais, bien entendu, ils avaient soi-disant procédé dans l'autre sens, construisant des cercles et des correspondances à partir de données brutes d'affinité ou d'analogie). Ainsi, Swainson organisait le règne animal tout entier sur un cercle qui comprenait les Radiata (échinodermes et leurs cousins), les Acrita (protozoaires et autres créatures « simples »), les Testacea (mollusques), les Annulosa (vers annelés, insectes et crustacés) et les Vertebrata. Les liens d'analogie qui unissent ce cercle à celui des vertébrés sont plutôt fantaisistes, c'est le moins qu'on puisse dire : les mammifères correspondent aux vertébrés car ils représentent tous deux les formes les plus parfaites sur chaque cercle ; les poissons correspondent aux radiés car ces deux groupes comprennent exclusivement des représentants aquatiques, « aucune espèce de l'un ou de l'autre de ces deux groupes n'a encore été découverte sur la terre ferme » ; les amphibiens sont unis aux Acrita parce que tous deux (lisez bien) « même s'ils sont assez dissemblables sous d'autres aspects, présentent la remarquable particularité de changer de forme plus que tout autre représentant aberrant de n'importe quel autre cercle ». Enfin, les reptiles correspondent aux mollusques, parce que les serpents, comme les escargots n'ont pas de pattes et avancent sur le ventre ; et les oiseaux sont unis aux Annulosa, parce que les insectes volent aussi.

Je fus très déçu de découvrir que l'article sur Swainson dans la bible des historiens, le *Dictionary of Scientific Biography*, était conforme à cette vieille tradition que j'ai déjà critiquée dans les pages précédentes : le système désuet de Swainson y est rejeté parce qu'il paraît pitoyablement idiot à la lumière des connaissances actuelles.

> Ne fût-ce que pour son inlassable recherche en histoire naturelle et son travail consciencieux, Swainson mérite d'être cité malgré le mal qu'il a involontairement causé par son adhésion à l'absurde système quinaire... Swainson défendit opiniâtrement cette extraordinaire théorie tout au long de sa carrière de zoologiste, ce qui affaiblit beaucoup la valeur de son travail.

Oken et Swainson furent violemment critiqués, non sans raison, dans leurs propres termes (j'ai tenté de faire ressortir certains de ces arguments en exposant les critères fantaisistes utilisés pour établir les cercles de cinq et leurs relations d'analogie). Ils n'étaient ni fous ni idiots et leurs systèmes n'étaient pas absurdes. Oken et Swainson comptèrent parmi les meilleurs naturalistes d'Europe et leurs systèmes de taxinomie numérique furent des candidats sérieux et très en vogue parmi les schémas contemporains d'ordonnancement de la nature.

Ces systèmes numériques rigides ne devinrent absurdes que plus tard, à la lumière de la théorie de l'évolution, parce que leur respectabilité dépendait de *théories* sur les raisons et l'ordre qui existent dans la nature. Si Dieu a installé des espèces sur terre, comme le pensait Swainson, il avait peut-être agi avec une précision numérique correspondant à la rigueur et à l'harmonie de ses pensées. Si ce ne sont pas les accidents de l'histoire, mais des lois simples qui président à l'agencement des organismes (comme le prétendait Oken), un ordre numérique pourrait exister dans le règne animal exactement comme le tableau périodique régit l'agencement des éléments chimiques. La numérologie en taxinomie peut être taxée de mysticisme absurde aujourd'hui, mais, au temps de Oken et Swainson, cette attitude incarnait le résultat raisonnable de théories justifiées sur les causes de l'ordre dans la nature. Swainson le manifestait clairement quand il déduisait de l'ordre quinaire à la fois l'existence de Dieu et son intérêt particulier à notre égard.

> Quand nous découvrons des indications évidentes d'un plan défini, sur lequel toutes ces modifications ont été réglées par quelques lois simples et universelles, nous nous émerveillons devant la sagesse et la bonté inconcevables de l'être SUPRÊME par qui ces myriades d'êtres ont été créés et sont aujourd'hui toujours en vie. Un même étonnement nous saisit devant l'aveuglement mental et l'entendement perverti de ces philosophes appelés faussement tels, qui nous persuaderaient que même l'homme, la dernière et la meilleure des créatures, est trop insignifiant pour que le Tout-Puissant veuille s'en soucier.

Darwin détruisit à tout jamais la règle de cinq : il en supprima la raison d'être en reconstruisant la nature. Son agent de destruction n'était pas directement l'évolution. Je peux imaginer des théories évolutionnistes (certaines ont d'ailleurs été proposées) tellement conditionnées par le désir de découvrir une organisation régie par des lois simples ou l'œuvre d'intelligences directrices qu'un ordre numérique pourrait toujours se dégager de la rigidité de ce processus prévisible. L'ange exterminateur de Darwin était tout simplement l'histoire. L'évolution ne se déroule pas selon des lois simples qui entraînent des résultats prévisibles. L'évolution chemine au gré des fantaisies de l'histoire. Ses voies sont tortueuses et modelées par des modifications de l'environnement : de tout petits écarts dans les températures et les précipitations, mais aussi la formation de chaînes de montagnes, l'extension des glaciers, la dérive des continents et même (probablement) l'impact des comètes ou des astéroïdes. L'évolution ne peut conduire à la perfection mécanique parce qu'elle doit se contenter de fonctionner avec les éléments disponibles transmis par l'histoire antérieure qui se déroulait dans des conditions différentes. Le « pouce » du panda est un os « bricolé » détaché du carpe, mis en service parce que le véritable premier doigt était passé à d'autres fonctions durant la vie de ses ancêtres carnivores. Nous souffrons de courbatures dans le dos et de hernies parce que les grandes créatures à quatre pattes qui étaient nos ancêtres n'étaient pas vraiment conçues pour marcher sur leurs orteils. Quatre jambes ça va, deux jambes, bonjour les dégâts !

Comment les animaux pourraient-ils à la fois évoluer selon les voies tortueuses de l'histoire et s'installer en ordre sur des cercles de cinq ? La taxinomie ne peut être régie par une précision numérique parce que la vie se déroule dans le temps. L'évolution est le reflet d'une histoire complexe et irrévocable ; ses voies ne sont pas prédéterminées par des règles simples ou des intelligences directrices.

Mais il y a cependant un ordre dans cette vie réglée par l'histoire, une structure solide, inéluctable, définie, vérifiable. Cet ordre a la forme évoquée par sa propre métaphore : l'arbre de la vie. Cet ordre est la généalogie, les liens dus aux embranchements et à la descendance. Swainson *décrivit* correctement le monde biologique avant de s'aventurer trop loin.

> L'ordre de la nature aurait-il été si irrégulier que nous aurions découvert des oiseaux à quatre pattes, d'autres à deux pattes, et d'autres encore sans pattes, ou des créatures moitié quadrupèdes-moitié oiseaux comme le griffon de la légende, ou encore, des oiseaux avec des pattes de quadrupèdes et des ongles d'oiseaux ; bref, si de tels composites avaient existé dans le monde animal, les fondements de l'histoire naturelle en tant que science n'auraient jamais pu être posés.

Darwin découvrit la *raison* de cet ordre et transforma notre monde pour toujours :

> Il y a plus qu'une simple relation de ressemblance dans notre classification. Je pense que ce plus est… la parenté de la descendance — seule cause connue de ressemblance des êtres organiques.

quatrième partie

Les tendances et leur signification

14. Mort et transfiguration

Pour beaucoup d'entre vous, Indianapolis n'évoque sans doute qu'une course automobile de 800 kilomètres, un week-end par an. Dans la réalité de tous les jours, c'est une ville agréable, pourvue de toutes les commodités modernes, et généreusement piquée çà et là de ces vieilles bâtisses qui rattachent notre présent incertain et frénétique à un passé réconfortant. La semaine dernière, lors d'un répit dans mes activités, je vagabondais du tombeau de Murat à l'immense cathédrale maçonnique de rite écossais. Les loges dominaient sans doute la vie sociale d'Indianapolis autrefois ; et elles sont encore probablement très influentes aujourd'hui me suis-je laissé dire. Mais leurs locaux gigantesques paraissent tristes et abandonnés — des salles victoriennes caverneuses tapissées de bois sombre et chichement éclairées par la lumière parcimonieuse filtrée par les vitraux, remplies de vieilles chaises capitonnées occupées à l'occasion par quelques vieux messieurs aux chapeaux bizarres. L'ordre ancien est sûrement révolu.

J'assistais à Indianapolis au congrès annuel de la Société américaine de géologie [1]. Là, j'observais, j'écoutais et je participais au débat d'un groupe de mes collègues paléontologistes qui étaient en train de démolir une ancienne façon de considérer certains objets du passé — et de concevoir, parallèlement, une nouvelle interprétation assez surprenante des extinctions massives, l'une des caractéristiques principales de l'histoire de la vie sur Terre.

Depuis le jour où notre science est devenue une discipline moderne, les paléontologistes sont conscients de l'existence des extinctions massives. Ces extinctions marquent les divisions principales de notre échelle de temps géologique. Elles représentent les lignes de séparations, les frontières entre les époques. L'extinction du Permien qui sonna le glas du Paléozoïque élimina la moitié des familles d'invertébrés marins ; l'extinction du Crétacé, qui marqua la transition du Mésozoïque au Cénozoïque balaya 15 % des familles marines, ainsi que les dinosaures, créatures terrestres parmi les plus populaires.

1. J'ai écrit cet essai en novembre 1983, juste après ce congrès.

Néanmoins, bien que nous ayons toujours admis la réalité de ces disparitions en masse, nous nous sommes curieusement efforcés de minimiser leurs effets ; du fait de nos préjugés tenaces en faveur du caractère graduel et continu des changements, les extinctions massives nous paraissent probablement anormales et menaçantes. En un mot, nous avons tenté d'interpréter les extinctions massives comme une simple amplification des phénomènes de disparitions plus lents, d'une espèce après l'autre, qui caractérisent les périodes normales. Les extinctions massives se produisent à une échelle plus vaste et sont plus brutales bien sûr, mais fondamentalement, il s'agit du même phénomène. Nous avons adopté deux stratégies différentes pour minimiser l'importance des extinctions massives et amener ce phénomène à s'harmoniser avec les événements qui surviennent en temps ordinaire. En premier lieu, nous avons mis l'accent sur certaines continuités qui subsistent à travers ces frontières temporelles en recherchant, parmi les espèces florissantes juste avant l'événement, des ancêtres directs des nouvelles formes apparues juste après l'extinction. Et deuxièmement, nous avons dénombré les créatures supprimées lors de l'événement pour montrer que les pics d'extinctions n'étaient ni aussi importants ni aussi aigus que l'on puisse les justifier par une catastrophe. En d'autres mots, nous avons prétendu que les phénomènes d'extinction étaient précédés de déclins graduels qui duraient des millions d'années, et que les pics d'extinctions eux-mêmes ne s'élevaient pas tellement au-dessus du « bruit de fond » caractéristique de la situation normale.

Ces deux attitudes traditionnelles furent très sérieusement remises en question à Indianapolis, au cours d'une série d'exposés distincts et manifestement indépendants qui tendaient tous vers une même conclusion : sur la base de quatre critères, il fallait reconsidérer la nature des extinctions massives, qui sont bien en réalité des phénomènes de ruptures et non les points maximaux d'une courbe continue. Les extinctions sont plus *fréquentes,* plus *rapides,* plus *profondes* (en termes du nombre d'animaux éliminés) et plus *différentes* (en termes de leurs conséquences par rapport à celles de processus qui se déroulent en temps normal) que nous ne l'avions jamais imaginé. Toute théorie adéquate sur l'histoire du vivant devra considérer les extinctions massives comme des événements particuliers ayant leur influence propre. Il sera impossible de les expliquer totalement par la théorie de l'évolution qui décrit les interactions entre organismes et populations en temps normal. C'est-à-dire qu'aucune des théories qui existent aujourd'hui — ou presque — ne permet de les interpréter de manière adéquate.

Adolf Seilacher, professeur de géologie à Tübingen en Allemagne, présenta la pièce maîtresse de cette attaque non concertée contre la tradition. Adolf est le plus grand observateur que j'ai eu le privilège de rencontrer. Il regarde un objet quelconque, que des générations de chercheurs ont scruté avec attention avant lui, et il y découvre invariablement quelque chose de neuf et d'inattendu. Cette fois, il avait posé son regard original sur notre plus vieille collection de métazoaires (des animaux multicellulaires) — la faune d'Ediacara. Dans son exposé, il nous livrait une interprétation fondamentalement nouvelle de ces fossiles, et les conséquences de cette interprétation sur toute l'histoire de la vie étaient considérables — j'étais littéralement emporté par ces cascades d'explications pleines de profondeur.

Il y a quelque 570 millions d'années, notre histoire géologique telle que nous la racontent les fossiles modernes connaissait la plus grande de toutes les explosions : celle du Cambrien. En quelques millions d'années, la plupart des invertébrés pourvus de parties dures firent leur apparition, nous enseignent les fossiles. Pendant les 3 milliards d'années qui avaient précédé, les formes de vie sur terre s'étaient résumées à une longue série de bactéries et d'algues bleu-vert. Mais notre collection de fossiles du tout début de la vie comporte une remarquable exception, même si elle est de dernière minute. C'est la faune d'Ediacara (qui doit son nom au gisement situé au sud-est de l'Australie, où on l'a découverte en premier lieu, mais on découvrit d'autres gisements contemporains dans le reste du monde par la suite). Dans des roches qui datent de la période précédant immédiatement l'explosion du Cambrien, cette faune est un assemblage peu diversifié d'invertébrés marins des hauts-fonds aux corps mous, et de taille moyenne (ils mesurent jusqu'à un mètre de long).

Fidèles à la tradition de continuité que j'ai décrite ci-dessus, les paléontologistes ont constamment tenté de rattacher les animaux d'Ediacara à des groupes modernes, adoptant cette stratégie qui consiste à minimiser l'importance des extinctions massives. Ils ont donc assimilé ces fossiles d'Ediacara à des méduses, des coraux et des vers — établissant une continuité de rapports évolutifs à travers la plus importante de toutes les frontières géologiques. Cependant, ainsi que je l'explique dans l'essai suivant, elle est presque toujours vouée à l'échec, cette démarche qui consiste à intégrer de force des fossiles inclassables dans des catégories taxinomiques modernes. Il nous faut admettre qu'à ses débuts l'histoire du vivant fut parsemée d'expériences ratées — de petits groupes d'organismes dont la diversification ne fut jamais très importante et qui n'ont qu'un rapport très lointain avec n'importe quel animal moderne. Nous devions nous attendre à ce que notre plus vieille faune comprenne un grand nombre de ces curiosités — et pourtant les paléontologistes ont introduit de toute force les nombreux animaux d'Ediacara dans les groupes modernes de la classification.

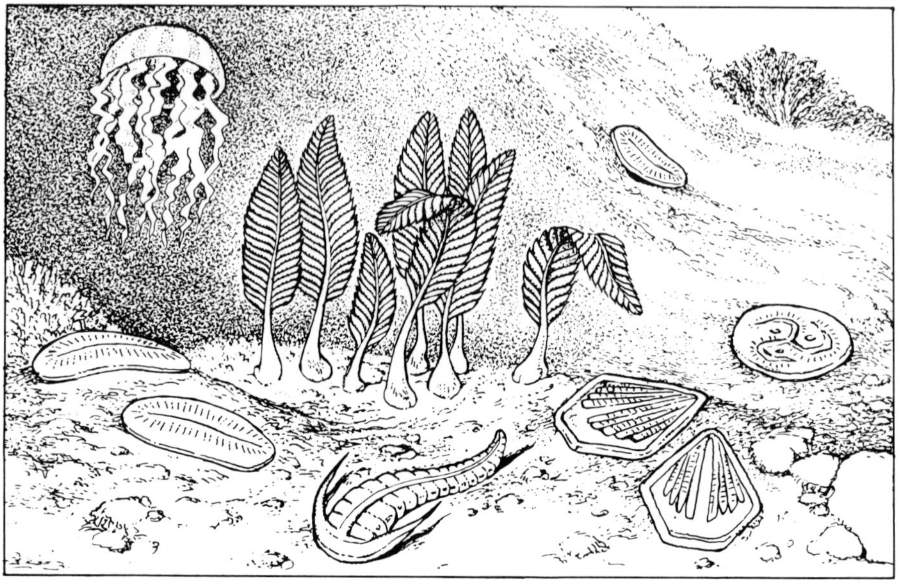

Une reconstitution classique de la faune d'Ediacara — la mienne, je l'avoue. On considérait ces animaux comme les ancêtres de formes contemporaines — les méduses, les coraux mous et les vers. Extrait de *A View of Life* par S.E. Luria, S.J. Gould et S. Singer. D'après une illustration de A.E. Lee McAlester tirée de *The History of Life* (1977). Reproduit avec l'autorisation de Prentice Hall, Inc., Englewood Cliffs, N.J.

Adolf Seilacher, renversant complètement la vapeur, prétend aujourd'hui que la faune d'Ediacara ne contient aucun ancêtre des organismes modernes et que tous les organismes d'Ediacara présentent un mode d'organisation de base commun qui n'a rien à voir avec celui que l'on trouve dans les groupes contemporains. En d'autres termes, la faune d'Ediacara tout entière représente une expérience unique, mais disparue à jamais, dans la construction de base des êtres vivants. La première faune de notre planète fut remplacée en totalité après l'extinction massive, elle ne fut l'objet ni d'une amélioration ni de ramifications.

Adolf nous montra d'abord que les ressemblances traditionnellement invoquées entre les animaux d'Ediacara et les animaux modernes sont fallacieuses, superficielles et que les organismes d'Ediacara ne pouvaient pas fonctionner de la même manière que leurs homologues supposés actuellement en vie. La plupart des fossiles d'Ediacara ont été introduits à tort dans trois groupes modernes : les méduses, les coraux et les vers segmentaires. Les méduses actuelles se propulsent en contractant un anneau proéminent de muscles concentriques situé au bord externe de leur ombrelle ; des rainures radiales destinées à la récolte et au transport de la nourriture se situent à l'intérieur des muscles concentriques et convergent vers le centre. Mais la structure des soi-disant médusoïdes d'Ediacara était organisée de manière inverse et ces animaux ne pouvaient donc fonctionner de la même façon : les structures musculaires concentriques étaient situées juste autour du centre alors que les rainures radiales se trouvaient vers l'extérieur.

Les coraux modernes de l'ordre des Alcyonaires (les coraux mous ou pennatulaires) portent toujours des branches distinctes, qui naissent souvent d'un tronc commun. Les branches doivent être séparées les unes des autres de telle sorte que l'eau qui amène l'oxygène et les substances nutritives puisse atteindre tous les polypes individuels (membres de la colonie) qui poussent sur cette souche. A première vue, l'allure générale des pennatulaires d'Ediacara ressemble superficiellement à celle de leurs prétendus homologues modernes mais leur structure est continue, matelassée et ne comporte pas de branches séparées. Ces organismes ne fonctionnaient donc certainement pas comme les colonies de coraux modernes. Enfin, les « vers » d'Ediacara sont formés de segments et possèdent une symétrie bilatérale comme leurs supposés descendants modernes mais beaucoup d'autres créatures partagent cette même symétrie, et cette architecture de base que l'on retrouve chez de nombreux animaux n'implique pas nécessairement un lien de parenté. A d'autres égards, les créatures d'Ediacara ressemblent vraiment très peu à des vers. Elles mesurent jusqu'à un mètre de long et sont plates comme des crêpes. Elles ressemblent bien plus à des feuillets qu'à la plupart des vers segmentés contemporains au corps plutôt arrondi.

Après avoir exposé les différences entre les représentants de la faune d'Ediacara et leurs équivalents modernes supposés, Seilacher passa en revue les points communs entre tous les organismes d'Ediacara. Ils ont en commun une architecture très peu courante chez les animaux modernes et que ne présente aucune des créatures vivantes rattachées à un fossile d'Ediacara. Ces organismes ressemblent à des rubans, des crêpes, et des films, présentant parfois une structure légèrement renflée, en feuillets ou matelassée.

Les animaux d'Ediacara sont apparus avant qu'aucune créature soit pourvue d'un squelette minéral ou de parties externes dures. Leur *Bauplan* très particulier (terme allemand commode qui désigne le schéma de base de l'architecture d'un organisme) correspond à l'un des deux modes de développement que de grands animaux dépourvus de parties dures pouvaient adopter : des structures légères et fines, entrelacées en un canevas qui renforce la structure de l'ensemble. En tout cas, et cela rejoint l'un des thèmes favoris que je développe dans ces essais depuis plus de dix ans, les fossiles d'Ediacara ont apparemment adopté l'une des deux solutions possibles, à l'inverse des animaux modernes, au problème que pose la structure de base des animaux de grande taille. En effet, la surface relative d'un objet qui grandit sans changer de forme décroît inévitablement, puisque cette surface, proportionnelle au carré de la longueur, augmente plus lentement que le volume (proportionnel au cube de la longueur). Tant de fonctions organiques dépendent de la surface relative d'un animal (la respiration et la nutrition pour n'en citer que deux), et doivent cependant entretenir le volume du corps tout entier, que cette surface relative ne peut diminuer en dessous d'une certaine limite.

Des deux solutions possibles, presque tous les grands animaux modernes ont adopté la seconde : ils ont conservé la même forme ronde ou globulaire mais ont fait subir à leurs organes internes une augmentation considérable de surface — les ramifications innombrables des bronchioles dans nos poumons, ou la surface aux plis complexes de notre intestin grêle, par exemple. L'autre solution, rarement adoptée de nos jours sauf par quelques grands parasites comme le ténia, permet à l'animal de conserver une grande taille sans augmenter sa complexité interne : le corps change sa forme de base en une forme très mince — un ruban ou une crêpe —, de telle sorte que tous les organes et éléments internes sont proches de la surface externe, où se déroulent les processus de respiration et d'absorption des aliments en l'absence d'organes internes. Les animaux d'Ediacara ont adopté à l'unanimité cette seconde procédure. Cette faune est donc un ensemble très cohérent d'animaux dont l'architecture de base est étonnamment différente de celles des animaux que nous connaissons aujourd'hui.

Serais-je enclin à chercher des signes de progrès dans l'histoire, je devrais être satisfait que, dans une de leurs premières tentatives, les créatures vivantes aient utilisé la plus simple des deux solutions — changer la forme du corps plutôt que d'inventer des organes internes complexes. Cependant, le point le plus important de cette histoire reste le suivant : si Seilacher a raison, la faune d'Ediacara représente une expérience différente, unique en son genre et cohérente, dans la conception de l'architecture des organismes. Il ne s'agit pas d'une collection de précurseurs d'animaux modernes. Pour accentuer cette discontinuité, la première faune paléozoïque pourvue de parties dures, l'ensemble Tommotian, fourmille de petites créatures tubulaires enroulées en forme de chapeau, qui ne ressemblent en rien aux organismes d'Ediacara. Les ancêtres de ces créatures plus tardives peuvent être rattachés de manière indirecte à d'autres animaux précambriens n'ayant aucun rapport avec les fossiles d'Ediacara. Dans les traces fossilisées de la vie de ces animaux, on a trouvé d'abondants vestiges en forme de tube qui correspondent aux déchets alimentaires ou à ce qu'ils laissent sur leur passage après avoir creusé le sol. Mais jusqu'ici, hélas, on n'a pas encore trouvé de fossiles proprement dits d'animaux aux formes plus conventionnellement arrondies — origine des descendants ultérieurs de l'ensemble Tommotian.

L'argument final de Seilacher était particulièrement frappant. Nous avons, comme il le fit remarquer, recherché sans succès, et sans beaucoup d'espoir, des créatures extraterrestres complexes, essentiellement parce que nous sommes très avides de savoir quel serait le résultat d'une expérience indépendante dans le développement d'une autre forme de vie. Quelles seraient les ressemblances d'une telle tentative avec les formes de vie que nous connaissons sur terre ? Quelle est l'importance des contraintes qu'imposent la physique et la chimie des objets ? A quel point la vie serait-elle différente ailleurs ? La réponse à toutes ces questions réside peut-être dans les traces concrètes de notre patrimoine de fossiles au lieu de se nicher dans des spéculations abstraites d'exobiologie. Peut-être cette expérience indépendante a-t-elle eu lieu ici même sur la Terre, et s'est-elle concrétisée dans la faune d'Ediacara, notre premier ensemble d'animaux multicellulaires. Revenons-en aux extinctions massives. Nous étions habituellement très embarrassés par la première frontière entre les ères géologiques, celle qui date de 570 millions d'années, entre le Précambrien et le Paléozoïque : cette frontière est effectivement très différente de toutes les autres puisqu'elle est catactérisée par une explosion (celle du Cambrien) qui n'a pas été précédée d'une extinction. Mais, si la faune d'Ediacara, qui se trouve exactement à la base des strates du Paléozoïque dans le monde entier, représente une expérience cohérente et différente de l'architecture des êtres vivants, son extinction correspond exactement, elle aussi, à cette frontière initiale. Notre tendance à minimiser les extinctions massives est mise en échec, et nous ne découvrons plus aucune continuité de part et d'autre de cette frontière, la première et la plus importante dans l'histoire complexe du vivant.

Au cours de cette réunion d'Indianapolis, d'autres chercheurs optaient dans leurs exposés pour la stratégie opposée, et considéraient qu'il existait effectivement une différence bien plus importante entre l'ampleur et les effets des extinctions massives et ceux du niveau des extinctions en temps ordinaire. Quelques conclusions des années précédentes, dont j'ai déjà parlé, ont jalonné le chemin :

1. L'impact d'un astéroïde, origine, ou du moins *coup de grâce* [1], de la fin du Crétacé (essai 25 dans *Quand les poules auront des dents*). Les

1. En français dans le texte.

organismes, après tout, ne peuvent pas vraiment « se préparer » à de tels événements.

2. L'estimation de David Raup (essai 26 dans *Quand les poules auront des dents*). Selon lui, si 50 % des familles ont été supprimées lors de l'extinction du Permien, 96 % des espèces ont probablement disparu (l'élimination de la moitié des familles implique celle d'un nombre bien plus élevé d'espèces), puisque la plupart des espèces périssent sans que les familles dont elles font partie disparaissent (dans la classification, la famille est située à un niveau qui englobe celui de l'espèce). Donc, si une famille disparaît, toutes les espèces disparaissent. Dans les cas où l'élimination est aussi radicale, nous devons considérer très sérieusement la possibilité que des groupes entiers disparaissent uniquement du fait du hasard.

3. Le calcul de Raup et Jack Sepkoski (voir l'essai 27 dans *Quand les poules auront des dents*) a montré que la plupart des extinctions se détachent plus distinctement du fond continu que ne le laissaient supposer les estimations antérieures.

L'importance de cette différence entre les extinctions massives et le niveau d'extinction pendant les périodes normales fut soulignée à plusieurs reprises au congrès d'Indianapolis et chaque exposé renforçait et affinait à la fois ce concept. J. Sepkoski, un de mes anciens étudiants, qui mène aujourd'hui une carrière brillante à l'université de Chicago, a passé des années à constituer l'ensemble le plus cohérent et le plus complet de données sur le sujet des extinctions : il a établi une liste complète au niveau de la subdivision en familles qui comprend tout, des protozoaires aux mammifères. Nous avions ainsi les bases pour établir de manière quantitative des motifs précis à partir de l'allure des extinctions, tâche indispensable dans cette seconde stratégie. Pour faire de la bonne science, il faut peut-être du génie et de l'imagination, comme le soulignent régulièrement ces essais, mais n'oubliez jamais que les conclusions nouvelles sont également le fruit d'un dur travail expérimental. Les idées prétentieuses isolées ne sont que du vent.

Sur la base des données de Sepkoski, Raup et Sepkoski ont alors identifié une régularité frappante dans la fréquence des extinctions massives pendant les 225 millions d'années qui ont suivi la grande extermination du Permien. On observe en effet un pic d'extinction massive tous les 26 millions d'années, huit fois (il y a donc apparemment deux exceptions, mais ce modèle est trop régulier et trop frappant pour être une simple coïncidence statistique). Toutes les catastrophes que l'on connaissait dans l'histoire du vivant recensées antérieurement correspondent aux points culminants de ce cycle de 26 millions d'années. Quelle pourrait être l'origine d'une périodicité aussi régulière mais si espacée ?

Dans toute la géologie que nous connaissons, il n'existe pas un seul processus purement interne, aussi bien le climat, le volcanisme que le tectonique des plaques, qui présente des cycles aussi réguliers mais aussi longs. Raup et Sepkoski ont donc pensé à l'intervention d'un cycle astronomique — un phénomène solaire ou galactique, bien que, pour le moment, nous n'ayons pas d'idée précise sur la question [1]. Si les cataclysmes sont si fréquents et s'ils sont provoqués par des événements qui échappent totalement au contrôle d'un être vivant ou à ce qu'il peut anticiper (comment une population pourrait-elle repérer un cycle de 26 millions d'années) et si ces épisodes de morts façonnent aussi fondamentalement le modèle de la vie, alors les extinctions massives ne sont pas une simple extrapolation des processus de disparition en temps normal.

David Jablonski, un paléobiologiste de l'université de Tucson en Arizona, ajouta deux arguments qui illustraient plus fortement encore le caractère heurté des extinctions massives et leur différence par rapport au cours normal des extinctions. Pour ce qui est du premier point, Jablonski observa dans les données brutes que les extinctions massives étaient souvent précédées d'une longue période de déclin apparemment lent et continu parmi les groupes de créatures d'êtres vivants qui sont le plus touchées par l'extinction elle-même. Pendant longtemps, on a interprété ces lents déclins comme un signe de continuité entre la période normale et la période d'extinction. Mais s'agit-il d'un déclin réel ou d'un artefact qui résulte de l'imperfection de nos enregistrements des données géologiques ?

Pendant plus de cent ans, les géologues se sont efforcés d'associer des phénomènes terrestres aux extinctions massives. Seule une des corrélations proposées est correcte parmi la longue litanie dont nous citerons les quelques exemples les plus en vogue, même s'ils sont erronés malgré tout : la formation de montagnes, le volcanisme, les variations de température. La seule corrélation exacte est celle de l'abaissement du niveau de la mer (les théoriciens qui s'intéressent aux cycles de 26 millions d'années feraient mieux d'en tenir compte). La plupart des extinctions massives furent précédées d'un abaissement spectaculaire du niveau de la mer.

L'abaissement du niveau des eaux a peut-être participé à l'extinction des espèces (nos collections fossiles sont constituées principalement d'invertébrés marins des hauts-fonds), mais il a certainement introduit un artefact évident dans nos données. Quand le niveau de la mer baisse, la quantité de roches sédimentaires où peuvent se loger les fossiles diminue

1. Voir l'essai 29 pour des développements plus complets et assez remarquables.

parallèlement puisque la taille des océans diminue. Le lent déclin qui précède les extinctions massives n'est peut-être que le reflet de cette diminution du volume de roches disponibles pour les fossiles ; il ne s'agit peut-être pas d'une diminution progressive authentique qui annoncerait la proximité d'une extinction.

Jablonski mit au point une méthode très astucieuse pour mesurer cet artefact éventuel. Certaines formes d'êtres vivants disparaissent des fossiles quand le niveau de la mer baisse, pour réapparaître ensuite dès que la mer dépose à nouveau davantage de roches sédimentaires après l'extinction massive. Ces disparitions temporaires doivent représenter l'effet artificiel dû à l'abaissement du niveau des eaux et à la diminution de la quantité de roches fossilifères. Jablonski a baptisé ces groupes qui réapparaissent, des taxons de Lazare. En comptant le nombre de taxons de Lazare qui disparaissent avant une extinction massive, mais qui répparaissent ensuite, Jablonski parvint à estimer la proportion du déclin précédant une extinction massive qui correspond à cet artefact provoqué par la diminution de la quantité de roches fossilifères ; et il put en déduire, d'autre part, la proportion correspondant à un processus réel et progressif reliant chaque pic d'extinction massive à la période normale.

Dans certains cas, un reste de disparition lente subsiste même après la soustraction des taxons de Lazare ; il s'agit alors probablement d'un déclin authentique, comme celui des ammonites avant l'extinction du Crétacé, par exemple. Mais pour de nombreux groupes du Crétacé, le déclin peut être totalement imputé à l'artefact résultant de la diminution des roches fossilifères disponibles. L'extinction du Crétacé, aussi bien que d'autres, est peut-être donc encore plus brutale que nous ne l'avions imaginé autrefois. L'intervention d'un agent extraterrestre devient plus plausible. L'extinction massive est un phénomène rapide et particulier.

Jablonski étudia ensuite le comportement des groupes durant les périodes normales et les épisodes d'extinction massive : il recherchait des différences qui accentueraient encore le caractère particulier des extinctions massives. Et il découvrit des différences curieuses. Certaines branches de l'arbre de l'évolution comportent de nombreuses espèces soit parce que de nouvelles espèces se forment facilement soit parce qu'elles résistent à l'extinction une fois qu'elles sont établies. Jablonski baptisa ces branches des « clades riches en espèces » par opposition aux « clades pauvres en espèces », qui ne renferment jamais un nombre important d'espèces.

En temps normal, les clades riches en espèces tendent à augmenter continuellement leur nombre d'espèces et prennent l'avantage numérique sur des clades pauvres en espèces. L'environnement semble donc encourager, dans ces clades, soit une spéciation rapide, soit une persistance plus grande. Mais, pourquoi ces clades riches en espèces ne dominent-elles pas finalement la biosphère tout entière ? Jablonski pense que les clades riches en espèces supportent moins bien les périodes d'extinction massive que les clades pauvres en espèces. Dans les clades pauvres en espèces, la répartition géographique de chacune des espèces et leur tolérance écologique sont bien plus importantes que celles des taxons des clades riches en espèces dont les niches écologiques sont plus étroites. Cette expansion, cette souplesse géographique et écologique protègent probablement ces espèces dans les conditions extrêmes associées aux extinctions massives. Mais ces mêmes caractéristiques ralentissent probablement le processus de spéciation de ces groupes en temps normaux (puisque les possibilités qui leur sont offertes d'être isolés et d'exploiter de nouveaux environnements sont réduites). Voilà pourquoi ces groupes comporteraient moins d'espèces. Le comportement opposé des clades riches en espèces en temps normal et en période catastrophique maintient l'équilibre qui permet aux deux sortes de clades d'être florissants tout au long de l'histoire du vivant. Mieux encore : cette distinction souligne la différence qualitative qui existe entre les temps normaux et les plongeons catastrophiques. Les extinctions ne correspondent pas simplement à une amplification des conditions habituelles. Elles affectent les différents éléments de la biosphère d'une manière bien précise, fort différente des schémas en vigueur en temps normal. Dans tout le déroulement de l'histoire du vivant, depuis l'apparition de la complexité multicellulaire dans la faune d'Ediacara (voir essai 15), un fait très étrange ressort clairement : l'absence d'un ordre quelconque et l'absence de progrès dans le temps au sein de la faune des invertébrés marins. Nous pouvons nous raconter des histoires de progrès chez certains groupes, mais dans nos instants de lucidité nous devons admettre honnêtement que l'histoire complexe du vivant est une série de variations autour d'un ensemble de modèles de base bien plus qu'une saga d'accumulation de progrès. Ainsi, la complexité et l'acuité des yeux des premiers trilobites, par exemple, n'ont jamais été dépassées par celles des arthropodes plus tardifs. Pourquoi ne trouvons-nous pas cet ordre attendu ?

Peut-être est-ce précisément notre espoir d'ordre qui est en cause, ordre que n'a jamais prévu la théorie évolutionniste, mais qui est plutôt le fruit d'une déformation générale de la pensée occidentale. Cependant, si la sélection naturelle régit effectivement le monde du vivant, nous devrions détecter quelque accumulation irrégulière de modèles meilleurs et plus complexes au cours du temps — au milieu de toutes les fluctuations, les retours en arrière et les pas en avant qui caractérisent un processus voué principalement à la réalisation d'une meilleure adaptation de l'organisme au changement de conditions de son environnement local. Darwin avait certainement un tel schéma en tête quand il écrivit :

> Les habitants de chaque période successive de l'histoire du monde ont battu leurs prédécesseurs dans la course pour la vie, et occupent, de ce fait, une position plus élevée dans l'échelle de la nature ; et ceci peut expliquer ce sentiment vague et mal défini, ressenti par de nombreux paléontologistes selon lequel l'organisation du monde a progressé dans son ensemble.

A mon avis, le fait de n'avoir jamais découvert un « vecteur de progrès » évident dans l'histoire du vivant est l'énigme la plus étrange que posent nos archives fossiles. Mais je suis également persuadé que nous sommes sur le point de découvrir une solution grâce à notre meilleure compréhension de l'évolution non seulement durant les périodes normales, mais également aux moments des catastrophes. J'ai consacré les dix dernières années de ma carrière de paléontologiste à édifier une théorie non orthodoxe pour expliquer l'absence des modèles d'évolution attendus durant les périodes normales — il s'agit de la théorie des équilibres ponctués. Niles Eldredge et moi-même sommes les auteurs de ce terme particulièrement peu agréable à l'oreille. Nous soutenons qu'au cours des périodes normales il ne se produit pas une amélioration adaptative continue au sein des lignées. Nous pensons plutôt que les espèces se forment rapidement à l'échelle de temps géologique (quelques milliers d'années) et restent ensuite très stables durant les millions d'années qui suivent. Le succès évolutionniste s'évalue en fait entre les espèces mêmes — et non pas au niveau darwinien classique des organismes qui luttent à l'intérieur des populations. Les raisons du succès des espèces sont nombreuses et variées — taux de spéciation élevé et grande résistance aux extinctions, par exemple —, et mettent rarement en jeu les améliorations traditionnellement attendues dans la structure morphologique. Si les équilibres ponctués structurent effectivement l'histoire des périodes normales, nous sommes alors bien près de comprendre les curieuses fluctuations de directions dans l'histoire du vivant. Jusqu'à il y a peu de temps encore, je pensais que la théorie des équilibres ponctués pourrait résoudre à elle seule les problèmes de progrès. Je me rends compte à présent que le modèle d'évolution fluctuante résulte de l'interaction complexe et fascinante de causes à deux niveaux différents, l'un correspondant aux équilibres ponctués en temps normal, et l'autre aux processus particuliers des périodes d'extinctions massives. Tout ce qui s'accumule sous l'effet du processus d'équilibre ponctué (ou de tout autre processus) en temps normal peut être détruit, démantelé, remis en place, ou dispersé par une extinction massive. Si la théorie de l'équilibre ponctué a bouleversé les prévisions traditionnelles, l'extinction massive est bien pire encore. Les organismes sont incapables de dépister ou de déceler dans leur environnement les signes avant-coureurs d'une extinction massive. Quelle que soit la manière dont ils s'adaptent à leur environnement en période normale, ils sont en danger aux moments des catastrophes. Et si les extinctions parviennent à anéantir plus de 90 % des espèces, nous devons admettre que des groupes entiers disparaissent à jamais par pure malchance, au milieu d'un petit nombre de survivants qui s'accrochent, capables de faire face à un nouveau monde.

Autrefois, nous levions les bras au ciel tant nous étions frustrés de ne pas trouver les modèles attendus dans l'histoire de la vie — ou alors nous nous efforcions d'imposer le modèle que nous attendions sur un monde qui n'en voulait pas vraiment. Peut-être pouvons-nous aujourd'hui naviguer entre le Scylla du désespoir et le Charybde de l'illusion si réconfortante. Si nous parvenons à concevoir une théorie générale des extinctions massives, nous comprendrons peut-être enfin pourquoi l'évolution de la vie a déjoué nos attentes, et nous trouverons peut-être même un modèle inattendu au sein de ce chaos apparent. Cette transcription rapide d'un congrès extraordinaire à Indianapolis nous indique peut-être la voie.

Post-scriptum

Ô comble d'ironie, et, somme toute, c'est le côté amusant du métier, tout essai scientifique sur une matière nouvelle, s'il est écrit dans l'excitation du moment, a toutes les chances de tomber dans l'oubli au fur et à mesure des nouvelles découvertes. J'avais presque éliminé cet essai, que je croyais périmé (comme d'autres qui ont disparu sans regrets). J'ai décidé en fin de compte de le garder sans le transformer pour en faire le témoignage exact de l'excitation qui m'habitait quand toutes ces idées neuves tintaient encore à mes oreilles. Donc je n'ai pas essayé de réviser ni de changer le ton dans les versions écrites qui sont sorties depuis mon exposé oral original. Les essais de la huitième partie du livre remettent à jour la deuxième partie de l'essai sur les extinctions massives, alors que les références bibliographiques sur Seilacher peuvent être consultées pour de plus amples informations sur la première partie. Je ne peux cependant résister à vous présenter une remise à jour sous forme d'illustration. En décembre 1984, Adolf Seilacher m'envoya la planche de la page suivante qui était sa première tentative de classement de la faune d'Ediacara selon

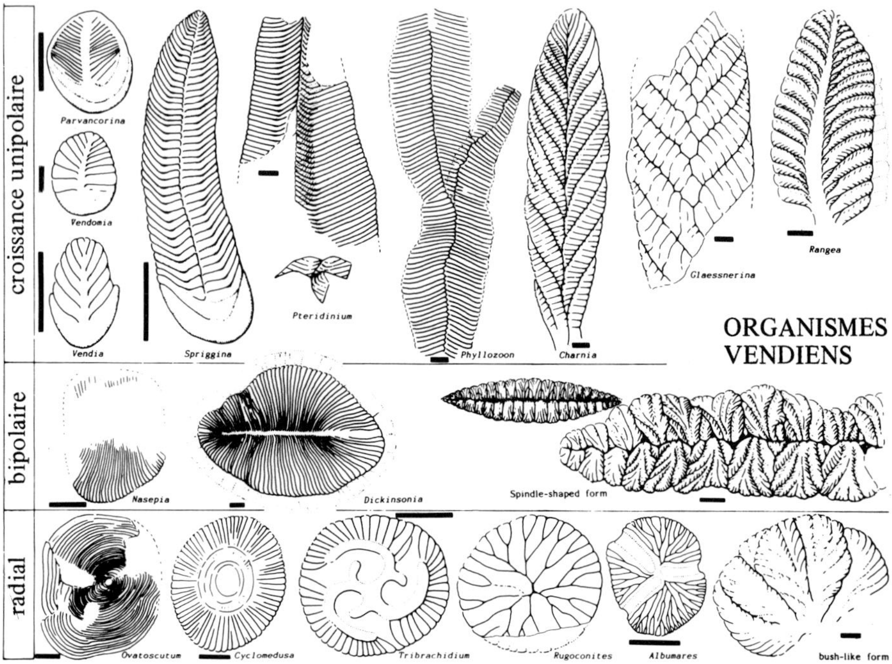

La première version de la nouvelle taxinomie de la faune d'Ediacara proposée par Seilacher. Remarquez combien cette organisation en fonction des différents types d'animaux d'Ediacara et de leurs axes de croissance met bien en évidence leurs points communs et les thèmes fondamentaux d'organisation — alors que les dispositions antérieures, en fonction de leur parenté présumée avec les espèces contemporaines, ne laissaient rien voir.

sa nouvelle théorie. Il n'est pas de thème plus fondamental pour ce livre, et pour ces thèses sur le rôle central de l'histoire, que l'importance fondamentale de la taxinomie : celle-ci n'est pas un portemanteau neutre auquel on pourrait accrocher les faits objectifs de la nature, mais une théorie qui donne un cadre et oriente notre pensée. Le dessin de Seilacher me remplit de cette joie particulière que l'on éprouve quand on découvre quelque chose d'entièrement nouveau dans un ensemble d'objets familiers. Tout au long de ma vie professionnelle, j'ai pris les organismes d'Ediacara pour des ancêtres des phylums modernes. Je les avais rangés ainsi dans mon esprit : *Spriggina* (première rangée) avec les vers ; *Charnia* (première rangée) avec les coraux ; *Cyclomedusa* (troisième rangée) avec les méduses et *Tribrachidium* (troisième rangée) avec les échinodermes. Cette organisation qui ne leur convenait pas m'avait toujours empêché de constater les ressemblances qui me sautèrent alors aux yeux (alors qu'« objectivement » ces ressemblances avaient toujours existé). Maintenant, je vois très clairement l'idée de Seilacher — on a affaire à une communauté de structures matelassées en forme de feuillets où apparaissent différents axes de croissance et différentes symétries. La taxinomie est une science dynamique et créative de l'histoire.

15. La clé du mystère

Le 1er octobre 1939, un mois après la signature du pacte de non-agression entre Hitler et Staline, Winston Churchill fit ce commentaire à propos de la politique de l'Union soviétique : « C'est une devinette, doublée d'une énigme, le tout enveloppé d'un grand mystère. » Toutes les professions comportent l'un ou l'autre mystère classique, même si l'on ne trouve pas souvent un Churchill qui le formule aussi élégamment. La paléontologie des invertébrés, le domaine où j'exerce ma profession, ne fait pas exception à la règle et tous ses mystères sont regroupés dans une catégorie fourre-tout de la classification que l'on désigne cérémonieusement sous le nom latin de *Problematica* — des animaux dont la filiation zoologique est inconnue, même si leurs fossiles sont quelquefois abondants et bien préservés. Chaque fois que le mystère de l'un de ces groupes problématiques est résolu, la communauté des paléontologistes tout entière se réjouit. Au début de l'année 1983, le plus récalcitrant des mystères de la paléontologie fut au moins à moitié résolu et, si j'ai choisi de vous parler de cette histoire, c'est parce que son importance prime de loin le simple plaisir de la découverte.

Les conodontes étaient depuis longtemps les plus contrariants de tous les Problematica fossiles (voir la planche photographique de la page suivante). Ces structures de petite taille en dents de scie, comme l'indique l'origine de leur nom, « cone » et « dent », sont constituées de phosphate de calcium. (La majorité des parties dures des vertébrés sont en carbonate de calcium, mais certaines, comme les conodontes, sont en phosphate de calcium. Comme les os des vertébrés sont également en phosphate de calcium, de nombreux paléontologistes avaient émis l'hypothèse que les conodontes étaient peut-être les dents d'une espèce de poissons disparue.) La taille des conodontes varie d'un niveau microscopique jusqu'à 3 millimètres au maximum ; ils appartiennent à une époque qui s'étend du Cambrien au Trias, c'est-à-dire entre 580 et 200 millions d'années avant notre ère.

De nombreux Problematica correspondent à des créatures rares et insignifiantes. Les conodontes, en revanche, et en dépit de leur petite

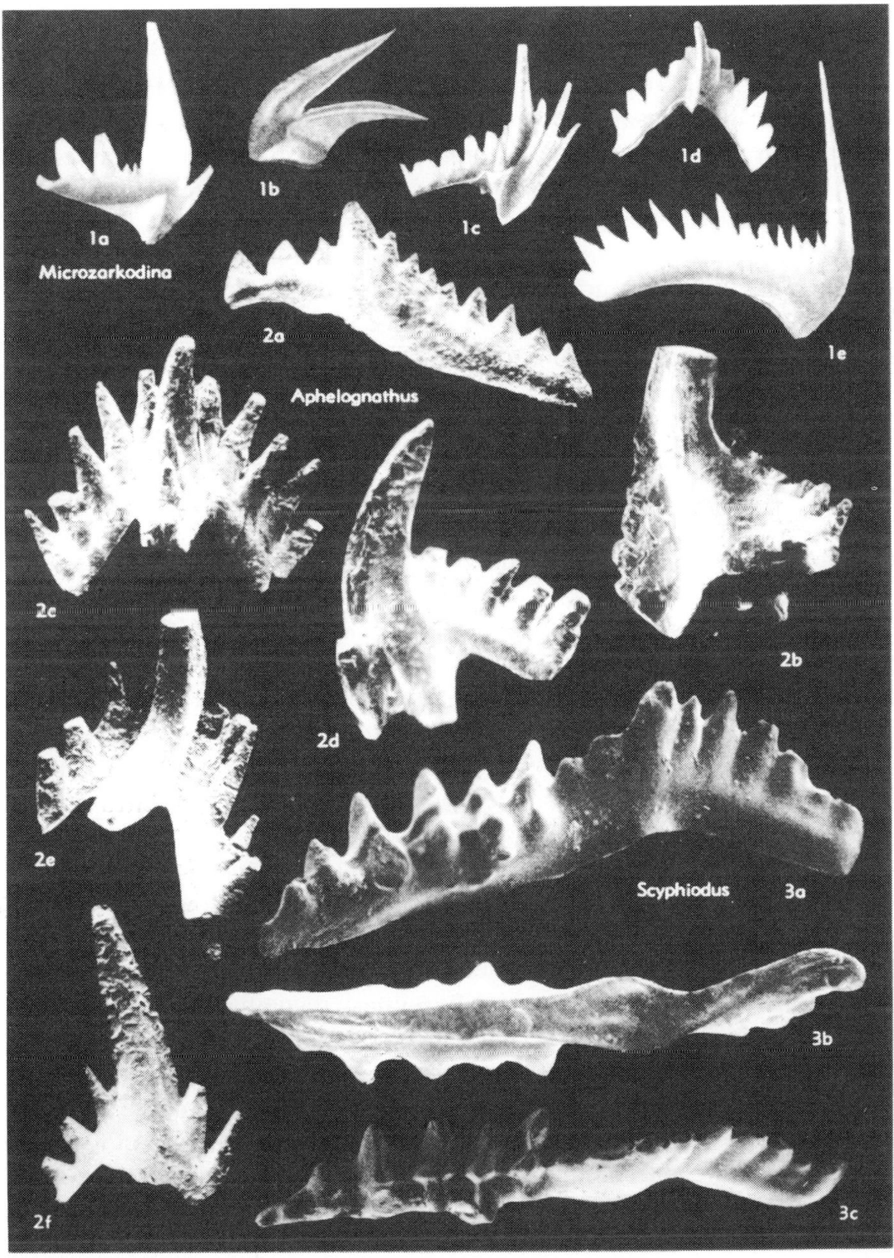

Un choix de conodontes, ces structures fossiles en dents de scie extrêmement utiles en stratigraphie. Reproduit avec l'autorisation du *Natural History Magazine*.

taille, comptent parmi les plus importants de tous les fossiles. On les trouve en abondance dans des roches très variées et leur évolution fut rapide, ce qui est une aide précieuse dans l'établissement des corrélations entre les strates (puisqu'une variété caractéristique de conodontes correspond à une période géologique bien précise et de courte durée). A ce titre, les conodontes font donc partie de la demi-douzaine de groupes de fossiles principalement utilisés en biostratigraphie — la datation et l'établissement de la chronologie des roches d'après leur contenu en fossiles ; de plus, les conodontes offrent, aujourd'hui encore, le principal débouché aux étudiants en paléontologie, malgré la concurrence croissante des domaines de la biologie et de l'évolution. Selon un expert, les conodontes « représentent des outils d'une valeur inestimable pour les biostratigraphistes du monde entier, et sont les fossiles les plus intéressants de la période comprise entre le Cambrien et le Trias ». Vous comprendrez alors aisément quelle était la frustration des paléontologistes : disposer de fossiles aussi utiles et ne pas même savoir quelle sorte d'animal ils représentent ! Aucun autre groupe de Problematica ne revêt plus d'importance.

Les conodontes représentent évidemment la seule partie dure — et donc fossilisable — d'une créature dont le reste de l'anatomie était mou. Mais de quelle sorte d'animal s'agit-il et comment le deviner uniquement à l'aide de ces quelques structures disparates en dents de scie ? Tant que l'on connaissait seulement les conodontes sous forme d'éléments isolés et désarticulés — une situation qui prévalut depuis 1856, date de leur découverte, jusqu'en 1934 —, il était pratiquement impossible d'émettre une hypothèse sensée quant à leur origine, et les spéculations allèrent bon train. Les conodontes furent classés dans presque tous les groupes principaux du règne animal et végétal et on leur attribua les rôles les plus variés, de la structure de soutien de certaines algues à l'organe de copulation de vers nématodes. Une hypothèse recueillait toutefois plus de suffrages que les autres : les conodontes seraient les mandibules de vers annélides ou de poissons.

En 1934, on découvrit les premiers assemblages — ou supposés tels — de conodontes : des éléments articulés d'une manière précise et toujours la même. La symétrie bilatérale de ces structures et l'ordre de taille décroissante dans lequel étaient rangés les éléments en forme de dent suggéraient plus fortement encore qu'elles jouaient un rôle lié au mode d'alimentation d'un animal, soit directement, les conodontes n'étant rien d'autre que les dents de l'animal, soit indirectement, les conodontes étant la structure de soutien d'un ensemble d'organes charnus ou ciliaires destinés à recueillir la nourriture. Les hypothèses les plus fantaisistes perdirent peu à peu du terrain, tandis que s'affermissait l'idée que les conodontes étaient les mandibules d'une créature appartenant au règne des vers ou des poissons. Mais l'on ne savait toujours pas de quelle créature il s'agissait.

C'est alors qu'en 1969 se tint le premier congrès des paléontologistes d'Amérique du Nord, au musée Field d'histoire naturelle à Chicago. (J'étais alors professeur assistant tout frais émoulu, depuis un an à peine, plein d'admiration pour tous les éminents spécialistes qui m'entouraient et je me souviens clairement de cette pensée qui me traversa alors l'esprit : « Il suffirait d'une bombe bien placée — chinoise, russe ou autre — pour anéantir la profession tout entière. » Puis je me rassurai en songeant qu'il y avait bien peu de chances que quelqu'un s'intéresse à des paléontologistes.) A la session plénière de ce congrès, nous eûmes droit à une révélation fracassante : on avait enfin identifié les conodontes. Un animal au corps mou, découvert dans le Montana, contenait des conodontes à un endroit qui pouvait correspondre à la bouche ou à la partie antérieure du tube digestif, un endroit où la nourriture était mâchée ou macérée. Les autres caractéristiques de l'animal l'apparentaient aux chordés, les représentants primitifs d'un phylum qui inclut tous les vertébrés et on l'appela donc un conodontochordé.

Malheureusement, c'était une fausse alerte. Un examen plus détaillé montra que les conodontes n'étaient pas situés au début du tube digestif, mais plus loin, à un endroit qui suggérait qu'ils avaient plutôt été avalés par l'animal. L'un de ces conodontophores contenait des éléments appartenant manifestement à deux assemblages distincts, indice qui suggérait que deux conodontes étaient parvenus à l'intérieur de l'animal. Un autre conodontophore contenait des conodontes de tailles tellement variées qu'ils ne provenaient sûrement pas tous du même animal. Enfin un troisième animal ne contenait aucun conodonte à l'endroit où ils auraient dû se trouver. Manifestement, les conodontophores, bien nommés, se nourrissaient de conodontes et conservaient souvent les reliefs de plus d'un conodonte dans leur tube digestif. Si les paléontologistes furent déçus, ils ne sous-estimèrent pas pour autant l'importance de la découverte. Le conodontophore, qui n'était donc pas un conodonte mais un mangeur de conodontes, posait une énigme tout aussi extraordinaire. Au lieu de décrypter un Problematica, nous en avions donc ajouté un nouveau à notre liste — qu'à cela ne tienne. Nous pouvions toujours nous consoler en nous disant que la découverte d'un nouveau problème est presque aussi utile (et souvent plus intéressante) que la résolution d'un autre.

Au risque de décevoir les adeptes d'une image romantique de la science et de l'exploration, il faut dire que l'on fait plus souvent des découvertes dans les placards des musées que dans les glaces de l'Antarctique ou le désert de Gobi. Et ce n'est guère étonnant, car le XIXᵉ siècle fut le siècle de la « collectionnite aiguë », une manie dont les plus atteints récoltaient les échantillons à la pelle, les entassaient dans les tiroirs des musées et ne les regardaient jamais plus. C'est ainsi que l'on fit l'une des plus importantes découvertes du siècle en zoologie, celle du mollusque primitif à segments *Neopilina*. Cet animal récolté en haute mer avait été relégué dans un bocal étiqueté du nom d'un mollusque du type de la patelle (dont la coquille est identique). Il y resta incognito pendant quelques années jusqu'à ce que H. Lemche retourne le bocal pour examiner la partie charnue de l'animal et découvre des branchies segmentées.

J'ai donc le grand plaisir de vous annoncer que, cette fois-ci, on a enfin découvert l'animal correspondant aux conodontes — au fond d'un tiroir, dans un musée écossais. C'est en fourrageant dans une collection de fossiles datant du Carbonifère (il y a 340 millions d'années environ) et réunie par D. Tait au cours des années 1920, que mon ami Euan Clarkson remarqua l'empreinte d'une créature ressemblant à un ver, et pourvue de conodontes à l'extrémité antérieure précisément à l'emplacement de la bouche. Clarkson n'est pas un expert en conodontes ; il appela donc ses collègues à la rescousse afin qu'ils vérifient sa découverte et en tirent les conclusions appropriées. Leurs résultats ont été publiés en 1983 (voir l'article de Dereck E.G. Briggs, Euan N.K. Clarkson, et Richard J. Aldridge, cité dans la bibliographie).

La plupart des fossiles que l'on connaît sont ceux des parties dures des animaux : les os, les dents, les coquilles et les plaques ; les parties molles se décomposent trop rapidement pour pouvoir être fossilisées. Toutefois, dans des circonstances très particulières, les parties molles des animaux sont parfois préservées et ces fossiles sont parmi les plus précieux que l'on connaisse : ce sont de véritables fenêtres ouvertes sur la diversité du monde vivant dans le passé. Pour la période des 600 millions d'années durant laquelle les animaux multicellulaires ont dominé la faune terrestre, on dispose à peine d'une douzaine de gisements fossiles de créatures au corps mou. Les plus célèbres de ces gisements sont le dépôt de créatures étranges et merveilleuses des schistes de Burgess, du Cambrien d'Alberta (la plus ancienne de ces fenêtres, qui date de 550 millions d'années environ) ; les animaux fossilisés dans les dépôts ferrugineux de la formation de Mazon Creek dans l'Illinois, qui date du Carbonifère (entre 350 et 270 millions d'années avant notre ère) ; enfin les calcaires jurassiques de Solnhofen en Allemagne (qui datent de 180 à 130 millions d'années) où l'on a retrouvé *Archeopterix*, le premier fossile d'oiseau, y compris les plumes.

L'animal correspondant aux conodontes fait partie de l'une de nos fenêtres les plus étroites : la bande des crevettes, située dans les grès de

Granton à l'est d'Édimbourg. La formation de Granton résulte d'une série de dépôts lacustres et lagunaires en eau douce ou légèrement salée. De temps en temps, ce bassin sédimentaire était envahi par les eaux marines et la bande des crevettes est le témoin de l'une de ces incursions. Grâce aux circonstances particulières qui ont entouré cet épisode, les parties molles des animaux marins ont été préservées. En premier lieu, il semble que les eaux les plus profondes étaient dépourvues d'oxygène, ce qui empêcha la survie des prédateurs et des bactéries au fond du lac : les animaux morts qui se déposaient au fond n'étaient donc pas dépecés. (Nous sommes arrivés à cette conclusion parce que les couches sédimentaires de la bande des crevettes sont très fines et extrêmement régulières : cela signifie qu'aucune créature n'est venue fouiner ou creuser son terrier dans ces fonds lacustres.) De plus, les eaux du bassin étaient pratiquement stagnantes ou dépourvues de courants. Les créatures fragiles au corps mou pouvaient donc s'enfoncer doucement, sans risque d'être déchiquetées et elles étaient enterrées intactes.

L'animal correspondant aux conodontes ressemble à un ver, mesure environ 40 millimètres de long et guère plus de 2 millimètres de large (reportez-vous à la photo de la page suivante). La tête de l'animal paraît bifide, formée de deux lobes assez larges qui entourent une dépression centrale (correspondant peut-être à l'ouverture de la bouche). Les conodontes sont fixés d'un côté seulement, juste à l'arrière de la tête dans une position qui pourrait correspondre assez logiquement à celle de la bouche. Ces conondontes sont disposés en trois groupes qui contiennent des éléments identiques à ceux d'un autre assemblage que l'on avait découvert antérieurement. Clarkson et ses collègues n'eurent donc pas besoin de baptiser leur découverte d'un nouveau nom. Ils la classèrent dans le genre *Clydagnathus*, créé en 1969 lors de la découverte des premiers assemblages de conodontes. Parallèlement à l'axe de l'animal, on distingue sur les côtés quelques lignes à peine visibles qui représentent peut-être un tube digestif, un faisceau de nerfs ou même la notochorde des chordés, on ne sait. Des deux tiers de l'animal jusqu'à son extrémité postérieure, s'étend une séquence de 33 segments inclinés vers l'axe médian de l'animal. Enfin, l'un des côtés de l'extrémité postérieure est pourvu d'une série de fines extensions qui correspondent peut-être au squelette d'une nageoire. C'est à peu près tout ce qui a été préservé et qui mérite d'être mentionné. La découverte des structures de *Clydagnathus* confirme au moins l'hypothèse émise autrefois au sujet des conodontes : ils représentent les seules parties dures d'un animal au corps mou. Il n'est guère étonnant que l'on ait eu tant de mal à déterminer son affiliation.

Comme je vous l'ai signalé au début de l'essai, Clarkson et ses collègues n'ont résolu que la moitié du problème : ils ont découvert l'animal

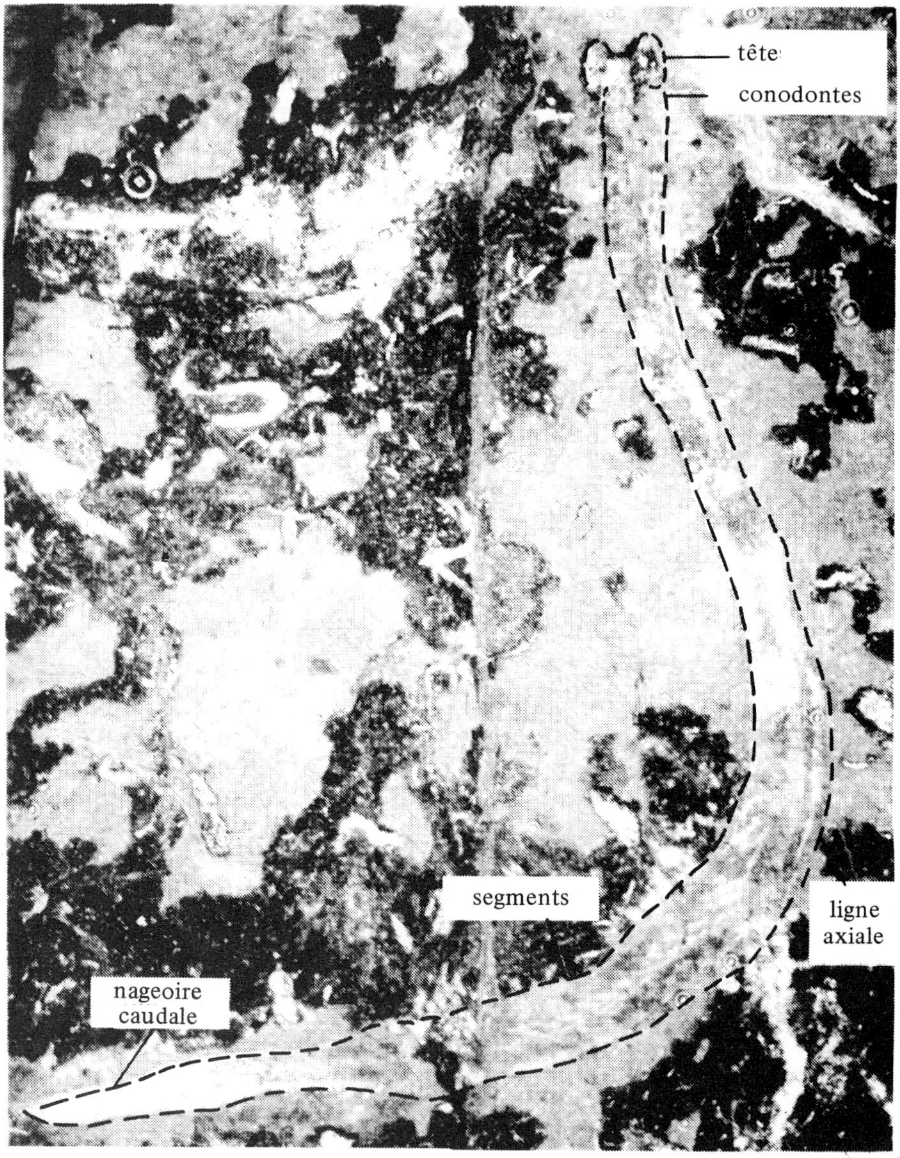

Le fossile de l'animal correspondant aux conodontes, découvert au fond d'un tiroir dans un musée écossais. Son appartenance taxinomique est toujours sujette à controverse et il vaut probablement mieux lui attribuer son propre phylum. Reproduit avec l'autorisation du *Natural History Magazine*.

correspondant aux conodontes, mais ils ne savent toujours pas où le classer même s'il n'existe guère que deux hypothèses vraisemblables parmi les phylums des animaux modernes. L'animal est peut-être un chordé, c'est-à-dire un représentant prévertébré de notre propre phylum. Toutefois, la ressemblance de ses diverses caractéristiques avec celles des chordés n'est guère convaincante. La forme du corps de l'animal, mince et allongé comme celui d'une anguille, rappelle bien celle de certains chordés, mais on l'observe également dans plusieurs autres phylums. Les sillons que l'on observe parallèlement aux côtés de l'animal représentent peut-être la notochorde des chordés, mais il est tout aussi vraisemblable d'attribuer leur origine à un tube digestif, que l'on trouve chez presque tous les animaux « supérieurs ». Il en est de même pour les restes de nageoires situés à l'extrémité postérieure de l'animal : ce type de structure n'est pas l'apanage exclusif des chordés. Enfin les segments en forme de V constituent peut-être les indices les plus favorables à une filiation aux chordés, mais malheureusement, ils font partie des éléments les moins bien conservés de l'animal ; il est donc impossible de les différencier des structures répétitives que l'on rencontre dans d'autres phylums. Il existe donc un certain nombre de ressemblances superficielles d'ordre général entre l'animal correspondant aux conodontes et les chordés, mais il manque clairement un élément caractéristique qui permettrait d'affilier sans ambiguïté l'animal à notre phylum.

Le seul autre groupe qui pourrait à la rigueur constituer un lien entre l'animal correspondant aux conodontes et un groupe d'animaux contemporain est celui des chaetognathes, un petit groupe de vers marins à tête bifide, une branche peu éloignée des chordés sur notre arbre de l'évolution. La bouche des chaetognathes est flanquée des deux côtés d'une série d'épines latérales destinées à saisir la nourriture. Ces épines ressemblent superficiellement aux conodontes, mais elles sont en chitine et non en phosphate de calcium. Les chaetognathes ont également des nageoires caudales ressemblantes à celles de l'animal correspondant aux conodontes mais ils portent également, dans la moitié postérieure de leur anatomie, des nageoires latérales dont on n'a pas retrouvé la trace chez l'animal correspondant aux conodontes alors que cette partie de son corps était la mieux préservée de toutes. Bref, il existe peut-être encore moins de raisons d'affilier cet animal aux chaetognathes plutôt qu'aux chordés.

En conclusion, Briggs, Clarkson et Aldridge supposèrent, à juste titre à mon avis, que l'animal correspondant aux conodontes était unique en son genre et n'appartenait à aucun groupe connu : il fallait donc le placer dans un phylum distinct, celui des Conodontés. Après tout, remarquent ces auteurs, toutes les tentatives d'affiliation de cet animal ont été mises en échec pendant plus d'un siècle par l'énigme que posaient les parties dures de son anatomie ; on voit mal pourquoi la découverte des parties molles, tout aussi mystérieuses, permettrait de le caser sans problème dans une catégorie bien précise de notre classification. Voici ce qu'ils écrivent en conclusion de leur article : « L'impossibilité de résoudre ce problème après cent vingt-cinq ans de recherches n'est qu'un argument de plus en faveur du caractère unique de ces animaux. » Il faut donc les classer dans un nouveau phylum, créé pour la circonstance, et cette conclusion reflète le message plus général qui m'a inspiré la rédaction de cet essai.

Les paléontologistes sont généralement assez conservateurs. Les Problematica dont l'affiliation n'est pas claire et les espèces qui ne comptent qu'un petit nombre de représentants ne sont pour eux qu'un sujet d'embarras et les mettent mal à l'aise. Rien ne fait plus plaisir aux paléontologistes de la vieille école que la possibilité rassurante de classer un organisme problématique dans un groupe bien connu. La création d'un nouveau phylum pour résoudre un Problematica va à l'encontre de leurs attentes et de leurs traditions et ils ne s'y résignent qu'en dernier ressort. Récemment, cette solution a pourtant été adoptée plus souvent qu'à son tour, car — on n'y peut rien — bon nombre de Problematica sont étranges, extraordinaires et uniques, et il est tout simplement impossible de les affilier à un groupe connu. Cette conclusion, qu'ils n'acceptent que de très mauvaise grâce, reflète une particularité de l'histoire du vivant rarement mentionnée malgré son importance. Pour mieux apprécier l'importance de ce fait et ses conséquences, examinons plus en détail la répartition, aux différentes ères géologiques, des Problematica impossibles à affilier à un phylum connu. Les organismes multicellulaires n'existent que depuis 600 millions d'années, et l'on divise cette période en trois grandes ères : le Paléozoïque (la plus ancienne), le Mésozoïque (la période moyenne) et le Cénozoïque (la plus récente). La plupart des Problematica à qui l'on a attribué, bien à contrecœur, leur propre phylum, appartiennent à l'ère la plus ancienne, le Paléozoïque (les conodontes occupent toute l'ère paléozoïque, mais font une petite incursion au Trias, la période la plus ancienne du Mésozoïque). Cette abondance de Problematica gratifiés de leur propre phylum au Paléozoïque ne vous intrigue sans doute guère mais elle constitue la pierre angulaire de cet essai. Après tout, pourrait-on se dire, il semble assez logique que les formes de vie se différencient d'autant plus de nos phylums modernes qu'elles appartiennent à des périodes plus anciennes de l'histoire. Cependant, cette distribution présente deux caractéristiques surprenantes qui soulignent une tendance très importante. D'une part, même si le nombre de Problematica diminue vers l'époque moderne, il est curieux que leur disparition soit presque totale dès la fin du Paléozoïque.

Cette diminution n'est pas progressive : les Problematica abondent au Paléozoïque inférieur, ils se raréfient à la fin du Paléozoïque et disparaissent complètement ensuite. Des trois fenêtres que nous connaissons, les schistes de Burgess du Paléozoïque inférieur pullulent de Problematica, la vallée de Mazon (du Paléozoïque supérieur) n'en contient que deux et l'on n'en trouve aucun dans les calcaires de Solnhofen qui datent du Mésozoïque. Les débuts de l'histoire du vivant ont donc été marqués par un événement qui a provoqué l'éclosion d'une floraison de Problematica. De même, un autre événement a tari la source des Problematica un peu plus tard, mais pas beaucoup plus tard. Un second point curieux marque la répartition des Problematica dans l'histoire du vivant : ils sont rares, leur existence ne s'étend que sur de courtes périodes et ils ne sont généralement représentés que par un nombre restreint d'espèces. Cela pose un problème pour la raison suivante : les phylums sont des groupes très importants ; ainsi, les arthropodes regroupent 750 000 espèces d'insectes et les chordés 20 000 espèces de poissons. De plus, la durée d'existence des phylums est généralement très longue. Les taxinomistes, qui sont pointilleux et un peu radins, n'aiment pas beaucoup créer un nouveau groupe, juste au-dessous du règne en importance, pour n'y abriter que quelques espèces ayant à peine vécu pendant quelques millions d'années. Si tous les Problematica appartenaient au Paléozoïque, s'ils étaient tous aussi abondants que les conodontes et s'ils avaient tous vécu aussi longtemps, le problème posé par leur distribution ne serait pas aussi troublant. Mais certains Problematica qui ont eu droit à la création d'un nouveau phylum ne sont représentés que par une seule espèce, découverte à un seul endroit. Et la bizarrerie de certains de ces animaux défie l'imagination. Arrêtons-nous par exemple sur le cas de cet animal à l'aspect tellement extraordinaire que seul un nom comme *Hallucigenia* convenait à « l'apparence étrange et cauchemardesque de l'animal », selon Simon Conway qui l'a découvert (Simon me confia un jour que cet animal lui rappelait quelque chose qu'il avait vu au cours de l'un de ses voyages — et il ne s'agit pas d'un voyage à Boston).

Hallucigenia fut découvert dans les schistes de Burgess, la première et la plus célèbre fenêtre dans l'histoire du vivant. Le corps de l'animal, de 2,5 centimètres de long environ, est supporté par sept paires de piquants ou d'aiguillons, qui ne ressemblent nullement aux pattes d'aucun animal que nous connaissons. Derrière la tête en forme de bulbe, une rangée de tentacules fourchus s'aligne le long de l'épine dorsale. A l'extrémité de cette épine dorsale est plantée une petite touffe d'épines qui rappellent celles de la queue d'un *Stegosaurus*. L'extrémité postérieure de l'animal porte un tube anal pointant vers le haut (reportez-vous à la figure de la page suivante). C'est bien la créature la plus étrange que j'ai jamais vue.

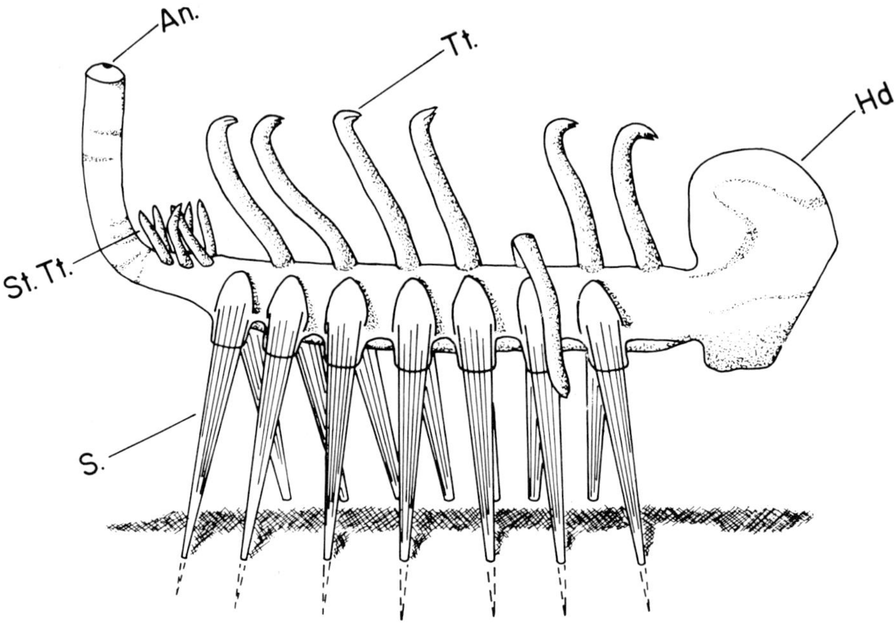

Hallucigenia sparsa tel que l'a reconstitué Simon Conway Morris. Remarquez les sept paires d'épines qui pointent vers le bas (S), la tête en forme de bulbe (HD) ; la rangée de tentacules fourchus sur le dos de l'animal (Tt) ; la petite touffe de projections vers l'arrière (St.Tt) et enfin, le « tube anal » qui pointe vers le haut (An). D'après *Palaeontology*, vol. 20, 1977, p. 628.

Le Problematica de la formation de Mazon Creek dans l'Illinois (la fenêtre du Paléozoïque supérieur) a également été affublé d'un nom latin : *Tullimonstrum*, syncrasie d'un certain Mr. Tully et de l'aspect de cet animal. Le monstre de Tully est en effet une créature assez spéciale au corps en forme de banane, qui mesure de 7 à 15 centimètres de long. Comme *Hallucigenia, Tullimonstrum* est tellement différent de tous les animaux que nous connaissons qu'il a fallu lui créer son propre phylum.

Nous considérons volontiers que l'évolution est un processus linéaire et progressif : les poissons évoluent et se transforment en amphibiens, suivis des reptiles, des mammifères, et finalement, des êtres humains. Mais cette optique nous fait oublier certains points liés à un autre aspect omniprésent de l'évolution : les variations de la diversité des espèces, c'est-à-dire les variations du nombre absolu des espèces et l'évolution temporelle de leur distribution relative. Et l'abondance de Problematica au cours de l'ère paléozoïque marque un point fondamental dans l'histoire de la diversité. Ce point donne un sens au temps, bien plus clairement et sûrement que toutes les conclusions que nous pouvons tirer sur les changements qui se produisent à l'intérieur des lignées. Il est probable que ce thème reflète également une loi plus générale et fondamentale de l'histoire des changements dans les systèmes naturels.

Depuis une dizaine d'années, les paléontologistes ont vivement discuté de la façon dont la diversité des espèces marines a changé au cours du temps. Y a-t-il plus d'espèces en vie aujourd'hui (comme le voudraient tous ceux qui assimilent « évolution » et « progrès »), ou bien le nombre des espèces est-il resté constant et égal à une certaine valeur d'équilibre atteinte peu après l'explosion du Cambrien ? Il n'est pas aussi facile de répondre à cette question qu'il y paraît au premier abord. Il est tout simplement impossible de dénombrer les espèces qui ont peuplé chaque période géologique. D'une part, la comptabilisation des espèces fossiles est loin d'être parfaite, et, bien sûr, elle devient d'autant plus floue que l'on remonte dans le temps. Il est donc fort possible que l'enregistrement d'une augmentation du nombre des fossiles corresponde en réalité à une diminution de la diversité des espèces.

Les partisans des différentes hypothèses se renvoyèrent la balle un certain nombre de fois jusqu'en 1981, année où ils enterrèrent définitivement la hache de guerre en publiant tous ensemble un article qui exprimait leur point de vue unanime sur la question. Plusieurs séries de données (que l'on a corrigées au mieux pour tenir compte des imperfections du décompte des fossiles) indiquent une tendance manifeste : la diversité des espèces a augmenté au cours du temps. Il ne s'agit pas d'une augmentation régulière et progressive, mais d'une tendance générale. Aujourd'hui, on compte environ deux fois plus d'espèces dans les océans qu'à l'ère paléozoïque.

Parallèlement à cette augmentation du nombre des espèces, on s'attendrait presque inévitablement à observer une augmentation de la diversité des créatures qui peuplent les océans, on s'attendrait à découvrir des créatures dont l'architecture corporelle est plus variée. Eh bien ! ce n'est pas le cas. S'il existe aujourd'hui deux fois plus d'espèces, elles appartiennent à un nombre bien plus restreint de groupes d'importance immédiatement supérieure dans la classification. Bien entendu, il existe encore plusieurs phylums contenant un petit nombre de groupes de créatures aux architectures corporelles très différentes : tous ces groupes de créatures apparentées aux vers et pourvus de noms abracadabrants connus des seuls spécialistes qui les adorent : les kinorhynches, les gnathostomuliens, les priapuliens, les chaetognathes auxquels appartiennent peut-être les conodontes, et quelques autres encore. Et pourtant, la majeure partie des créatures qui peuplent aujourd'hui les océans n'appartiennent qu'à un très petit nombre de groupes, principalement les coquillages, les escargots, les crabes, les poissons et les échinodermes — et chacun de ces groupes renferme bien plus d'espèces que n'en a jamais contenu un phylum au Paléozoïque (à l'exception, peut-être, des trilobites à l'Ordovicien et des crinoïdes au Carbonifère). Les océans du Paléozoïque abritaient peut-être deux fois moins d'espèces qu'aujourd'hui, mais l'architecture du corps des animaux était, à l'époque, bien plus variée. Cette décroissance dans la diversité de l'architecture corporelle des organismes — accompagnée d'un accroissement important du nombre des espèces — est sans doute la tendance la plus extraordinaire relevée dans toute l'étude des fossiles.

Cette décroissance est manifeste dans la distribution des Problematica au cours du temps, nous l'avons déjà souligné. La plupart des créatures les plus étranges et les plus merveilleuses ont exclusivement vécu au Paléozoïque (ne vous laissez pas trop impressionner par le caractère étrange de certains phylums contemporains d'importance mineure : bon nombre d'entre eux ne sont pas récents et leurs origines remontent au Paléozoïque). La décroissance de la diversité des espèces est peut-être encore mieux marquée dans l'évolution du nombre des classes (la subdivision immédiatement inférieure dans la classification) dans un même phylum. Il suffit d'un seul exemple pour illustrer cette tendance : il s'agit d'une comptabilisation sérieuse et prudente du nombre de classes, établie par J.J. Sepkoski de l'université de Chicago. Il existe aujourd'hui quatre classes d'échinodermes, dont la diversité est importante ou moyenne : les oursins (les échinodermes que nous avons déjà cités et qui sont l'un des groupes dominants dans les océans), les étoiles de mer, les concombres de mer et les crinoïdes. Et pourtant, seize classes supplémentaires virent le jour puis disparurent au cours de l'ère paléozoïque et, sur ces vingt classes au total, seize coexistèrent au cours de la période ordovicienne, il y a quelque 500 millions d'années. Aucune de ces seize classes — sauf deux, peut-être — n'atteignit jamais la diversité des classes qui existent encore de nos jours.

Le monde paléozoïque était donc très différent du nôtre : il comportait bien moins d'espèces, mais bien plus différentes les unes des autres. *Hallucigenia* n'est plus, le monstre de Tully a disparu et même les conodontes, si abondants, se sont évanouis. Quelle est la signification de cette transformation profonde du monde vivant, de cet accroissement du nombre d'espèces accompagné de la diminution du nombre de groupes auxquels elles appartiennent ? Il existe deux réponses générales à cette question. La première, classique, est fondée sur une relation de cause à effet (la seconde, nous le verrons, implique l'intervention de processus aléatoires). La première explication fait appel à une propriété que partagent sans doute presque tous les systèmes naturels et dont la portée s'étend donc probablement bien au-delà de cet exemple : il s'agit d'un principe que l'on pourrait exprimer ainsi, « expérience d'abord, normalisation ensuite ». Il y a quelque 600 millions d'années, les océans se peuplèrent d'une première série d'organismes multicellulaires à la suite de l'explosion du Cambrien. L'éventail de toutes les possiblités de l'évolution fut alors mis à l'épreuve : la nature « testait » toutes les variations possibles de chaque conception d'architecture corporelle. Voilà comment s'établit cette tendance qui favorisait la formation d'un nombre élevé de groupes comprenant chacun un nombre de membres restreint. Comme dans toute entreprise de ce genre, un certain nombre d'expériences furent concluantes, mais beaucoup échouèrent et un certain tri s'amorça.

La plupart des expériences malheureuses furent étouffées dans l'œuf et les groupes correspondants n'acquirent jamais une diversité considérable. Ce sont ces expériences avortées qui posent aujourd'hui des problèmes aux taxinomistes : des architectures corporelles extrêmement différentes, mais peu d'espèces. Ce sont les Problematica que nous avons gratifiés de leur propre phylum, bien à contrecœur (et pourtant, si nous comprenions quel principe ces Problematica illustrent, nous accepterions bien plus sereinement leur statut particulier). D'autres expériences, illustrées par certaines classes de moindre importance nées au Paléozoïque et aujourd'hui disparues, ont effectivement échoué, mais l'architecture corporelle de base correspondante s'est avérée très propice dans certains cas. Ainsi, les oursins et les étoiles de mer ont très bien tiré parti de l'architecture des échinodermes, tandis que certaines expériences de la première heure répondant aux noms étranges de ctenocystoïdes, hélicoplacoïdes ou edrioblastoïdes ont rapidement mordu la poussière. Les représentants de notre faune contemporaine ne sont donc que les gagnants d'un gigantesque tri au profit de la conception la plus fonctionnelle, qui a en définitive séparé le bon grain de l'ivraie.

Le même principe s'applique en fait à tout système où l'expérimentation est possible, et se solde par la victoire du prototype le plus efficace. Ainsi, dans le domaine de l'automobile, après les expériences du moteur électrique, du moteur à vapeur et de bien d'autres, on a finalement assisté à la domination du moteur à combustion sur le marché (ce qui n'empêcherait pas, bien entendu, le retour des premiers de ces prototypes si jamais la crise pétrolière prenait des proportions inattendues). Il existe aujourd'hui des centaines de modèles de voitures, mais elles sont toutes construites sur le même principe. En 1900, le nombre des modèles était plus restreint, mais les principes de fonctionnement différaient bien plus les uns des autres. Il s'est passé exactement la même chose dans le domaine de l'aviation : avant que le règne du 747 et de ses cousins s'établisse, combien de planeurs et autres dirigeables ont-ils été testés ?

Le corollaire de ce principe d'expérimentation avant la production en série est une diminution globale de la diversité, et une élimination des extrêmes. Bien souvent, nous nous méprenons sur la signification de la disparition des extrêmes : nous considérons qu'il s'agit d'une tendance propre du phénomène et non pas d'un corollaire de la diminution de la diversité d'un système naturel.

L'autre interprétation de la décroissance de la diversité des espèces est moins classique et fait appel à l'intervention de processus aléatoires. On observerait exactement la même tendance — évolution d'un petit nombre d'espèces réparties dans de nombreux groupes vers un nombre d'espèces plus important appartenant à un nombre de groupes inférieur — si chaque processus de spéciation s'était accompagné de changements plus importants au début de l'histoire du vivant (cela semble presque inévitable dans un monde initialement « vide », susceptible d'abriter n'importe quel type d'expérience).

Les extinctions, comme nous le rappellent les écologistes, sont définitives. Chaque fois qu'un prototype expérimental complexe disparaît, c'est pour toujours : la probabilité qu'une série d'étapes aussi nombreuses et compliquées se reproduise est bien trop faible (c'est ce que les biologistes appellent l'« irréversibilité de l'évolution »). La plupart des prototypes expérimentaux disparaissent donc inévitablement de nos océans qui se remplissent au contraire d'un certain nombre de groupes dominants. Cette interprétation me paraît très séduisante, mais je doute qu'on puisse tout lui attribuer, ne fût-ce qu'en raison du caractère tellement plus rationnel de la première explication — expérimentation puis normalisation. Toutefois, je suggère d'accorder un peu plus d'attention aux corollaires de cette seconde interprétation : les processus aléatoires engendrent parfois des degrés d'ordre considérables, et l'existence de modèles ou de tendances n'est donc pas contradictoire avec la notion de processus aléatoire.

Nous vivons dans un monde fait d'histoire et de changement. Nous sommes des êtres d'habitude : la découverte d'un ordre quel qu'il soit nous rassure et nous nous efforçons de découvrir des principes qui donnent un sens au temps — des principes qui permettent d'ordonner quelque peu la confusion bourdonnante de l'histoire. Mais les vecteurs du temps sont difficiles à découvrir et la science ne nous en a pas fourni beaucoup. Notre principe favori dans ce domaine est la seconde loi de la thermodynamique : l'augmentation d'entropie, c'est-à-dire la diminution de l'ordre, dans les systèmes fermés. La majorité des propositions qui émanent de la biologie de l'évolution sont douteuses et fondées sur nos attentes et nos prévisions bien plus que sur les œuvres de la sélection naturelle — je pense en particulier à la notion de progrès. Mais le principe qui gouverne la diversité — expérience d'abord, normalisation ensuite — est peut-être un vrai principe de l'histoire, qui entraîne une diminution de la diversité des formes de vie. Voilà pourquoi nous devons nous intéresser aux conodontes, même si nous n'avons jamais pratiqué la biostratigraphie et si les vers de 2 centimètres de long, à tête bifide et à nageoire caudale peu apparente, ne nous inspirent généralement qu'un regard torve. L'âge des conodontes, leur caractère unique dans la taxinomie et leur disparition reflètent peut-être la nature de l'histoire.

cinquième partie

Politique et progrès

16. Le montreur de singe

Aujourd'hui, nous classons tous les êtres humains dans la même espèce, *Homo sapiens*. Mais en 1758, dans son *Systema Naturae,* où il établissait les bases de la taxinomie, Charles Linné reconnaissait l'existence d'une seconde espèce, *Homo troglodytes*. Linné consacrait plusieurs pages à l'*Homo sapiens,* mais un paragraphe à peine à l'*Homo troglodytes*. Seuls de maigres arguments étayaient l'existence de cette seconde espèce, dont les représentants vivaient uniquement la nuit et communiquaient par des sifflements. *Homo troglodytes* était en fait le fruit de récits enjolivés de voyageurs qui avaient effectué des observations approximatives, exagérant les caractéristiques humaines de certains singes anthropoïdes ou, au contraire, les signes de dégénérescence chez certaines populations autochtones. Linné prenait même le risque de proposer l'existence d'une troisième espèce pourvue d'une queue, *Homo caudatus* ; il reconnaissait cependant que cette créature, *incola orbis antartici* (habitant des régions antarctiques), était demeurée tellement insaisissable (si même elle existait) qu'il ne pouvait déterminer si « elle appartenait au genre humain ou à celui des singes ».

Pourquoi ce naturaliste si mesuré faisait-il intervenir des éléments si peu défendables dans la description du tout premier genre, le plus important ? Tout simplement parce que ses hypothèses de travail prévoyaient l'existence de telles créatures ; et quand une théorie prévoit quelque chose, toute preuve fait l'affaire, aussi chancelante soit-elle.

Je reviens souvent dans ces essais sur l'influence réciproque de la théorie et des faits réels : aucun autre thème ne révèle mieux, à mon avis, la dimension humaine dans notre pratique de la science — l'intrusion de la pensée dans la nature et l'inévitable interpénétration de la pensée et des faits dans toute activité créatrice. Le cheminement de la pensée scientifique n'est pas une voie à sens unique qui conduit directement d'une nature complaisante à l'objectivité de notre esprit. Le thème de cet essai illustre également l'inanité des procès intentés aux scientifiques d'autrefois pour leurs erreurs, sur la base de nos connaissances actuelles. Certaines théories incorrectes sont d'amples et généreuses synthèses de la connaissance d'une époque, et par là même, elles ont parfois soulevé des problèmes importants et passionnants et suscité autant de découvertes que de concepts que nous acceptons aujourd'hui (reportez-vous à l'essai 6 de *Quand les poules auront des dents,* sur la manière dont James Hutton utilisa les causes finales).

Dans le cas présent, Linné s'attendait à découvrir des créatures intermédiaires entre les singes et les hommes, car il se fondait sur la théorie de la chaîne du vivant — une théorie erronée selon laquelle toutes les choses de la nature formaient une chaîne continue, à laquelle il ne manquait pas un maillon, de l'amibe la plus simple jusqu'à l'homme. Mais cette théorie était, depuis sa conception, confrontée à un problème pratique de taille : les interruptions substantielles et visibles entre les unités principales de cette chaîne ; et plus précisément, entre les mondes minéral et végétal, entre les plantes et les animaux et, enfin, entre les singes et les hommes (reportez-vous à l'essai suivant pour une discussion plus approfondie de ce problème). En fait, Sir Thomas Browne, dans son *Religio Medici* (1642), avait même déclaré que ces interruptions s'accentuaient au fur et à mesure que l'on gravissait l'échelle :

> Il existe manifestement dans notre Univers un Escalier, une échelle sur laquelle sont ordonnées les créatures, non pas au hasard, mais selon une progression agréable et mesurée. Entre les objets les plus simples de la création et les êtres vivants, il existe une grande différence de nature ; entre les plantes et les animaux ou les créatures conscientes, la différence est plus grande. Entre ces créatures et l'homme, l'intervalle est plus important encore : et si cette progresion se poursuit de manière identique, il doit exister une différence plus grande encore entre les Hommes et les Anges.

A ceux qui s'étaient donné pour tâche de remplir ces intervalles, celui qui séparait les singes des hommes paraissait le plus important, et *Homo troglodytes* avait donc une place toute trouvée.

Mais si *Homo troglodytes* était seulement le fruit de l'imagination féconde des voyageurs de jadis, on ne pouvait nier l'existence des grands singes — gibbons, chimpanzés, orangs-outangs et gorilles étaient bien vivants. La distance qui séparait les êtres humains des primates les plus évolués paraissait d'autant plus grande que, en Europe de l'Ouest, on ne disposa d'aucune documentation ou description correcte de ces grands singes avant le XVIIe siècle. Dans son traité aujourd'hui classique, *la Grande Chaîne du vivant,* Arthur O. Lovejoy attribuait explicitement à cette théorie erronée l'impulsion donnée à l'étude des singes. Voici ce qu'il écrivait :

> Le principe de continuité n'était pas dénué de conséquences pratiques importantes. Il plaçait les naturalistes dans l'obligation de découvrir des formes de vie qui joueraient le rôle de « chaînons manquants »... Cette supposition d'ordre métaphysique fournissait donc un programme de recherche scientifique, un stimulant puissant pour le travail des zoologistes... En vertu de ce principe, la science se devait au moins de favoriser le *rapprochement* entre le singe et l'homme.

La première description valable d'un grand singe ne fut publiée qu'en 1699, un siècle exactement avant la publication de l'ouvrage de Charles White — le dernier sursaut de cette mémorable lutte en faveur de la chaîne statique qui est analysée dans l'essai suivant. Cette année-là, Edward Tyson, le meilleur spécialiste anglais d'anatomie comparée, publiait un ouvrage intitulé : *l'Orang-outang, sive « homo sylvestris » : une étude comparée de l'anatomie d'un singe, d'un grand singe et de l'homme.* (A l'époque de Tyson, le terme orangutan ne désignait pas seulement les grands singes d'Asie, comme c'est le cas aujourd'hui, c'était le terme générique utilisé pour désigner tous les grands singes, ceux d'Asie et d'Afrique. Tyson, excessivement prudent dans ce cas-ci, mettait également en doute l'existence des Pygmées d'Afrique ; selon lui, il s'agissait seulement de rumeurs fondées sur des créatures semblables à celle qu'il étudiait, un bébé chimpanzé qu'il confondait par erreur avec un animal presque adulte.)

Edward Tyson (1650-1708) fit ses études de médecine à Oxford et à Cambridge et pratiqua ensuite à Londres. Il enseigna l'anatomie humaine à Surgeon Hall pendant quinze ans et devint le médecin-chef de l'hôpital psychiatrique le plus célèbre d'Angleterre, Bethlehem (c'est de ce mot que dérive *bedlam* qui signifie asile de fous en anglais). Il eut recours, le premier, à du personnel hospitalier féminin — les infirmières —, et créa un département chargé de suivre l'évolution des patients après leur retour chez eux — un exemple précoce d'hôpital de jour. Cependant, il devait surtout sa renommée à ses travaux d'anatomie comparée et comme spécialiste du système glandulaire. Il écrivit des traités sur le marsouin et l'opossum, mais son œuvre la plus célèbre et la plus durable fut ce traité qu'il écrivit en 1699 sur un jeune chimpanzé. Tyson était un homme riche, paisible, conservateur et célibataire endurci et se consacra exclusivement à l'étude de l'anatomie et des classiques. Une ode funèbre rédigée à sa mémoire en 1708 célébrait sa dévotion exclusive à Minerve, déesse de la sagesse, parmi toutes les femmes :

Orang-Outang, sive Homo Sylvestris:

OR, THE

ANATOMY

OF A

PYGMIE

Compared with that of a

Monkey, an *Ape*, and a *Man*.

To which is added, A

PHILOLOGICAL ESSAY

Concerning the

Pygmies, the *Cynocephali*, the *Satyrs*, and *Sphinges* of the ANCIENTS.

Wherein it will appear that they are all either *APES* or *MONKEYS*, and not *MEN*, as formerly pretended.

By *EDWARD TYSON* M. D.
Fellow of the Colledge of Physicians, and the Royal Society: Physician to the Hospital of *Bethlem*, and Reader of Anatomy at *Chirurgeons-Hall*.

LONDON:
Printed for *Thomas Bennet* at the *Half-Moon* in St. *Paul's* Church-yard; and *Daniel Brown* at the *Black Swan* and *Bible* without *Temple-Bar* and are to be had of Mr. *Hunt* at the Repository in *Gresham-Colledge*. M DC XCIX.

La page de garde du livre de Tyson, *Anatomy of a Pygmie*, 1699.

Nul front jamais n'a enfilé plus riches chapelets
Sertis de gemmes des Mines Sacrées de la Sagesse.
Et donc jamais ne fut séduit par Captive Beauté
D'une épousée ne partagea jamais la couche.
Jamais ne plia le genou devant un Dieu aveugle.
Toute sa cour ne fit qu'à la Grande Minerve.

L'excellente biographie d'Ashley Montagu (citée en bibliographie) reste l'ouvrage de référence sur cette figure importante de l'histoire de la science que l'on a pourtant négligée.

Aujourd'hui, nous considérons les grands singes comme les plus humains parmi les primates et les plus proches de nos ancêtres parmi les créatures vivantes. Et pourtant, les différences entre les grands singes et nous sont importantes, non seulement sur le plan anatomique, mais surtout du point de vue du langage et du fonctionnement du cerveau. Les chimpanzés, nos cousins les plus proches en vie actuellement, sont les membres d'une branche latérale de l'évolution, ils ne sont ni des ancêtres ni des formes intermédiaires. Mais Tyson plaçait son pygmée, un jeune chimpanzé en fait, exactement à mi-chemin entre d'autres primates et les êtres humains. Quand il fut contraint de le ranger sous une étiquette, il le plaça parmi les animaux : « Notre pygmée présente de nombreux avantages sur ses congénères, et pourtant, je persiste à croire qu'il n'est qu'une sorte de singe, une simple brute ; comme le dit si bien le proverbe, un singe reste un singe, même s'il est vêtu. » Et pourtant, à plusieurs reprises dans son traité, Tyson réclame un statut intermédiaire pour son chimpanzé : « Notre pygmée n'est pas un homme, mais il n'est pas non plus un vulgaire singe ; il est une sorte d'animal intermédiaire. » (A l'époque de Tyson, les scientifiques n'avaient pas encore séparé le groupe des grands singes des autres primates, et le terme *singe* désignait n'importe quel singe de grande taille.)

Cet empressement de Tyson à rapprocher les grands singes des êtres humains plus qu'il n'était courant est à l'origine d'un important malentendu historique à son sujet — mais il m'a également inspiré cet essai, qui illustre mon souci constant d'étudier la relation entre la théorie et les faits. Selon l'école « héroïque » qui attribue aux scientifiques d'autrefois d'autant plus de mérite que leurs théories sont proches de nos conceptions actuelles, Tyson fait figure de novateur courageux : il avait admis, si tôt dans l'histoire de la science, les relations qui existent entre les singes et les hommes. Et comment se fait-il qu'il ait découvert cette vérité essentielle ? Pour deux raisons, continue notre mythe : d'une part, Tyson se voulait d'une objectivité hors du commun ; il était décidé à rejeter tous les vieux partis pris, et à se fonder uniquement sur l'observation ; et, d'autre part, il utilisait la méthode moderne d'anatomie comparée — il mettait clairement en évidence, une par une, les caractéristiques qui distinguaient son chimpanzé des autres primates et des êtres humains.

Tous les commentateurs du grand traité de 1699 exaltent en chœur les mérites de Tyson pour son prétendu modernisme. Ainsi, Thomas Huxley, dans son essai sur *la place de l'Homme dans la nature* (1863), qui eut un tel retentissement, rend hommage au travail de Tyson qui avait écrit « le premier compte rendu exhaustif sur un singe humanoïde, qui mérite notre intérêt pour sa précision scientifique ». Dans la préface de la biographie de Tyson, Ashley Montagu explique que son intérêt pour Tyson date de ses premières années d'étudiant, où il apprit dans un manuel d'anthropologie (1904) que le travail de Tyson « constituait la plus remarquable anticipation des méthodes de recherches modernes ». George Sarton, le plus grand historien des sciences de notre siècle, écrit en avant-propos de l'ouvrage de Montagu que le traité de Tyson « est l'un des événements marquants de l'histoire des sciences ... un point de repère dans la théorie de l'évolution » — alors que Tyson ne parle que de chaîne du vivant statique et ne mentionne jamais l'évolution [1].

Le mythe de Tyson et de son prétendu modernisme plein de courage est démenti par deux faits curieux, qui sont aussi abondamment commentés. Tout d'abord, si Tyson était un tel iconoclaste et désirait à tout prix installer un animal si près des êtres humains imbus d'eux-mêmes, pourquoi le décrit-on invariablement comme un caractère prudent et conservateur ? Et deuxièmement, si le statut intermédiaire que Tyson avait accordé à son chimpanzé était vraiment sujet à controverse, pourquoi suscita-t-il si peu de commentaires parmi ses contemporains ? Voici ce qu'écrivit Ashley Montagu : « Le fait que Tyson soit aussi peu

1. Le livre remarquable de D. J. Boorstin, *les Grandes Découvertes* (New York, Random House, 1983) a été publié après la parution de cet essai. L'auteur souscrit malheureusement lui aussi à cette tradition selon laquelle Tyson était un courageux moderniste et un précurseur de la théorie de l'évolution. Il ne s'est pas rendu compte que l'attribution d'un statut intermédiaire au chimpanzé ne jetait pas les bases d'une révolution ultérieure, mais que Tyson résolvait en fait un problème dans l'optique classique de son époque, celle de la théorie de la chaîne du vivant. Boorstin écrit (p. 461) : « Exactement comme Copernic a déplacé la Terre du Centre de l'Univers, Tyson a détrôné l'Homme de son statut unique de créature à part dans la nature. Jamais auparavant quelqu'un n'avait démontré avec autant de détails et si ouvertement la parenté physique de l'homme et des animaux... On ne pouvait se tromper, Tyson nous indiquait quel était ce " chaînon manquant " entre l'homme et tous les animaux " inférieurs " de la création... De même qu'on ne pouvait plus oublier le point de vue héliocentriste une fois qu'on l'avait appris, on ne pouvait plus croire que l'homme était un être à part dans la nature après avoir lu Tyson. »

mentionné dans la correspondance de ses contemporains ne manque pas d'être intriguant. »

Je suis persuadé que, pour résoudre ce mystère, il suffit de renoncer au point de vue erroné de l'histoire de la science qui l'a engendré. Tyson n'était pas un moderniste. Il était conservateur et ses méthodes de travail étaient fortement imprégnées des idées préconçues de son époque. Il n'avait pas accordé à son chimpanzé un statut intermédiaire entre les singes et les hommes parce qu'il pressentait le processus de l'évolution ou bien parce qu'il avait surmonté les partis pris classiques de l'époque. Il était plutôt l'un des farouches représentants de la théorie de la « chaîne du vivant » — cet agencement particulier de la nature communément admis en son temps. Les interruptions de la chaîne entre les groupes principaux remettaient fortement en cause cette théorie — et l'intervalle entre les singes et l'homme était tout à fait flagrant et irritant. Les scientifiques recherchaient des formes intermédiaires avec empressement (et inquiétude) ; la découverte de Tyson n'était donc que la confirmation tant attendue d'une théorie bien établie, la chaîne statique du vivant ; cette découverte ne lançait aucun défi et n'était pas fondée sur une idée révolutionnaire — comme celle de l'évolution —, qui ne serait discutée en profondeur qu'un siècle plus tard. Le travail de Tyson suscita peu de commentaires parce qu'il était réconfortant et ne prêtait à aucune controverse.

De plus, l'utilisation de la méthode de l'anatomie comparée n'était pas la marque du modernisme éclairé de Tyson, c'était également l'expression de son attachement à la théorie de la chaîne du vivant. Si vous désirez accorder à un animal un statut intermédiaire entre le singe et l'homme, quel autre recours avez-vous que de dresser la liste des ressemblances de cet animal avec les représentants des deux groupes ?

Mon intention n'est nullement de critiquer Tyson ou de l'évincer de la place légitime qu'il occupe au panthéon des scientifiques. En replaçant un homme dans le cadre de son époque, nous devrions mieux le comprendre. La lecture du traité de Tyson me permet de certifier la précision et le soin minutieux qu'il apporta à ses descriptions, qualités éminemment appréciables de tout temps. Cependant, et j'en arrive ainsi au thème principal de cet essai, je désire souligner que l'aspect le plus remarquable du traité de Tyson n'est justement pas cette précision qu'il aurait acquise en s'affranchissant de vieux préjugés, mais plutôt le fait qu'il ait *exagéré* les ressemblances de son pygmée avec un être humain — ce qui résultait, en fait, de ses fermes convictions sur la théorie de la chaîne du vivant. La théorie influence toujours nos perceptions, et pas toujours dans le mauvais sens.

Dès le début de son traité, Tyson signale son attachement à la théorie de la chaîne du vivant, et son intention d'en faire le thème unificateur de l'ouvrage.

> Ce n'est pas sans admiration que l'on peut observer cette vérité : des minéraux aux plantes, des plantes aux animaux et des animaux aux hommes, la transition est si graduelle qu'il existe une grande ressemblance entre la plante la plus simple et certains minéraux, entre les hommes les moins évolués et les animaux placés au sommet de l'échelle. L'animal dont j'ai décrit l'anatomie, et qui est le plus proche de l'espèce humaine, constitue apparemment le lien entre les animaux et les êtres doués de raison.

Tyson s'attache ensuite à défendre la méthode comparative, qu'il ne présente pas comme une technique moderne sujette à controverse, mais comme la seule méthode qui permette de placer une créature inconnue au bon endroit sur l'échelle des êtres vivants :

> Pour rendre cette discussion plus fructueuse, j'ai effectué un examen comparatif de cet animal avec un singe, un grand singe et l'homme. En comparant les parties correspondantes de ces créatures, nous comprendrons mieux les gradations que la nature effectue dans la conception du corps des animaux et les transitions de l'un à l'autre ; rien ne nous rapprochera plus de la vraie connaissance de la construction, l'agencement et l'usage des différentes parties du corps. En suivant le fil que la nature déroule dans le merveilleux labyrinthe de la création, nous serons plus aisément admis dans ses recoins les plus secrets, mais si nous perdons ce fil, force nous est d'errer et de perdre la tête.

S'il affirme à plusieurs reprises que son pygmée est en définitive une « brute » et non un être doué de raison, Tyson met en valeur tout au long de son livre les caractéristiques « humaines » de son chimpanzé. Tout à la fin, il établit une liste des ressemblances entre son chimpanzé, un singe et un homme, et s'il compte 48 points de ressemblances supplémentaires entre son chimpanzé et l'homme qu'entre son chimpanzé et un singe, il note seulement 34 points qui rapprochent plus le chimpanzé du singe. Tyson insiste continuellement sur la position intermédiaire de son chimpanzé : « Notre pygmée, je le placerais dans une position intermédiaire entre celle de l'homme et celle du singe dans la grande chaîne de la création. »

Tyson devait immanquablement exagérer les caractéristiques humaines de son pygmée pour en arriver à cette conclusion, car les chimpanzés ressemblent probablement plus aux autres primates qu'à l'homme, sur le plan anatomique. Si Tyson exagère les ressemblances du pygmée avec l'être humain et s'il omet bien souvent ses liens de parenté avec les singes, je pense que c'est inconsciemment, et pour deux raisons différentes.

En premier lieu, Tyson donne simplement et systématiquement sa préférence à tout ce qui paraît plutôt humain, chaque fois qu'il existe une ambiguïté. On le remarque plus particulièrement dans ses descriptions des attitudes du chimpanzé. Celui-ci avait été ramené de l'Angola, et il était malade et très affaibli à son arrivée en Angleterre (il mourut quelques mois plus tard, ce qui permit à Tyson de le disséquer). Tyson constata que le chimpanzé se promenait quelquefois — mais rarement — debout ; généralement, le chimpanzé se déplaçait, comme tous les grands singes, en s'appuyant sur les jointures de ses doigts — les pieds bien à plat sur le sol, mais les mains fléchies. Tyson attribua cette posture particulière à l'état de faiblesse du chimpanzé et insistait sur le fait que le mode de locomotion naturel du chimpanzé devait être semblable à celui des êtres humains : debout. Et pourtant, ses observations des déplacements du chimpanzé lui avaient montré exactement l'inverse :

> Quand il se déplaçait à quatre pattes comme un quadrupède, il le faisait maladroitement : il ne posait pas la paume de la main à plat sur le sol, mais il s'appuyait sur les jointures de ses doigts, comme je l'avais déjà observé quand il était malade et trop faible pour supporter le poids de son corps. ...S'appuyer sur les jointures des mains comme le fait notre pygmée ne paraît pas naturel : de plus, il est amplement pourvu de ce qui est nécessaire pour marcher debout.

Ne blâmons pas Tyson : il ne pouvait pas savoir que les grands singes marchent toujours en s'appuyant sur les jointures des doigts, car à cette époque, cette posture animale peu typique était mal connue. Toutefois, la manière dont Tyson insiste sur le fait que les chimpanzés marchent habituellement en station verticale me semble un peu forcée, et motivée par ses idées préconçues sur la position intermédiaire du chimpanzé dans l'échelle du vivant bien plus que par ses observations effectives. Tyson écrit donc : « Nous pouvons conclure avec sérénité que la nature avait décidé d'en faire un bipède », et il discute des articulations du fémur avec le bassin et de la « taille respectable de l'os du talon, assez grand pour empêcher la chute du corps en arrière ». Et pourtant, dans cette même discussion, Tyson omet commodément de nous faire part d'autres caractéristiques anatomiques, qu'il avait discutées auparavant, et qui pourraient nous faire douter de la réalité de cette posture verticale — plus précisément, il ne nous rappelle pas les différences fondamentales entre la structure du bassin des chimpanzés et de celui des êtres humains ni le fait que le pied a plutôt l'aspect d'une main, avec son gros orteil faible et court.

Le « pygmée » de Tyson, vu de face, comme Tyson l'avait dessiné dans son traité de 1699. Il avait représenté le « pygmée » debout, pour accentuer ses caractéristiques humaines. Mais, dans la réalité, l'animal ne marchait pas sur ses deux pattes arrières, et Tyson l'avait donc équipé d'une canne. D'après Tyson, 1699.

Le chimpanzé de Tyson vu de dos ; cette fois, il s'aide d'une corde pour tenir debout. D'après Tyson, 1699.

Les primates sont des animaux que l'on voit : nous ne devrions donc pas négliger le rôle que jouent les illustrations scientifiques dans la formation des concepts ou en tant que support de raisonnements (et de nombreux historiens l'oublient). Les magnifiques planches de Tyson sont toutes conçues pour accréditer la thèse de la station verticale, même s'il n'en avait réellement aucune preuve (j'ai repris quatre reproductions de Tyson dans cet essai). La première illustration représente le pygmée de face, se tenant bien droit ; remarquez cependant avec quelle habileté Tyson l'a équipé d'une canne, pour indiquer — il n'avait pu s'empêcher de le constater — quelles difficultés ce mode de locomotion procurait au chimpanzé. Tyson écrivait : « Comme il était affaibli, je lui ai placé un bâton dans la main droite pour l'aider à mieux se tenir. » La seconde planche représente le chimpanzé de dos : il est à nouveau debout, mais il s'aide, pour se maintenir dans cette position, d'une corde suspendue au-dessus de lui ! Enfin, les deux dernières planches, celles du système musculaire et du squelette, le représentent en position parfaitement verticale, comme un être humain.

Dans bien d'autres passages de son livre, Tyson adjuge des qualités presque humaines et même des émotions à son pygmée. Il raconte avec délice, par exemple, combien le chimpanzé aimait porter des vêtements qu'il ne quittait même pas pour se mettre au lit, même s'il n'apprit jamais, constate à regret Tyson, à ne pas faire ses besoins dans son lit également :

> Dès que notre pygmée se fut un peu habitué à être vêtu, en captivité, il se mit à porter des vêtements avec un grand plaisir ; quand il ne parvenait pas à les enfiler lui-même, il les apportait pour qu'on lui vienne en aide. Il se couchait dans un lit, posait la tête sur l'oreiller et tirait les couvertures sur lui, exactement comme l'aurait fait un être humain : mais il était si négligent, et en ce sens une vraie brute, qu'il faisait également dans son lit tous ses besoins naturels.

Souvent, Tyson discutait du comportement de son chimpanzé en termes strictement humains : « Car je l'ai moi-même entendu pleurer comme un enfant ; et je l'ai souvent vu taper du pied comme le font les enfants, pour manifester leur plaisir ou leur colère. » A un certain moment, Tyson attribue même à son chimpanzé un comportement plus mesuré que celui d'un être humain dans le domaine de la tempérance :

> Un jour, on le saoula au punch (et ils sont généralement très portés sur les boissons fortes), mais par la suite, on observa qu'il ne buvait jamais plus d'un verre et qu'il refusait toujours de boire plus qu'il ne pouvait le supporter. Nous voyons donc que l'instinct naturel des brutes leur enseigne

la tempérance : l'intempérance n'est pas seulement une faute morale, c'est un crime contre les lois de la nature.

Mais Tyson exagérait également les ressemblances entre son chimpanzé et les êtres humains pour une seconde raison : il avait commis une erreur monumentale. Il savait que son pygmée était un animal jeune, car les extrémités de ses os longs étaient encore cartilagineuses : leur ossification n'était pas terminée ; mais il le considéra comme un pygmée presque adulte, car il confondit ses dents de lait avec des dents définitives (les dents de lait des grands singes ressemblent sur certains points aux dents définitives des êtres humains). Tyson ne s'était donc pas rendu compte du très jeune âge de l'animal qu'il disséquait — c'était presque un bébé en fait. (Cette méprise entraîna et accentua une autre erreur qu'il commit dans un traité de philologie annexé à son traité d'anatomie — comme il n'attribuait pas une taille supérieure à 60 centimètres à son chimpanzé adulte, il considéra que les légendes classiques et les comptes rendus de ses contemporains sur les Pygmées d'Afrique se référaient à ce même animal.)

J'ai souvent discuté du rôle de la néoténie (littéralement, rétention de la jeunesse) dans l'évolution des êtres humains (reportez-vous à *Darwin et les grandes énigmes de la vie* et au *Pouce du Panda*). Au cours de notre évolution, s'est produit un ralentissement général des vitesses du développement des primates et des autres mammifères. C'est-à-dire que les êtres humains adultes ressemblent aux jeunes singes et aux jeunes gorilles bien plus qu'aux grands singes adultes. Par conséquent, on retrouve dans le squelette d'un jeune chimpanzé de nombreuses caractéristiques « humaines » qui disparaissent du squelette d'un chimpanzé adulte — entre autres une tête relativement grosse par rapport au reste du corps (chez les êtres humains, les bébés ont également une tête proportionnellement plus grosse que celle des adultes) ; d'autre part, la tête est située plus à la verticale au sommet de la colonne vertébrale (en effet, le *foramen magnum*, qui est le trou situé à la base du crâne et par où passe la moelle épinière, se déplace vers l'arrière au cours de la croissance) ; la forme du crâne est plus ovoïde (car le cerveau se développe plus lentement que le reste du corps après la naissance) ; les arcades sourcilières sont moins marquées et les mâchoires sont plus petites. Toutes ces caractéristiques que l'on retrouve chez l'être humain apparaissent clairement sur la planche du squelette du pygmée, qui est d'une précision remarquable (je l'ai comparée à des photographies des os du chimpanzé de Tyson).

Tyson mentionne également avec délice toutes ces caractéristiques dans son texte, mais l'essentiel, ce qui coordonne en fait toutes ses

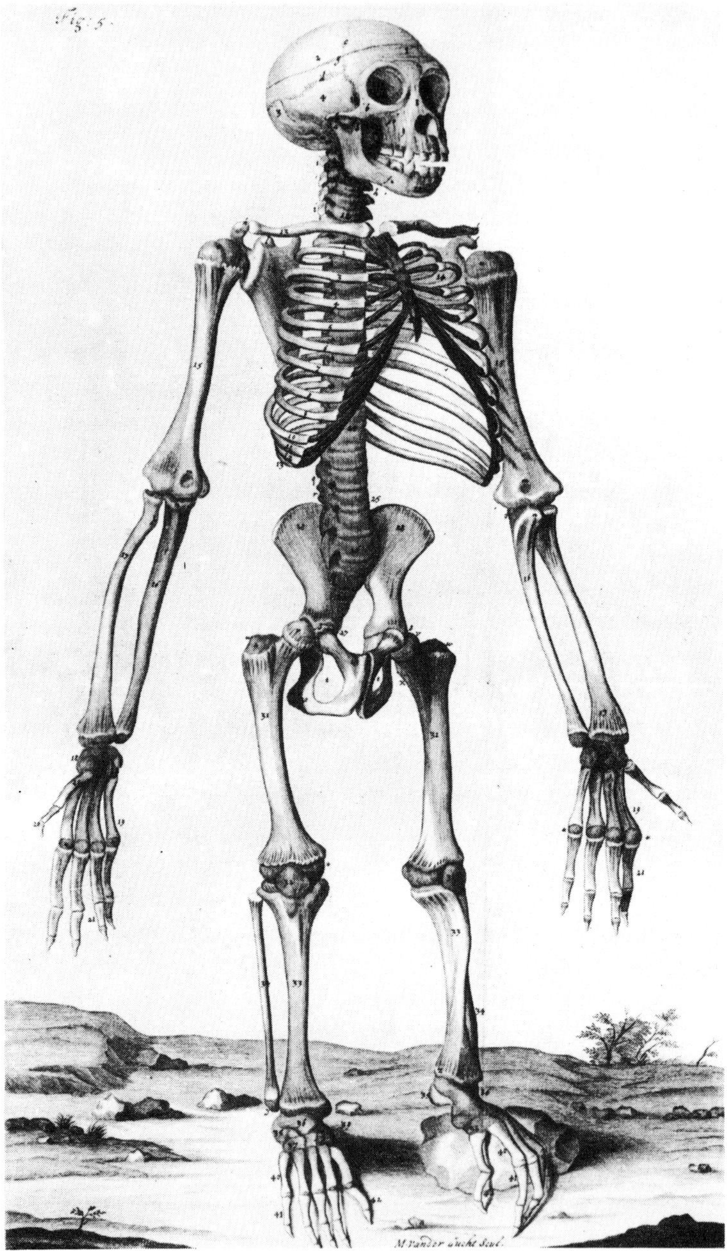

Le squelette du chimpanzé de Tyson, où les caractéristiques qui le rapprochent de l'être humain sont à nouveau accentuées : position du crâne au sommet de la colonne vertébrale, station verticale, et autres détails subtils dans les proportions. Un exemple classique de la manière de démontrer une hypothèse (ou un préjugé) à l'aide d'une illustration. D'après Tyson, 1699.

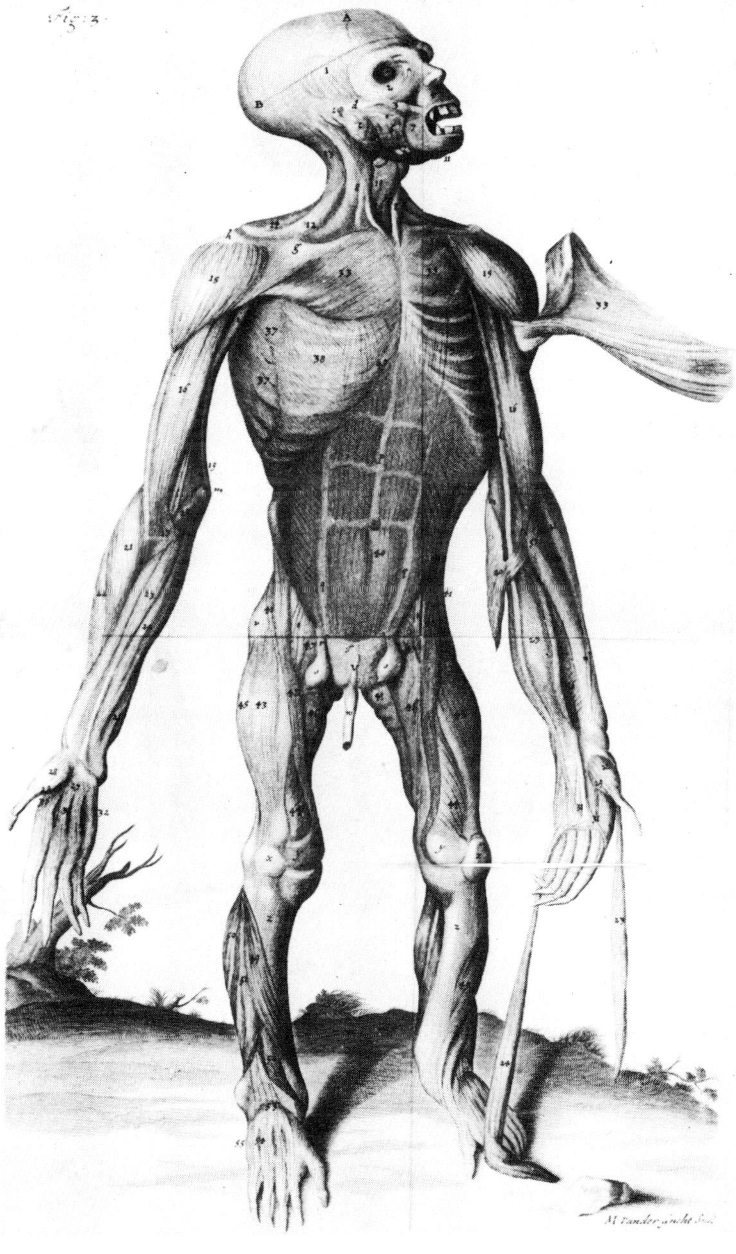

Le système musculaire du chimpanzé de Tyson. Les muscles externes sont « épluchés » pour permettre de voir les autres, selon une convention classique du dessin anatomique de l'époque. D'après Tyson, 1699.

observations, lui échappe : il ne s'agit pas du fait que les chimpanzés ressemblent aux êtres humains, mais plutôt du fait que lui, Tyson, avait disséqué un très jeune animal, et que les jeunes primates ressemblent effectivement beaucoup aux êtres humains adultes, sans qu'il soit nécessaire d'en déduire une parenté ou une descendance directes. Tyson écrivait entre autres :

> La face de notre pygmée ressemblait plutôt à celle d'un homme qu'à celle d'un singe. Son front était plus grand et plus bombé, ses deux mâchoires n'étaient ni aussi longues ni aussi proéminentes, mais plutôt larges ; et la taille de sa tête était plutôt supérieure à la leur.

C'est un fait, le gros cerveau du chimpanzé de Tyson ressemblait à celui d'un homme et posait un problème important. Tyson avait déjà découvert que l'appareil vocal de son pygmée ressemblait suffisamment au nôtre pour qu'il puisse parler, mais pourquoi ne parlait-il donc pas ? Quelque déficience de son cerveau empêchait peut-être l'expression de cette faculté éminemment humaine ? Cependant, Tyson ne découvrait que des différences mineures entre le cerveau de son pygmée et le nôtre, tant du point de vue de sa taille que de sa structure.

> Nous pourrions penser, puisqu'il existe une telle différence entre l'âme d'une brute et celle d'un homme, que l'organe où se trouve vraisemblablement cette âme doit également être extrêmement différent. En comparant le cerveau de notre pygmée à celui d'un homme, observant séparément chaque partie avec la plus grande précision, je fus pourtant très surpris de découvrir tant de ressemblances entre les deux qu'il était impossible de trouver mieux.

Dans un passage extraordinaire, qui témoigne du contexte du XVIIe siècle dans lequel Tyson effectue ses travaux, il nie tout simplement qu'il existe une relation entre la structure physique d'un organe et la fonction qu'il exerce : les cerveaux étaient peut-être semblables, mais les êtres humains sont mus par quelque principe plus noble qui insuffle à la même matière un comportement différent :

> Il n'y a aucune raison de croire que les créatures effectuent telle ou telle action parce qu'elles sont pourvues des organes qui leur permettent d'effectuer ces fonctions ; car alors, notre pygmée serait peut-être effectivement un homme. Dans le corps des animaux, les organes ne sont que des assemblages de conduites et de vaisseaux passifs où se propagent les fluides. Et ce qui met les organes en action, ce sont ces humeurs et ces fluides : leur déplacement régulier et constant confère la vie à ce corps

> d'animal. Mais ces facultés plus nobles de la pensée humaine procèdent certainement d'un principe plus élevé, qui ne peut résulter de la seule organisation de la matière. Sinon, pourquoi les actions seraient-elles différentes là où les organes sont identiques ?

Si, à long terme, la chaîne du vivant constituait sa propre heuristique pour la recherche des chaînons manquants et si la taille des intervalles augmentait au fur et à mesure que l'on progressait dans cette chaîne, qu'en était-il du gouffre bien plus béant que le petit trou que Tyson avait bouché, pensait-il, entre le singe et l'homme ? Celui qui existe entre les hommes et les anges ou autres entités célestes ? Sur ce point, Tyson se contentait d'un commentaire rapide, plus politique que scientifique. Il suggérait dans la lettre qu'il adressait à John Sommers, le grand chancelier d'Angleterre et président de la Société royale (qui publia son traité), que des hommes comme lui, d'une telle érudition, pourraient bien combler ce vide eux-mêmes !

> L'animal dont j'ai décrit l'anatomie est le plus proche de l'être humain ; il constitue apparemment le lien entre les animaux et le raisonnable ; quant à votre Seigneurie et ceux de votre Ordre et de votre Haut Rang dans la connaissance et la sagesse, les plus proches de ces créatures qui sont au-dessus de nous, vous êtes le lien entre le monde visible et invisible.

Tyson s'était arrêté là, mais le chaînon manquant entre l'homme et le singe suscita bientôt les premières spéculations sur un sujet très populaire aujourd'hui, mais qui était devenu accessible pour la première fois — l'exobiologie (dont je discute dans les essais du chapitre 7). La solution évidente était de suggérer que les créatures plus évoluées qui combleraient le vide entre les hommes et les anges habitaient d'autres planètes. Ainsi le philosophe Emmanuel Kant prétendait qu'une planète aussi grande et aussi lourde que Jupiter serait à même d'abriter de telles créatures. Et Alexander Pope leur donnait vie dans ses couplets sur la chaîne du vivant, dans son *Essai sur l'homme* (il saluait au passage Isaac Newton, parangon de la sagesse sur notre Terre) :

> Les êtres supérieurs, quand ils virent à la longue
> Qu'un mortel avait décrypté toutes les lois de la nature,
> Admirèrent tant de sagesse dans cette enveloppe terrestre
> Et montrèrent Newton comme nous montrons un singe.

Pope s'abandonnait tout simplement à des rêveries qu'il exprimait sous forme de couplets épiques. Mais c'est Tyson qui fut le premier montreur de singe : il le fit avec précision et une admirable rigueur.

17. Tous unis par la grande chaîne

Robert Louis Stevenson qualifiait d'Heureuse Pensée le couplet suivant, tiré du *Jardin poétique d'un enfant* :

> Le monde nous offre tant de choses, tant de choix,
> Que nous devrions tous être heureux comme des rois.

Et pourtant, nous ne sommes pas nombreux à nous réjouir de la surabondante diversité de la nature ; nous sommes plutôt étourdis par sa complexité et par le désordre qui y règne. Et nous ne nous sentons satisfaits qu'après y avoir introduit un brin d'organisation ; nous ne pouvons nous empêcher de donner un sens à cette variété époustouflante en effectuant des classifications.

La théorie de l'évolution est un principe d'organisation satisfaisant, et nous nous y référons aujourd'hui sans hésiter : l'évolution enregistre le cheminement de la nature et nous permet également de donner une certaine cohérence à la classification des organismes. Mais que faisaient les scientifiques avant le XIXe siècle quand ils ne disposaient pas encore de la théorie de l'évolution, quel système de classification utilisaient-ils ? La « grande chaîne du vivant », cette théorie selon laquelle toutes les créatures vivantes se transforment graduellement les unes dans les autres, tenait à coup sûr la place d'honneur parmi toutes les théories qui existaient alors. Arthur Lovejoy, grand historien des courants d'idées, avait exposé le cheminement de ce concept dans son ouvrage principal (cité en bibliographie). Pour lui, la chaîne du vivant était « l'une de cette demi-douzaine d'idées préconçues les plus puissantes et les plus tenaces du monde occidental. En fait, il y a un siècle encore, la chaîne du vivant était le concept le plus répandu sur l'organisation générale des choses, le mode de structuration de l'Univers ».

Chaque organisme constitue un maillon bien défini de cette grande chaîne du vivant, une séquence linéaire qui commence à l'amibe la plus simple dans une goutte d'eau, se poursuit sans interruption vers des organismes toujours plus complexes, et culmine, vous l'aurez deviné, à nos infatuées personnes.

Vois comme elle progresse vers l'homme, la race couronnée
Depuis les vertes foules peuplant les graminées,

écrivait Pope dans ses poèmes épiques tirés de son *Essai sur l'homme*.

Nous sommes enclins à confondre évolution et progrès ; aussi la chaîne du vivant a-t-elle été souvent considérée, à tort, comme une version primitive de la théorie de l'évolution. Même si certains penseurs du XIXe siècle, selon Lovejoy, ont introduit une dimension « temporelle » dans la chaîne et l'ont transformée en une échelle que les animaux pouvaient gravir au cours de leur progression évolutive, la chaîne du vivant était à l'origine très explicitement et violemment antiévolutionniste. La chaîne était un agencement statique de créatures immuables, un ensemble d'êtres que Dieu avait placés dans une position fixe au sein d'une hiérarchie sans aucune signification temporelle ou historique, mais représentant l'ordre éternel des choses. La nature statique de cette chaîne définissait sa fonction idéologique : chaque créature devait être satisfaite de la place qui lui était assignée — le serf dans sa masure comme le seigneur dans son château — car toute tentative d'y déroger aurait détruit l'ordre établi dans l'Univers. Et Alexander Pope encore :

Un seul maillon brisé dans la chaîne nature
De dix ou de dix mille entraîne la rupture

Dans cet essai, j'analyserai les arguments présentés en faveur de la chaîne, système d'organisation statique du monde vivant, par le dernier défenseur influent de cette théorie en Angleterre. Il s'agit de Charles White, médecin et biologiste qui publia en 1799 un traité intitulé : *Exposé sur la progression graduelle chez l'homme et chez différents animaux et végétaux*. Charles White (1728-1813), qui vivait et exerçait à Manchester, en Angleterre, était un chirurgien renommé pour ses travaux d'obstétrique, en particulier pour son insistance à exiger une propreté absolue durant les accouchements. En 1795, il présentait ses idées sur la chaîne du vivant lors d'une conférence à la Société de littérature et de philosophie à Manchester. Il publiait ses résultats quatre ans plus tard.

Ce médecin conservateur donnait à la chaîne du vivant sa signification habituelle de support idéologique à la stabilité sociale et aux valeurs traditionnelles. Selon White, l'existence d'un Dieu créateur découlait inévitablement de la nature statique de la chaîne du vivant : la seule autre interprétation possible faisait de la chaîne le produit temporel de l'évolution, une notion clairement inacceptable. White justifiait ses travaux en ces termes à la fin de son ouvrage : « Tout ce qui exprime la sagesse, l'ordre et l'harmonie dans la création, et qui témoigne de l'indispensable recours à Dieu comme source de toute chose doit être agréable à l'homme. » Et, tout en clamant son opposition à l'esclavage, et en insistant sur son seul désir d'analyser des lois d'histoire naturelle et non pas de dénigrer un groupe racial particulier, White établissait, comme tout le monde, une hiérarchie des groupes d'êtres humains, les Blancs européens au sommet de l'échelle et les Noirs africains tout en bas, ce qui ne pouvait manquer de renforcer les préjugés de ses contemporains qui avaient la chance d'être blancs. White insistait sur ce point, parlant de lui-même à la troisième personne :

> Il ne désire nullement octroyer une supériorité à une race au détriment d'une autre, exception faite de la supériorité qui découle naturellement de caractéristiques telles que la force physique, les capacités intellectuelles, l'assiduité au travail ou la supériorité issue d'une organisation sociale ou nationale particulière. Son seul désir est de découvrir la vérité et les lois de la nature relatives à ce sujet ; toute tentative d'élucidation des lois de l'histoire naturelle, s'il ne se trompe, doit donc intéresser l'homme.

La chaîne du vivant avait toujours posé des problèmes aux biologistes : objectivement, elle ne paraissait pas vraiment adaptée à la description de la nature. Comment ranger tous les organismes en une chaîne unique, finement graduée, alors que l'organisation naturelle du monde vivant était ponctuée de trous gigantesques. Qu'y avait-il entre les plantes et les animaux, ou entre les invertébrés et les vertébrés par exemple ? Et selon quelle hiérarchie pouvons-nous organiser toutes ces créatures qui ne sont que les variantes d'un modèle de base — les races de chiens, ou l'éternel problème de la diversité des races humaines —, pourquoi une variante serait-elle meilleure qu'une autre ?

A certains égards, et cela n'est pas sans importance, la chaîne du vivant a toujours été une mauvaise argumentation, même dans ses propres limites et de son temps déjà — du moins si l'on admet que toute théorie valable sur la nature doit se conformer le plus précisément possible à ce que l'on observe de la nature (un critère qui n'a pas toujours été en vogue parmi les savants). Et, paradoxalement, le fait même qu'elle soit si peu en accord avec la nature fait de la chaîne du vivant un sujet d'analyse très passionnant. Les raisonnements de qualité nous procurent rarement l'occasion de pénétrer la pensée humaine pour la simple raison qu'ils transcrivent correctement et humblement les données de la nature avec la précision et l'objectivité nécessaires. Les mauvais raisonnements, en revanche, sont en contradiction avec l'observation même de la nature, et leur défense est donc plus difficile et requiert un certain doigté. Bien souvent, l'analyse de ce savoir-faire nous procure l'occasion de pénétrer l'idéologie et la démarche de pensée d'une époque, et parfois même les modes de raisonnement des hommes. Les arguments que White apportait à l'appui de la théorie de la chaîne du vivant étaient particulièrement directs et sans finesse, mais, sur le fond, son raisonnement était identique à celui des autres versions plus sophistiquées de son époque. C'est donc le modèle idéal du raisonnement mal construit.

Selon White, les différentes races humaines avaient été créées séparément (ce qui était en accord avec sa conception strictement antiévolutionniste de la progression graduelle dans la chaîne du vivant) et le but de son ouvrage était d'organiser ces différentes races en une hiérarchie simple, selon une progression croissante. Il parvint à cette conclusion douteuse en développant l'un après l'autre deux arguments difficiles à soutenir. Il lui fallut d'abord justifier la réalité de la chaîne du vivant et expliquer ces intervalles importants entre les plantes et les animaux, entre les singes et les hommes. Ensuite, il dut classer tous les êtres humains en une seule séquence, même si, du fait de leur extrême diversité, il était possible de les agencer différemment en utilisant d'autres critères de classement. Bref, comment s'y prendre pour construire une chaîne unique, alors que la nature nous met sous les yeux tant de variété si peu hiérarchisée ?

Dans la première partie de son traité, White s'efforçait donc de démontrer que la chaîne était bien le grand principe général d'organisation du monde vivant. Il abordait en premier lieu le problème des interruptions apparentes de la chaîne entre les principaux règnes, et en particulier entre les plantes et les animaux. D'autres partisans de cette théorie avaient résolu le problème avant lui, en proposant des « formes intermédiaires » plus ou moins fantaisistes. Ainsi, selon Charles Bonnet, l'amiante, dont la nature fibreuse rappelait le système vasculaire des plantes, constituait une forme intermédiaire entre le monde minéral et le monde végétal. Et l'hydre d'eau douce, cousine des coraux découverte en 1739, fut promue à l'unanimité au statut de forme intermédiaire entre les plantes et les animaux : comme les plantes, elle était dépourvue d'organes internes complexes, et sa reproduction asexuée s'effectuait par bourgeonnement.

White, selon la tradition, rendait hommage à l'hydre, mais il adoptait une stratégie différente pour combler le fossé entre les plantes et les animaux : selon lui, ces deux types de créatures étaient bâties sur des modèles anatomiques semblables. S'il parvenait en effet à montrer que l'architecture fondamentale des plantes et des animaux était identique, que les deux règnes avaient été coulés dans le même moule et que les plantes étaient simplement la version la moins complexe de cette architecture de base, il pouvait bâtir un ordre unique pour ces deux règnes. White étayait cette thèse — l'unité de structure des plantes et des animaux — à l'aide de trois arguments très pauvres. Il faisait d'abord appel à quelques analogies d'un goût douteux : la chute des feuilles chez les plantes et la perte des poils chez les animaux établissaient un lien de similitude fondamentale entre les buissons et les babouins. Deuxièmement, il ne reculait pas devant la désinformation, prétendant que les plantes étaient pourvues de poumons. Enfin, il citait d'autres éléments de ressemblance, que nous estimerions aujourd'hui dénués d'intérêt : des caractéristiques très générales qui ne permettent pas en réalité d'établir des similitudes de structure entre les plantes et les animaux, comme le fait qu'ils soient tous deux sujets aux maladies.

Pour combler le vide plus gênant situé à l'autre bout de l'échelle — celui qui sépare les singes des hommes — (encore qu'il nous paraisse moins grand aujourd'hui), White avait recours aux mêmes arguments misérables. Il ne prenait pas la peine de rappeler que le singe et l'homme étaient bâtis sur le même modèle (les ressemblances anatomiques entre le singe et l'homme étaient absolument indéniables). Il s'efforçait, en revanche, de rehausser le statut du singe dans la chaîne, tout en abaissant celui du groupe d'êtres humains soi-disant inférieurs. A l'aide de quelques analogies douteuses (ou en interprétant de manière anthropomorphique le comportement des animaux), il prétendait par exemple que les babouins plaçaient des sentinelles chargées de veiller sur le sommeil du troupeau pendant la nuit. Dans un autre passage assez amusant, et sur le thème de la désinformation encore, White prétendait que les orangs-outangs se soumettaient volontairement à cette pratique médicale des plus éclairées — la saignée : « les animaux ont la réputation de se laisser saigner quand ils sont malades et même de solliciter cette opération ; ils se soumettent d'ailleurs, comme les êtres doués de raison, à d'autres traitements médicaux ». Enfin, dans un véritable doublé où il tentait à la fois d'élever les singes et de rabaisser les êtres humains noirs, White décrivait les Simiens comme des esclavagistes et des obsédés sexuels (tellement humain, même si ce n'est pas vraiment flatteur) :

> Ils ont la réputation d'enlever des garçons, des filles, ou même des femmes nègres, comme esclaves ou comme objets de leurs viles passions : certains assurent même que ses enfants sont nés de ces accouplements.

Ayant ainsi établi que la chaîne était une longue séquence finement graduée qui embrassait tous les êtres vivants, White en arrivait au thème principal de son traité : la classification des races humaines en une

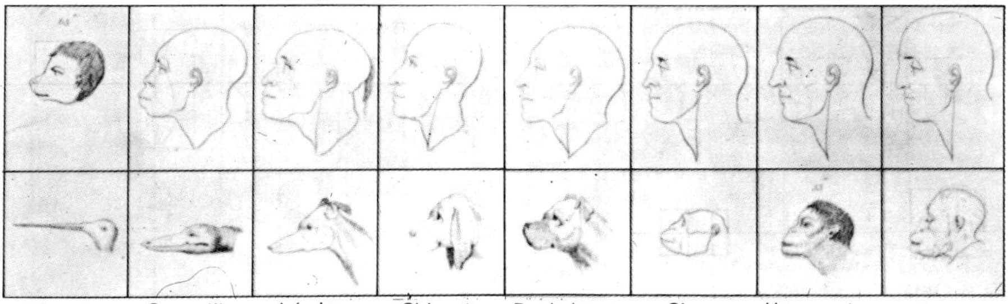

La version hétéroclyte de la chaîne du vivant selon Charles White. Remarquez en particulier la « progression » des races humaines jusqu'à l'idéal abstrait de la statuaire grecque. D'après White, 1799. Reproduit avec l'autorisation du *Natural History Magazine.*

hiérarchie dont son propre groupe occupait le sommet. White s'efforçait vigoureusement d'établir cette séquence linéaire des races en comparant tous les organes et les structures, les uns après les autres, pendant plus de cent pages. C'était une lutte intellectuelle épuisante que de s'efforcer d'ajuster des données récalcitrantes à ce schéma prédéterminé ; il était difficile en effet, de linéariser les différences entre les races, quelle que soit la conviction que l'on avait en faveur de cette hypothèse. De plus, toutes les caractéristiques de toutes les races ne variaient pas toujours dans le même sens : les Noirs présentaient peut-être certaines qualités à un degré moindre que les Blancs, mais il existait sûrement d'autres qualités où les Noirs l'emportent sur les Blancs. Comment White résolvait-il les contradictions qui menaçaient ainsi son système ?

C'est en répartissant en quatre catégories les caractéristiques particulières des êtres humains dont White discutait, que je comprends le mieux ses efforts — et je note d'ailleurs qu'une seule de ces catégories correspond réellement à son schéma favori, celui de cette chaîne unique qui va des animaux « les plus bas » aux races « inférieures » (les Noirs africains tout en bas, suivis des Orientaux) et culmine avec les Blancs européens. Dans la première catégorie, White discutait des caractéristiques de grande valeur, dont les Blancs sont abondamment pourvus, les Noirs un peu moins, et les animaux moins encore. Il se fondait d'abord sur des mensurations de signification tout à fait douteuse (en admettant même que cela ait une quelconque importance, on sait que la taille du cerveau ne varie pas beaucoup d'une race d'êtres humains à l'autre), et il classait ainsi par ordre de taille croissante du cerveau, les oiseaux, les chiens, les singes, les races humaines « inférieures » et finalement les

Blancs européens (la figure de la page précédente représente la séquence établie par White). Seule parmi les quatre catégories, celle-ci confirmait les préjugés de White. L'interprétation des résultats des trois autres catégories posait des problèmes divers et gênants : White se montra cependant à la hauteur de la tâche avec un égal bonheur.

A la grande confusion de White, la seconde catégorie comprenait certaines caractéristiques admirables qui étaient plus spécialement l'apanage des Noirs. White se tira de cette mauvaise passe en prétendant que ces traits avaient certes une grande valeur, mais que les bêtes en étaient encore mieux pourvues — la séquence animal-noir-blanc était donc toujours respectée. Il écrivait : « En ce qui concerne ces dernières caractéristiques, l'ordre est inversé : l'Européen se trouve au bas de l'échelle, l'Africain un peu plus haut, et la brute est, cette fois-ci, tout en haut. » Ainsi, les Noirs transpirent moins que les Blancs — un progrès, apparemment, dans le raffinement (même si l'odeur corporelle des Noirs est plus forte que celle des Blancs, nous assure White). Voici ses commentaires :

> Les récits des capitaines et des chirurgiens des bateaux qui se rendent en Guinée et aux Antilles sont unanimes : les nègres transpirent beaucoup moins que les Européens ; à peine aperçoit-on de temps en temps une goutte de sueur sur leur peau. Les Simiens suent moins encore et les chiens pas du tout.

De même, les menstruations des femmes noires sont nettement moins abondantes — raffinement incontestable par rapport aux femmes blanches. Mais chez les singes femelles, les saignements sont très réduits, ou même totalement absents. La mémoire des Noirs est nettement meilleure que celle des Blancs, mais dans ce domaine, faut-il le rappeler, les vrais champions sont les animaux : les éléphants n'oublient jamais. Et White s'arrange donc ainsi pour dévaloriser tout ce que l'on pourrait admirer chez les Noirs en attribuant aux animaux ces mêmes qualités en abondance. Les Noirs supportent, par exemple, bien mieux la douleur que les Blancs. Et comme l'écrivait un de ses collègues :

> Ils supportent les opérations chirurgicales bien mieux que les Blancs ; et ce qui provoquerait une douleur insupportable à un Blanc, laisse un nègre à peu près indifférent. J'ai pratiqué de nombreuses amputations de la jambe chez des nègres qui maintenaient eux-mêmes la partie supérieure de leur membre.

Mais songez donc à tous ces animaux inférieurs (je pense aux insectes, par exemple) qui supportent qu'on leur arrache une patte sans faire entendre le moindre soupir.

La troisième catégorie comporte des caractéristiques animales plus répandues chez les Blancs que chez les Noirs, et que l'on trouve en plus grande abondance encore chez les animaux inférieurs — ce qui est donc en contradiction flagrante avec l'ordre favori de White. Ainsi, la barbe des Blancs est plus fournie, et ils ont bien plus de poils sur le corps que les Noirs, mais la plupart des mammifères sont entièrement couverts d'un pelage très dense — White se tira de cette situation embarrassante par une pirouette : le plus noble des animaux n'était-il pas pourvu d'une chevelure aussi abondante que les cascades de boucles des Blanches européennes !

> Les cascades gracieuses de longs cheveux sont manifestement une parure. Le Père de l'Univers l'a donnée en partage à un nombre restreint d'animaux, ceux de la plus noble espèce — l'homme, le roi de la création, le lion, le roi de la forêt, et cet animal domestique le plus beau et le plus utile de tous : le cheval.

La dernière catégorie est celle des caractéristiques « bestiales » ; tout semble pour le mieux puisque les Noirs en sont plus abondamment pourvus que les Blancs — malheureusement, les animaux en sont les moins bien pourvus parmi toutes les créatures. Un exemple : les hommes noirs ont des pénis plus grands que les blancs tandis que les femmes noires ont des poitrines plus fortes — signes évidents d'une sexualité indécente et non maîtrisée (White signale même que « les femmes hottentotes ont des poitrines si flasques et pendantes qu'il leur suffit de lancer leur sein par-dessus l'épaule pour nourrir l'enfant qu'elles portent sur le dos »). Mais les pénis des singes mâles et les poitrines des singes femelles sont plus petits que ceux de n'importe quel groupe d'êtres humains. White ne trouva aucune solution satisfaisante à ce problème ; il se contenta de le contourner, sans omettre en passant que, tout compte fait, les femmes noires et les singes avaient les mamelons les plus gros !

A ce point de son ouvrage, et après s'être laborieusement appliqué pendant cent pages à établir ses listes comparatives, l'argumentation de White s'effondrait lamentablement malgré les efforts héroïques — dont je viens de vous donner quelques exemples — qu'il déployait pour lui maintenir une certaine cohérence. Aussi, faisant à tout prix contre mauvaise fortune bon cœur, il concluait dans une envolée lyrique où il en appelait outrageusement à ce critère de la plus haute subjectivité — l'esthétique. Après tout, nous le savons bien, tous autant que nous sommes, la race blanche est la plus belle et la plus agréable aux yeux de Dieu et des hommes — un point c'est tout. White terminait donc son ouvrage par ce paragraphe célèbre, une pirouette, un péan dédié à l'européenne beauté, que l'on a souvent cité pour son humour involontaire :

> Tout en haut de cette échelle graduée, nous en arrivons enfin au Blanc européen ; c'est lui le plus éloigné de la brute, et, de ce fait, on peut le considérer comme la plus belle créature de la race humaine. Personne ne met en doute la supériorité de ses facultés intellectuelles, et l'on découvrira, j'en suis persuadé, que tous ses dons sont supérieurs à ceux des autres hommes. Où trouverions-nous, sinon chez un Européen, ce front noblement bombé, et derrière lui ce cerveau d'une telle taille, cette tête en équilibre sur cette colonne majestueuse ? Qui d'autre est pourvu de cette figure droite, de ce nez proéminent et de ce menton saillant et arrondi ? Chez qui trouve-t-on cette variété de traits et cette richesse d'expression ? Ces cascades de boucles gracieuses, cette barbe majestueuse, ces joues roses et ces lèvres de corail ? Cette attitude redressée et cette démarche altière ? Dans quelle autre partie du globe trouverons-nous la carnation délicate de la femme européenne, cette emblème de réserve, de sensibilité, et d'intelligence ? Cette belle expression de passions aimables et plus tendres d'être contenues ? Cette élégance des traits et du teint. Où donc si ce n'est dans le corsage de l'Européenne, ces deux hémisphères dodus et blancs comme neige, effleurés de vermillon ?

Loin de moi l'idée d'atténuer l'humour posthume de ce passage — « hémisphères blancs comme neige effleurés de vermillon », marque ultime de la perfection humaine, n'importe quoi. Et même si l'humour posthume de White l'expose davantage au ridicule que ses contemporains, son raisonnement n'est ni pire ni différent. Il exprimait simplement une opinion de son temps, mais dans un style emphatique, de l'avis général. La chaîne du vivant, comme le disait Lovejoy, avait constitué la pierre angulaire de l'interprétation de la nature par les Occidentaux pendant des siècles, malgré toutes les difficultés qu'il y avait à l'appliquer à un monde récalcitrant, plein de trous et de variations difficiles à organiser en séquence linéaire.

Riez donc sous cape quand cela s'impose, mais ne passez pas à côté du message plus général et plus sérieux qui se dégage de ce texte. La théorie de l'évolution a jeté au rebut celle de la chaîne du vivant ; rétrospectivement, il est donc facile d'identifier ses vices de forme et d'analyser la fausseté et l'incohérence des arguments utilisés pour sa défense. Mais combien de nos certitudes favorites, celles auxquelles nous croyons dur comme fer, tant elles décrivent bien la nature, combien d'entre elles sembleront dans quelques siècles tout aussi stupides et conditionnées par une idéologie que la chaîne du vivant ? Ne devrions-nous pas réexaminer la logique et la vraisemblance de nos convictions les plus profondes ? Tentons au moins d'éviter le pire et ne prenons pas le risque de nous faire couvrir de ridicule par les générations suivantes : laissons les descriptions métaphoriques de la poitrine au grand poète du Cantique des Cantiques.

18. La Vénus hottentote

J'avais une petite amie à l'école maternelle. J'ai oublié son nom mais je me souviens très bien d'un conseil secret que je lui prodiguai un jour dans la cour de récréation. Je lui fis remarquer que les créatures géantes qui nous entouraient, et qui s'appelaient « adultes », se promenaient toujours le nez en l'air ; nous avions donc de grandes chances, nous, petites personnes, de découvrir toutes sortes de trésors si nous gardions les yeux fixés au sol. Était-ce un signe prémonitoire de ma vocation de paléontologiste ?

Carl Sagan et moi sommes tous deux nés à New York, nous y avons grandi et nous étions tous deux intéressés par la biologie et l'astronomie. Carl est grand, il a choisi l'astronomie, je suis petit et paléontologiste : j'ai toujours pensé qu'il garderait les yeux fixés vers le haut (il ne s'est pas privé de le faire en présentant son émission *Cosmos* à la télévision), tandis que moi, je resterais cramponné à mon bon vieux conseil : le regard vissé au sol. Je l'ai pourtant battu d'une courte tête — si l'on ose dire — le mois dernier à Paris.

Il y a quelques années, Yves Coppens, professeur au musée de l'Homme à Paris, emmena Carl en visite dans les arcanes du musée. Là, dans un bocal perché sur une étagère, ils découvrirent le cerveau de Paul Broca baignant dans le formol. Après sa visite, Carl écrivit un essai d'une grande finesse, ce passage qui servit de titre à son livre : *le Cerveau de Broca*. Il y a quelques mois, Yves me fit faire la même visite. Je pris en main le crâne de Descartes et celui de notre ancêtre à tous, l'homme de Cro-Magnon. Je trouvai également le cerveau de Broca sur son étagère, entouré d'autres bocaux contenant les cerveaux d'illustres scientifiques de son époque — tous des hommes et tous de race blanche. Et pourtant, je fis une découverte bien plus intéressante en jetant un coup d'œil sur l'étagère juste au-dessus. Peut-être Carl n'a-t-il jamais levé les yeux ?

Dans ces « remises » du musée se trouve la collection des pièces anatomiques de Broca y compris sa généreuse contribution personnelle et posthume. Grand médecin, anatomiste et anthropologue, Broca incarnait cette profession de foi du XIXe siècle : la quantification est la mère de l'objectivité scientifique. S'il rassemblait un nombre suffisant de fragments de l'anatomie d'individus appartenant à un nombre suffisant de races humaines, il pourrait sans ambiguïté reconstituer le grand escalier du progrès humain, du chimpanzé à l'homme blanc. Le racisme de Broca n'était pas plus virulent que celui des ses collègues (à peu près tous d'heureux mâles de race blanche, bien sûr) ; Broca montrait simplement un peu plus d'acharnement dans l'accumulation de données sans lien véritable avec son sujet, et qu'il présentait ensuite après les avoir soigneusement sélectionnées, pour défendre ses conceptions pleines d'*a priori*.

Ces étagères contiennent un bric-à-brac indescriptible : des têtes coupées de Nouvelle-Calédonie, un exemple de ce que l'on faisait subir aux pieds des femmes chinoises — oui, vous avez bien lu, un morceau de jambe, sectionnée juste au-dessous du genou, et se terminant par un pied bandé. Et, sur l'étagère qui surplombait celle des cerveaux, je vis quelques-unes des pièces à conviction de l'histoire du racisme qui me plongèrent dans le bain de la *mentalité* [1] du XIXe siècle et me procurèrent un frisson d'horreur : trois bocaux de plus petite taille contenant les organes sexuels disséqués de trois femmes du Tiers Monde. Nul cerveau de femme n'agrémentait cette collection, pas plus que l'ombre d'un pénis, celui de Broca moins que celui de tout autre. Les trois bocaux étaient étiquetés : *une négresse, une Péruvienne* et *la Vénus hottentote* [1]. Le plus grand anatomiste de France, Georges Cuvier lui-même, avait disséqué la Vénus hottentote, morte à Paris à la fin de l'année 1815. Cuvier s'en était pris sans détour aux organes sexuels de la Vénus hottentote pour une raison toute particulière et pleine d'intérêt que je vous exposerai après vous avoir raconté l'histoire de cette pauvre femme. A cette époque, le cinéma et la télévision n'avaient pas encore tout banalisé et, anthropologiquement parlant, les handicapés congénitaux, au même titre que les représentants normaux d'autres races, étaient considérés comme les sous-produits de l'humanité ; l'exhibition d'êtres humains insolites devint alors un commerce rentable qui sévissait dans les salons huppés comme dans les vitrines des rues mal famées (voir *les Spectacles de Londres* par Richard D. Altick cité en bibliographie, ou les trois versions écrite, théâtrale et cinématographique de l'histoire d'« Elephant Man »). Les pièces maîtresses de ces exhibitions étaient des supposés sauvages originaires de pays lointains, et la Vénus hottentote en était l'exemple le plus célèbre. Les Hottentots et les Bochimans sont de proches parents, peuples de petite taille du Sud de l'Afrique. Quand les Européens découvrirent les Bochimans traditionnels, ceux-ci étaient des chasseurs-

1. En français dans le texte.

cueilleurs, tandis que les Hottentots étaient des pasteurs qui élevaient des troupeaux. Les anthropologues contemporains ont de moins en moins recours à ces termes européens quelque peu attentatoires et désignent plutôt ces deux groupes sous un seul nom, les Khoi-san, nom composé formé de l'assemblage des noms de chacun des peuples. La Vénus hottentote était au service de fermiers hollandais installés près de Cape Town mais nous ne connaîtrons jamais sa véritable origine : ses exploiteurs ne l'appelèrent jamais par son vrai nom. Elle fut baptisée Saartje Baartman (Saartje ou petite Sarah en afrikaans, se prononce Sarké).

Hendrick Cezar, frère de « l'employeur » de Saartje suggéra de l'emmener en Angleterre pour l'exhiber et en faire ainsi une femme riche. Lord Caledon, gouverneur du Cap, lui accorda la permission de faire le voyage mais le regretta ensuite quand il en comprit le véritable motif. (L'exhibition de Saartje suscita de nombreuses protestations et elle trouva toujours des défenseurs, dégoûtés par ces pratiques d'exhibition d'êtres humains comme s'ils étaient des animaux ; le spectacle eut lieu mais sans l'approbation unanime.) Dès son arrivée à Londres en 1810, Saartje fut exposée à Piccadilly où elle fit rapidement sensation pour des raisons que j'exposerai plus loin. Un membre de l'African Association, société bienveillante qui fit circuler une pétition pour la « libération » de Saartje, nous a laissé une description du spectacle. Il vit Saartje pour la première fois dans une cage posée sur une estrade surélevée de quelques mètres.

> Sur l'ordre de son gardien, elle sortit... La Hottentote était exhibée comme une bête sauvage ; elle avançait ou reculait sur l'estrade, sortait ou rentrait dans sa cage sur commande, comme un ours en captivité plutôt que comme un être humain.

Et pourtant, interrogée en néerlandais devant la Cour, Saartje protesta : elle n'était pas là sous la contrainte et elle avait parfaitement compris qu'on lui garantissait la moitié des bénéfices. Le spectacle se poursuivit. Après une longue tournée dans les provinces anglaises, Saartje monta à Paris où un montreur d'animaux l'exhiba pendant quinze mois, faisant autant sensation qu'en Angleterre. Cuvier et tous les grands naturalistes de France lui rendirent visite et elle posa nue pour des peintures scientifiques au Jardin du roi. Mais elle fut emportée par une infection le 29 décembre 1815 et termina sa carrière sur la table de dissection de Cuvier au lieu de s'en retourner à Cape Town riche et comblée.

Pourquoi, à cette époque où les exhibitions d'êtres humains dans les foires étaient monnaie courante, Saartje fit-elle sensation ? A cette question, nous pouvons donner deux réponses, aussi troublantes l'une que l'autre et liées chacune à l'un de ses titres officiels, Hottentote et Vénus. Sur l'échelle raciste de la progression du genre humain, les Bochimans et les Hottentots se disputaient les barreaux les plus bas avec les Australiens aborigènes, juste au-dessus des chimpanzés et des orangs-outangs. Selon certains savants, le premier nom que leur donnèrent les colons hollandais du XVIIe siècle, Bosmanneken ou Bochimans, était la traduction littérale d'un mot malais bien connu d'eux : *Orang-Outang*, ce qui signifie « homme de la forêt ». Dans ce système de « valeurs », Saartje exerçait une fascination sinistre, non pas comme « chaînon manquant » des théories évolutionnistes plus tardives, mais plutôt en tant que créature ayant franchi cette frontière redoutée qui sépare l'être humain de l'animal ; elle nous révélait ainsi cet aspect de nous-mêmes, toujours présent, bien qu'enfoui, dans les créatures « supérieures » (voir les essais 16 et 17). Les commentateurs de l'époque insistaient à la fois sur l'apparence simiesque et les mœurs de brute des Bochimans et des Hottentots. En 1839, S.G. Morton, chef de file des anthropologues américains, taxait les Hottentots de « la meilleure approximation des animaux inférieurs... Leur teint est d'un brun jaunâtre que les voyageurs comparaient à la couleur particulière des Européens au dernier stade de la jaunisse. Les femmes paraissent encore plus repoussantes que les hommes ». Mathias Guenther (voir la bibliographie) cite un extrait du compte rendu de l'exposition d'une famille de Bochimans dans le Hall égyptien à Londres en 1847 :

> Leur apparence est à peine plus belle que celle des singes. Ils sont toujours accroupis, en train de se réchauffer près du feu, en caquetant ou en grognant. Ils sont maussades, muets et sauvages ; ils ont des penchants presque purement animaux sous une apparence pire encore.

Et cette note bilieuse d'un missionnaire raté, en 1804 :

> Les Bochimans tuent leurs enfants sans remords à tout propos : quand ils sont malformés, ou quand ils sont affamés ou quand ils sont obligés de fuir les fermiers, etc. Auquel cas, ils les étranglent, ils les étouffent, les chassent dans le désert ou les enterrent vivants. On connaît des exemples de parents qui jettent leur tendre progéniture aux lions affamés et rugissants à l'entrée de leurs cavernes, refusant de quitter les lieux avant d'avoir reçu une offrande propitiatoire.

Guenther raconte que cette assimilation des Bochimans aux animaux était tellement ancrée dans les esprits qu'un jour, au cours d'une partie de chasse, des colons hollandais abattirent et mangèrent un Bochiman, le prenant pour l'équivalent africain de l'orang malais.

Dans sa monographie sur la dissection de Saartje publiée en 1817 dans les *Mémoires du Muséum d'histoire naturelle*, Cuvier se conformait à cette optique traditionnelle. Après avoir discuté et écarté plusieurs légendes sans fondement, Cuvier promettait de ne présenter que des « faits positifs », y compris cette description de la vie d'un Bochiman :

> Ils sont incapables de se livrer à l'agriculture ni même à la vie pastorale, ils ne vivent que de chasse et de pillage. Ils habitent dans des cavernes et se couvrent de peaux des bêtes qu'ils ont tuées. Leur unique activité se réduit à empoisonner leurs flèches et à fabriquer quelques filets pour prendre du poisson.

Dans la description de Saartje, Cuvier soulignait toutes ses ressemblances superficielles avec les grands singes et les singes. (Faut-il insister sur le fait que les individus diffèrent tellement les uns des autres que chaque groupe possède au moins une caractéristique qui le rapproche plus que d'autres groupes de certains primates et que cela ne préjuge en rien de sa généalogie ou de ses aptitudes.) Cuvier discutait par exemple du nez épaté de Saartje : « De ce point de vue, je n'ai jamais vu de tête humaine plus semblable aux singes que la sienne. » Il mettait l'accent sur diverses parties du fémur (os de la cuisse) qui incarneraient des « caractéristiques d'animalité ». Il parlait de la petite taille du crâne de Saartje (guère étonnant pour une femme de 1,37 mètre), et la ravalait au niveau intellectuel le plus bas du fait de « cette loi cruelle qui semble avoir condamné à une éternelle infériorité les races au crâne petit et comprimé ». Il déduisait même de son comportement un ensemble de réactions soi-disant simiesques : « Ses mouvements avaient quelque chose de brusque et de capricieux qui rappelait ceux du singe. Elle avait surtout une manière de faire saillir ses lèvres tout à fait pareille à celle que nous avons observée chez l'orang-outang. »

Cependant une lecture attentive de toute la monographie dément ces interprétations : Cuvier, même s'il n'en tirait aucune conclusion et aucun message général, disait et répétait inlassablement que Saartje était une femme intelligente, dont les connaisseurs n'auraient pas désavoué les proportions. Il mentionnait, avec une certaine désinvolture que Saartje avait une excellente mémoire, parlait assez bien le néerlandais, avait quelques notions d'anglais, et, au moment de sa mort, commençait à dire quelques mots de français (pas mal pour une brute en cage ; si seulement un peu plus d'Américains avaient ne fût-ce qu'un tiers de ses capacités, ce ne serait déjà pas si mal !). Il admettait que ses épaules, son dos et sa poitrine étaient gracieux et, avec la galanterie de sa propre race, il parlait de sa *main charmante*. Cependant, l'emprise qu'exerçait Saartje sur le gratin des Européens bon ton ne provenait pas uniquement de son statut racial. Elle n'était pas seulement hottentote ou femme hottentote mais la *Vénus* hottentote. Sous les versions officielles se cache la vraie raison de son immense popularité : cette raison, en grande partie non dite, la voici : deux éléments de l'anatomie sexuelle des femmes khoi-san sont hypertrophiés (ou du moins ces parties du corps qui éveillent les instincts sexuels de la plupart des hommes). La Vénus hottentote conquit donc sa renommée en tant qu'objet sexuel, et la combinaison de sa bestialité supposée et de la fascination lascive qu'elle exerçait sur les hommes retenait toute leur attention ; ils avaient du plaisir à regarder Saartje mais ils pouvaient également se rassurer avec suffisance : ils étaient supérieurs. Tout d'abord, et cela crevait les yeux comme on dit, Saartje était « stéatopyge à l'excès » selon la formule d'Altick. Les femmes khoi-san accumulent une énorme quantité de graisse dans leurs fesses, autrement dit, elles sont stéatopyges. Leurs fesses remontent très haut, se terminent souvent en pointe et retombent jusqu'au niveau de leurs organes génitaux. Saartje était particulièrement gâtée par la nature sur ce point, et c'est ce qui avait décidé Cezar à faire de cette domestique une sirène. Saartje couvrait son sexe pendant les exhibitions, mais son postérieur *était* la raison d'être du spectacle et elle accepta de se soumettre aux regards curieux et incessants et aux quolibets durant cinq longues années. Les femmes européennes ne portaient pas de corset en ce temps-là, et n'indiquaient que par leurs vêtements ce dont la nature les avait gratifiées, aussi Saartje n'en paraissait-elle que plus incroyable. Cuvier avait bien perçu le mélange de sexualité et de bestialité qui fascinait ses contemporains chez Saartje puisqu'il écrivait « tout le monde a pu l'examiner à loisir pendant les dix-huit mois de son séjour dans notre capitale, et vérifier ainsi l'énorme protubérance de ses fesses et l'apparence brutale de sa figure ». L'un des mystères que Cuvier voulait éclaircir par la dissection était celui qui entourait les deux appendices inhabituels de Saartje. Les Européens s'étaient longtemps demandé si ces fesses énormes étaient constituées de graisse, de muscle ou même si un os inconnu jusque-là leur servait de support. Le problème avait déjà été résolu par l'observation — en faveur de la graisse —, raison première de son déshabillage devant les scientifiques au Jardin du roi. Cela n'empêcha pas Cuvier de disséquer les fesses de Saartje, et voici ce qu'il en disait :

> Nous pûmes vérifier que la protubérance de ses fesses n'était nullement musculeuse, mais que ce devait être une masse de consistance tremblante et élastique, placée immédiatement sous la peau. Cette masse vibrait au moindre mouvement que faisait cette femme.

Mais la seconde caractéristique anatomique de Saartje suscitait plus encore l'intérêt des scientifiques dont les spéculations allaient bon train : Saartje la dérobait systématiquement à leur regards, même au Jardin. Ce n'est qu'après sa mort que fut assouvie la curiosité des scientifiques.

Depuis deux siècles, des bruits circulaient au sujet d'une merveilleuse structure étonnante directement attachée au sexe de la femme khoi-san ; c'était un voile de peau, qui couvrait le sexe, et que l'on appelait *sinus pudoris* ou voile de la pudeur.

Puis-je me permettre une petite incursion dans le royaume des notes des savants — les renvois en bas de page des publications plus académiques. J'aimerais corriger une erreur que presque tout le monde commet — je n'y ai pas échappé moi-même — en traduisant le texte original de Linné sur l'*Homo sapiens*. Linné décrivait avec le plus profond mépris les Noirs d'Afrique et l'on trouvait dans ce texte l'expression *feminae sine pudoris* qui a généralement été traduite par « femme sans pudeur ». Ce contresens est bien compréhensible dans le contexte général de l'ouvrage de Linné, mais, en latin, « sans pudeur » s'écrirait *sine pudore* et non *sine pudoris*. Il faut dire qu'au XVIIIe siècle, le niveau du latin scientifique était plutôt médiocre, et personne ne s'embarrassait d'une faute d'orthographe ou de déclinaison : « sans pudeur » correspondait aux idées préconçues de l'époque et c'est la traduction qui prévalut. En fait Linné stipulait uniquement que toutes les femmes africaines étaient pourvues d'un « voile de pudeur », traduction réelle de *sine pudoris*. Mais Linné se trompait, lui aussi : seules les femmes khoi-san et quelques tribus apparentées présentent cette particularité.

La nature de ce *sine pudoris* fit l'objet d'un débat animé, les partisans des deux bords se réclamant de témoins oculaires. Pour les partisans de l'un des clans, le *sinus* n'était qu'une hypertrophie des organes génitaux. Pour les autres, c'était une structure nouvelle que l'on ne trouvait chez nulle autre race. Selon d'autres encore, le « tablier hottentot », comme on l'appelait alors, était un repli important de la peau de l'abdomen lui-même.

Cuvier était décidé à résoudre ce vieux problème ; l'objectif principal de sa dissection était donc d'attribuer son statut définitif au *sine pudoris* de Saartje. Cuvier commençait sa monographie par ces mots : « Il n'est rien de plus célèbre en histoire naturelle que le tablier (traduction française de *sine pudoris*) des Hottentotes, et, en même temps, il n'est rien qui ait été l'objet de plus nombreuses contestations. » Cuvier mit fin au débat avec son élégance habituelle : les *labia minora* ou petites lèvres des organes génitaux féminins sont bien plus développées chez les femmes khoi-san que chez les autres femmes et pendent parfois d'une dizaine de centimètres sous le vagin lorsqu'elles se tiennent debout. Voilà ce qui donne l'impression d'un voile de peau indépendant et enveloppant. Cuvier mit à conserver dans un bocal le résultat de sa dissection fort habile des organes génitaux de Saartje dont il rendit compte en style fleuri : « J'ai l'honneur de présenter à l'Académie les organes génitaux de cette femme préparés de manière à ne laisser aucun doute sur la nature du tablier. » Et le don de Cuvier repose encore dans son bocal, oublié sur une étagère au musée de l'Homme, juste au-dessus du cerveau de Broca.

Si Cuvier identifia correctement la nature du tablier de Saartje, il commit une erreur intéressante : il tomba dans le même piège qui avait suscité la fascination de ses contemporains, l'association de la sexualité et de l'animalité. Cuvier considérait les Hottentots comme la plus bestiale des tribus, et il associait à cette bestialité la taille importante du *tablier* des femmes ; il en déduisait que la taille du *tablier* devait décroître en fonction de la latitude chez les autres habitants de l'Afrique, de même que la couleur de la peau s'éclaircissait au fur et à mesure que l'on remontait du sud de l'Afrique à l'Égypte. (Dans la dernière partie de sa monographie, Cuvier prétendait même que les habitants de l'Égypte ancienne étaient certainement de race blanche : qui d'autre aurait pu construire les pyramides ?)

Cuvier savait que l'excision des femmes était une pratique courante en Éthiopie. Selon lui, chez les peuples de carnation intermédiaire habitant les latitudes moyennes, le *tablier* des femmes était au moins deux fois plus petit que celui des femmes de l'Afrique du Sud. Il s'aventura plus loin et suggéra que l'excision du *tablier* pratiquée par les Éthiopiens était destinée à faciliter l'accès au sexe ; il ne pensait pas qu'il s'agissait d'une coutume imposée à des femmes dont l'anatomie sexuelle était peut-être semblable en tout point à celle des Européennes. « Les négresses d'Abyssinie, écrivait-il, sont incommodées au point d'être obligées de supprimer ces parties par le fer et par le feu. » Cuvier racontait aussi l'histoire suivante, qui se passe de commentaire :

> Les jésuites portugais, qui, durant le XVIe siècle, convertirent le roi d'Abyssinie et une partie de son peuple, se crurent obligés de proscrire cette pratique (la circoncision des femmes), qu'ils croyaient tenir à l'ancien judaïsme de cette nation. Mais il advint que les filles catholiques ne trouvèrent plus de maris parce que les hommes ne parvenaient pas à se résigner à cette difformité dégoûtante. Le collège de la Propagande envoya un chirurgien sur les lieux pour vérifier le fait, et sur son rapport, le rétablissement de l'ancienne coutume fut autorisé par le pape.

Il n'est pas nécessaire, je pense, de vous démontrer longuement combien la célébrité de la Vénus hottentote était mal fondée. Je suis cependant très amusé de la volte-face spectaculaire des sentiments occidentaux à l'égard de Saartje et de son peuple, qui s'est produit depuis l'époque de Cuvier.

Si autrefois les scientifiques assimilaient les peuples khoi-san au rang des primates les moins évolués, ou peu s'en faut, ceux d'aujourd'hui en font les héros des mouvements sociaux modernes. Si on assimilait autrefois leur langage, aux klics si complexes, à des borborygmes gutturaux de sons bestiaux, on leur voue aujourd'hui une admiration sans borne pour la complexité et la subtilité de leur expression. Selon Cuvier, encore, la vie traditionnelle de chasseurs-cueilleurs des San (Bochimans) était le signe ultime de la déchéance d'un peuple trop stupide et paresseux pour cultiver la terre et garder des troupeaux. Nos écologistes modernes ont fait de ces mêmes peuples des modèles de vertu naturelle : leur attitude équilibrée face aux ressources de la nature est empreinte d'une intelligence profonde. Bien sûr, comme le dit Guenther dans son article sur l'évolution de notre attitude vis-à-vis de ces peuples, nos modernes engouements sont peut-être tout aussi peu réalistes. Cependant, s'il faut exploiter un peuple plutôt que le comprendre, il est bien plus rentable de lui attribuer gentillesse et héroïsme que de l'accuser d'animalité. De plus, si Cuvier et ses contemporains voyaient des signes physiques de bestialité dans l'anatomie des Khoi-San, les anthropologues actuels pensent plutôt que ces peuples présentent les signes de pédomorphose les plus prononcés parmi tous les groupes d'êtres humains. L'évolution des êtres humains s'est accompagnée d'un ralentissement général des vitesses de développement ; nos corps d'adultes conservent donc bien des caractéristiques semblables à celles que l'on trouve chez nos ancêtres les primates, mais uniquement lorsqu'ils sont jeunes. Ces caractères disparaissent chez les primates adultes. On appelle ce phénomène la pédomorphose (« forme infantile »). Selon ce critère, la pédomorphose est d'autant plus prononcée que l'on s'éloigne de notre passé simiesque (mais il ne faut pas traduire les variations mineures que l'on peut observer entre les races humaines en termes de valeur intellectuelle ou morale). Et, bien que Cuvier s'efforçât de découvrir des signes d'animalité chez Saartje, dans la moue de ses lèvres, ou la forme de l'os de sa jambe, sa race est en général la moins simiesque de toutes les races humaines.

En définitive, la raison principale de la popularité de Saartje reposait sur de fausses prémices. Elle a fasciné les Européens parce qu'elle avait de grosses fesses et des organes génitaux très développés et parce qu'elle appartenait au groupe humain soi-disant le plus arriéré. Tout s'arrangeait donc à merveille pour les contemporains de Cuvier. Les êtres humains évolués (lisez les Européens) sont raffinés, discrets et modérés dans leur sexualité (il est à peine nécessaire de souligner l'hypocrisie d'une telle prétention). La sexualité des animaux est au contraire très active et s'exprime au grand jour, ce qui traduit seulement tout ce qu'il y a de primitif en eux. L'hypertrophie des organes sexuels de Saartje était donc une preuve de son animalité. Mais dans ce cas, nous l'avons pour ainsi dire dans le baba : les êtres humains sont les primates les plus actifs sur le plan sexuel, et leurs organes sexuels sont bien plus développés que ceux des autres primates. Si nous poursuivons la logique de ce raisonnement douteux, une personne pourvue de ces attributs dans des proportions plus généreuses, n'en est que plus humaine.

A tout point de vue, mode de vie, apparence physique et anatomie des organes sexuels, Londres et Paris auraient dû se trouver dans une cage surveillée par Saartje. Cependant, Saartje eut son triomphe posthume. Broca n'hérita pas seulement du *tablier* disséqué par Cuvier, mais également du squelette de Saartje. En 1862, Broca pensa qu'il avait découvert le critère physique de classement des races humaines : le rapport des longueurs du radius (os de l'avant-bras) et de l'humérus (os du bras). Les valeurs les plus élevées de ce rapport correspondent aux avant-bras les plus longs — caractéristique classique des singes. Il se mit à espérer que les « mesures objectives » allaient confirmer son hypothèse lorsqu'il découvrit que ce rapport était en moyenne égal à 0,794 chez les Noirs et 0,739 chez les Blancs. Malheureusement, le même rapport était égal à 0,703 sur le squelette de Saartje et Broca abandonna promptement son hypothèse. Cuvier n'avait-il pas chanté les louanges du bras de la Vénus hottentote ?

Saartje a encore le dessus sur M. Broca aujourd'hui. Son cerveau à lui se décompose dans un bocal qui fuit. Son tablier à elle trône au-dessus et son squelette bien préservé le surveille d'en bas. La mort, comme le dit la Bible, s'est commuée en victoire.

Post-scriptum

Le déterminisme biologique a pris des galons en prétendant à tort que l'objectivité se conquiert par la quantification (lisez mon livre *la Malmesure de l'homme*, paru aux éditions Ramsay) et Saartje Baartman fut opprimée au nom de cette même doctrine sociopolitique déguisée en science : j'ai donc bien ri en découvrant que Francis Galton lui-même, ce grand apôtre de la quantification (et de l'héréditarisme), s'est servi d'une technique ingénieuse pour déterminer le degré de stéatopygie d'une femme khoi-san. Ce brillant et excentrique cousin de Darwin pensait pouvoir tout traduire en chiffres. Il tenta même de quantifier la beauté féminine selon cette méthode douteuse qu'il décrit dans son autobiographie (*l'Histoire de ma vie*, 1909, p. 315-316) :

> J'ai l'habitude de classer les personnes que je rencontre en trois catégories (bon, moyen, mauvais) et, pour ce faire, j'utilise une aiguille montée comme un cure-dents, pour percer de petits trous invisibles dans un morceau de papier grossièrement découpé en forme de croix dont une branche est plus longue que les autres. La branche du haut correspond aux bons, la branche transversale aux moyens, et le bas aux « mauvais ». Les trous restent distincts et sont facilement visibles. J'inscris l'objet, la date et le lieu sur le papier et je classe ainsi toutes les filles que je croise dans la rue ou ailleurs en fonction de leur beauté. Il s'agit bien sûr d'une évaluation purement personnelle, mais elle semble au moins cohérente à en juger par les différents échantillons d'une même population : la beauté à Londres est de tout premier choix ; à Aberdeen, on ne trouve que des rebuts.

La méthode discrète qu'il utilisa pour estimer la stéatopygie était à mon avis plus habile encore (et plus exacte sans doute si toute la trigonométrie qu'on nous a enseignée signifie quelque chose). Voici ce qu'en dit Galton dans *les Récits d'un explorateur en Afrique du Sud* (toute ma reconnaissance à Raymond B. Huey de l'université de Washington qui m'a procuré ce passage) :

> Le sous-interprète était l'époux d'une charmante personne, non seulement une Hottentote, mais une Vénus parmi les Hottentotes. J'étais absolument stupéfait du développement de ses attributs et je m'enquis sur ce point aussi loin que je l'osais auprès de mes amis missionnaires. Après tout, je suis un scientifique, et je brûlais d'obtenir les mensurations précises de ses formes. Mais ce n'était pas facile : je ne connaissais pas un mot de la langue, et il m'était donc impossible d'expliquer à la dame l'utilité de mon double décimètre. Je n'osais vraiment pas demander à mon hôte, un digne missionnaire, de jouer les interprètes. Aussi étais-je fort embarrassé de garder mon regard fixé sur les formes de cette dame, si généreusement pourvue par la nature, que toutes les crinolines et autres rembourrages de la couturière la plus experte seront à jamais classés au rang de pâle imitation. L'objet de mon admiration se tenait sous un arbre et se tournait et se retournait en tous sens comme le font généralement les dames qui désirent être admirées. Soudain, mon regard tomba sur mon sextant ; j'eus un éclair de génie, et je pris une série de relevés de son anatomie dans toutes les directions, à la verticale, à l'horizontale, en travers, en diagonale et ainsi de suite, et les reportai soigneusement sur une esquisse à grands traits de peur de les oublier. Ensuite, je sortis hardiment mon mètre ruban,

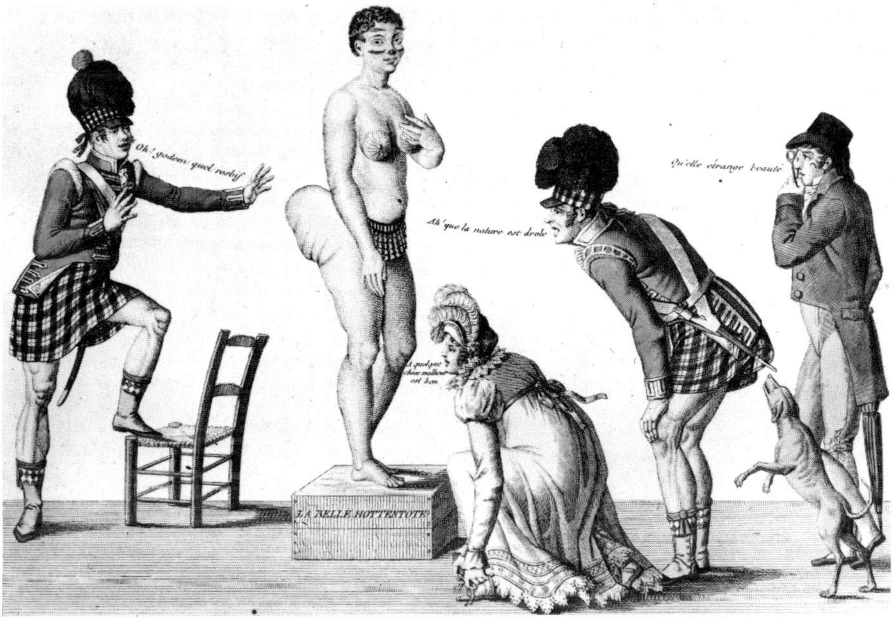

Un dessin satirique français de 1812, se gaussant de la fascination exercée par la Vénus hottentote sur les Anglais. Le soldat qui est derrière elle examine sa stéatopygie, tandis que la dame au premier plan fait semblant de renouer son lacet dans l'espoir de jeter un coup d'œil sur le tablier de Saartje.

> et mesurai la distance qui me séparait d'elle. J'avais les angles et la base du triangle, il ne me restait plus que quelques calculs de logarithmes et de trigonométrie à effectuer.

Saartje continue à nous fasciner à travers les âges, son exploitation n'a jamais vraiment pris fin. J'ai découvert la reproduction ci-dessus chez un bouquiniste de Johannesbourg et je l'ai achetée (voir l'essai 12), mais je ne peux toujours pas me départir d'un frisson d'horreur quand j'y jette un coup d'œil, malgré son caractère humoristique. Je la reproduis ici, pour qu'elle tienne lieu de critique de l'histoire et de rappel d'une réalité que nous ne pouvons ignorer. On doit cette illustration satirique de la fascination exercée par Saartje sur les Anglais à un critique français à Paris en 1812. Elle était intitulée : *Les curieux en extase ou les cordons de soulier.* Les regards des spectacteurs convergent tous vers les organes sexuels de la Vénus hottentote. Un militaire observant sa stéatopygie s'écrie : « Oh godem quel rosbif. » Un autre homme en uniforme et sa compagne, une dame élégante, essaient tous deux de jeter un coup d'œil sur le tablier de Saartje (c'est un point qui échappait immanquablement à un observateur non initié. Saartje montrait ses fesses, mais, fidèle aux coutumes de son peuple, elle n'aurait jamais découvert son tablier). L'homme s'exclame : « Comme la nature est bizarre », tandis que la femme, espérant mieux voir par en dessous, s'accroupit sous prétexte de renouer ses lacets (d'où le titre de l'illustration). La présence du chien nous rappelle que sous nos accoutrements divers, nous sommes tous des objets de la biologie.

Mais comment se traduit ce genre d'exploitation de nos jours ? W.B. Deatrick m'a envoyé la couverture du journal français *Photo* de mai 1982. Elle représente une jeune femme nue « Caroline, la Vénus hottentote de Saint-Domingue », penchée en avant. Elle tient une bouteille de champagne qu'elle vient de déboucher. Un flot de champagne jaillit, passe à travers la lettre o du mot photo, et arrive directement dans le verre posé sur ses fesses, qu'elle cambre vers le haut pour imiter celles de Saartje.

19. La fille de Carrie Buck

Le Seigneur nous le fait clairement savoir dans son prologue aux Dix Commandements, prototype de toutes les lois :

> Car je suis l'Éternel, ton Dieu, un Dieu jaloux qui punit l'iniquité des Pères sur les Enfants jusqu'à la troisième et à la quatrième génération de ceux qui me haïssent (Exode 20,5).

Ce qu'il y a de terrifiant dans cet énoncé, c'est son injustice flagrante, la promesse de punir des enfants innocents pour les méfaits de leurs lointains ancêtres.

Depuis, on a imaginé un autre mode de transmission des fautes d'une génération à l'autre, qui tente de s'affranchir de cette injustice, mais va alors à l'encontre d'un principe chéri de la pensée occidentale : le libre arbitre de l'homme. Si la descendance n'est pas seulement corrompue par les actions des générations passées mais plutôt par la transmission héréditaire d'un élément matériel qui contient la source du mal, alors, oui, « l'iniquité des pères » devient probablement l'indice alarmant d'une déviation du comportement chez leurs fils. Ainsi, alors que Platon refusait d'admettre que les enfants soient punis directement des crimes de leurs pères, il encourageait le bannissement d'un innocent dont le père, le grand-père et l'arrière-grand-père avaient été condamnés à mort.

Si Jéhovah et Platon ont tous deux choisi le chiffre de trois générations comme critère d'établissement de la culpabilité familiale, il s'agit peut-être d'une simple coïncidence. Mais elle rejoint une solide tradition populaire : pour que l'on considère qu'un événement a un caractère régulier, il faut qu'il se produise au moins trois fois. Les malheurs, dit-on, arrivent par trois. Deux fois, c'est sans doute encore une coïncidence, trois, c'est déjà une tendance. Il n'est peut-être pas vraiment étonnant que l'accusation de culpabilité la plus fracassante de notre siècle ait été, elle aussi, fondée sur le chiffre 3. Il s'agit du plaidoyer d'Oliver Wendell Holmes en faveur de la stérilisation obligatoire dans l'État de Virginie (décision ratifiée par la Cour suprême en 1927 dans l'affaire *Buck/Bell*)

« trois générations d'imbéciles, cela suffit ! ». Ce sont ses propres termes.

Les restrictions de l'immigration par l'établissement de quotas discriminatoires contre ceux que les premières versions des test de QI déclaraient mentalement inaptes marquèrent le plus grand triomphe de l'eugénisme en Amérique — cette doctrine erronée de l'héréditarisme qui fut très populaire au début de ce siècle et n'a nullement disparu aujourd'hui (voir l'essai suivant) : son objectif était d'« améliorer » le patrimoine génétique de l'espèce humaine de deux manières : empêcher la reproduction de ceux qui étaient jugés biologiquement inaptes et encourager la procréation chez les personnes soi-disant valables. Mais le mouvement en faveur de la promulgation et de l'application d'une loi de stérilisation obligatoire pour des raisons liées à l'« eugénisme » eut un impact et un succès à peine moins prononcés. Si nous devions interdire l'accès de notre pays aux paresseux et aux imbéciles, nous pouvions tout aussi bien empêcher la multiplication de ceux qui étaient déjà installés sur nos terres et affligés des mêmes défauts.

La campagne de stérilisation obligatoire prit son véritable essor au cours des années 1890, sous l'impulsion de deux facteurs principaux : l'eugénisme qui était alors un mouvement politique influent et les opérations chirurgicales, qui, simples et sans danger, étaient parfaitement au point (la vasectomie chez les hommes, la salpingectomie — section et ligature des trompes de Fallope — chez les femmes) ; ces opérations se substituaient avantageusement à la castration et d'autres formes de mutilation inacceptables. Le premier document légal en faveur de la stérilisation inspiré par des principes eugénistes fut établi en 1907 dans l'État d'Indiana (dans quelques autres États, des verdicts de castrations avaient déjà été prononcés à l'encontre de certains détenus coupables de crimes sexuels, mais ces lois étaient rarement appliquées et les peines étaient le plus souvent commuées lors des révisions de procès). L'eugénisme servit d'abord d'excuse pour la stérilisation (mais ce n'était que le début d'une longue série) des pauvres gens « pris en charge » par l'État : les aliénés internés dans des hôpitaux ou des maisons pour débiles mentaux, ou encore les hôtes des prisons. La stérilisation pouvait être imposée par un comité d'experts aux fous, aux idiots, aux imbéciles, ou aux débiles mentaux, et à tous ceux qui étaient convaincus de viols ou de crimes.

Dans le courant des années 1930, plus de trente États avaient promulgué des lois similaires, bien souvent accompagnées d'une liste de tares prétendues héréditaires, parmi lesquelles on trouvait parfois l'alcoolisme et l'abus de drogue ou encore la cécité et la surdité. Dans la plupart des États, ces lois furent continuellement remises en question et rarement

Hospital Form No. 131

VIRGINIA:

BEFORE THE STATE HOSPITAL BOARD

AT

____
(Institution)

In re

______________________________, Register No.______________ } Order for Sexual Sterilization

Inmate

Upon the petition of______________________________,

Superintendent of ______________________________,

and upon consideration of the evidence introduced at the hearing of this matter, the Board finds that the said inmate is

{ insane / idiotic / imbecile / feeble-minded / epileptic } and by the laws of heredity is the probable potential parent of socially indequate offsprings likewise afflicted; that the said inmate may be sexually sterilized without deteriment to {his / her} general health, and that the welfare of the inmate and of society will be promoted by such sterilization.

Therefore, it appearing that all proper parties have been duly served with proper notice of these proceedings, and have been heard or given an opportunity to be heard, it is ordered that______________

______________________________ {perform / have performed}
(Superintendent)

by Dr.______________________________, on the said inmate the operation of {vasectomy / salpingectomy}

after not less than thirty (30) days from the date hereof.

____
(Designated Member of Board)

Dated ______________________

Note: Make two copies; one for guardian or committee and one for Record.

Formulaire administratif officiel de l'hôpital de Virginie pour la stérilisation.

appliquées. Seules la Californie et la Virginie mirent un certain zèle à les appliquer. En janvier 1935, 20 000 stérilisations « eugénistes » avaient été pratiquées aux États-Unis, dont près de la moitié en Californie seulement.

Aucun organisme n'a milité avec plus de hargne et de succès en faveur de ces lois que le Bureau d'enregistrement de l'eugénisme, organe semi-officiel qui centralisait tout ce qui concernait le mouvement eugéniste en Amérique. Harry Laughlin, superintendant de cette organisation consacra la majeure partie de sa carrière à une inlassable campagne, sous forme d'interventions écrites ou personnelles, auprès des autorités qu'il tentait de convaincre du bien-fondé de la stérilisation eugéniste. Son objectif était d'éliminer en deux générations les gènes de ceux qu'il appelait les « 10 % perdus, le dixième le moins valable de notre population actuelle ». Il proposa lui-même une « loi type de stérilisation » en 1922, destinée à :

> Empêcher la procréation de personnes socialement inadaptées du fait de leur hérédité défectueuse, en autorisant et pourvoyant à la stérilisation eugénique de certains parents qui portent peut-être des caractères héréditaires de dégénérescence.

Cette copie modèle devint le prototype de la plupart des lois promulguées en Amérique, mais peu d'États, cependant, allaient aussi loin que Laughlin le leur conseillait. (Les catégories de Laughlin incluaient en effet « les aveugles, y compris les personnes dont la vue était très affaiblie, les sourds, y compris ceux dont l'ouïe était très affaiblie, et les dépendants, y compris les orphelins, les incapables, les sans-logis, les vagabonds, les indigents ».) Les suggestions de Laughlin furent prises bien plus au sérieux par l'Allemagne nazie, où le modèle de Laughlin inspira l'infâme *Erbgesundheitsrecht* dont l'application sauvage conduisit, à la veille de la Seconde Guerre mondiale, à la stérilisation de 375 000 personnes, presque toutes pour « faiblesse d'esprit congénitale », parmi lesquelles se trouvaient aussi 4 000 personnes atteintes de cécité ou de surdité.

La campagne eugéniste de stérilisation forcée en Amérique atteignit son comble et l'apogée de la respectabilité en 1927, quand la Cour suprême, par huit voix contre sept ratifia le projet de stérilisation proposée par la cour de Virginie dans l'affaire *Buck/Bell.* Oliver Wendell Holmes qui était alors octogénaire et le juriste le plus célèbre d'Amérique se fit le porte-parole de l'opinon publique avec sa verve coutumière et dans un style puissant. Sa plaidoirie comprenait, entre autres, un paragraphe célèbre, dont la dernière ligne, glaçante d'horreur, est régulièrement reprise depuis comme l'expression de la quintessence des principes de l'eugénisme. Rappelant avec fierté le souvenir lointain de ses expériences de fantassin pendant la guerre civile, Holmes écrivait :

> Plus d'une fois, la collectivité a demandé à ses meilleurs citoyens le sacrifice de leur vie. Il serait surprenant que cette même collectivité ne puisse en appeler aujourd'hui à ceux qui sapent déjà les forces de l'État pour qu'ils consentent à des sacrifices bien moindres… Il vaudrait mieux, pour tout le monde, qu'au lieu d'exécuter tardivement les enfants dégénérés pour leurs crimes, ou de les laisser mourir pour leur imbécillité, la société puisse empêcher ceux qui sont manifestement inaptes, de perpétuer leur descendance. Le principe qui sous-tend le caractère obligatoire de la vaccination est suffisamment vaste pour qu'on y inclue également la ligature des trompes de Fallope. *Trois générations d'imbéciles, cela suffit.*

Qui donc étaient ces trois générations d'imbéciles et pourquoi nous y intéresserions-nous encore aujourd'hui ?

Quand l'État de Virginie édicta sa loi de stérilisation obligatoire en 1924, Carrie Buck, une jeune femme blanche de 18 ans, était la pensionnaire involontaire de l'institution d'État pour épileptiques et faibles d'esprit. Elle fut la première candidate — désignée — pour la stérilisation en vertu de la nouvelle loi. De ce fait, elle devint le point de mire de l'offensive constitutionnelle déclenchée entre autres par les chrétiens conservateurs de Virginie. Ces derniers professaient, selon les « modernistes » eugénistes, des opinions dépassées sur les préférences des individus et le pouvoir de l'État « bienveillant ». (On ne peut cataloguer ce problème précis sous une série d'étiquettes politiques simplistes, et c'est d'ailleurs rarement le cas. Le plus souvent, nous considérons les eugénistes comme des conservateurs et leurs opposants les plus bruyants comme des gauchisants. C'est en tout cas l'attitude qui a prévalu ces dix dernières années. Mais les eugénistes, en ce temps-là, étaient les modernistes scientifiques les plus à la page, et, de ce fait, ils attiraient de nombreux libéraux et comptaient parmi les opposants les plus critiques des groupes souvent traités de réactionnaires et d'antiscientifiques. Si nous pouvons tirer une leçon politique de ces obédiences mouvantes, peut-être considérerons-nous enfin que certains droits de la personne humaine sont vraiment inaliénables.)

Mais pour quelle raison Carrie Buck se trouvait-elle dans une institution d'État et pourquoi avait-elle été sélectionnée ? Oliver Wendell Holmes confirma le caractère judicieux de ce choix en commençant son jugement de 1927 par ces quelques lignes :

> Carrie Buck est une femme blanche, faible d'esprit, confiée à une institution d'État ; elle est la fille d'une mère faible d'esprit enfermée dans

> cette même institution, et la mère d'une enfant illégitime faible d'esprit, également.

Bref, tout cela n'était en fait qu'une question d'hérédité (le vrai moteur de toutes les entreprises des eugénistes). En effet, quelle justification donner à la stérilisation si les déficiences mentales modérées provenaient de la malnutrition du corps ou de l'esprit, et non de tares héréditaires. Si une nourriture et une éducation décentes, des soins médicaux appropriés et une bonne instruction pouvaient faire de la fille de Carrie Buck une citoyenne digne de ce nom, comment l'État de Virginie aurait-il justifié la ligature des trompes de Fallope de Carrie Buck contre sa volonté ? (Certaines formes de déficience mentale sont effectivement héréditaires, mais la plupart ne le sont pas — une conclusion qui n'est guère surprenante si l'on songe aux milliers de chocs qui nous assaillent durant notre vie, des anomalies dans le développement de l'embryon aux traumatismes de la naissance, en passant par la malnutrition, le rejet et la pauvreté. En tout cas, aucune personne pourvue d'un minimum de bon sens ne tiendrait compte aujourd'hui des critères sociaux proposés par Laughlin pour identifier les déficiences héréditaires — les bons à rien, les sans-logis, les vagabonds, les indigents — et pourtant nous verrons bientôt que Carrie Buck fut jugée exactement en ces termes.)

Quand il apparut clairement que le cas de Carrie Buck serait l'épreuve décisive de la loi de Virginie, les chefs de file des eugénistes comprirent que c'était le moment ou jamais de faire valoir l'importance du problème de l'hérédité ou de l'enterrer définitivement. Par conséquent, le Bureau de l'enregistrement de l'eugénisme (BEE) envoya en Virginie Arthur H. Estabrook, spécialiste en la matière, pour étudier le cas « scientifiquement ». Harry Laughlin fit lui-même sa déposition, et son dossier sur l'hérédité fut présenté à la cour locale qui soutenait la loi de Virginie et l'affaire *Buck/Bell* fut ensuite renvoyée à la Cour suprême.

Laughlin soutenait deux arguments principaux devant la Cour : Carrie Buck et sa mère furent d'abord soumises au test de Stanford-Binet, un test de quotient intellectuel qui faisait ses premières armes, et les deux femmes furent déclarées faibles d'esprit. Carrie atteignait à peine l'âge mental de 9 ans, Emma celui de 7 ans et 11 mois. Ces résultats les classèrent dans une catégorie que l'on définissait à l'époque comme celle des « imbéciles », ce qui explique l'emploi précis de ces mots par Holmes, même si l'on a souvent aggravé le caractère infamant de cette phrase en la déformant par erreur par « trois générations d'idiots ». L'âge mental des imbéciles variait en effet entre 6 et 9 ans, alors que celui des idiots était inférieur à 6 ans et celui des faibles d'esprit, un peu supérieur à 9 ans dans la nomenclature des déficiences mentales en vigueur à l'époque. Selon le deuxième argument de Laughlin, la plupart des faiblesses d'esprit étaient inéluctablement d'origine génétique et Carrie Buck appartenait sûrement à cette majorité. Laughlin écrivait alors :

> En général, la faiblesse d'esprit est causée par la transmission héréditaire de caractères dégénérés. Cependant elle résulte parfois de facteurs liés à l'environnement, qui n'ont aucun rapport avec l'hérédité. Dans le cas étudié, les faits corroborent fortement l'hypothèse que la faiblesse d'esprit et la déliquescence morale de Carrie Buck sont héréditaires et ne traduisent pas l'influence de l'environnement.

La fille de Carrie Buck fut dès lors, et pour toujours, l'héroïne de ce pénible cas. J'ai noté au début de cet essai que nous sommes enclins, souvent à nos dépens, à considérer le chiffre deux comme une coïncidence accidentelle et le chiffre trois comme une tendance fermement établie. On aurait pu considérer l'imbécillité supposée de Carrie et d'Emma comme une coïncidence malheureuse, mais l'établissement d'un diagnostic identique au sujet de Vivian Buck (diagnostic posé par une assistante sociale, nous le verrons, alors que Vivian n'avait que six mois) fit pencher la balance en faveur de Laughlin et conduisit Holmes à déclarer que le patrimoine héréditaire de la famille Buck était entaché de tares. Vivian scella le destin de la famille : « trois générations d'imbéciles, cela suffit ». En outre, si Carrie n'avait pas donné naissance à une enfant illégitime, Vivian, le problème ne se serait jamais posé, ni dans un sens ni dans l'autre.

Oliver Wendell Holmes était fier de son travail. Cet homme renommé pour sa modération dans les affaires judiciaires avait proclamé que l'on ne pouvait attenter aux libertés des individus sauf en cas de « danger manifeste et imminent » — quelqu'un qui lance de faux appels « au feu » dans un théâtre bondé par exemple — et il écrivait dans son jugement sur l'affaire *Buck/Bell* : « Je sentais que j'étais sur le point de franchir le premier pas dans la voie d'une profonde réforme. »

Ainsi l'affaire *Buck/Bell* demeura pendant cinquante ans une note discrète d'un moment de l'histoire de l'Amérique, qu'il valait mieux oublier. Mais elle revint au grand jour, réveiller notre conscience collective en 1980 : le Dr K. Ray Nelson, directeur de l'hôpital Lynchburg où Carrie Buck avait été stérilisée, retrouva dans les archives de cette institution des documents témoignant la pratique de plus de 4 000 stérilisations, dont la dernière datait de 1972. Il découvrit aussi Carrie Buck vivante et bien portante près de Charlottesville, et sa sœur Doris stérilisée à son insu en vertu de la même loi (on lui avait dit qu'on l'opérait d'une appendicite). Doris, drapée dans une farouche dignité, était cependant triste et amère : elle avait désiré plus que tout au monde un enfant et elle avait finalement appris sur le tard pourquoi cette joie lui avait toujours été refusée.

Des professeurs et des reporters rendirent alors visite à Carrie Buck et à sa sœur ; et ce que quelques experts avaient probablement toujours su devint alors évident pour tout le monde : Carrie Buck était indubitablement une femme d'intelligence normale. Voici, par exemple, ce que m'écrivait Paul A. Lombardo, de la faculté de droit de l'université de Virginie, l'un des spécialistes du cas *Buck/Bell* :

> Quand j'ai connu Carrie, elle lisait les journaux tous les jours et participait régulièrement à des tournois de mots croisés, accompagnée d'un ami plus lettré. Elle n'était pas sophistiquée et elle manquait de style, mais des spécialistes qui l'ont examinée plus tard ont confirmé mon impression : elle n'était ni une malade ni une retardée mentale.

Sur la base de quels éléments Carrie Buck fut-elle donc internée dans une institution d'État pour épileptiques et faibles d'esprit le 23 janvier 1924 ? J'ai lu le texte de la décision de son internement ; le moins que l'on puisse dire, c'est qu'il y eut hâte et contradictions. En dehors des dires secs et peu documentés de ses parents adoptifs et de sa propre comparution devant une commission de deux médecins et un juge de paix, il n'y eut aucun autre témoignage. On ne lui avait même pas fait subir le cruel test de Stanford-Binet qui venait d'être inventé ; cette méthode de détermination de la valeur d'un individu était intrinsèquement fausse (lire mon livre *la Malmesure de l'homme* bien que le cas de Carrie en soit une preuve suffisante), mais elle était au moins parée de l'aura de respectabilité quantitative. Si nous comprenons les raisons de l'internement de Carrie Buck en janvier 1924, la signification cachée de son cas et le message qu'il nous livre aujourd'hui nous apparaissent enfin. La clé de l'énigme, depuis le début, est la fille de Carrie, Vivian, née le 28 mars 1924, rien d'autre, à l'origine, qu'une bosse arrondie sur son ventre. Carrie Buck était l'un des nombreux enfants illégitimes de sa mère, Emma. Elle fut élevée par ses parents nourriciers J.T. et Alice Dobbs, et demeura chez eux à l'âge adulte, pour les aider aux travaux ménagers. Elle fut violée par un parent de ses père et mère adoptifs et on lui reprocha ensuite sa grossesse. Elle fut presque certainement placée — comme on dit d'habitude — pour cacher cette honte (et l'identité de son violeur), et pas du tout parce que la science éclairée venait de découvrir son véritable niveau mental. En un mot, elle fut internée pour pouvoir mettre son enfant au monde en cachette. Son cas n'eut jamais aucun rapport avec une déficience mentale quelconque. Carrie Buck fut punie pour son absence supposée de moralité et son comportement asocial. Les minutes de son procès et de l'audition font clairement ressortir le profond mépris des bien-nantis et des bien-élevés pour le petit peuple « sans moralité ». Qui s'inquiétait vraiment de savoir si Vivian était un bébé d'intelligence normale ? Elle était la fille illégitime d'une femme, elle-même enfant illégitime. Deux générations de bâtards, cela suffit. Harry Laughlin commençait son « histoire de famille » des Buck par ces mots : « Ces gens appartiennent à la classe paresseuse, ignorante et sans valeur de ces Blancs antisociaux du Sud. »

Nous en savons peu sur la vie d'Emma Buck, mais nous n'avons aucune raison de soupçonner qu'elle était vraiment affectée d'une déficience mentale, elle plutôt que sa fille. Elles s'écartaient de la norme sur le plan social et sexuel. L'accusation d'imbécillité n'était qu'une couverture, n'en déplaise à Mr. Homes, le justicier.

Nous en arrivons maintenant au cœur du problème : la fille de Carrie, Vivian. Quel genre de preuves furent apportées à l'appui du verdict de déficience mentale ? Celle-ci uniquement : au moment du procès, à la fin de 1924, Vivian Buck était âgée de 7 mois ; une Miss Wilhelm, assistante sociale à la Croix-Rouge, fut citée au tribunal. Elle donna d'abord très honnêtement la véritable raison de l'internement de Carrie Buck.

> Mr. Dobbs, responsable de la fille depuis qu'elle était toute petite, avait rapporté à Miss Duke (la secrétaire temporaire de l'Assistance sociale du comté d'Albermarle) que la fille était enceinte ; il voulait qu'on la place quelque part, qu'on l'envoie dans une institution.

Miss Wilhelm donna ensuite son avis sur Vivian Buck en la comparant avec la petite fille normale de Mrs Dobbs, née trois jours avant Vivian :

> Il est difficile de préjuger de l'évolution d'une enfant aussi jeune mais elle ne me semble pas vraiment normale. Dans son apparence en tout cas.On pourrait croire que le fait que je connaisse la mère influence peut-être défavorablement mon jugement, mais j'ai vu cette enfant en même temps que le bébé de la fille de Mrs Dobbs qui n'a que trois jours de plus, et je dois dire qu'il y a une différence vraiment importante dans le développement des deux bébés. Je vous parle de ce que j'ai vu il y a quinze jours. Il y a en elle quelque chose de pas tout à fait normal, mais quoi ? Je suis incapable de le dire.

Ce court témoignage, à lui seul, constituait la preuve décisive qui condamnait la troisième génération d'imbéciles. Un contre-examen révélait que ni Vivian ni la petite fille des Dobbs ne marchait et ne parlait et que « le bébé de la fille de Mrs Dobbs est un bébé très éveillé : il réagit quand on joue avec lui ou qu'on attire son attention ; c'est un bébé avec qui l'on peut jouer. Pas avec l'autre, qui semble très apathique et peu éveillé ». Miss Wilhelm exhorta la cour à faire stériliser Carrie Buck. « Je pense, dit-elle, que cela empêcherait au moins la propagation de son espèce. » Plusieurs années plus tard, Miss Wilhelm nia formellement toute participation à cette affaire : elle n'avait jamais examiné Vivian et ne l'avait jamais déclarée simple d'esprit.

Malheureusement, Vivian mourut à 8 ans « d'entérocolite » ainsi qu'il est stipulé sur le certificat de décès — un diagnostic ambigu qui pouvait signifier bien des choses et en particulier que Vivian avait succombé à l'une de ces maladies infantiles qu'il est possible d'enrayer : la pauvreté (un sinistre rappel du véritable sujet de l'affaire *Buck/Bell*). Elle ne peut donc plus témoigner dans notre réexamen de son cas célèbre.

Quand l'affaire *Buck/Bell* revint au grand jour en 1980, je fus immédiatement conscient du fait que l'état mental réel de Vivian était le nœud de toute l'histoire et que l'on trouverait plus sûrement, dans ses bulletins scolaires le témoignage du niveau mental de cette enfant qui mourut à 8 ans. C'est pour cette raison que je me suis efforcé de retrouver les notes de Vivian Buck à l'école, et qu'après quatre années de recherches j'y suis enfin parvenu. Je les ai obtenues grâce à l'aide du Dr Paul A. Lombardo qui m'a aussi envoyé d'autres documents comme le témoignage de Miss Wilhelm, et a consacré de nombreuses heures à répondre par écrit à mes questions et Dieu sait combien de temps à jouer au détective pour retrouver enfin les bulletins scolaires de Vivian. Je n'ai jamais rencontré le Dr Lombardo. Il fit tout ce travail par gentillesse, par dévouement pour un collègue et mû par le désir de rechercher la vérité ; il n'attendait ni récompense ni reconnaissance. Dans nos professions universitaires, souvent gâchées par l'étroitesse d'esprit et les querelles idiotes sur des préséances dénuées de sens, cette générosité doit être soulignée et citée en exemple : c'est ainsi que les choses peuvent et devraient se passer.

Vivian Buck fut adoptée par la famille Dobbs qui avait également élevé puis renvoyé sa mère, Carrie. Sous le nom de Vivian Alice Elaine Dobbs, elle suivit les cours de l'école élémentaire payante de Charlottesville durant quatre semestres, de septembre 1930 à mai 1932, un mois avant sa mort. Elle était une écolière parfaitement normale, tout à fait dans la moyenne, ni particulièrement extraordinaire ni trop agitée. En ces temps où l'inflation des notes ne s'était pas encore produite, C signifiait « bon, 81 à 87 sur 100 » (comme il est défini sur sa fiche de contrôle). Vivian Dobbs n'était pas à la traîne : au cours du premier semestre, en classe IA, de septembre 1930 à janvier 1931, elle récolta des A et des B en conduite

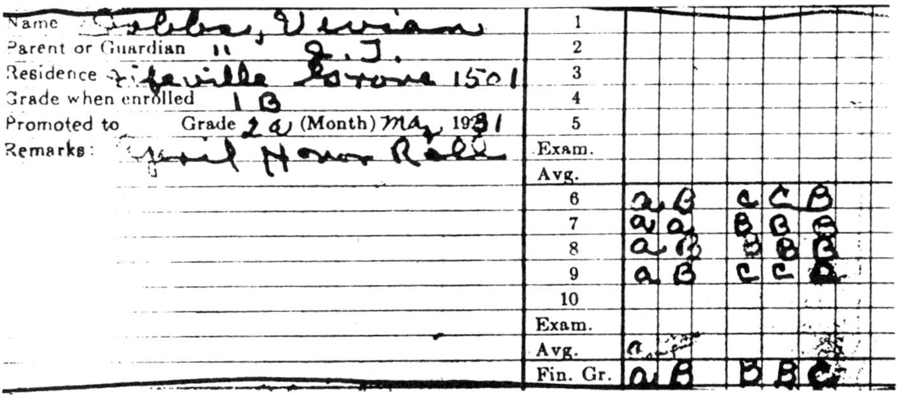
Name Dobbs, Vivian
Parent or Guardian " [illegible]
Residence Fifeville Grove 1501
Grade when enrolled 1 B
Promoted to Grade 2 A (Month) May, 1931
Remarks: April Honor Roll

1							
2							
3							
4							
5							
Exam.							
Avg.							
6	a	B		c	C	B	
7	a	a		B	B	B	
8	a	B		B	B	B	
9	a	B		c	c	B	
10							
Exam.							
Avg.	a						
Fin. Gr.	a	B		B	B	C	

Le bulletin scolaire de Vivian Buck (Dobbs) en première année. Les progrès de l'écolière sont satisfaisants, et elle fut placée au tableau d'honneur en avril 1931. Reproduit avec l'autorisation du *Natural History Magazine*.

et des C dans toutes les matières scolaires, sauf en mathématiques (son point faible : elle eut un D). Elle fit des progrès au second semestre, en classe IB : elle eut un A en conduite, un C en mathématiques et un B dans toutes les autres matières. Elle eut droit au tableau d'honneur en avril 1931. Passant en classe 2A, elle eut quelques problèmes au semestre de l'automne 1931, échouant en mathématiques et en orthographe mais avec un A en conduite, un B en lecture, un C en écriture et en anglais. Elle « redoubla » donc la classe 2A, ce que l'on considère rarement comme une marque définitive d'imbécillité si je me souviens bien de tous mes petits copains qui subirent le même sort. En tout cas, Vivian réussit convenablement son dernier semestre avec B en conduite, lecture et orthographe, C en écriture, anglais et mathématiques au cours du dernier mois qu'elle passa à l'école. Cette fille de femmes « impudiques et immorales » était donc un modèle de conduite à l'école et réussissait convenablement, même si c'était sans éclat, dans les matières scolaires.

Bref, nous pouvons nous ranger aux conclusions du Dr Lombardo dans l'affaire *Buck/Bell*. Il n'y avait pas une imbécile, pas une seule dans ces trois générations de Buck. J'ignore s'il est important de corriger des erreurs aussi cruelles mais oubliées de l'histoire ; j'y vois cependant un symbole et j'éprouve une certaine satisfaction d'apprendre que la stérilisation forcée pratiquée par les eugénistes, une procédure tellement discutable de toute façon, fut dans ce cas officiellement justifiée par un mensonge flagrant. Carrie Buck est décédée l'an dernier. Par un caprice du destin, et non pas à dessein ou pour commémorer un souvenir, elle fut enterrée à quelques pas de la tombe de sa fille unique. Dans le énième et ultime vers d'une ballade ancienne fort célèbre, une rose et une bruyère — la douceur et l'amertume — naissent sur les tombes de Barbara Allen et de son bien-aimé, et s'entrelacent, symbolisant ainsi cette union dans la mort. Puissent Carrie et Vivian, victimes elles aussi dans la fleur de l'âge, reposer en paix l'une près de l'autre.

20. Le patrimoine de Singapour (et le matrimoniat)

Certains débats historiques sont tellement dénués de logique, ou fondés sur des arguments si peu plausibles, qu'après les avoir vus sombrer dans l'oubli nous n'imaginerions jamais qu'ils puissent renaître de leurs cendres, en d'autres temps ou sous d'autres cieux. La disparition de certaines idées devrait être aussi irrévocable que l'extinction des espèces.

De tous les vains arguments qui ont ponctué la longue histoire de l'eugénisme (cette amélioration hypothétique de l'espèce humaine qui résulterait de la sélection des géniteurs), aucun concept ne me paraît plus absurde que l'évaluation de l'intelligence intrinsèque d'un individu (celle qui serait héréditaire) d'après le nombre de ses années de scolarité. Les gens stupides, paraît-il, « n'accrochent » tout simplement pas à l'école : ils abandonnent les filières conventionnelles de l'éducation dès qu'ils en ont l'occasion. Bien entendu, dans l'analyse de ce problème, l'erreur réside dans une confusion, et même une inversion de ce qui est la cause et ce qui est l'effet. Ne le nions pas, les adultes qui nous paraissent intelligents ont bien souvent passé de nombreuses années à l'école (mais ce n'est pas une règle générale, loin de là). Il suffit d'un peu de bon sens pour se rendre compte qu'ils doivent leur réussite en grande partie à l'enseignement qu'ils ont reçu, à l'effort d'apprentissage qu'ils ont eux-mêmes fourni (et à l'environnement économique et intellectuel favorable dans lequel ils ont grandi) ; ce n'est pas le patrimoine génétique de ces personnes qui leur a permis de rester à l'école. A moins que l'instruction ne soit une monumentale perte de temps, les professeurs transmettent quelque chose d'une certaine valeur, que leurs élèves reçoivent.

Cette explication est tellement évidente que les eugénistes les plus farouches ont délaissé la première version génétique de leur théorie, il y a bien longtemps déjà. L'argument génétique fut très à la mode depuis les premiers tests de QI effectués au début de ce siècle jusqu'au milieu des années 1920. Mais j'ai bien du mal à trouver une quelconque référence à cet argument après cette date, même si Cyril Burt, ce vieux falsificateur de génie, doyen discrédité des héréditaristes, écrivait en 1947 :

> Une cruche d'un demi-litre ne contiendra jamais plus d'un demi-litre de lait ; de même, il est tout aussi impossible qu'un enfant atteigne un degré d'instruction supérieur à celui qui est défini par ses capacités propres.

Mon exemple favori de la version génétique originale de l'eugénisme, je le dois à un psychologue de Harvard, R. M. Yerkes, qui fit passer des tests à près de 2 millions de recrues de l'armée pendant la Première Guerre mondiale ; il établit ainsi une corrélation de 75 % entre l'intelligence, mesurée par ses tests, et le nombre d'années de scolarité. Voici ses conclusions :

> La théorie selon laquelle l'intelligence innée est l'un des facteurs principaux qui conditionnent la durée de la scolarité est confirmée au-delà de toute espérance par l'accumulation de ces données.

Yerkes décela ensuite une autre corrélation entre les mauvais résultats obtenus par les Noirs à ses tests et la courte durée de leur scolarité ou même son absence totale. Il semblait même sur le point d'effectuer une observation dont la portée sociale était significative quand il écrivit :

> Les recrues nègres, bien qu'élevées dans ce pays où l'éducation élémentaire est en principe libre mais également obligatoire, sont dans l'ensemble très peu scolarisées.

Mais Yerkes déformait ces données au gré de son interprétation génétique personnelle : selon lui, le manque d'intérêt des Noirs pour l'école reflétait uniquement la faiblesse de leur intelligence innée. Il ne soufflait mot de la qualité médiocre de l'enseignement (et du pauvre budget) des écoles défavorisées par la ségrégation ou de la nécessité que les plus pauvres avaient de trouver rapidement un emploi bien rétribué. Ashley Montagu réexamina vingt ans plus tard les volumineuses données de Yerkes, et, dans un article resté célèbre, montra que, dans plusieurs États du Nord où les écoles sont dotées de budgets généreux et où des efforts importants ont été accomplis en faveur de l'éducation, les Noirs réussissaient mieux que les Blancs des États du Sud aux tests d'intelligence, à scolarité égale. Je m'attendais presque à entendre les eugénistes d'arrière-garde nous cracher de dessous leur pierre tombale : « Oui, mais, ce sont les Noirs les plus intelligents qui ont émigré vers le nord. »

De toute façon, je ne me serais jamais attendu à ce que la thèse de Yerkes renaisse de ses cendres et soit brandie par les héréditaristes dans le débat actuel sur l'intelligence humaine. Je me trompais. La réincarnation de cette théorie est particulièrement intrigante : elle se produit en un lieu et au sein d'une culture excessivement éloignés du contexte originel des tests de QI d'Europe occidentale et d'Amérique. Ce phénomène devrait au moins nous enseigner que les débats des universitaires ne sont pas toujours ces exercices impuissants d'une mystérieuse gymnastique intellectuelle si souvent dénoncée par nos clichés et nos satires : les idées ont parfois des conséquences pratiques et sociales importantes, et elles exercent leur influence sur des millions de vies humaines. Ainsi, des notions périmées réapparaissent parfois bien plus tard, curieusement déformées, mais il est toujours possible de retrouver leur source et d'identifier sur quelles revendications pseudo-scientifiques elles sont fondées ; ce sont généralement des critères qui ne reposaient en réalité sur aucun argument scientifique correct, mais qui correspondaient plutôt aux préjugés des auteurs de ces théories.

Il y a peu de temps, des amis m'ont envoyé de Singapour un volumineux colis de photocopies des journaux anglais de leur pays. Ces pages retraçaient un débat qui faisait rage à Singapour depuis le mois d'août 1983, date du discours annuel du *National Day Rally* (un équivalent de notre message sur « l'état de l'Union [1] », je suppose). Le Premier ministre Lee Kwan Yew éliminait de son discours l'habituel rapport sur les perspectives économiques et le progrès et lui substituait un autre sujet, qu'il considérait comme une grave menace planant sur le pays. En gros titre, le *Straits Times* du 15 août annonçait (Singapour fut autrefois la première cité d'une colonie anglaise appelée Straits Settlements) : « Secouez-vous... Et ne vous arrêtez pas au premier (enfant). Le Premier ministre prévoit que le patrimoine intellectuel de notre pays sera épuisé dans vingt-cinq ans, sauf si les plus instruits se marient et ont plus d'enfants ! »

Le Premier ministre avait étudié les chiffres du recensement de 1980 et remarqué qu'il existait une relation troublante entre le nombre d'années que les femmes avaient passées à l'école et le nombre d'enfants qu'elles mettaient au monde par la suite. Plus précisément, Mr. Lee nota que les femmes sans instruction avaient en moyenne 3,5 enfants ; celles qui avaient une éducation primaire, 2,7 enfants ; celles qui étaient allées jusqu'au secondaire en avaient 2,0 et celles qui avaient obtenu un diplôme universitaire n'avaient plus que 1,65 enfant en moyenne. Il conclut :

1. Allocution prononcée par le président des États-Unis le jour de la fête nationale.

> Plus les gens sont instruits, moins ils ont d'enfants. Ils se rendent compte des avantages que présente une petite famille. Ils connaissent les soucis qu'engendrent l'éducation d'une famille nombreuse. Plus la femme est instruite, moins elle a d'enfants.

Jusqu'ici, bien sûr, le Premier ministre Lee avait simplement constaté que, dans son pays, les courbes démographiques étaient semblables à celles des autres sociétés modernes avancées. Les femmes bardées de diplômes dont la carrière est intéressante ne désirent pas perdre leur temps à la maison et porter le fardeau de l'éducation de familles nombreuses. Mr. Lee admettait :

> Il est trop tard pour réviser notre politique et renvoyer nos femmes au foyer, ce qui est en réalité leur place... Nos femmes ne le supporteraient pas. Et de toute façon, elles constituent aujourd'hui un facteur trop important dans notre économie.

Mais pourquoi cette constatation est-elle troublante ? Le même fait s'est produit depuis de nombreuses générations dans de nombreux pays, le nôtre par exemple, sans que ce soit apparemment au détriment de notre patrimoine moral ou mental. La corrélation entre l'instruction et la dénatalité ne devient un problème qu'à la lumière de ce vieil argument discrédité de Yerkes selon lequel les gens qui ne vont pas longtemps à l'école sont irrévocablement et biologiquement moins intelligents et qu'ils transmettront héréditairement leur stupidité à leurs enfants. C'est exactement le raisonnement que Mr. Lee soutenait ; il lança donc une campagne que la presse de Singapour sous-titrait : « Le grand débat du mariage ».

Le Premier ministre n'ignorait évidemment pas que le nombre d'années passées à l'école reflète souvent des avantages économiques et des traditions familiales qui ont peu de rapport avec l'intelligence innée. Mais il fit un raisonnement qui écartait et annulait totalement la contribution potentielle de facteurs comme l'environnement sur les années d'instruction. Récemment, Singapour avait fait d'énormes progrès en matière d'éducation : l'école universelle a été mise en place durant les années soixante et les universités furent ouvertes à tous les candidats qualifiés. Avant l'application de ces réformes, soulignait Lee, bien des enfants génétiquement brillants grandissaient dans des maisons pauvres et ne recevaient jamais l'éducation qui leur aurait convenu. Mais, soutenait-il, en une seule génération, où toutes les possibilités furent offertes à tout le monde, toutes les injustices génétiques d'autrefois ont été réparées d'un seul coup. Les enfants doués, mais de parents pauvres, ont été découverts et instruits jusqu'à leur niveau de compétence. Un tri naturel s'est effectué dans la société, en fonction des limites des capacités génétiques de chacun et le niveau d'instruction est désormais le meilleur indicateur des aptitudes héritées.

> Nous avons donné une éducation universelle à une première génération au début des années soixante. Dans les années soixante et soixante-dix, nous avons moissonné une abondante récolte de garçons et de filles très doués. Ils étaient issus de parents brillants, dont beaucoup n'avaient jamais été instruits. Dans la génération des parents, toutes les familles étaient des familles nombreuses, les doués comme les moins doués. Nous avons fait une récolte magnifique une bonne fois pour toutes qui ne se répétera probablement jamais. Car une fois que cette génération d'enfants nés de parents sans instruction a reçu une bonne éducation vers la fin des années soixante et soixante-dix, et que les plus brillants atteindront les postes les plus élevés dans le tertiaire (autrement dit à l'Université), ils auront moins d'enfants par couple. Ils n'auront plus de familles nombreuses comme leurs parents.

Lee esquisse alors un tableau désastrueux de la détérioration génétique progressive qui s'ensuivra :

> Si nous continuons à nous reproduire de cette façon anarchique, nous ne maintiendrons jamais notre niveau actuel. Les niveaux de compétence vont diminuer. Notre économie va décliner, l'administration va souffrir et la société se dégrader. Comment éviter, en effet, une baisse de nos performances si, dans vingt-cinq ans, pour deux diplômés d'aujourd'hui, il n'y en a plus qu'un (légère exagération destinée à souligner le problème), et pour deux travailleurs illettrés, il y en a trois ?

Je ne suis pas encore arrivé à mon but : on voit mal jusqu'ici comment le pire argument brandi par les héréditaristes dans la grande bataille « inné » contre « acquis » menée par les intellectuels occidentaux a refait surface et a eu des conséquences sociales importantes dans un contexte tout à fait différent. En écoutant les arguments de Mr. Lee, on se croirait presque revenu en 1920, au temps du grand débat sur l'immigration aux États-Unis ou encore en Angleterre, à l'époque d'une grande controverse sur la création d'écoles subventionnées par l'État et réservées aux élèves les plus brillants (ce qui fut fait pendant de nombreuses années). Après tout, même si ces arguments sont fallacieux, ils sont faciles à élaborer. Et le Premier ministre de Singapour les avait peut-être redécouverts seul, sans s'inspirer des modèles occidentaux plus anciens.

Toutefois un autre passage clé du discours de Lee me rappelait un air connu et m'a incité à écrire cet essai : cet extrait replace sans conteste les revendications de Mr. Lee dans le cadre de vieux sophismes de la littérature occidentale. J'ai en effet omis de citer un passage crucial de l'argumentation de Lee, la justification « positive » du fait que les succès de l'intelligence sont principalement une question d'hérédité ce qui ne signifie pas la même chose que cet argument simplement négatif qui consiste à dire qu'une éducation universelle devrait en principe atténuer l'influence de l'environnement. Lee proclamait donc dans un passage qui provoqua chez moi un frisson de « déjà vu » le long de la moelle épinière :

> Les réalisations d'un individu dépendent de sa nature et de son instruction, de l'inné et de l'acquis. Il semble de plus en plus clair que l'influence déterminante dans l'épanouissement des facultés intellectuelles d'un individu est l'hérédité, et non l'éducation ou l'environnement. Les chercheurs ont établi que 80 % du niveau intellectuel provient de la nature ou est inné ; les 20 % restants proviennent des différences de milieu et d'éducation.

Notez l'expression où Lee trahit ses sources : « 80 % » (qu'il assortit de références spécifiques à des études de jumeaux vrais élevés séparément). Tous ceux qui connaissent bien ce débat occidental reconnaîtront immédiatement la source des arguments de Lee : ce sont les données classiques, si souvent citées par les héréditaristes, selon lesquelles l'héritabilité du QI est voisine de 80 % (argument repris en particulier par Arthur Jensen dans son célèbre article écrit en 1969 : « Dans quelle mesure pouvons-nous augmenter le QI et la réussite scolaire ? »).

Tout le caractère erroné de cette formule des « 80 % », le chiffre lui-même, et son interprétation, a été démontré depuis bien longtemps chez nous mais cet aspect du débat n'est manifestement pas encore parvenu à Singapour. Quand Jensen avança ce chiffre de 80 %, il se fondait principalement sur une étude de jumeaux vrais élevés séparément depuis la plus tendre enfance. Cette étude avait été publiée par Cyril Burt, le grand défenseur de l'héréditarisme. Burt écrivit son premier article en 1909 (quatre ans exactement après la publication du premier test de QI mis au point par Binet) et s'en tint aux mêmes arguments, avec une logique inébranlable jusqu'à sa mort en 1971. Son étude sur les jumeaux vrais élevés séparément eut un certain retentissement car il était parvenu à réunir un échantillon particulièrement vaste de ces animaux très rares — plus de 50 cas —, alors qu'aucun chercheur avant lui n'avait pu en trouver la moitié, et encore. Nous savons à présent que l'« étude » de Burt est probablement le cas de fraude scientifique le plus spectaculaire de ce siècle — pas de problème pour découvrir 50 paires de vrais jumeaux quand ils n'existent que dans votre tête !

Les partisans héréditaristes de Burt réagirent d'abord à l'accusation de fraude en soutenant qu'elle était le fait d'une idéologie de gauche et de gens prêts à détruire la réputation d'un homme par une insinuation malveillante à défaut d'arguments logiques ou de preuves fondées. Aujourd'hui, il n'existe plus aucun doute sur la fraude de Burt (voir la biographie écrite par L.S. Hearnshaw, *Cyril Burt, le psychologue*) et ses supporters d'autrefois ont adopté une autre tactique : le chiffre de 80 % est si bien établi par d'autres travaux, disent-ils, que la « confirmation » de Burt n'a en réalité aucune importance. La littérature sur les estimations de l'héritabilité du QI est d'une confusion déroutante : on y trouve toutes les valeurs, depuis le fameux 80 % que maintiennent toujours Jensen et d'autres jusqu'à l'affirmation de Leon Kamin (voir la bibliographie) qui pense que les données dont on dispose ne sont pas incompatibles avec une héritabilité absolument nulle. En tout cas, le chiffre véritable importe peu, car l'argument de Lee repose sur une idée encore plus profondément et plus fondamentalement fausse, une interprétation erronée de ce que signifie l'héritabilité, quelle que soit sa valeur numérique. Le problème commence avec une équation classique mais incorrecte : le mot héréditaire est lié aux mots « fixe » et « irrévocable ». Pour la plupart d'entre nous, si l'héritabilité du QI est voisine de 80 %, cela signifie que les quatre cinquièmes de ce QI se trouvent irrévocablement imprimés dans nos gènes et que seul le dernier cinquième est susceptible d'être amélioré par une bonne instruction et par un environnement favorable. Le Premier ministre Lee tomba la tête la première dans le piège classique de ce faux raisonnement en parvenant à la conclusion que ce chiffre de 80 % représentait la prédominance de l'inné, de la nature d'un individu sur l'éducation qu'il pouvait recevoir.

Le terme *héritabilité* a une signification technique bien précise ; il permet d'estimer à quel point la variabilité d'une caractéristique au sein d'une population (taille, couleur des yeux, par exemple) est l'expression des différences génétiques entre les individus. L'héritabilité ne mesure absolument pas la flexibilité de l'expression potentielle d'une caractéristique. Ainsi, certains types de défauts visuels sont héréditaires à 100 % mais sont facilement et totalement corrigés par le port de lunettes. Même si le QI est héréditaire à 80 %, pourquoi ne serait-il pas possible de l'améliorer grâce à une instruction appropriée ? (Je ne prétends pas que tous les caractères héréditaires sont aisément modulables ; certains handicaps visuels héréditaires sont incorrigibles dans l'état actuel de notre technologie. Je fais simplement remarquer que l'héritabilité n'est pas une mesure biologique intrinsèque et immuable.) J'admets donc que le caractère héritable ou non du QI ne m'a jamais fort intéressé : même s'il est très élevé et approche les 80 % de Jensen et de ses acolytes (ce qui est loin d'être prouvé), cela ne résout en rien notre problème essentiel si justement formulé par Jensen dans le titre de son article : « Dans quelle mesure pouvons-nous augmenter le QI et la réussite scolaire ? ». Et je n'ai même pas mentionné la plus grave erreur de tout ce débat (je n'en discuterai pas sinon cet essai serait interminable) : prétendre qu'une notion aussi riche que celle de l'intelligence puisse être mesurée d'une manière significative par un seul chiffre, et classer les individus sur une échelle linéaire de niveau mental, quelle absurdité ! Le QI est peut-être héritable à un très haut point, mais si cette vénérable mesure de l'intelligence est, comme je le soupçonne, une abstraction dénuée de sens, qui donc s'en préoccupe ? L'héritabilité de la première phalange de mon annulaire droit est probablement bien plus élevée que celle de mon QI, mais personne n'aura jamais l'idée de mesurer la longueur de cette articulation, qui n'a aucun caractère intrinsèquement indépendant et aucune importance.

Si je prétends que le Premier ministre Lee fonde ses craintes de la détérioration du patrimoine intellectuel de Singapour sur une mauvaise interprétation de certaines assertions douteuses venues d'Occident, je me dénie solennellement le droit de pontifier sur les problèmes de Singapour ou leurs éventuelles solutions. En fait, je n'ai aucune qualification pour commenter les problèmes du pays de Mr. Lee sauf si j'en crois cette vieille blague : les experts qui se prononcent sur les problèmes des autres pays y ont vécu soit moins d'une semaine, soit plus de trente ans ; j'appartiens à la première catégorie. Néanmoins, mêle-tout comme je suis, je ne peux résister à faire deux petites remarques. Je me demande, en premier lieu, si une nation où la tradition culturelle est le résultat d'influences aussi variées, chinoise, malaise et indienne, peut réellement espérer que toutes les influences de l'environnement soit nivelées en une seule génération, par le biais de l'instruction. Je me demande ensuite, s'il est vraiment opportun que le pays le plus peuplé du monde (à l'exclusion de villes-État comme Monaco) adopte une politique nataliste au sein d'un groupe quelconque de sa population. Malgré mon attachement au relativisme culturel, je maintiens mon droit à la critique quand d'autres se permettent d'emprunter tel quel l'illogisme de ma propre culture.

Le plus grand obstacle à la compréhension de l'enjeu réel de ce débat historique trouve sa meilleure expression dans l'exposé des faux rapprochements encouragés par le contraste euphonique (en anglais) de deux termes opposés : *nature* et *nurture* (ce qui correspond à l'inné et l'acquis). Comme j'aimerais que l'anglais ne contienne pas de telles associations aussi irrésistibles de mots car le langage canalise la pensée dans des directions malheureuses. Autrefois, d'heureux rapprochements d'expressions telles que *God's words* et *God's works* (les mots de Dieu et les œuvres de Dieu) poussaient à voir dans la nature le miroir de la vérité biblique. Aujourd'hui, une antithèse *nature* et *nurture* correspondrait à une compartimentalisation assez étrangère à notre monde d'interactions. Toute la complexité des traits d'un être humain résulte d'un mélange inextricable d'influences diverses qui agissent sur le déroulement d'un programme inscrit dans l'ADN dont il a hérité. L'interaction débute au moment de la fécondation et se poursuit jusqu'à l'instant de la mort : il est impossible de distinguer deux composantes distinctes dans le comportement humain, l'une déterminée de façon rigide par la biologie et l'autre, variable et sujette aux influences extérieures.

Le vrai problème est celui du potentiel *biologique* face au déterminisme *biologique*. Nous sommes tous des interactionnistes et nous sommes tous conscients de l'influence puissante de la biologie sur le comportement humain. Mais les déterministes comme Jensen et le Premier ministre Lee (du moins lors de son discours du mois d'août) utilisent la biologie pour bâtir une *théorie de limitations*. Dans la version de Mr. Lee, l'absence d'instruction implique un indéracinable manque d'intelligence puisque la faute (ou du moins les quatre cinquièmes) n'en revient pas à notre bonne ou mauvaise étoile mais à nous-mêmes, si nous sommes au bas de l'échelle. Les potentialistes en revanche ne négligent pas l'importance du facteur biologique, mais soulignent que la complexité des interactions, et la flexibilité du comportement qui en résulte, est le plus sûr obstacle à ce que toute réalisation humaine soit l'expression unique d'un programme génétique rigide. Le déterminisme biologique est utilisé à des fins politiques, cela ne date pas d'hier et c'est toujours d'actualité : c'est un moyen commode de justifier les iniquités d'un statut en blâmant la victime elle-même, comme l'explique John Conyers Jr., l'un des rares congressistes noirs, dans un éditorial cinglant du *New York Times* (28 décembre 1983). En voici le début :

> Dans les années 1950, une bonne partie de notre littérature sociologique sur la pauvreté attribuait le statut économique des Noirs et autres minorités à ce qu'elle appelait leur paresse intrinsèque et leur infériorité intellectuelle. Cela détournait l'attention du public des obstacles virtuellement insurmontables que la ségrégation opposait à la mobilité sociale et économique des noirs.

Conyers notait également la fréquence croissante d'articles où l'on tentait d'attribuer à des facteurs génétiques le taux de mortalité supérieur chez les Noirs, plus particulièrement à la suite de divers types de cancer. Conyers écrit :

> Sur leur lieu de travail, les Noirs ont un risque de maladie professionnelle supérieur de 37 % et un taux de mortalité due à des maladies professionnelles supérieur de 20 % à la moyenne.

La vulnérabilité à la maladie peut effectivement être influencée par des facteurs génétiques qui s'expriment inégalement chez les divers groupes raciaux. Mais si nous nous laissons convaincre par des spéculations non étayées sur l'hérédité, nous passons à côté de la véritable origine de cette différence : le racisme et les désavantages économiques qui s'y rattachent sont les causes principales de cette inégalité devant la maladie que pourraient réduire ou même éliminer des réformes sociales appropriées (commentaire politique évident : on réduit notablement l'incitation à effectuer de telles réformes en attribuant cette inégalité à des causes biologiques sur lesquelles il est impossible d'agir). Conyers continue :

> Exactement comme dans les années cinquante, on explique aux Noirs que leurs problèmes leur sont largement imputables, que leur triste santé est la manifestation de leurs habitudes personnelles immodérées. De telles stratégies consistant à blâmer les victimes... servent à détourner l'attention du fait que les Noirs sont excessivement exposés aux toxines, que ce soit sur leurs lieux de travail où ils sont commis aux travaux malpropres et les plus dangereux, ou chez eux, car leurs maisons sont situées dans les quartiers les plus pollués.

Conyers nota par exemple que le taux de mortalité due au cancer chez les travailleurs noirs dans les cokeries était le double de celui des Blancs, et en particulier le taux de cancer du poumon était huit fois plus élevé chez les Noirs que chez les Blancs. « Cette disparité, explique Conyers, est imputable aux conditions de travail » :

> 89 % des Noirs travaillent aux fours à coke, les postes les plus dangereux de toute l'industrie de l'acier et 32 % seulement de leurs collègues blancs y sont également postés.

Allons-nous essayer d'obtenir une amélioration des conditions de travail ou continuer à spéculer sur les différences inhérentes à la race ? Même si nous penchons pour l'interprétation génétique, la seule manière de vérifier ces hypothèses serait d'offrir à tous des conditions de travail identiques (et meilleures) et d'étudier ensuite quel en est l'impact sur la mortalité. De même, continuerons-nous à proclamer que les femmes peu instruites sont irrémédiablement stupides ou tenterons-nous plutôt de supprimer les obstacles sociaux et économiques qu'elles rencontrent, et d'améliorer quelque peu le niveau de l'instruction universelle afin de constater que ces femmes s'en sortent aussi bien que les autres. Au plus fort de ce grand débat sur le mariage à Singapour, le *Jakarta Post* jeta un coup d'œil au remue-ménage de son voisin et fit ce commentaire : « Il serait plus intelligent et moins sujet à controverse de construire plus d'écoles. »

Post-scriptum

Depuis que j'ai écrit cet essai, la situation à Singapour est devenue « de plus en plus étrange », comme le disait si bien Alice. Certains comptes rendus sont presque comiques mais, méfions-nous, ne rions pas à nos dépens (comme je vais bientôt vous l'expliquer). Peu après le discours du Premier ministre Lee et la fureur qu'il provoqua, objets de mon essai original, le Dr Goh Keng Swee, vice-Premier ministre, dévoila son premier train de mesures préventives au public. On y trouvait pêle-mêle l'établissement d'un système de rencontres informatisé destiné à favoriser les mariages eugéniquement appropriés ou, encore, des recommandations faites à l'Université nationale de Singapour pour l'organisation de cours de « séduction » dans le but d'aiguiser l'habileté des futurs candidats au mariage timides mais valables. Selon le *New York Times* (12 février 1984), la télévision d'État de Singapour « a décidé de diffuser une série dramatique qui s'efforcera de mettre en évidence le caractère incomplet et vain de la vie des femmes qui se consacrent uniquement à leur carrière ».

Plus sérieux, mais à la limite de l'insidieux, le Premier ministre Lee vient d'instituer les premières mesures officielles d'incitation et de favoritisme. Le centre de Planning familial de Singapour a fait volte-face dans sa longue campagne de restriction du nombre d'enfants à deux par famille, mais cette nouvelle propagande s'adresse uniquement aux personnes dont le niveau d'instruction est élevé. Le Centre poursuit aujourd'hui une campagne à double message. « Les diplômés et les professionnels seront invités à aller de l'avant et à se multiplier ; les moins instruits seront priés de n'avoir pas plus de deux enfants » (*New York Times*, 12 février 1984).

En janvier 1984, le gouvernement prenait clairement position et sa première action ne laissait guère subsister de doute : « On donnerait aux femmes diplômées de l'Université la priorité dans le choix de l'école primaire où inscrire leurs enfants. Les femmes moins instruites — écoutez ça, quelle horreur ! — viendront immédiatement après dans cette priorité si elles acceptent d'être stérilisées après la naissance de leur premier ou de leur second enfant » (*New York Times*, 12 février 1984).

Les projets du Premier ministre Lee n'ont guère fait l'unanimité, ni à Singapour ni dans les pays voisins. Warren Y. Brockelman de l'université Mahidol à Bangkok, Yongyuth Yuthavong et dix autres membres de la faculté des sciences ont publié dans le *Bangkok Post* du 16 février 1984 une vigoureuse diatribe contre ces mesures (Je remercie le Dr Brockelman de m'avoir fait parvenir, par l'intermédiaire de David Woodruff, les documents qui m'ont permis d'écrire ce post-scriptum.) Voici ce qu'ils écrivent :

> Il n'existe aucune preuve qu'une différence de taux de natalité entre les classes de la population dont le niveau économique ou d'instruction est différent entraîne à la longue un changement de structure génétique de la population humaine... Un aspect de cette politique est particulièrement déloyal et ses conséquences seraient probablement l'inverse de l'effet escompté : si l'on donne la préférence aux enfants nés de mères instruites pour les admissions aux écoles, on garantit par là même le maintien dans l'ignorance et le taux de natalité élevé des familles les moins instruites. Cela n'augmentera pas la proportion de gens instruits dans la population. Il serait bien plus sensé de donner aux enfants de parents moins instruits la priorité d'admission de sorte que leur niveau socio-économique s'améliore et que les taux de natalité dans ces familles diminuent conformément à ce que l'on observe généralement dans ce cas.

En Malaisie, pays voisin de Singapour, Chee Heng Leng et Chan Chee Khoon ont publié une série de critiques inspirées par le renouveau eugénique de Singapour (*les Fabricants de gène, le QI, l'Idéologie et la Biologie,* INSAN, Selangor, Malaisie). La couverture présente une photo d'une paire de jeans de marque Lee naturellement ! (je suis heureux qu'ils aient eu la possibilité d'inclure dans leur collection un de mes essais tiré de *Darwin et les grandes énigmes de la vie*). Les Drs Chee et Chan soulignent que les mêmes idées fermentent en Malaisie (mais elles ne se sont pas encore traduites par des mesures officielles), où le Premier ministre Datuk Seri Dr Mahathir Mohamad a prétendu que les Malais d'origine ont hérité d'un caractère faible et d'un laisser-aller qui résulte de la combinaison d'un climat très clément et d'unions consanguines (alors que l'ethnie chinoise est une population plus solide, enrichie par de nombreux croisements dans un pays plus rude). Chee et Chan résument admirablement la situation à Singapour.

> Ce qui est remarquable actuellement à Singapour, c'est la manière vraiment grossière dont le concept de l'héritabilité du QI a été formulé. De

plus, ces assertions ont été étayées par des données prétendument scientifiques qui ont perdu toute crédibilité dans les milieux scientifiques depuis dix ans déjà. La situation à Singapour est d'autant plus stupéfiante que ces déclarations « scientifiques » se sont rapidement traduites par une politique sociale qui favorise ouvertement les classes les plus élevées et discrimine de ce fait la majorité de la population de Singapour qui est pauvre.

sixième partie

Darwiniana

21. L'épaule gauche d'Hannah West et l'origine de la sélection naturelle

Dans son essai sur « l'éducation technique », écrit en 1877, Thomas Henry Huxley proclamait que « la grande finalité de l'existence n'est pas la connaissance mais l'action ». Huxley n'était pas un intellectuel avachi, et il ne prônait certainement pas l'action pour l'action. Ce qu'il voulait dire, c'est que la plus belle expression d'un savoir acquis à grand-peine est son application à quelque chose d'utile. Marx était du même avis, comme en témoigne cette phrase tirée de sa dernière thèse sur Feuerbach : « Jusqu'à présent, les philosophes ont seulement proposé différentes interprétations du monde ; ce qu'il faudrait pourtant, c'est changer ce monde. »

L'originalité absolue n'existe pas ; toutes les grandes idées ont été découvertes et exprimées bien avant que leur père officiel ne les énonce. Copernic n'a pas révolutionné les mouvements des planètes à lui seul, et Darwin n'a pas inventé l'évolution. Tout le mérite du fondateur présumé d'une nouvelle théorie réside non pas dans le fait d'avoir eu lui-même cette idée, mais d'avoir saisi au bon moment toutes les implications d'une idée exprimée par un prédécesseur qui n'en avait pas perçu la portée révolutionnaire.

Tous les érudits savent que plusieurs scientifiques renommés — Lamarck en particulier — avaient conçu des théories évolutionnistes tout aussi élaborées que celles de Darwin, et bien avant lui. Toutefois, bon nombre de ces érudits sont persuadés que Darwin était au moins le vrai père de sa propre théorie évolutionniste, celle dont le mécanisme est la sélection naturelle. Et pourtant, Darwin l'admet lui-même, bien qu'un peu tard (dans une préface historique rajoutée aux éditions les plus tardives de *l'Origine des espèces*), deux autres scientifiques avaient formulé avant lui le principe de la sélection naturelle. Darwin soulignait également, il le sous-entendait du moins et je l'approuve chaleureusement, que ces travaux antérieurs ne diminuaient en rien son originalité ou la réputation qu'il avait acquise. Il n'avait pas volontairement ignoré les travaux de ses prédécesseurs ; ces travaux avaient tout simplement échappé à son attention malgré tout le soin qu'il mettait à lire les journaux scientifiques et à correspondre avec ses collègues. Comme nous le verrons, l'ignorance de Darwin était justifiée mais elle accentue encore son mérite et elle nous permet aussi de mieux comprendre quelle est la différence entre énoncer une idée nouvelle et comprendre la portée profonde de cette même idée.

L'un des prédécesseurs de Darwin, l'horticulteur et naturaliste écossais Patrick Matthew, avait publié sa propre version de la sélection naturelle en 1831 en appendice à un article intitulé « Arboriculture et bois pour la marine ». Dans ce contexte inattendu, l'idée passa complètement inaperçue et le serait restée si Darwin n'avait publié la sienne en 1859. Matthew écrivit alors une lettre à l'éditeur de *la Gazette du jardinier*, revendiquant la priorité non seulement de l'idée de la sélection naturelle mais également de :

> la première proposition d'un navire à vapeur (idée reprise depuis par les Anglais, les Français et les Américains) et la création d'une flotte de canonnières à vapeur, indispensable en cas de guerre maritime ; cette dernière idée comme la loi de la sélection organique sont à peine en train de se frayer leur chemin.

Darwin répondit à *la Gazette du jardinier* le 21 avril 1860 (je remercie W.J. Dempster qui m'a fait parvenir une copie de cette correspondance pour attirer mon attention sur les idées de Matthew) :

> J'ai lu avec le plus grand intérêt la lettre de Mr. Patrick Matthew que vous avez publiée dans le numéro de votre journal daté du 7 avril. Je reconnais bien volontiers que Mr. Matthew m'a devancé d'un certain nombre d'années et a déjà proposé l'interprétation de l'origine des espèces que j'appelle la sélection naturelle. Je pense également que personne ne sera surpris que ni moi-même ni apparemment aucun autre naturaliste n'ait jamais entendu parler de la théorie de Mr. Matthew, compte tenu de la brièveté de son exposé et de l'endroit inattendu où il fut publié : en appendice à un article sur l'arboriculture et le bois convenant aux chantiers navals. Je ne peux guère que prier Mr. Matthew d'excuser mon ignorance totale de ses travaux et d'assurer que j'insérerai un rectificatif approprié dans toute édition ultérieure de mes travaux.

L'autre théorie qui préfigurait celle de la sélection naturelle avait été publiée bien avant, et dans un contexte nettement moins marginal. L'idée avait été émise en 1813, par William Charles Wells, médecin et scientifique, écossais lui aussi (mais né à Charleston en Caroline du Sud). Wells avait présenté ses travaux à la plus prestigieuse institution scientifique d'Angleterre, la Société royale de Londres, sous un de ces titres à rallonge qui faisaient fureur à l'époque : *Étude du cas d'une femme de race blanche, dont la peau est celle d'une personne de race noire à certains endroits, et commentaire sur les origines des différences de couleur et de forme entre les personnes de race blanche et de race noire.*

Ces travaux n'eurent absolument aucun retentissement et Wells ne prit même pas la peine de les publier à cette époque. Mais, cinq ans plus tard, sur le point de succomber à une maladie cardiaque, Wells réunit ses travaux les plus importants et décida de les publier en un seul recueil. Le livre parut après sa mort en 1818, et contenait tout à la fin, comme un rajout de dernière minute, son essai de 1813. Le livre de Wells fut accueilli sinon avec enthousiasme, du moins avec tout le respect qui lui était dû : on y trouvait les deux articles qui avaient assuré à Wells sa réputation, qui était solide même si elle était limitée. Le premier de ces articles traitait de la formation de la rosée (Wells avait définitivement réglé ce problème : selon lui, la rosée n'était ni le produit d'une pluie invisible, ni un phénomène de transpiration des plantes, mais elle résultait simplement de la condensation de l'eau contenue dans l'atmosphère environnante).

Dans le second article, Wells expliquait pourquoi nous ne voyons qu'une seule image alors que nous avons deux yeux. En revanche, son essai sur la couleur de la peau était passé totalement inaperçu, comme le montre l'anecdote suivante : en 1864, Hugh Falconer proposait à la Société royale d'attribuer sa médaille Copley à Darwin dont il faisait l'éloge dans les termes suivants, comparant les méthodes de Darwin à celles que Wells avaient adoptées dans son excellent travail sur la rosée : « Comme la démarche du Dr Wells dans son excellent travail sur la rosée, celle de Darwin est originale, exhaustive, fondée sur des observations extrêmement minutieuses et elle aboutit à des généralisations importantes, dont la signification est profonde. » Manifestement, le fait que le livre de Wells contenait une préfiguration de la théorie de la sélection naturelle avait totalement échappé à Falconer lors de sa lecture.

Wells était un homme austère, extrêmement replié sur lui-même, et maniaque. De son propre aveu, il avait peu d'amis, moins de patients encore, et il était toujours à court d'argent (principalement parce qu'il passa presque toute sa vie à rembourser ses dettes à ses quelques bons amis). Il vivait seul, à Londres. Il ne se maria jamais, eut une vie sociale pratiquement inexistante et publia très peu d'articles. Dans la notice autobiographique qui précède son recueil d'essais, il déplore longuement ses ennuis financiers, insistant particulièrement sur le fait qu'il n'avait même pas les moyens d'entretenir un attelage, ce qui lui fermait de nombreuses portes et particulièrement celles des patients éventuels (en ces temps, hélas révolus, où la visite du médecin à domicile était pratiquement de règle).

Wells était né aux États-Unis, mais ses parents étaient d'ardents partisans de la Couronne britannique. Son père était dévoré par la crainte de toutes les séductions que pouvait exercer sur un jeune homme le climat prérévolutionnaire qui régnait alors aux États-Unis, et comme en témoigne Wells, il eut recours à de curieuses méthodes d'éducation :

> Craignant que je me laisse imprégner par les principes de trahison qui fermentaient dans toute l'Amérique juste après le traité de 1763, mon père m'obligea à porter le béret bleu écossais et un manteau aux couleurs du clan espérant ainsi m'empêcher d'oublier que j'étais écossais. Il réussit au-delà de toute espérance : je n'oubliai jamais les persécutions dont je fus l'objet.

Wells attribuait à ses jeunes années passées en Caroline du Sud jusqu'au moindre de ses maux ainsi qu'il le confessait avec un certain embarras :

> Les lignes qui vont suivre me couvriront sans doute de ridicule. Jusqu'à l'âge de 11 ans, je vécus dans une ville qui abritait un port important sur la côte des États-Unis. Je passai ainsi une bonne partie de mon enfance en compagnie d'une bande de gamins matelots, de véritables canailles. C'est à cette fréquentation que j'attribue ma détestable habitude de jurer chaque fois que je suis énervé, et même lorsque je n'ai pas cette excuse.

Wells fut trop heureux de regagner la Grande-Bretagne où il poursuivit ses études. Toutefois, en 1781, il retourna en Caroline du Sud (qui était alors aux mains des royalistes) pour veiller aux affaires paternelles ; malheureusement, il se retrouva en prison après le renversement du pouvoir et fut ravi d'être rapatrié, définitivement cette fois, en Angleterre. Il s'installa à Londres, où en 1788, il obtint le diplôme de la faculté de médecine. Dès 1792, son essai sur la vision — pourquoi nous ne voyons qu'une seule image alors que nous avons deux yeux — lui valut son élection à la Société royale, et, en 1814, grâce à son article sur la rosée, il reçut la médaille Rumford très convoitée à l'époque. En dépit de la qualité de ses travaux, et du renom qu'ils lui valurent, Wells ne publia pas grand-chose d'autre. Dans son autobiographie, Wells ne mentionne même pas son essai de 1813 sur la couleur de la peau et rien n'indique qu'il lui ait accordé une quelconque importance ou qu'il ait envisagé de le développer un jour.

Comme bien des théories présentées par des médecins, l'article de Wells sur la sélection naturelle est construit autour du cas d'un patient sortant de l'ordinaire, celui d'Hannah West, une jeune femme originaire du Sussex. Hannah West, fille d'un « valet de pied dans une famille de gentilshommes », vint consulter pour un problème de peau. Les parents et toute la famille de cette jeune femme étaient de race blanche, et la peau d'Hannah West était également de cette couleur, à l'exception de son épaule, de son bras, de son avant-bras et de sa main gauches, aussi noirs que « ceux d'un nègre ». En ce temps-là, on croyait encore fermement à des théories comme celles des « impressions maternelles au cours de la grossesse » (voir le dernier essai de *Quand les poules auront des dents*) ; la famille d'Hannah West et ses voisins attribuaient donc le défaut d'Hannah à l'événement suivant :

> Sa mère... eut une immense frayeur au cours de sa grossesse, un jour où elle marcha sur un homard vivant ; voilà pourquoi Hannah est affligée depuis la naissance de cette tache de peau noire.

Wells mena son observation avec beaucoup de soin et nota que la transition entre la peau blanche et la peau noire était très nette ; il s'étonnait également de la couleur de cette peau « plus noire que celle de tous les nègres que j'ai jamais vus : car même la peau entre les doigts et celle de la paume de la main sont noires, alors que chez les nègres, ces endroits son plutôt brun foncé ». Pourtant, Wells ne s'aventura guère au-delà de la simple observation, et rien dans son étude ne présentait un intérêt général. En fait, les prémices même de son étude étaient erronées ; les Blancs dont la peau porte de grandes taches noires n'ont en réalité aucun lien significatif, généalogique ou autre avec les individus de race noire. Et si Wells n'avait pas assorti son article de sept pages de spéculations sur les origines de la couleur de la peau, cet essai aurait certainement sombré dans l'oubli plutôt que de raviver la curiosité après un long moment d'éclipse. Dans ces sept pages, rajoutées après coup à un essai qui ne dut sa publication qu'à un remords de dernière minute, on trouve en effet, pour la première fois dans l'histoire de la science, deux ou trois pages sur la sélection naturelle, le principe de la théorie de Darwin.

Wells s'engage toutefois avec méfiance, craignant sans doute d'affaiblir par des spéculations hasardeuses la valeur de son exposé sobre sur le cas d'Hannah West :

> Une idée m'est venue à propos de la différence de couleur de peau entre les Européens et les Africains, idée qui n'a jamais encore été exprimée, à ma connaissance. Je prendrai donc la liberté de l'exposer ici au risque de paraître fantaisiste plutôt qu'exact.

Wells fait donc appel à la sélection naturelle, pour expliquer l'épanouissement des races noires dans les pays chauds. Il se fonde bien entendu sur cette hypothèse habituelle et raciste qu'il ne prend même pas la peine d'exprimer : la supériorité de la race blanche, la seule existante à l'origine. Wells suppose en effet que les premiers habitants de l'Afrique avaient la peau plus claire que leurs descendants actuels. Il attribue leur changement de couleur à un processus de sélection naturelle et fait même appel à l'une des analogies favorites de Darwin : les méthodes de sélection utilisées par les éleveurs.

> Ceux dont le métier est d'améliorer les races d'animaux procèdent exactement de cette manière : ils favorisent l'accouplement d'animaux qui présentent plus que d'autres les qualités désirées ; ils sélectionnent ensuite les meilleurs spécimens de leur progéniture afin de répéter l'opération et de s'approcher aussi près de leur objectif que la nature le leur permet. Mais ce processus, que l'on réalise ici artificiellement, semble être accompli avec autant d'efficacité, quoique plus lentement, par la nature dans l'élaboration de races humaines adaptées au pays où elles se développent.

Ce n'est pas la première fois que l'on cite cet extrait de l'article de Wells (c'est le passage de ses travaux qui est le plus fréquemment cité), mais c'est à ma connaissance la première fois que quelqu'un relève le caractère éminemment peu orthodoxe des observations de Wells. Et bizarrement, on retrouve dans les parties inhabituelles de son exposé certains arguments que bon nombre d'évolutionnistes émettent aujourd'hui à l'encontre de la stricte théorie darwinienne qui a été en vogue ces vingt dernières années.

D'un point de vue strictement darwinien, l'évolution de la couleur de la peau serait une adaptation directe, et le changement évolutif se serait produit à la suite de la compétition entre les individus. En d'autres termes, les individus pourvus d'une peau foncée disposeraient d'un avantage direct sur les autres dans les pays chauds et cette caractéristique s'installerait dans la population grâce à la survie plus importante et à la reproduction préférentielle des individus pourvus de cette couleur de peau. Wells réfute explicitement les deux facettes de ce scénario.

En ce qui concerne l'adaptation, Wells réfute l'idée que la peau foncée puisse en elle-même conférer un quelconque avantage direct aux individus (en quoi il avait probablement tort). En revanche, il estime que les Noirs disposeraient d'un autre mécanisme physiologique qui leur conférerait une résistance aux maladies tropicales. Cette caractéristique subtile, spéculait Wells, ne se manifesterait pas forcément dans la morphologie de l'individu. La couleur noire de la peau était peut-être liée à cette caractéristique de résistance pour des raisons inconnues ; mais la couleur de la peau serait en quelque sorte un signe extérieur de cet avantage, elle ne représentait intrinsèquement aucun avantage :

> Cependant, je ne crois pas que cet accroissement de résistance aux maladies tropicales soit directement lié à la couleur de leur peau. Je pense au contraire qu'il s'agit seulement du signe extérieur d'une différence d'importance critique, mais bien trop subtile pour être décelable au niveau anatomique lors d'une dissection. Exactement comme un individu immunisé contre la vérole ne présente aucune caractéristique anatomique différente d'un individu qui ne l'est pas.

Darwin se posa beaucoup de questions sur les « corrélations entre caractères » et admit que de nombreuses caractéristiques ne présentent peut-être aucun avantage propre, mais qu'elles sont indissociables d'autres caractéristiques physiologiques bénéfiques et représentent ainsi les marques biologiques de vastes groupes. Tous ceux qui prônent des interprétations extrémistes du darwinisme oublient bien souvent cette subtilité et spéculent, parfois jusqu'à couper les cheveux en quatre, sur les avantages adaptatifs de chacune des multiples caractéristiques d'un individu.

Ce thème proposé par Wells, « les conséquences non adaptatives », fut repris récemment dans le cadre du regain d'attention accordée au mode de développement des êtres et à leur organisation d'ensemble (un animal ne se réduit pas à la somme de ses parties indépendantes). La manière dont Wells traite le problème de la couleur est en accord avec ces récentes études.

En ce qui concerne la sélection, voici quel est le cheminement du raisonnement classique : à l'origine, la population est composée d'individus aux couleurs de peau très variées. Mais en moyenne, les individus à la peau foncée ont une progéniture plus abondante et lentement, mais sûrement, la couleur de la peau évolue vers une teinte plus foncée dans cette population. En d'autres termes, le changement évolutif est le résultat d'une compétition entre les individus *au sein même* de cette population (une lutte pour la survie).

Mais Wells nie explicitement ce type de sélection : il prétend que des variants favorables ne peuvent se répandre dans des populations stables comprenant un grand nombre d'individus. Son raisonnement est incorrect et il est fondé sur une conception alors classique, mais erronée du processus de l'hérédité : la « dilution » des caractères héréditaires. Selon cette théorie, chez un rejeton issu de l'union d'un adulte « normal » et d'un adulte pourvu de « caractéristiques favorables », l'intensité de ces dernières diminuerait de moitié. Les variants « favorables » étant plutôt rares au sein de la population, ce rejeton aurait ensuite toutes les chances de s'unir avec un individu normal et la seconde génération ne serait plus pourvue des « caractéristiques favorables » qu'au quart de leur expression initiale. Les variants favorables disparaîtraient ainsi très rapidement de la population. En réalité, le mécanisme de l'hérédité est totalement différent (mais on ne peut pas en vouloir à Wells : il ne pouvait deviner ce que Mendel découvrirait cinquante ans plus tard). Les traits favorables d'un individu apparaissent souvent à la suite de processus de mutation et le croisement avec un individu normal « non mutant » ne dilue pas ces caractéristiques. Si le caractère qui a subi la mutation est récessif, il reste parfois caché et ne s'exprime pas chez les individus de la génération suivante, mais il n'est pas éliminé pour autant. Wells, qui croyait au mécanisme de la dilution, ne pouvait donc envisager que la sélection s'effectue par des transformations progressives au sein d'une population :

> Les variétés (celles qui sont favorables) sont pour la plupart appelées à disparaître rapidement à la suite de mariages entre différentes familles. Ainsi, un individu de grande taille épouse-t-il souvent une femme bien plus petite que lui, et leur progéniture est-elle généralement d'une taille très proche de celle de leurs concitoyens, une taille moyenne.

Quel est donc le mécanisme de la sélection ? Selon Wells, il arrive parfois que des variants favorables se multiplient par hasard plutôt que par un mécanisme de sélection (encore que Wells ne soit pas très explicite sur ce point) et ces multiplications se produisent au sein de populations mobiles et peu nombreuses, où les caractéristiques « favorables » ont bien moins de chances d'être diluées par les croisements quasi obligatoires avec un grand nombre d'individus normaux :

> Toutefois, dans des contrées de très petite étendue, qui ont peu d'échanges avec leurs voisins, certaines différences accidentelles dans l'apparence des individus seront transmises à la postérité.

Wells en conclut qu'à l'origine les peuples africains étaient divisés en communautés comprenant un nombre restreint d'individus et ces communautés n'avaient entre elles aucune interaction. Tout à fait au hasard, différentes nuances de couleur de peau s'établirent parmi les populations (et s'accompagnèrent d'une résistance variable aux maladies tropicales). La sélection prit alors la forme d'une compétition entre des populations qui avaient une couleur de peau différente (mais pour des raisons qui ne devaient rien à la sélection). Au sein d'un même groupe, la couleur de la peau des individus était relativement homogène, et la sélection s'opérait uniquement entre différents groupes d'êtres humains. En d'autres termes, la sélection s'effectue entre les groupes d'êtres humains et non pas entre les individus d'un même groupe.

> Parmi toutes les variétés d'hommes (variétés au sens de populations : au temps de Wells, on utilisait indifféremment le mot *variété* pour désigner un individu ou une population) qui se sont développées par hasard au sein des rares groupes d'êtres humains épars des régions centrales de l'Afrique, certaines résistaient mieux que d'autres aux maladies tropicales. Par conséquent, ces races plus résistantes se multipliaient aux dépens des autres qui disparaissaient progressivement non seulement en raison de leur plus grande vulnérabilité aux maladies, mais également parce qu'elles avaient le dessous dans les combats qui les opposaient à leurs voisins plus vigoureux. Cette race vigoureuse, cela me semble évident après ce que je vous ai déjà dit, aurait été de couleur plus foncée.

Le niveau auquel se produit la sélection est l'un des sujets les plus brûlants qui occupent les spécialistes contemporains de la théorie de l'évolution. Si les spécialistes sont tous d'accord sur l'importance du mécanisme le plus classique de la sélection, celle qui résulte des différences individuelles au sein d'une population, on ne peut écarter *a priori* l'intervention d'autres modes de sélection. Ainsi, le célèbre généticien Sewall Wright — qui défend encore sa position à grand bruit à l'âge de 95 ans — se fit l'un des premiers avocats de la sélection intergroupe, mécanisme de sélection gouverné principalement par les différences entre les populations d'une même région et non entre les individus d'une même population. Après avoir connu une période de disgrâce dans les cercles strictement darwiniens, l'opinion de Wright est à nouveau prise en considération aujourd'hui. Je suis très étonné que la toute première formulation du concept de la sélection naturelle ait été fondée sur le mécanisme de sélection intergroupe plutôt que sur celui — classique — d'une compétition entre individus.

Il n'en reste pas moins que l'argumentation de Wells constitue la première expression du principe de la sélection naturelle, même si cette théorie était peu orthodoxe par rapport à celle que Darwin énonça plus tard. Nous voilà donc revenu à la question que nous nous posions au début de cet essai : pourquoi ces précurseurs du darwinisme ont-ils sombré dans le plus total oubli ? Pourquoi Darwin mérite-t-il largement l'audience qu'il a connue dans la communauté scientifique (et pourquoi, je le crains, Matthew et Wells méritent-ils tout autant leur statut obscur) ?

Dans son livre, *le Siècle de Darwin*, Loren Eiseley souligne avec finesse que le principe de Wells, tel qu'il l'avait exposé, n'offrait aucune possibilité d'extension ou de généralisation, qui puisse rendre compte de l'éventail de toutes les modifications des êtres vivants survenues au cours de l'histoire. La variabilité des organismes n'a jamais été un secret pour personne et tout le monde connaissait le potentiel des opérations de croisement : c'est bien ainsi qu'ont toujours procédé les éleveurs de chiens, de pigeons et les fermiers. Toutefois, il semble difficile d'extrapoler l'obtention de différentes races de chiens par croisement à la transformation de poissons en êtres humains ! La variabilité des espèces n'est peut-être pas illimitée, mais au contraire confinée entre Dieu sait quelles bornes bien précises. Sans doute est-il possible d'engendrer de nouvelles races en croisant les individus situés aux extrêmes d'un groupe donné, mais il doit exister une limite impossible à transgresser et qui empêche la conception de créatures fondamentalement nouvelles. Wells ne généralise donc pas son principe aux phénomènes de l'évolution en général et c'est uniquement en lisant entre les lignes de sa théorie, et avec le recul du temps, que nous y découvrons les signes annonciateurs de la révolution de Darwin en biologie.

Et pourtant, l'incapacité de Wells à généraliser son principe ne peut être la seule cause du fait qu'il est resté méconnu. (Je vous signale à ce propos, que Darwin doit uniquement sa connaissance des travaux de Wells à un bibliophile antiquaire parmi ses propres lecteurs.) Il n'est pas difficile d'exposer une idée au premier degré. Les idées courent les rues, et il n'y a aucun mérite, ou très peu, à se contenter de les énoncer. Ceux qui deviennent célèbres grâce à leurs idées sont ceux qui parviennent à en tirer parti des deux manières suivantes : ceux qui les utilisent pour faire de nouvelles découvertes d'une part, et ceux qui perçoivent qu'une idée cache un concept plus général qui révolutionnera les mentalités.

Et aucun indice ne nous permet de soupçonner que Wells ou Matthew avaient perçu la portée révolutionnaire de leurs idées. Pour Wells, la sélection naturelle n'était qu'un post-scriptum à un essai qu'il ne jugea bon de publier qu'à sa mort. Matthew enterra son idée dans le fouillis de ses arbres, et ne vit pas la forêt qu'ils cachaient (et pourtant, contrairement à Wells, il prétendait que l'histoire du vivant était régie par l'évolution). Dans une réponse faussement admirative qu'il adresse à Darwin, Matthew tente d'ailleurs de le discréditer, mais il ne fait que se condamner lui-même : il explique qu'il n'avait jamais fait grand cas de ce concept de sélection tant il lui semblait une évidence naturelle, contrairement à Darwin qui s'était si laborieusement efforcé de formuler ce principe. Pour Matthew, le principe de sélection était forcément vrai, c'était même presque une tautologie sur laquelle il n'y avait guère lieu de s'arrêter :

> Le concept de cette Loi de la Nature, fruit de mon intuition, était pour moi une évidence qui ne m'avait demandé aucun effort de concentration intellectuelle. Monsieur Darwin a sans doute plus de mérite que moi d'avoir fait cette découverte qui pour moi n'en est pas une. Apparemment, il y est parvenu grâce à un raisonnement logique, laborieux, avec toutes les précautions nécessaires et en ne sautant aucune étape. Quant à moi, il m'a suffi de jeter un seul coup d'œil global à la Nature pour juger que la sélection des espèces était un fait évident — une sorte d'axiome qu'il fallait à peine mentionner brièvement pour qu'un esprit normalement agile et ouvert l'admette du premier coup.

Darwin, quant à lui, fit de la sélection naturelle le pivot intellectuel de toute sa carrière. C'est à la lumière de ce principe qu'il expliqua notre propre évolution, qu'il reformula les principes de la psychologie, qu'il expliqua l'évolution parallèle des orchidées et des insectes qui assurent leur pollinisation, la biogéographie des organismes, le comportement des vers. Grâce à ce concept, il couvrait le très riche éventail des situations les plus variées, des plus grandes énigmes de la vie aux caprices les plus minuscules que la nature exprimait dans des êtres bizarres. Darwin jeta les bases du programme de recherche d'une profession tout entière.

Je n'ai jamais rien lu d'aussi passionnant, dans l'arsenal des documents de la pensée humaine, que les carnets de notes écrits à Londres par Darwin, qui approchait alors la trentaine, au retour de ses cinq années de voyage à bord du *Beagle*. Il était en possession de la clé d'une conception entièrement nouvelle de l'histoire du Vivant, et il le savait. Il exerçait librement ses facultés de raisonnement dans tous les domaines de la pensée, de la biologie à la psychologie, de la morale à la littérature en passant par la philosophie. La sélection naturelle, mécanisme de l'évolution, marquait tout de son empreinte. Wells et Matthew avaient énoncé le même principe, mais ils avaient oublié d'en tirer les conclusions, ou bien elles leur avaient échappé. Le jeune Darwin, installé à Londres, jetait les bases d'un nouveau mode de pensée. Je ne citerai qu'une seule de ses phrases, qui symbolise bien son œuvre et constitue la conclusion idéale de cet essai. Dans cette simple épigramme qu'il n'avait écrite que pour lui-même, Charles Darwin stigmatisait vingt siècles de pensée occidentale :

> Dans le *Phédon,* Platon nous dit que nos idées imaginaires nous viennent de la préexistence de l'âme et non de l'expérience. Remplacez « âme » par « singe » et vous aurez tout compris.

22. Darwin en mer – et enfin à bon port

Charles Darwin et Abraham Lincoln sont nés le même jour — le 12 février 1809. Ils sont également liés d'une bien étrange façon : tous deux jouent, et pour des raisons semblables, à la fois le rôle d'homme et celui de héros. Une nation trop jeune pour s'être constitué une mythologie est bien obligée de trouver des héros en chair et en os. Voilà pourquoi les écoliers apprennent que l'honnête Abe abolit l'esclavage à lui seul, par amour de la justice, et que, dans sa jeunesse, il parcourut péniblement des kilomètres pour rendre quelques centimes à une femme à qui il avait rendu trop peu de monnaie. Ce Lincoln légendaire satisfait peut-être un besoin national ou psychologique, mais le devoir des historiens est aussi de rétablir la vérité et de dégager l'étonnante complexité de l'homme qui se cache derrière cette image si éloignée de la réalité. De même, la science ne vénère pas des dieux et les vrais philosophes anciens sont une denrée rare. Certains personnages historiques doivent, ici également, constituer la substance des légendes dont nous avons besoin. Newton reçoit une pomme sur la tête, Galilée lâche ses cailloux du haut de la tour de Pise et Darwin, seul en mer, l'esprit libéré de toute entrave, révolutionne notre monde intellectuel.

Le mythe du *Beagle* — Darwin devint évolutionniste simplement grâce aux observations objectives de tout ce qui s'offrit à ses yeux au cours des cinq années de son tour du monde —, ce mythe-là comporte tous les ingrédients romantiques nécessaires à l'élaboration de la meilleure des légendes : un homme jeune, libéré des entraves de la société anglaise, sans préjugés, seul face à la nature, relevant grâce à son esprit neuf et exceptionnel tous les défis que lui posaient les plantes, les animaux et les roches de par le monde. Il quitte l'Angleterre en 1831, avec le projet de s'installer, à son retour, comme curé de campagne. Quand il rentre en 1836, il a vu l'expression de l'évolution à l'état brut ; il a compris (quoique très approximativement) les implications de ce processus et il s'est alors engagé dans la voie scientifique comme penseur évolutionniste. Le catalyseur décisif : les îles Galapagos. Les acteurs principaux :

les tortues, les oiseaux moqueurs, et par-dessus tout les trente espèces de pinsons de Darwin — le meilleur laboratoire évolutionniste que pouvait offrir la nature.

Nous avons peut-être besoin de légendes simples et héroïques pour alimenter ce genre littéraire particulier dénommé manuel scolaire. Mais les historiens se doivent également d'arracher les êtres humains à leur statut de personnages légendaires, au moins pour permettre de comprendre le véritable processus de la pensée scientifique. Darwin ne devint évolutionniste que plusieurs mois après son retour à Londres, sans doute pas avant mars 1837 (le *Beagle* avait accosté en octobre 1836). Il n'entrevit nullement le message évolutionniste que lui apportaient les îles Galapagos pendant toute la durée de son séjour, et il commit tant d'erreurs au début sur la signification de ses observations des pinsons qu'il eut bien du mal à en reconstituer l'histoire par la suite, à partir de ses notes très insuffisantes. La légende des pinsons subsiste peut-être, mais l'historien scientifique Frank Sulloway lui a définitivement réglé son compte dans deux articles qui sont parus récemment. Je me suis principalement fondé sur ses arguments pour la rédaction de cet essai (voir la bibliographie).

Les treize espèces de pinsons de Darwin, dont les modes de vie sont très différents les uns des autres, forment un groupe généalogique aux imbrications complexes. C'est un cas classique de radiation adaptative se traduisant par toute une série de rôles et de niches alors qu'ils seraient remplis par les membres de plusieurs familles d'oiseaux si l'on avait affaire à des environnements continentaux plus conventionnels et plus surpeuplés. La plupart des caractéristiques adaptatives de ces espèces ont trait à la forme de leur bec. Les trois premières espèces comprennent des pinsons vivant sur le sol et ayant des becs de grande taille, de taille moyenne, et de petite taille. Chez une quatrième espèce, vivant au sol, le bec est pointu, et effilé. Chacune de ces espèces est adaptée pour se nourrir de graines de calibre et de dureté appropriés. Deux espèces trouvent leur nourriture sur les cactus et une autre dans la mangrove. Quatre espèces nichent dans les arbres, l'une d'elles est végétarienne et les trois autres mangent respectivement des grands, des moyens ou de petits insectes. Une douzième espèce a la même forme et les mêmes habitudes que les fauvettes, tandis que la treizième, la plus curieuse de toutes, utilise les épines des cactus et des brindilles pour extraire les insectes des fentes des troncs d'arbres.

Grâce à l'excellent travail du grand ornithologue anglais David Lack, nous savons que ces treize espèces ont évolué et se sont différenciées par un processus en quatre étapes : une colonisation, un isolement et une spéciation, une réinstallation, et enfin un perfectionnement de l'adaptation par la compétition. En 1947, Lack baptisa également ces oiseaux du nom bienheureux de « pinsons de Darwin » dans le livre qui porte le même titre. Mais, contrairement à une légende anachronique, cette description classique de spéciation est une histoire dont Darwin ne connaissait pas le premier mot.

Darwin visita les îles Galapagos en septembre et octobre 1835, accostant dans quatre îles seulement. En mer, au milieu de l'année 1836, il écrivit dans ses notes ornithologiques ce passage célèbre qui fut à l'origine de notre légende : Darwin se convertit à l'évolutionnisme grâce à ses observations aux Galapagos et les pinsons lui auraient inspiré cette nouvelle conception de la vie.

> Quand je me remémore le fait que les Espagnols savent immédiatement de quelle île provient une tortue d'après la forme de son corps, de ses écailles et de sa taille ; quand je vois ces îles si proches les unes des autres, dont la faune est peu abondante, habitées par ces oiseaux de structure très peu différente et tenant la même place dans la Nature, je dois supposer qu'ils ne représentent que des variétés d'une même espèce. Le seul autre fait semblable, à ma connaissance, est la différence universellement reconnue entre le renard ressemblant au loup de l'est des îles Falkland et celui de l'ouest. Si ces remarques ont le moindre fondement, la zoologie de cet archipel mérite d'être examinée plus en détail car de tels faits pourraient ébranler la notion de stabilité d'une espèce.

Avant tout, les oiseaux de ce texte sont les moqueurs des Galapagos et non pas des pinsons. Darwin ne remarqua pas que trois des quatre îles qu'il visita contenaient des moqueurs très différents. A première vue, cet énoncé révèle une attitude très favorable envers l'évolution ; il en effleure certainement la possibilité. Mais, si l'on est plus familier avec la terminologie de la zoologie du XIXe siècle, une autre interprétation vient à l'esprit. Tous les créationnistes reconnaissaient que les espèces se différenciaient souvent, mais légèrement, l'une de l'autre dans des environnements tels que des chaînes d'îles et des archipels où certaines circonstances climatologiques et écologiques isolaient parfois les populations. On désignait les races locales sous le nom de variétés et elles ne menaçaient nullement le caractère immuable de l'essence de l'espèce qui résultait d'un acte de création. Dans la terminologie de son temps, Darwin déclare simplement dans ce célèbre texte que les tortues et les moqueurs sont simplement des variétés — et dans ce cas ils ne remettent pas en cause ses conceptions créationnistes —, ou bien alors que ces animaux sont devenus des espèces séparées, et dans ce cas ils menacent ces mêmes conceptions. Il accordait une petite chance à l'évolution en admettant la seconde possibilité, mais il fit marche arrière en définitive, alors qu'il était toujours en mer, et décida, après une certaine hésitation (il se trompait, du moins en ce qui concerne les moqueurs), que les formes insulaires n'étaient que des variétés. Bien plus tard, dans ses Mémoires, Darwin confirma ce point de vue : il a seulement flirté avec l'idée d'évolution quand il était à bord du *Beagle*. En 1877, il écrivit au naturaliste allemand Otto Zacharias : « Quand j'étais à bord du *Beagle*, je croyais en la permanence des espèces, mais aussi loin que je m'en souvienne, de vagues doutes me traversaient régulièrement l'esprit. »

Si l'on associait à une interprétation erronée de ces *Notes ornithologiques* une seconde affirmation de Darwin, on en arrivait également à la conclusion que Darwin devint évolutionniste en 1836 sur le *Beagle*. Voici ce qu'il écrivait dans son carnet de notes : « En juillet, ai ouvert le premier cahier de notes sur la “ Transmutation des espèces ” — ai été très frappé à partir de mars dernier environ du caractère des fossiles sud-américains et des espèces de l'archipel des Galapagos. Ces faits, surtout les derniers, origine de toute ma façon de voir. » Nous savons que Darwin commença son premier carnet de notes sur la transmutation en juillet 1837, et nous pouvons donc interpréter « mars dernier » comme le mois de mars 1836, ce qui est à peu près le moment où il écrivait en mer les *Notes ornithologiques*, mais mars dernier peut tout aussi bien signifier mars 1837 : à cette époque, ainsi que nous allons le voir, il était à Londres et il apprenait des spécialistes de la Société de zoologie le véritable caractère de ses collections des Galapagos, un ensemble de phénomènes qui lui avaient totalement échappé durant son séjour sur les îles.

En définitive, que vit alors Darwin aux îles Galapagos et que ne vit-il pas ? Trois groupes d'animaux ont traversé l'histoire et sont considérés comme les plus célèbres laboratoires évolutionnistes des Galapagos : les moqueurs, les tortues et les pinsons. C'est seulement pour les moqueurs que Darwin fit l'observation clé qui constitua la base de l'histoire évolutionniste mise au point plus tard (quoique Darwin ait rejeté explicitement au départ — comme nous l'avons vu — les possibilités de l'évolution en faveur d'une interprétation différente). En résumé, il nota que des formes variées (reconnues plus tard comme de véritables espèces bien que Darwin les eût considérées au début commes des variétés) peuplaient les diverses îles qu'il visita. Il accosta en premier lieu à l'île Chatham, ensuite à l'île Charles, et il se rendit compte que les moqueurs de l'île Charles étaient différents de la forme qu'il avait observée à Chatham. Il recueillit donc plus de moqueurs partout où il accostait et il maintint soigneusement séparées les collections de chaque île bien étiquetées et bien distinctes. Sur la troisième île qu'il visita, il fut incapable de distinguer le moqueur Albemarle de la forme de Chatham, mais l'oiseau de l'île James représentait une troisième variété distincte (selon sa première interprétation).

Les tortues des Galapagos appartiennent toutes à une seule et même espèce, mais dans la plupart des îles on trouve des sous-espèces reconnaissables. Celles-ci se différencièrent en une quantité de formes, depuis celles qui ont des carapaces lisses en forme de dômes aux plus bizarres dont la carapace est en dos d'âne, et porte une bosse à hauteur de la tête. L'affaire des tortues échappa complètement à Darwin. Jamais il ne remarqua les tortues ayant un dos d'âne. Et, pour couronner le tout, son concept fondamental sur ces tortues l'empêchait presque obligatoirement d'effectuer l'observation clé.

Nicholas Lawson, le vice-gouverneur des îles, fit part à Darwin que « les tortues étaient différentes d'une île à l'autre et qu'il pouvait dire avec certitude de quelle île venait chacune d'elles » (malgré les très nombreuses différences qui existent entre les tortues, cette affirmation est exagérément optimiste et les experts contemporains ne sont pas toujours capables de distinguer de quelle île provient une tortue). Mais Darwin, de son propre aveu, fit peu de cas de cette information : il écrivit dans l'édition de 1845 du *Voyage à bord du « Beagle »* :

> Pendant un certain temps, je n'ai pas prêté assez d'attention à ce commentaire et j'avais déjà mélangé en partie les collections provenant de deux des îles. Je n'avais jamais imaginé que des îles séparées à peine de 80 ou 90 kilomètres, et à portée de vue l'une de l'autre, formées exactement des mêmes roches et de même altitude, auraient été peuplées différemment.

Cette erreur courante de classification rendit Darwin peu disposé à envisager une quelconque signification évolutive ou même taxinomique à ces différences entre les îles. Darwin se rangea à l'idée généralement admise à ce sujet : les tortues des Galapagos n'étaient pas distinctes sur le plan de la taxinomie, elles appartenaient toutes à l'espèce *Testudo indicus*, la tortue terrestre géante des îles Aldabra dans l'océan Indien. Et ces tortues avaient été récemment amenées dans les Galapagos par les flibustiers, selon cette histoire erronée. Si certaines différences apparaissaient entre les tortues des différentes îles, elles ne pouvaient qu'être très récentes et superficielles, provoquées par les climats rudes qui régnaient dans l'île au moment de leur introduction. De plus, Darwin ne vit jamais de tortues à la carapace en dos d'âne vivantes. Il n'observa des tortues vivantes que sur les îles de James et Chatham où se trouvaient des versions presque indiscernables des tortues au dos en forme de dôme. Cependant, on ne peut s'empêcher d'accuser Darwin d'une certaine négligence dans ses observations. Il eut l'occasion d'observer les tortues en dos d'âne mais soit il ne saisit pas cette occasion, soit il n'en fit mention nulle part. La race de l'île Charles était éteinte quand Darwin accosta dans cette île mais de vieilles carapaces traînaient partout dans la colonie où elles servaient de pots de fleurs. De plus, Darwin montra fort peu d'empressement à conserver des spécimens pour les comparer à ceux des autres îles. C'était le signe certain qu'il n'avait pas attaché une importance suffisante à l'affirmation de Lawson (quitte à le regretter ensuite). Le capitaine Fitzroy prit à bord trente grandes tortues de Chatham pour compléter les réserves de viande fraîche du *Beagle* en vue de la longue traversée du Pacifique. Sulloway fait la remarque suivante :

> Mais Darwin et les autres membres de l'équipage mangèrent petit à petit les preuves qui, par la suite, sous forme de ouï-dire, allaient révolutionner la biologie. Par malheur, aucune des trente caparaces de Chatham n'atteignit l'Angleterre, toutes furent jetées par-dessus bord avec les autres déchets incomestibles.

L'attitude de Darwin face aux pinsons des Galapagos comportait encore plus d'erreurs et d'incompréhension. A nouveau, il sembla négliger l'importance des différences entre les îles. En fait, il ne prit même pas la peine de noter ou d'étiqueter sur chaque spécimen l'île d'où l'oiseau provenait. Seuls trois de ses pinsons sont identifiés par leur île d'origine dans ses *Notes ornithologiques* : c'étaient les membres d'une espèce très particulière, aperçue seulement sur l'île James, Darwin s'en souvenait. Plus tard, il écrivit avec regret, dans le *Voyage à bord du « Beagle »* : « Malheureusement, la plupart des spécimens de la tribu des pinsons furent mélangés. » Il commit une seconde erreur tout aussi énorme : il ne ramena aucun pinson de l'une des îles qu'il visita : Albemarle. C'est vrai, il n'y séjourna qu'une demi-journée mais son propre journal fait mention d'une abondance de pinsons faciles à capturer près d'une source de Bank's love. « A notre grande déception, le petit puits dans le grès contenait à peine un gallon d'eau et encore, elle avait mauvais goût. C'était cependant suffisant pour attirer tous les petits oiseaux du pays : les colombes et les pinsons se pressaient autour de cette source. »

Troisièmement, sauf pour les pinsons des cactus et les pinsons « fauvettes », Darwin omit d'observer les différences dans l'alimentation des espèces et crut par erreur qu'ils mangeaient tous la même chose. Il fut donc incapable de reconstituer l'histoire telle que nous la connaissons aujourd'hui, même s'il avait eu un penchant pour les idées évolutionnistes.

Quatrièmement, dans son ensemble, le style de collection que Darwin rapporta des Galapagos reflétait très nettement ses idées préconçues de créationniste. Les évolutionnistes considèrent que la variation est fondamentale, qu'elle est le matériau brut du changement évolutionniste. On ne peut définir correctement une espèce qu'en réunissant de nombreux spécimens et en définissant le spectre de leurs variations. Les créationnistes croient en revanche que chaque espèce est caractérisée par une essence bien définie. Les variations sont un simple inconvénient, un ensemble confus de déviations par rapport à une forme idéale et qui sont dues à l'environnement. Les créationnistes s'efforcent de rassembler un nombre limité de spécimens de chaque espèce et d'acquérir les individus les plus conformes à la forme essentielle. Darwin récolta très peu de spécimens, en général un mâle et une femelle de chaque espèce. Il ne ramena au total que 31 pinsons des Galapagos. En revanche, une expédition en 1905-1906 de l'Académie des sciences de Californie, dont le but était l'étude précise du processus de l'évolution, ramena plus de 8 000 spécimens.

Cinquièmement, et c'est le point essentiel, les pinsons ne peuvent rien nous apprendre sur l'évolution sauf si l'on reconnaît que, malgré leurs différences extérieures de forme et de comportement, ils forment un groupe aux liens généalogiques très étroits. Mais, pendant son séjour aux Galapagos, Darwin fut totalement induit en erreur par la diversité étourdissante de la faune. Il fut incapable de se rendre compte que les pinsons de Darwin formaient une entité taxinomique à part. Il classa les pinsons des cactus dans la même famille que les loriots et les pipits et se trompa également pour les pinsons « fauvettes » qu'il classa soit parmi les roitelets, soit parmi les fauvettes. Quant à ceux qu'il reconnaissait effectivement comme étant des pinsons, il les divisa en deux groupes apparentés de façon lointaine à l'intérieur de la famille. Sulloway fait justement remarquer : « On peut toujours parler de la soi-disant perspicacité de Darwin quant au mécanisme d'évolution par radiation adaptative : plus les différentes espèces de pinsons exhibaient ce remarquable phénomène, plus Darwin les confondait avec des formes que ces pinsons imitaient, du moins pendant son séjour aux Galapagos. »

La source théorique de l'erreur commise par Darwin repose sur un principe assez mystérieux de la taxinomie à la mode créationniste qu'il pratiquait et que voici : si, dans l'esprit de Dieu, la création des animaux a suivi un plan rationnel et général, certains caractères clés de ces animaux devraient nous révéler leur appartenance taxinomique à différents niveaux. Un exemple : les variations de caractéristiques aussi « superficielles » que la taille et la forme seraient peut-être l'indice de l'appartenance à une espèce, tandis que les variations de traits aussi fondamentaux que la forme des organes essentiels rendraient plutôt compte de l'appartenance à un genre ou une famille — des subdivisions taxinomiques d'ordre supérieur. Si tout était parfait, une hiérarchie de caractères clés définirait les niveaux taxinomiques. C'est le système auquel Darwin tenta de se conformer dans la classification préliminaire qu'il effectua sur le *Beagle.* Au sein d'un genre d'oiseau, les différentes espèces auraient des plumages différents tandis que l'on identifierait les différents genres par des caractères tels que la forme du bec. Les pinsons de Darwin ont tous un plumage fort semblable mais ils ont des modes d'alimentation très différents, qui se marquent par d'importantes différences dans la forme de leurs becs. Selon cette hiérarchie créationniste des caractères clés adoptée par Darwin, ces oiseaux appartenaient donc à des genres ou des familles différents.

Dans un contexte évolutionniste, le concept de hiérarchie des caractères clés n'a aucun sens. Il se peut en effet que les caractères qui définissent un genre dans une situation donnée varient dans de très larges proportions entre les espèces au sein d'un autre groupe. La forme du bec peut correspondre à un mode d'alimentation donné, et les différents modes d'alimentation peuvent effectivement définir les différents genres à l'intérieur d'un même continent. Mais si une seule espèce de petits oiseaux parvient à s'installer dans un archipel et se diversifie ensuite, en l'absence de toute compétition, en un vaste éventail de niches aux modes de nutrition différents, le critère qui caractérise traditionnellement le genre — la forme du bec dans ce cas — différera alors entre des espèces très proches. C'est exactement ce que la confusion florissante et bourdonnante de l'évolution a d'opposé à un ordre voulu par un créateur : ce ne sont pas des règles de changement, mais la réponse à un environnement donné, qui détermine quelle partie du corps changera de forme dans chaque cas particulier. Comportement et plumage d'un côté, mode d'alimentation et forme du bec de l'autre : une chose telle qu'un caractère immuablement « spécifique » ou « générique » n'existe pas, tout simplement.

En résumé, donc, Darwin aborda les Galapagos en créationniste, les quitta dans le même esprit et le choix des spécimens qu'il collectionna au cours de sa visite dans l'archipel reflétait clairement sa position théorique. Plusieurs mois plus tard, tandis qu'il relisait ses notes durant les longues heures de traversée du Pacifique, il musa un instant avec l'idée d'évolution à propos des tortues et des moqueurs mais jamais à propos des pinsons. Mais il rejeta rapidement cette idée hérétique et quand il débarqua en Angleterre le 2 octobre 1836, il était toujours créationniste bien qu'effleuré par des doutes naissants.

Cette version de l'histoire des pinsons est bien plus satisfaisante : elle correspond bien mieux que l'ancienne légende au rôle que Darwin attribue aux pinsons des Galapagos dans ses écrits ultérieurs. Il n'y fit allusion dans aucun des quatre *Carnets sur la transmutation* qu'il écrivit entre 1837 et 1839 et qui servirent plus tard de base à son travail. Il les mentionne à peine au passage dans la première édition du *Voyage à bord du « Beagle »* (1839). Pour plus de sécurité, en fait, la seconde édition de ce livre parue en 1845 contient cette déclaration prophétique, écrite après que Darwin eut appris que les pinsons formaient un seul groupe généalogique complexe.

> Au vu de cette gradation et de cette diversité de structure au sein de ce si petit groupe d'oiseaux très proches, on pourrait vraiment imaginer qu'un petit nombre d'oiseaux d'une seule espèce s'était installé dans l'archipel à l'origine et s'était ensuite diversifié.

Mais si les pinsons avaient fait une impression si tardive sur Darwin, son impact ne fut apparemment pas très durable : il ne les mentionne même pas dans *l'Origine des espèces* (1859) ; la vedette ornithologique de ce grand livre est le pigeon domestique. Sulloway conclut, avec raison je pense :

> Contrairement à la légende, il semble que les pinsons de Darwin ne l'ont aucunement inspiré dans sa première formulation de la théorie de l'évolution, ni même après qu'il fut enfin devenu évolutionniste en 1837 ; ce sont plutôt ses vues évolutionnistes qui lui permirent de comprendre rétrospectivement la complexité du cas des pinsons.

Darwin rentra en Angleterre en 1836, avec toute l'ambition de la jeunesse, et le désir ardent de marquer la science de son empreinte. L'élégante modération dont il fit preuve sur ses vieux jours ne doit pas nous faire perdre de vue la fougue de ses jeunes années. Il savait que toute sa réputation se jouait sur la valeur des spécimens qu'il avait ramenés sur le *Beagle* et, dès lors, il s'efforça résolument — et y parvint — de faire examiner ses trésors par les meilleurs spécialistes et de se procurer les fonds nécessaires à la publication des résultats. En mars 1837, il s'installa à Londres, principalement dans le but de se rapprocher des divers experts qui étudiaient ses spécimens. Après une série de discussions avec ces spécialistes, il prit finalement conscience du véritable caractère de son butin et, un ou deux mois plus tard, il était devenu évolutionniste.

Dans la célèbre introduction de son carnet de notes cité plus haut, il écrivit que les caractéristiques des fossiles d'Amérique du Sud et les espèces de l'archipel des Galapagos avaient été les catalyseurs principaux de sa conversion à l'évolutionnisme. Richard Owen, le paléontologiste des vertébrés le plus éminent d'Angleterre, avait accepté d'examiner les fossiles ramenés par Darwin et lui apprit que c'étaient sans aucun doute des représentants différents, mais de plus grande taille, d'animaux bien précis qui peuplaient encore l'Amérique du Sud. Darwin comprit alors que le meilleur moyen d'interpréter cette « loi de succession » était de considérer ces formes fossiles comme les ancêtres dans l'évolution de formes modernes modifiées des animaux que nous connaissons. Le célèbre ornithologiste John Gould (rien à voir avec moi) s'était occupé des oiseaux du *Beagle*. Darwin le rencontra vers la mi-mars et apprit que les trois formes d'oiseaux moqueurs étaient des espèces distinctes et non pas les variantes simples et superficielles d'un seul type d'animal qui avait été créé une fois pour toutes. Darwin avait déjà clamé bien haut qu'une telle conclusion (qu'il avait d'ailleurs écartée à l'origine) « mettrait en danger le caractère de stabilité des espèces ». De plus, Gould annonça à Darwin que 25 de ses 36 oiseaux des Galapagos étaient de nouvelles espèces mais qu'elles étaient indubitablement apparentées à des formes que l'on trouvait sur le continent sud-américain. Darwin confronta ces renseignements géographiques aux données historiques fournies par Owen et il pencha un peu plus pour l'évolution. Les oiseaux des Galapagos doivent être les descendants dans l'évolution de colonisateurs venu des terres continentales d'Amérique du Sud. Darwin avait alors tous les renseignements nécessaires à l'interprétation évolutionniste de sa collection de pinsons et la correction apportée par Gould aux erreurs de Darwin fut la pièce manquante du puzzle (bien que Gould n'ait pas adopté les vues évolutionnistes de Darwin).

Gould était un taxinomiste créationniste mais il reconnut immédiatement que l'on ne pouvait considérer la forme du bec comme un caractère clé qui permettait de distinguer les genres de pinsons des Galapagos. Il comprit que ces oiseaux n'étaient pas, comme Darwin le pensait, un assemblage hétérogène de pinsons divergents, comprenant en outre, et sans lien aucun, une fauvette et un loriot, mais qu'il s'agissait d'un groupe particulier de 13 espèces très proches qu'il plaça dans un seul genre avec trois sous-genres. « Le bec n'est apparemment qu'un caractère secondaire », disait Gould. Darwin tenait enfin les bases de son histoire évolutionniste. Darwin était tout ragaillardi quand il se convertit à la théorie de l'évolution et entreprit de réexaminer tout son voyage à la lumière de cette nouvelle théorie. Mais il était également fort embarrassé de n'avoir pas noté quelle était la provenance de chaque pinson : cette omission, qui ne posait aucun problème dans un contexte créationniste, s'avérait une grave et lamentable faute dans ce nouveau contexte. Il ne pouvait plus faire grand-chose de sa collection, à part s'efforcer de ranimer une mémoire coupable et défaillante ; mais, par bonheur, trois de ses compagnons de voyage avaient également collectionné des pinsons ; comble d'ironie, ils n'avaient pas d'arrière-pensées de créationnistes (qui eux n'avaient aucune raison de se préoccuper de relever des données géographiques précises) et ils avaient donc noté le nom des îles d'où provenaient leurs spécimens. L'une de ces collections, ironie suprême, appartenait au capitaine Fitzroy en personne, l'homme qui fut plus tard l'ennemi juré de Darwin et qui se pavanait dans les réunions de la British Association où Huxley démolissait Wilberforce en agitant bien haut une Bible et en s'écriant : « Le livre sacré, le livre sacré. » (Les 21 pinsons de la collection de Fitzroy étaient tous clairement identifiés d'après l'île de leur provenance. Darwin avait également accès aux collections moins importantes de son serviteur Syms Covington et de Harry Fuller qui avaient tous deux passé une semaine à récolter des spécimens avec Darwin sur l'île de James.)

Darwin s'efforça donc de rétablir la provenance de ses propres spécimens par comparaison avec les collections soigneusement étiquetées de ses compagnons de voyage, mais malheureusement, comme il s'avéra par la suite, il supposa que l'histoire des pinsons devait être calquée sur celle des oiseaux moqueurs — chaque espèce étant confinée à une île bien spécifique. Or la plupart des pinsons vivent dans plusieurs îles, et cette démarche de Darwin fut à nouveau la source d'un grand nombre d'erreurs. Selon Sulloway, bien des doutes subsistent encore quant à l'exactitude de la localisation géographique de 8 des 15 types de spécimens de pinsons ramenés par Darwin (ou ceux qui portent ce nom). Il n'est donc guère étonnant que Darwin fût toujours incapable de présenter un tableau clair et cohérent des pinsons de Darwin. Guère étonnant, peut-être, que ces pinsons n'apparaissent nulle part dans *l'Origine des espèces*.

En conclusion, quelle est donc l'importance de cette rectification de la légende des pinsons ? Les deux histoires sont-elles à ce point différentes ? Darwin, dans les deux cas, fut grandement influencé par les faits tirés des Galapagos. Dans la première version qui est fausse, il comprend tout de lui-même au cours de l'expédition. Dans la seconde version, rectifiée, il a besoin d'un coup de pouce (et d'importantes corrections) de la part de ses amis après son retour à Londres.

A mon avis, il existe un monde de différences entre les deux histoires du point de vue de la nature réelle de la créativité. La première version — qui est fausse — soutient une conception romantique et empirique du génie ; celui-ci serait l'expression d'un don particulier qui consisterait à voir la nature en faisant abstraction des préjugés du contexte culturel ou des idées philosophiques préconçues. La vision d'une brillance aussi pure et sans taches a nourri la plupart des légendes de l'histoire des sciences et entretient une conception parfaitement erronée sur la nature de la démarche scientifique. Les êtres humains ne peuvent échapper à leurs idées préconçues et voir « en dehors de toute référence ». Darwin se comporta en créationniste actif pendant tout son voyage à bord du *Beagle*. La créativité ne consiste pas à se dégager du contexte culturel mais à faire un usage unique en son genre des occasions que ce contexte présente en contournant astucieusement ses contraintes. De plus, tout travail scientifique est une réalisation communautaire et non pas l'œuvre d'un cavalier seul. Qui sait où Darwin se serait égaré en 1837 sans Gould, sans Owen, et sans la vie scientifique très active de Londres et de Cambridge ?

Dès que nous abandonnons l'image séduisante mais fausse de Darwin sortant vainqueur de cette bataille intellectuelle qu'il mena complètement seul en mer, nous pouvons nous poser la seule question intéressante qui nous révèle où commence le génie particulier de Darwin. Gould était l'expert, Gould résolut impeccablement les problèmes de détail, Gould, inébranlable créationniste en taxinomie, reconnut néanmoins que les becs d'oiseaux n'avaient pas la valeur de caractères clés qu'on leur avait attribuée au départ. Darwin fut incapable de faire tout cela, mais c'est Darwin, et non Gould, qui comprit qu'il fallait apporter une nouvelle interprétation, renversante, à toutes ces données — l'évolution — pour en faire une histoire cohérente. L'amateur triompha à l'issue de la bataille, alors que le professionnel avait compris les détails mais était passé complètement à côté du thème unificateur. Darwin conserva cette méthode de travail pendant toute sa carrière. Son côté amateur lui permettait, dans une certaine mesure, de trancher dans les vieux modèles de pensée et lui permettait également d'entrevoir de nouvelles interprétations mieux adaptées à une histoire à peine éclose d'une foule de détails soigneusement établis par des experts qui, d'une manière ou d'une autre, n'avaient pas réussi à faire le grand pas final. Cependant, Darwin travaillait dans un contexte culturel donné avec ses collègues. La science est une entreprise collective où seuls quelques individus paraissent disposer d'une vision élargie — et nous aimerions savoir comment et pourquoi. Nous ne pouvons pas poser de question plus difficile, et je ne propose aucune solution générale. Mais, avant de découvrir un embryon de réponse, il nous faut nous débarrasser des légendes héroïques.

23. Le plus court chemin pour un épi

Un jour où je n'étais qu'à un saut de Tipperary, contrairement au « *long way* » de la chanson et de la légende, je fis le détour pour visiter la ville. J'eus rapidement l'impression d'être le citadin de cette vieille blague de la Nouvelle-Angleterre. Notre quidam, à la recherche d'une petite ville qu'il ne trouve pas, s'arrête devant un magasin et demande à un vieux de la vieille : « Où se trouve la ville de Plaisir ? » Réponse : « Surtout bouge pas d'un centimètre, mon gars. »

Tipperary, gonflée d'importance par la légende et mon imagination, se réduit en fait à une rue principale bordée de quelques magasins et de quelques maisons. Ce spectacle étrange se répéta à de nombreuses reprises tout au long du voyage que je fis dans l'un des plus beaux pays européens. Car l'Irlande, contrairement à la tendance qui règne presque partout ailleurs, est un pays dépeuplé. Ses 3 millions d'habitants actuels représentent à peine la moitié de la population recensée en 1840. Des maisons, des fermes et même des villes entières abandonnées gisent à moitié écroulées dans les campagnes.

La grande émigration qui a si bien enrichi la population de ma ville natale, New York, et de celle où je vis aujourd'hui, Boston, commença en 1845 et 1846, date de la grande famine due à la disparition de la pomme de terre : un demi-million de personnes mourut de faim et un million d'autres quitta le pays. La pomme de terre est un aliment remarquable. Elle contient un éventail d'éléments nutritifs si équilibré qu'il est possible de s'en nourrir pendant des années à l'exclusion, ou presque, de tout autre aliment. C'est peut-être monotone, les patates n'étant que des patates, mais c'est viable. Souvent, les paysans irlandais mangeaient uniquement des pommes de terre durant les longs mois d'hiver. Or, la maladie qui attaqua la récolte de 1845 la détruisit presque entièrement, provoquant une famine sans précédent et le grand exode vers Liverpool et au-delà.

Le mildiou de la pomme de terre irlandaise illustre un problème très classique en agriculture. Pour produire le « meilleur » plant, dont le rendement à l'hectare soit optimal, les fermiers et les scientifiques affinent et sélectionnent une variété durant plusieurs générations jusqu'à ce qu'ils obtiennent l'exacte combinaison des meilleurs caractéristiques. Ils produisent ensuite toute leur récolte à partir de cette forme perfectionnée. Tous les plants, descendants d'un seul type de parent, sont uniformes sur le plan génétique, et dépourvus de variabilité. En d'autres termes, nous troquons la diversité génétique pour un optimum invariant.

Tout peut aller pour le mieux pendant un certain temps, mais il est clair qu'une lignée de plants uniforme est excessivement vulnérable aux ravages de la maladie. Si un virus, une bactérie ou un champignon détruit un seul plant, cela signifie que cet agent peut dévaster une récolte tout entière puisque tous les plants sont identiques. Dans les populations naturelles, en revanche, les variations génétiques qui existent d'un individu à l'autre assurent à quelques-uns d'entre eux une protection contre l'agent pathogène et mettent donc toujours à l'abri une partie de la récolte. Comme les plants de l'année suivante sont les descendants de ces survivants immunisés, on voit qu'une variabilité importante au sein d'une population lui confère un mécanisme naturel de protection contre la maladie.

Les Irlandais, cultivant leurs pommes de terre à partir d'une souche uniforme, perdirent la totalité de leur récolte en 1845. Cette même catastrophe s'est produite maintes fois dans l'histoire de la plupart des plantes cultivées de base. Ainsi, certains savants pensent que la disparition mystérieuse de la classique civilisation maya fut l'œuvre d'un virus porté par une sorte de cigale dispersée par des vents de haute altitude. Ce virus fit disparaître presque en une nuit toute la récolte de maïs. Le maïs nous pose d'ailleurs encore des problèmes semblables aujourd'hui. Durant l'été 1970, une souche mutante de moisissure qui provoque l'helminthosporose parcourut les champs de maïs des États-Unis à la vitesse de 90 kilomètres ou même plus par jour, détruisant tous les plants pourvus par hybridation d'un élément génétique appelé facteur cytoplasmique de stérilité mâle du Texas. Pour empêcher ces problèmes de se reproduire, les sélectionneurs tentent de renforcer la variabilité génétique de leurs plants optimisés mais uniformes en les hybridant avec des lignées différentes. Dans le cas du maïs, le candidat principal à ces procédés d'hybridation est une plante d'apparence très différente, l'herbe du Nouveau Monde appelée téosinte. Ainsi, *Zea diploperennis*, une espèce de téosinte découverte depuis peu, est la seule source d'immunisation connue contre trois principaux virus qui ravagent le maïs domestique (cette espèce est également persistante alors que le maïs est une plante annuelle, ce qui donne aux agriculteurs quelque espoir de voir l'un de leurs plus vieux rêves se réaliser : obtenir par hybridation un maïs persistant d'une saison à l'autre et qu'il ne faudrait donc pas replanter tous les ans).

Il paraît peut-être étrange, au premier abord, que la téosinte, cette plante d'apparence différente du maïs, soit suffisamment proche génétiquement pour que l'hybridation soit possible. Il est vrai que de jeunes plants de maïs et de téosinte sont impossibles à distinguer, mais après la floraison, les différences dans les structures adultes pourraient difficilement être plus prononcées. Les extrémités intéressantes d'un plant de maïs sont de grands épis portant de nombreuses rangées de grains (le terme technique : polystiche, qui signifie simplement « aux rangées nombreuses » a une jolie consonance). L'épi et les grains sont des organes femelles situés à *l'extrémité* de petites branches *latérales* trapues qui s'échappent de la tige principale (remarquez bien cette position, dont l'importance est capitale dans la suite de mon raisonnement). Cette disposition particulière échappe à la plupart d'entre nous : les épis de maïs paraissent simplement piqués latéralement dans la tige principale. Mais les spathes qui enveloppent les épis sont en réalité les vestiges de feuilles qui se formaient à l'origine sur une branche latérale plus longue. Ces spathes couvrent l'épi qui est en fait l'extrémité d'une branche latérale raccourcie à sa plus simple expression. La tige centrale porte à son extrémité une aigrette mâle, source de pollen. Le maïs comporte donc à la fois des structures mâles et femelles qui sont séparées : l'aigrette terminale de la tige principale est mâle, les épis situés à l'extrémité des branches latérales sont femelles.

La téosinte, quant à elle, comporte une tige centrale et de nombreuses branches latérales de longueur et de diamètre comparables. Chaque branche se termine par une aigrette mâle, les épis femelles, contrairement au maïs, poussent latéralement sur les branches latérales, et non à leur extrémité. De plus, l'« épi » de la téosinte n'est qu'un misérable trognon en comparaison du majestueux épi de maïs. Cet « épi » comporte, selon la race de la téosinte, entre 6 et 12 grains triangulaires disposés en deux rangées (l'épi est distiche) qui n'en forment en réalité qu'une seule car les extrémités triangulaires des grains en vis-à-vis s'interpénètrent. Les grains sont entourés d'une enveloppe dure comme la pierre ; ils sont pratiquement non comestibles sauf si on les fait éclater (comme le pop-corn) ou si on les moud (à grand-peine) et qu'on les sépare de leur enveloppe immangeable. (Les grains de maïs tendres et nus sont directement propres à la consommation : leur enveloppe est non seulement souple mais la taille de cette enveloppe est si réduite qu'elle n'entoure que la base du grain.)

Et pourtant, malgré ces différences, on peut aisément croiser le maïs et

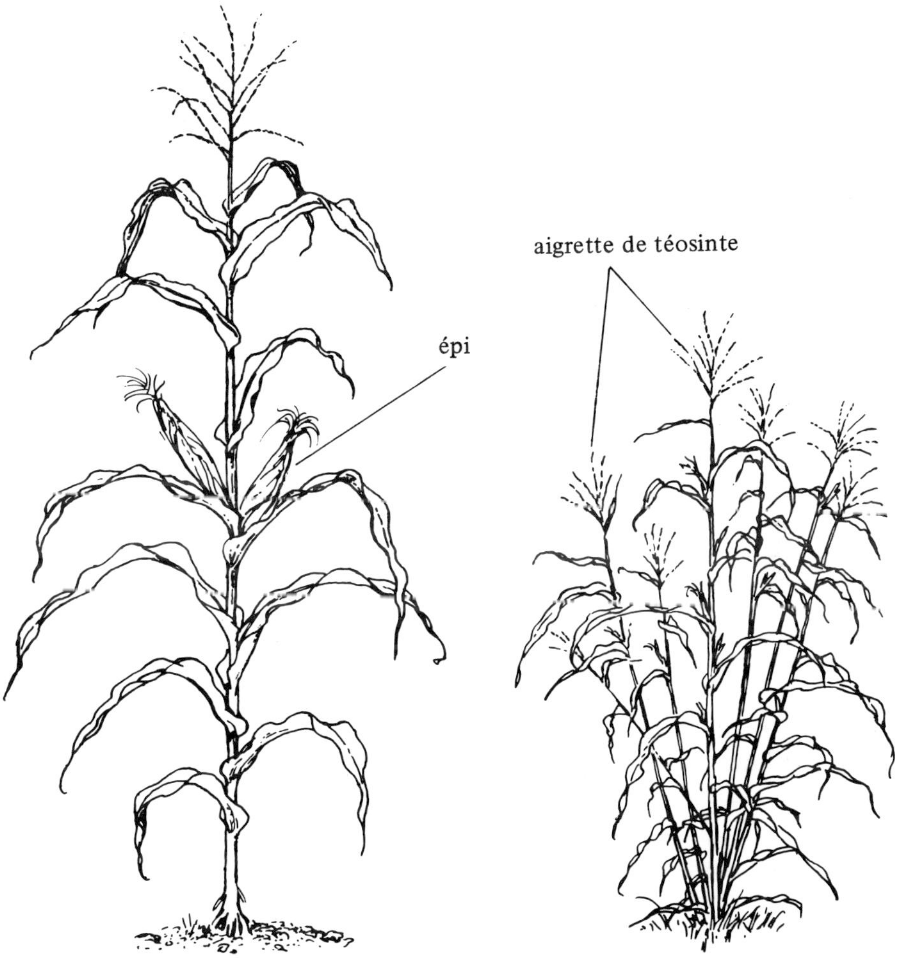

Dans le maïs d'aujourd'hui *(à gauche)*, les épis sont femelles et sont situés à l'extrémité des branches latérales ; dans la téosinte *(à droite)*, les aigrettes mâles se forment à l'extrémité des branches latérales, alors que les épis femelles apparaissent latéralement sur ces branches. L'épi du maïs moderne est donc l'homologue d'une inflorescence mâle de la téosinte (reportez-vous au texte pour les détails). Reproduit avec l'autorisation du *Natural History Magazine.*

la téosinte et l'on obtient des épis de taille intermédiaire. L'origine de cette compatibilité paradoxale est double et c'est le sujet que j'aborderai dans cet essai — une discussion sur l'ascendance et l'origine du maïs. Tout d'abord, la téosinte est probablement l'ancêtre direct du maïs cultivé (certains experts marquent leur désaccord sur ce point mais aucun d'entre eux ne nie la parenté très proche des deux plantes). En second lieu, on n'a décelé entre la téosinte et le maïs aucune différence au niveau des chromosomes, ni même aucune différence simple et significative au niveau des gènes individuels. Bien entendu, il faut qu'il existe quelque différence génétique entre les deux plantes, sinon leur apparence ne serait pas aussi différente. Mais la facilité de l'hybridation des deux plantes et notre incapacité à déceler des différences génétiques montrent que ces dernières doivent être bien minimes. Et, en effet, les botanistes placent le maïs et la téosinte annuelle au sein de la même espèce, *Zea mays*.

La théorie selon laquelle la téosinte est l'ancêtre du maïs a toujours buté sur une difficulté majeure : comment la transformation s'est-elle faite ? Comment l'épi de téosinte, si différent du maïs, a-t-il évolué pour donner l'épi moderne ? Le maïs, comme toutes les principales céréales que nous cultivons, est une graminée. L'origine dans l'évolution d'autres céréales importantes, comme le blé par exemple, a été découverte plus facilement. L'épi de blé ne diffère de son ancêtre herbacé que par les proportions. Il est simplement un peu plus grand. Et nous pouvons donc aisément comprendre comment les opérations de sélection des agriculteurs ont transformé l'ancêtre sauvage en blé domestique. Mais comment obtenir un épi de maïs à partir d'un épi de téosinte ou de tout autre élément du plant de téosinte ? La structure de ces deux plantes est tellement différente.

Selon la version habituelle de la théorie — que je rejetterai ici en faveur d'une solution entièrement différente —, l'épi de téosinte s'est pourtant bel et bien transformé en un épi de maïs moderne. Cette transformation a été progressive : l'épi s'est adjoint des rangées supplémentaires de grains, cependant que leur enveloppe dure s'est amollie et s'est rétractée, libérant partiellement le grain. Ce scénario semble évident et plausible dans le contexte de nos idées habituelles sur les transformations évolutives. Cette hypothèse de transformation graduelle de l'épi de téosinte en celui de maïs remonte au moins au temps de Luther Burbank, qui fut, au début du XXe siècle, le grand « sorcier » du croisement des plantes et qui prétendait avoir transformé la téosinte en maïs par des opérations de sélection sur 18 générations seulement. Il se trompait. Il n'était pas parti d'un plant de téosinte, ainsi qu'il l'avait cru, mais d'un hybride de téosinte et de maïs ; ses opérations de sélection avaient tout simplement ségrégé et accumulé les facteurs génétiques caractéristiques du maïs. Et pourtant, son raisonnement général sur la transformation progressive de l'épi de téosinte en épi de maïs a persisté. Dans un article de la revue *Scientific American*, en janvier 1980, Georges Beadle, un des grands spécialistes contemporains du maïs, déclarait que « l'on pouvait placer les épis dans un continuum évolutionniste qui s'étendait de la téosinte au maïs moderne, la transformation de l'un dans l'autre étant progressive ».

Mais cette théorie de la transformation graduelle de la téosinte en maïs rencontre trois grandes difficultés, peut-être insurmontables. La première, c'est que le maïs apparaît dans notre patrimoine archéologique de manière soudaine il y a 7 000 ans. Les premiers épis, bien entendu, ne comportent pas autant de rangées de grains et ne sont pas aussi touffus que les épis actuels, mais ce sont manifestement des épis de maïs, et non une espèce intermédiaire entre le maïs et la téosinte. En second lieu, comme je l'ai déjà signalé, les sélectionneurs n'ont décelé aucune différence génétique significative entre le maïs et la téosinte. Et, si le maïs était le produit d'une longue et lente sélection à partir de la téosinte, un nombre considérable de changements génétiques aurait dû s'accumuler au cours du temps. Ces deux arguments sont négatifs et ils ne sont donc pas décisifs. L'apparition soudaine du maïs dans notre patrimoine archéologique ne reflète peut-être que notre incapacité à découvrir les intermédiaires. L'absence de différences génétiques signifie peut-être que nous n'avons pas examiné les parties adéquates des chromosomes sur lesquels se trouveraient effectivement ces différences.

Le troisième argument est positif et menace donc plus directement l'hypothèse selon laquelle les épis de maïs proviennent directement des épis de téosinte. Souvenez-vous du point que je vous ai demandé de retenir quelques paragraphes plus haut : les positions des épis de téosinte et de maïs ne sont pas équivalentes sur les plants. L'épi de téosinte pousse latéralement sur des branches latérales ; les épis de maïs poussent à l'extrémité de branches latérales. Sur un plant de téosinte, la structure terminale des branches latérales principales est une inflorescence mâle et non un épi femelle. De ce fait, par la position — et je dirai dans un instant pourquoi la position est un critère tellement important —, l'épi femelle actuel du maïs contemporain serait l'équivalent (« l'homologue de » en termes techniques) l'inflorescence mâle de la téosinte.

Cette homologie de la position de l'inflorescence mâle de la téosinte et de l'épi femelle du maïs a été reconnue et établie par de nombreux spécialistes du maïs depuis très longtemps. Mais, jusqu'ici, personne n'avait utilisé ce fait pour développer une théorie sur l'origine du maïs. La théorie évidente qui se dégage de cette homologie semble peut-être absurde de prime abord, mais elle permet de résoudre logiquement et avec une certaine élégance les problèmes classiques soulevés par l'autre hypothèse. En un mot, selon cette nouvelle théorie, les épis de maïs auraient évolué assez rapidement à partir de l'inflorescence mâle de la téosinte suite au raccourcissement des branches latérales et à la disparition des épis de téosinte situés sur ces branches latérales. Au lieu d'un accroissement lent et continu de la taille des épis femelles de téosinte, notre nouvelle théorie envisage plutôt une brusque transformation des inflorescences mâles en une version primitive de petite taille de l'épi femelle du maïs d'aujourd'hui.

Hugh H. Iltis — professeur de botanique et directeur de l'Herbarium de l'université de Wisconsin à Madison — est l'auteur de cette théorie peu orthodoxe qu'il a publiée récemment dans le principal journal spécialisé en la matière aux États-Unis (voir bibliographie) [1]. Je n'ai aucune lettre de créances concernant le maïs et ne puis donc prendre position pour ou contre la validité de cette idée intrigante. Mais je tiens à montrer qu'elle est tout à fait défendable : ce serait un exemple d'un processus évolutionniste souvent rejeté avec mépris, faute de compréhension — le « monstre prometteur » ainsi qu'on le nomme.

Des éléments de deux organismes sont « homologues » lorsqu'ils représentent la même structure, selon le critère de descendance évolutive, à partir d'un ancêtre commun. Aucun concept n'est plus important pour permettre de débroussailler les voies de l'évolution car les homologies témoignent de la généalogie et de fausses conclusions en homologie conduisent invariablement à l'établissement d'arbres généalogiques incorrects.

Les structures homologues ne se ressemblent pas nécessairement : les exemples classiques d'homologie mettent précisément en évidence que la ressemblance structurelle n'est pas un critère suffisant, puisque la forme et la fonction des organes homologues sont toutes deux différentes dans les exemples que l'on cite toujours. L'un d'eux consiste en l'homologie du marteau et de l'enclume (deux os de l'oreille moyenne des mammifères) avec les os de l'articulation de la mâchoire des reptiles ; de même, les poumons des vertébrés terrestres sont les homologues de la vessie natatoire des poissons osseux.

Quel est le critère d'établissement d'une homologie qui nous permet ensuite de reconstituer les voies de l'évolution ? Ce problème de la théorie évolutionniste est très difficile à résoudre, et il n'existe pas de solution unique et bien définie. Il n'existe pas de critère général applicable à tous les cas ; toutes les règles ont des exceptions bien connues.

1. La théorie non conventionnelle de Iltis a très rapidement suscité l'immanquable volée de critiques des partisans des idées traditionnelles. Les lecteurs désireux de poursuivre plus avant l'étude de la controverse peuvent commencer par lire les critiques de deux « grands anciens » de l'étude du maïs (Walton C. Galinat et Paul C. Mangelsdorf) et la réponse de Iltis, tous publiés dans la revue *Science* du 14 septembre 1984, p. 1093-1096, peu après la publication de cet essai. Le livre de Mangelsdorf, *le Maïs* (Harvard University Press, 1974) contient une profusion de détails sur la plus grande contribution de notre hémisphère à la nutrition du monde.

Dans chaque cas, il nous faut donc apprécier la validité d'une homologie proposée en fonction de tous les critères disponibles et accepter ou rejeter une hypothèse sur la base de plusieurs critères indépendants qui tendent tous vers la même conclusion. Quand on est confronté à des structures très différentes chez les individus adultes, la ressemblance de ces structures chez les êtres encore à l'état embryonnaire permet bien souvent d'établir l'homologie. Ainsi, tout au début de la vie d'un embryon de mammifère, l'os de l'oreille interne se développe d'abord à l'extrémité de la mâchoire ; ce fait est en accord avec l'étude d'une série chronologique fossile bien connue où l'on constate que la taille de ces os de la mâchoire diminue progressivement et qu'ils se déplacent finalement dans l'oreille moyenne. Mais ces voies de la descendance sont parfois difficiles à établir, car des organes réellement homologues sont parfois modifiés par des changements évolutifs qui surviennent chez les embryons.

On constate qu'un détail superficiel en apparence — une simple relation spatiale — constitue souvent un critère d'homologie très valable. Comme le dit une vieille chanson, l'os du pied est vraiment attaché à l'os de la cheville, et des relations spatiales aussi fondamentales sont rarement modifiées au cours de l'évolution. Le critère de position est donc le critère d'homologie le plus respecté dans la nature et le plus utilisé de tous les spécialistes. Et selon ce critère, les épis de *maïs femelles* ne descendent pas des épis de téosinte femelles, mais ils descendent en fait des inflorescences *mâles* de la *téosinte* (parce que les deux éléments situés à l'extrémité des branches latérales ont une position homologue dans les deux plantes).

Vous penserez peut-être, au premier abord, qu'il est absurde que des structures mâles se transforment en organes femelles, d'apparence totalement différente ; mais je vous rappelle que les structures mâles et femelles ont souvent une origine embryologique commune, les unes se développant directement à partir des autres sous l'influence d'hormones différentes. Ainsi, les organes génitaux externes de tous les mammifères sont, à l'origine, des structures femelles : le clitoris grandit, se replie et fusionne pour former un cyclindre comportant un canal central, le pénis mâle ; de même, les *labia majora*, les grandes lèvres, s'allongent et fusionnent le long de la ligne médiane pour former le sac du scrotum. Dans l'essai 11 de *Quand les poules auront des dents*, je me fondais sur le même raisonnement pour souligner que les organes sexuels des hyènes tachetées femelles ressemblent d'une façon si remarquable à ceux d'un mâle du fait de ce mécanisme habituel du développement sexuel : les femelles de cette espèce sécrètent des quantités inhabituellement importantes de testostérone pendant leur croissance et deviennent ainsi plus grandes que les mâles et les dominent.

Les inflorescences de la téosinte et les épis du maïs sont également des structures équivalentes et la transformation de l'un en l'autre est tout aussi plausible. Et l'on observe en effet de telles interversions dans les cas de développement tératologique, c'est-à-dire anormal, du maïs moderne. La croissance des inflorescences mâles de la téosinte peut conduire à des épis femelles ou des épis femelles pourvus de terminaisons mâles, sous l'effet de mutations génétiques ou de maladies qui raccourcissent très fortement la branche centrale, par exemple. Iltis m'a envoyé la photographie d'une telle inflorescence féminisée, qu'il a achetée 39 cents, comme épi de maïs ordinaire, au supermarché de Kohl à Madison, Wisconsin. L'axe central s'est développé en un épi femelle complet. Les trois branches latérales sont femelles vers le bas, et se transforment progressivement en mâles au sommet, leurs parties mâles étant « arrangées », comme dit Iltis, « exactement comme dans toute aigrette de maïs ou de téosinte ». Bien sûr, de tels phénomènes tératologiques mettent simplement en évidence l'interchangeabilité de l'aigrette et de l'épi de maïs. Elles ne prouvent pas que l'épi de maïs a résulté de l'évolution de l'inflorescence de la téosinte. Mais ces phénomènes tératologiques illustrent certainement, en démontrant une analogie fort convaincante, que la transformation au cours des générations de l'inflorescence de la téosinte en épi de maïs est plausible, même si elle paraît déconcertante à première vue.

En donnant à sa théorie le nom de « La transmutation sexuelle catastrophique », Iltis souligne très clairement ces deux propriétés remarquables et non conventionnelles. D'une part, grâce au critère d'homologie de position, il a déduit que les épis de maïs femelles résultent de la transmutation d'une inflorescence mâle de téosinte et non d'un accroissement progressif de la taille de l'épi femelle de la téosinte. D'autre part, cette transformation a été très rapide et n'a résulté que d'une altération génétique minime (ou nulle) même si l'altération de forme est brutale et spectaculaire. Je vais tenter de résumer l'argumentation de Iltis en dégageant clairement ses différentes étapes :

1. Dans les longues tiges du maïs et de la téosinte, la distribution des hormones suit un gradient simple le long de la tige, les zones mâles du sommet étant séparées des zones femelles du bas par un seuil.

2. Au cours de la croissance, un gradient de différenciation dans le temps accompagne aussi cette distribution hormonale. Les structures du sommet des tiges sont plus précoces que celles du bas. L'inflorescence terminale mâle d'une branche latérale de téosinte se différencie avant les épis femelles qui sont situés au-dessous d'elle sur la plante.

3. Les besoins alimentaires des mâles sont très réduits, ceux des épis femelles (particulièrement ceux d'un maïs dodu et polystiche) sont

Un épi « monstrueux » acheté 39 cents au supermarché de Madison, Wisconsin, par Hugh Iltis. Photo reproduite avec l'autorisation de Hugh Iltis.

nettement supérieurs. La différenciation de l'aigrette terminale d'une branche laisse donc la plupart des éléments nutritifs nécessaires à la disposition de la croissance ultérieure des structures femelles plus basses (voir point 2).

4. Si une inflorescence terminale mâle subit brusquement une muta-

tion qui le transforme en un épi femelle, cet épi épuiserait immédiatement tous les éléments nutritifs disponibles et enrayerait ainsi automatiquement le développement de toute autre structure femelle située plus bas sur la branche.

5. La première étape de la transmutation sexuelle catastrophique ne devrait, par conséquent, pas nécessiter plus qu'un raccourcissement marqué d'une branche latérale de la téosinte (en vertu des points 1 à 4). Le raccourcissement déplacerait le sommet de la branche d'une zone mâle à une zone femelle (point 1). La structure terminale se différencierait prioritairement en un épi femelle (points 1 et 2). Cet épi terminal s'approprierait tous les éléments nutritifs disponibles et empêcherait la croissance de toute structure située plus bas que lui y compris les épis femelles habituels de la téosinte (points 3 et 4).

6. Bien que le raccourcissement d'une branche puisse être automatiquement suivi d'un ensemble de conséquences profondes et variées (point 5), le changement initiateur (le raccourcissement lui-même) est très simple : il ne requiert sans doute qu'une altération génétique minime, la mutation d'un seul gène suffit peut-être. Mais il est également possible que cette étape initiale ne soit le fait d'aucune modification génétique : on sait que plusieurs charbons ou virus du maïs, ou un simple changement d'environnement — abaissement de la température par nuits plus froides ou jours plus courts — provoquent également la féminisation des aigrettes mâles de la tige principale du maïs.

7. Bien entendu, le résultat d'un tel raccourcissement et d'une telle féminisation ne serait pas immédiatement un épi de maïs moderne complètement épanoui. Dans une première étape, on obtiendrait vraisemblablement un épi muni de quelques rangées de grains femelles peu nombreux à la base et de structures mâles au-dessus. La formation d'un épi polystiche (aux rangées nombreuses) reste un problème. Selon une première hypothèse, plusieurs segments de l'aigrette mâle se rapprocheraient au moment où les branches se raccourcissent et formeraient un épi polystiche en se joignant les uns aux autres et en subissant un mouvement de torsion. Souvenez-vous, toutefois, que la théorie classique de transformation des épis de téosinte à deux rangées de grains est confrontée à ce même problème et propose la même explication. Comme le fait remarquer Iltis, le meilleur candidat à un processus hypothétique de ce genre est l'inflorescence de la téosinte et non l'épi. L'épi de téosinte est, comme disent les biologistes, une structure à développement fortement « canalisé » — c'est-à-dire une structure qui se développe fondamentalement de la même manière chez tous les individus d'une race, sans beaucoup de variation d'une plante à l'autre. Cet épi comporte toujours deux rangées de grains peu nombreux. L'inflorescence mâle, en revanche, est bien plus

variable et prolifique en éléments individuels (tous aptes à se transformer en grains). Une seule étape de transformation d'un variant mâle comportant un maximum de rangées d'éléments individuels pourrait nous mener beaucoup plus près d'un épi de maïs que n'importe quelle étape initiale de la transformation d'un épi de téosinte.

8. Le petit épi initial de la transmutation sexuelle catastrophique est immédiatement comestible. C'est pour ce motif que les fermiers auraient reproduit les graines et sélectionné les générations futures à partir de plants portant les plus gros épis. On a donc pu obtenir, par les techniques habituelles en agriculture, des épis plus grands et plus riches à partir d'un épi initial assez petit mais malgré tout fort utile.

La caractéristique principale de la théorie de Iltis, c'est qu'un très léger changement génétique qui entraîne une modification fondamentale de la forme du plant (le raccourcissement des branches latérales) provoque automatiquement une altération majeure de la structure (la transformation de l'inflorescence mâle en épi femelle), en mettant hors circuit les mécanismes héréditaires du système sexuel et du développement (c'est-à-dire les gradients hormonaux mâle-femelle le long de la tige et les gradients de différenciation permettant aux structures terminales de se développer en premier lieu). Cette théorie illustre de ce fait un remarquable exemple d'un processus longtemps tourné en ridicule par les évolutionnistes traditionnels mais qui, selon moi, est éminemment plausible dans certains cas : celui du « monstre prometteur », un concept de « transformation discontinue » qui permet d'expliquer l'origine des structures morphologiques originales (l'évolution par sauts). Le grand généticien allemand Richard Goldschmidt proposa cette idée dans une série de travaux, couronnés par son livre de 1940, *les Bases matérielles de l'évolution* (réédité récemment par les presses de l'Université Yale, avec une introduction de votre serviteur). Le monstre prometteur de Goldschmidt devint la bête noire des darwiniens orthodoxes qui préfèrent de loin les changements graduels et continus, et sa théorie subit le sort le plus lamentable qui soit : elle fut abandonnée, sans même être lue ou au moins comprise, et tout ce qu'on en retint était une version caricaturale que l'on pouvait ridiculiser.

Dans cette version caricaturale, on rejette les monstres prometteurs pour trois raisons. Mais la proposition d'Iltis sur l'origine du maïs est une illustration si correcte et si fine de la vraie théorie de Goldschmidt, qu'elle permet de réfuter aisément, une par une, ces trois objections. D'une part, les détracteurs de Goldschmidt prétendent que sa théorie n'est qu'un aveu d'ignorance, qu'elle est fondée sur un hasard équivoque, mais utile, comme cela se produit une fois sur un million. Car n'est-il pas connu que la plupart des macromutations sont en fait nuisibles ? Goldschmidt reconnaît que la plupart des macromutants sont non viables — des monstres absolument sans avenir selon ses propres termes. Seuls quelques monstres prometteurs gagnent leur place au soleil précisément parce qu'ils parviennent à accomplir leur altération brutale de forme dans les limites de contraintes imposées par le système de développement dont ils avaient hérité. Les monstres prometteurs ne sont pas de bizarres changements qui se produisent çà et là, mais des modifications de grande ampleur sur les voies bien établies du développement sexuel et embryologique normal. Dans la théorie d'Iltis, la transformation soudaine de l'aigrette en épi est autorisée par les caractéristiques héréditaires des gradients hormonaux et des gradients de développement le long de tiges. Des changements profonds, s'ils se réalisent en harmonie avec les voies normales du développement — et sont produits selon ces voies —, ne sont pas nécessairement non viables car ils se situent dans le cadre de l'organisation de base possible dont la plante a hérité.

Les monstres prometteurs ont traditionnellement été rejetés parce que leur existence présuppose soi-disant des désorganisations de grande envergure des systèmes génétiques. Il est vrai qu'à la fin de sa carrière Goldschmidt confondit malencontreusement son idée première de brusque changement de forme avec une théorie élaborée bien plus tard, celle des mutations génétiques profondes et brutales — les mutations systémiques. Dans sa version originelle, le monstre prometteur apparaissait à la suite d'un changement génétique mineur et donc à la fois plausible et orthodoxe. Mais cette altération génétique entraînait de profonds changements de forme parce qu'elle survenait durant les premières étapes du développement et leurs effets se répercutaient en cascade sur la croissance ultérieure. Iltis propose que l'altération génétique qui est à l'origine du raccourcissement des branches est minime (ou nulle) et qu'elle entraîne automatiquement, en raison des modes de développement, le passage brusque de l'inflorescence à l'épi.

Enfin la troisième objection : qui le monstre prometteur va-t-il choisir comme partenaire sexuel ? Il n'est qu'un individu, et même s'il est bien pourvu, l'évolution requiert la propagation des caractères favorables au sein des populations. Les descendants de deux individus aussi dissemblables qu'un individu normal et le monstre prometteur seront probablement stériles, ou, du moins, ces hybrides inhabituels ne pourront pas égaler les individus normaux face à la sélection naturelle. Mais la théorie d'Iltis résout ce problème en faisant appel à l'aide des hommes dans la reproduction des semences. Le plant de téosinte transmuté est toujours une créature viable dotée d'une inflorescence mâle à l'extrémité de sa tige centrale et d'épis femelles au bout de ses branches latérales.

Enfin, la dernière caractéristique intéressante et insolite de la théorie d'Iltis est qu'elle fait appel aux êtres humains par un retour en arrière non seulement pour l'amélioration de l'épi initial par un processus classique de sélection, mais aussi, et en premier lieu, pour en faire une structure viable. C'est un exemple frappant de l'interaction entre deux espèces totalement différentes dans la nature. L'épi de maïs, cet objet de la nature, n'est peut-être pas du tout fonctionnel : les spathes qui enveloppent l'épi à la suite de ce raccourcissement si important de la branche latérale empêchent toute dispersion des graines. Sans l'intervention de l'homme, l'épi pourrirait tout simplement là où il tombe ou ferait germer à cet endroit tant de plants serrés les uns contre les autres qu'aucun d'entre eux ne pourrait jamais atteindre la maturité. Mais les fermiers peuvent éplucher les épis et planter les graines, transformant un monstre sans espoir en un monstre plus que prometteur et utile.

Le maïs occupe la troisième place mondiale dans les récoltes de céréales, juste après le blé et le riz. Il fut la première récolte des peuples du Nouveau Monde et fut donc à la base des civilisations de tout un hémisphère. Aujourd'hui, nous faisons pousser 100 millions d'hectares de maïs par an, environ 500 millions de tonnes. La grande partie de cette récolte ne termine pas sa carrière en tacos ou en chips : elle sert de nourriture aux animaux, la source d'apaisement principale de nos appétits carnivores. Nous avons besoin de maïs pour le confort de notre vie mais le maïs a tout autant besoin de nous pour une simple question de survie.

septième partie

La vie ici et ailleurs

24. Le juste milieu

C'est un poète et non un biologiste qui s'est élevé avec le plus de force contre le manque de respect envers l'intégrité des organismes de la nature. Dans son hymne romantique, *The Tables Turned,* William Wordsworth écrivait :

> Doux est le savoir qu'apporte la nature
> Quand il s'en mêle, notre intellect
> Déforme des choses l'admirable figure
> Il assassine et puis dissèque.

J'ai toujours été très troublé par la bouffée d'anti-intellectualisme qui anime ce poème mais j'y apprécie tout autant le plaidoyer pour l'unité de la nature. Dans sa signification profonde, ce poème nous enseigne que chaque fois que nous décomposons un système complexe en ses constituants pour mieux l'analyser et le comprendre, nous commettons un acte inutile, mais surtout immoral.

Les partisans de la tendance opposée ont caricaturé et rejeté les idées de leurs adversaires avec tout autant d'excès même si la manière en était moins élégante. Les scientifiques qui étudient les systèmes biologiques en les décomposant en parties toujours plus petites, et atteignent finalement le niveau de la chimie des molécules, se moquent souvent des biologistes qui traitent plutôt les organismes comme des touts irréductibles. Les deux faces de cette dichotomie trop simpliste sont même pourvues d'appellations que leurs opposants respectifs utilisent avec un mépris non dissimulé. Ceux qui dissèquent sont des « mécanistes » : selon eux, la vie n'est autre que la combinaison de la physique et de la chimie de ses parties constitutives. Les intégrationnistes sont des « vitalistes », qui soutiennent que la vie et elle seule possède ce « quelque chose de spécial » à jamais hors d'atteinte de la chimie et la physique et incompatible même avec les sciences fondamentales. Selon ces critères, vous appartenez pour vos adversaires à la catégorie des mécanistes sans cœur ou à celle des vitalistes mystiques.

J'ai souvent souri de notre tendance très commune à aborder les problèmes complexes dont les solutions ne se trouvent ni à l'une ni à l'autre extrémité d'un continuum de possibilités en les réduisant à une simple dichotomie, à deux groupes de solutions opposées, sans prendre la peine d'examiner des positions subtiles et intermédiaires ; j'ajouterai que nous accablons presque toujours nos opposants de notre opprobre moralisateur. Comme le sage détective Willis chante dans *Iolanthe* de Gilbert et Sullivan :

Je pense souvent qu'il est comique
Que la nature se débrouille toujours
Pour que chaque gars et chaque fille
Qui sont dans notre monde en vie
Soit un petit Libéral
Ou un petit Conservateur

Aujourd'hui, les catégories ont changé mais nous sommes toujours de droite ou de gauche, partisans de la force nucléaire ou de l'énergie solaire, pour le libre choix ou contre le meurtre des fœtus. Il nous est tout simplement interdit d'opter pour la subtilité d'un point de vue intermédiaire quand nous sommes confrontés à un problème compliqué (mais je soupçonne que la seule question vraiment importante et complexe à la fois, où il est impossible d'opter pour un juste milieu est la suivante : êtes-vous pour ou contre la désignation d'office du batteur [de base-ball] ? — et moi j'vous dis que j'suis contre).

Nous en sommes donc encore et toujours à penser que les biologistes sont soit des mécanistes, soit des vitalistes, soit les avocats d'une ultime réduction à la physique et à la chimie (sans égard pour l'intégrité des organismes), soit les partisans d'une force spéciale qui donne un sens à la vie (mystiques modernes qui nient l'unité potentielle de la science). Je vous livre, à titre d'exemple, des commentaires sur la recherche effectuée au Laboratoire de biologie marine de Woods Hole (extraits d'un article paru dans le numéro de septembre-octobre 1983 du *Harvard Magazine*) et plus particulièrement cette discussion du travail d'un chercheur qui aborde l'étude de problèmes neurologiques du point de vue du physicien :

> Dans le langage des philosophes de la science, on [le] traiterait sans doute de « réductionniste » ou de « mécaniste ». Il pense que l'on peut expliquer tous les phénomènes à ce niveau [neurologique] à l'aide des lois fondamentales de la mécanique et de l'électromagnétisme. Les vitalistes, au contraire, soutiennent qu'une sorte de principe vital, quelque étincelle de

vie, distingue la matière vivante de la matière inanimée. Thomas Hunt Morgan, vitaliste s'il en fut, remarquait un jour avec aigreur que les scientifiques qui comparent les organismes vivants à des machines lui faisaient penser à ces « Indiens sauvages qui faisaient dérailler les trains et cherchaient ensuite les chevaux à l'intérieur des locomotives ». La plupart des mécanistes, à leur tour, considèrent le principe vital de leurs adversaires comme de la magie noire.

Mais cette dichotomie est une caricature absurde des opinions de la plupart des biologistes. J'ai effectivement connu quelques mécanistes conformes à la définition que je viens de vous donner, mais je pense n'avoir jamais rencontré un vitaliste (bien que cette opinion ait connu une certaine vogue au XIXe siècle). La grande majorité des biologistes, y compris le grand généticien T. H. Morgan (qui était, en réalité, antivitaliste comme tous les scientifiques de notre siècle), adoptent plutôt la position du juste milieu. Les positions extrêmes constituent de bons sujets d'articles et des thèmes de discussion faciles bien que simplistes ; mais le nombre de chercheurs en exercice qui prêchent ces opinions est extrêmement réduit et peut-être même nul. Si nous parvenons à comprendre cette position intermédiaire et si nous saisissons pourquoi elle a toujours été si populaire, nous adopterons peut-être enfin une attitude critique à l'égard de notre lamentable habitude de résoudre d'abord les problèmes complexes par une dichotomie. Je consacre donc cet essai à définir et à défendre la position du juste milieu. Et je l'illustrerai par l'attitude d'un biologiste américain distingué, Ernest Everett Just, qui, tout au long de ses recherches, s'est efforcé d'adopter cette attitude du juste milieu.

Le juste milieu, c'est affirmer qu'il est impossible, tant la complexité structurelle et fonctionnelle de la vie est grande, de réduire cette vie à ses constituants chimiques et de l'expliquer tout entière par des lois physiques et chimiques qui s'exercent au niveau moléculaire. Mais le juste milieu, c'est nier tout aussi farouchement que cet échec du réductionnisme signifie qu'une propriété mystique soit attachée à la vie, une « étincelle » spéciale inhérente à la vie seule. La vie acquiert ses propres principes de la structure même de la nature qui est hiérarchique. Parallèlement à la complexité croissante de la hiérarchie qui va de l'atome à la molécule, au gène, à la cellule, aux tissus, à l'organisme jusqu'à la population, des propriétés nouvelles résultant des interactions et des interconnexions se dégagent à chaque nouveau niveau. Il est impossible d'expliquer entièrement un niveau plus élevé dans la hiérarchie en le décomposant en ses éléments constitutifs et en interprétant les propriétés de ces éléments sans tenir compte de leurs interactions. Pour mieux cerner la complexité de la vie, nous devons donc faire appel à des principes nouveaux, des principes d'émergence : ces principes s'ajoutent à ceux de la physique et de la chimie des atomes et des molécules et leur sont tout à fait compatibles.

On pourrait utiliser pour définir ce juste milieu le terme « organisationnel » ou « holistique » ; c'est la position qu'adoptent presque tous les biologistes et même presque tous les chercheurs des sciences physiques qui ont profondément réfléchi à la signification de la biologie et ont éprouvé personnellement sa complexité. C'est la position adoptée, entre autres, par Erwin Schrödinger, le grand homme de la physique quantique qui s'est intéressé aux problèmes de la biologie au terme de sa carrière ; il l'expose d'ailleurs de main de maître dans un texte fort court écrit en 1944 intitulé : « Qu'est-ce que la vie ? », extrait d'un livre au titre identique, sans doute l'un des livres les plus extraordinaires de ce siècle. Voici ce que Schrödinger écrivait :

> De tout ce que nous avons appris sur la structure de la matière vivante, nous devons être prêts à constater qu'elle fonctionne d'une manière impossible à réduire aux lois habituelles de la physique. Mais cela ne signifie pas qu'il nous faille supposer l'existence d'une quelconque « nouvelle force » ou d'un « je ne sais quoi » qui dirigerait le comportement des atomes seuls à l'intérieur d'un organisme vivant. Il faut que nous admettions que la construction de l'organisme vivant est différente de tout ce que nous avons eu l'occasion d'expérimenter jusqu'ici dans un laboratoire de physique.

Schrödinger nous propose alors une analogie frappante. Il nous fait comparer le physicien ordinaire à un ingénieur qui connaîtrait uniquement le fonctionnement des machines à vapeur. Pour la première fois de sa vie, cet ingénieur découvre un moteur électrique : il ne supposera pas que ce moteur fonctionne selon des lois intrinsèquement mystérieuses uniquement parce que les principes des machines à vapeur ne lui permettent pas de comprendre le fonctionnement de ce moteur électrique : « Il ne va pas s'imaginer qu'un moteur électrique est mû par un esprit parce qu'il suffit d'actionner un interrupteur pour qu'il se mette en marche, et cela sans chaudière ni vapeur. »

Ernest Everett Just, embryologiste réfléchi qui adopta la même attitude holistique à la suite de ses propres recherches naquit il y a cent ans à Charleston — Caroline du Sud [1]. Il obtint son diplôme de biologie, fut major de sa promotion en 1907 à Dortmouth et effectua presque tous ses travaux de recherche au Laboratoire de biologie marine de Woods Hole au cours des années vingt. Il poursuivit ensuite ses recherches dans plusieurs laboratoires européens durant les années trente et fut fait

1. J'ai écrit cet essai en 1983 pour commémorer le centenaire de la naissance de Just.

prisonnier un court laps de temps par les nazis quand la France tomba en 1940. Rapatrié aux États-Unis et l'âme brisée, il mourut d'un cancer du pancréas en 1941 à 58 ans.

A l'origine, Just était un biologiste expérimentaliste : il étudiait les problèmes de la fécondation au niveau cellulaire, dans la grande tradition de la recherche descriptive et très soigneuse, caractéristique de l'« école de Woods Hole ». Le développement de ses travaux, plus particulièrement après son départ pour l'Europe, marqua un tournant dans sa carrière. Il se passionna pour la biologie de la surface des cellules. Il devait directement ce changement d'orientation à son intérêt pour la fécondation et plus précisément pour ce vieux problème : comment un spermatozoïde traverse-t-il la membrane externe de l'œuf et comment la surface de l'œuf réagit-elle, en termes physiques et chimiques ? Parallèlement, le travail de Just prit un tour plus philosophique (bien qu'il n'ait jamais abandonné ses expériences) et il adopta progressivement une position intermédiaire, un juste milieu holistique ou organisationnel à mi-chemin entre les extrêmes caricaturaux mécaniste et vitaliste. Just exposa cette philosophie biologique, qui résultait directement de son intérêt croissant pour les propriétés des surfaces des cellules qu'il considérait dans leur entièreté, dans *The Biology of the Cell Surface,* publié en 1939.

Les premiers travaux de Just sur la fécondation étaient les signes avant-coureurs de cette évolution. Il n'était pas particulièrement intéressé par la manière dont le matériel génétique de l'ovule et du spermatozoïde fusionnent, et régissent l'architecture ultérieure du développement — thème classique de la tradition réductionniste (selon lequel toute l'embryologie résulte de l'expression des gènes du noyau cellulaire qui contrôle tout). Just était plutôt préoccupé par les effets de la fécondation sur la cellule tout entière, sa surface en particulier, et par l'interaction du noyau et du cyctoplasme dans la division de la cellule et la différenciation de l'embryon. Just avait vraiment un tour de main mystérieux pour concevoir des expériences simples et élégantes qui illustraient les principaux problèmes théoriques de son temps. Dans son tout premier article, par exemple, il montra que, chez certaines espèces d'invertébrés marins au moins, le point d'entrée du spermatozoïde dans l'ovule détermine le plan du premier clivage (de la première division de l'œuf fécondé) en deux cellules. Il montra aussi que la surface de l'œuf est « équipotentielle », c'est-à-dire que la probabilité d'entrée du spermatozoïde est égale en tout point de la surface de l'ovule. A cette époque, une autre bataille faisait rage entre les biologistes (autre exemple de dichotomie). D'un côté, les préformationnistes prétendaient que la différenciation de l'embryon en parties et organes spécialisés était déjà préfigurée dans la structure de l'œuf non fécondé. De l'autre côté, les épigénéticiens certifiaient que la différenciation survenait durant le développement de l'œuf, lequel était susceptible, au départ, de former n'importe quelle structure à partir de n'importe quelle partie.

En montrant que la direction du clivage se conformait à celle de la pénétration du spermatozoïde (et que le spermatozoïde pouvait entrer à n'importe quel endroit de la surface de l'ovule), Just se rangeait du côté des épigénéticiens. Ce premier article contenait déjà les fondements de son adhésion plus tardive et plus franche à l'holisme — autrement dit son intérêt pour les propriétés des organismes dans leur entièreté (la surface entière de l'œuf) et pour les interactions de l'organisme avec son environnement. Ces conclusions sur les caractéristiques du développement contrastaient avec l'opinion des préformationnistes pour qui le cours du développement ultérieur de l'œuf était inscrit dans sa structure même. Je crois que l'holisme adopté par Just dans sa maturité a pour origine son travail expérimental antérieur dans le domaine de la fécondation, et ce, de deux manières.

En premier lieu, Just avait la réputation d'être à Woods Hole la « main verte » de sa génération. C'était un homme méticuleux autant pour ses méthodes de travail que pour la propreté de son laboratoire. Il avait un rapport mystérieux avec les espèces d'invertébrés marins qui séjournaient dans les eaux de Woods Hole. Il savait où les trouver et il connaissait très intimement leurs habitudes. Il parvenait à extraire les œufs, à les conserver en bonne santé et à l'état normal dans les conditions expérimentales de son laboratoire. Il était très recherché pour ses conseils techniques par les jeunes chercheurs ambitieux qui maîtrisaient peut-être les techniques de pointe les plus sophistiquées mais connaissaient mal les sciences naturelles. Grâce à ces qualités, Just comprenait mieux que quiconque l'importance d'utiliser des œufs normaux et bien portants dans les expériences de fécondation — il n'était pas question de compromettre l'intégrité de cellules saines dans leurs conditions habituelles de vie. A plusieurs reprises, il montra que de célèbres expériences menées par d'éminents scientifiques étaient sans valeur parce que ces savants utilisaient des cellules moribondes ou anormales, et, plutôt qu'une conséquence réelle de l'expérience, leurs résultats reflétaient sans doute ces conditions « qui n'avaient aucun rapport avec la vie ». Just rejeta par exemple un ensemble très important d'expériences effectuées sur les anomalies du développement qui accompagnent la fécondation d'ovules par les spermatozoïdes d'une autre espèce. Il prouva que les résultats embryologiques particuliers observés dans ces expériences ne reflétaient pas l'utilisation de sperme d'une autre espèce mais l'état moribond des œufs utilisés. Il fallait en effet travailler dans des conditions expérimentales (température et conditions chimiques) bien particulières pour que la fécondation « anormale » ait lieu, mais ces conditions étaient incompatibles avec un état de santé normal des ovules.

Just tournait en dérision l'absence d'intérêt pour l'histoire naturelle que manifestaient tant d'expérimentateurs, très au fait des dernières nouveautés en physique et en chimie, mais toujours aussi peu instruits sur les organismes. Ils parlaient de leurs ovules et de leurs spermatozoïdes comme de leur « matériel » (j'ai la même réaction vis-à-vis des réductionnistes modernes qui parlent de « préparation » à propos de cellules et d'organes vivants qu'ils utilisent dans leurs expériences). Ces chercheurs acceptaient leurs objets expérimentaux dans n'importe quel état parce qu'ils étaient incapables de distinguer un œuf normal d'un œuf en mauvais état : « Si vous ne tenez pas compte de l'état des œufs, écrivait Just, les résultats de vos expériences ne seront peut-être que le reflet du mauvais état physiologique des œufs que vous avez utilisés. »

La seconde origine de l'holisme de Just, qui est aussi la plus importante, c'est l'étude de la fécondation qu'il mena pendant vingt ans. Cette recherche le conduisit presque inéluctablement à s'intéresser de très près à la surface des cellules et fut à l'origine de sa philosophie holistique. Puisque son travail était centré, comme nous l'avons déjà mentionné, sur les changements qui se produisent à la surface des cellules au cours de la fécondation, Just prit très vite conscience que la surface des cellules n'était pas une simple frontière passive mais une entité complexe et essentielle de l'organisation de la cellule.

> On ne peut considérer la surface-cytoplasme comme une entité inerte ou séparée de la substance cellulaire vivante. L'ectoplasme (le terme que Just utilisait pour désigner le matériau de la surface) est plus qu'une barrière destinée à endiguer le flux interne de la substance cellulaire active ; c'est plus qu'un barrage contre le monde extérieur. C'est une partie vivante mobile de la cellule.

Plus tard, sur la piste d'un sujet clé de la biologie holistique, Just souligna que la surface de la cellule, domaine de communication entre l'organisme et l'environnement, incarnait le thème de l'interaction : une complexité d'organisation impossible à réduire en termes de composants chimiques.

> La surface joue un rôle clé d'interaction avec le monde extérieur, comme nulle autre partie de la cellule. Elle sert de garant à la forme particulière de la substance vivante, de tampon contre les attaques de l'environnement, et de moyen de communication avec ce même environnement.

De plus, et voici la contribution expérimentale essentielle de Just, il montra que la réaction de la surface de la cellule à la fécondation était celle d'une entité indivisible, même si le spermatozoïde n'entrait qu'en un seul et unique point. Si l'unité de la surface est si importante et si elle régule tant de processus cellulaires, comment pouvons-nous interpréter de manière sensée les fonctions des cellules en les décomposant en molécules ?

> Sous l'impact du spermatozoïde, la surface de l'ovule opère d'abord un retrait et rebondit ensuite ; la membrane de l'œuf effectue quelques mouvements vers l'intérieur et l'extérieur sous l'impact du spermatozoïde très mobile pendant une ou deux secondes. Puis, soudain, le spermatozoïde s'immobilise, sa pointe s'enfonce dans une légère indentation de la surface de l'œuf, et, à cet endroit précis, l'ectoplasme développe une certaine opacité. Cette turbidité rayonne ensuite dans la cellule de sorte que 20 secondes après l'insémination — la fusion de l'ovule et du spermatozoïde —, tout l'ectoplasme est opaque. Alors en un éclair, du point d'ancrage du spermatozoïde, une vague déferle sur la surface de l'œuf, clarifiant tout l'ectoplasme sur son passage.

Poursuivant ses travaux, Just accorda une importance croissante à la surface cellulaire, un peu trop en définitive. C'est avec sagesse qu'il réfutait les prémisses réductionnistes selon lesquelles toutes les particularités de la cellule sont passivement régies par les gènes dans le noyau ; mais l'explication qu'il proposait, le contrôle absolu des mouvements du noyau par l'ectoplasme, était également inacceptable. De plus, Just prétendait que l'histoire du vivant était caractérisée par une dominance croissante de l'ectoplasme : les cellules nerveuses sont les plus riches en matériau superficiel et la taille du cerveau augmente continuellement dans l'évolution. Ce point de vue de Just reflétait la conception erronée généralement admise qui associait inévitablement à l'évolution un progrès dont le premier critère mesurable était le développement mental. L'extrait suivant donnera une idée de l'habileté littéraire de Just, mais c'est plutôt une métaphore qui ne nous apprend pas grand-chose en biologie.

> Nos esprits saisissent les mouvements des planètes, délimitent les ères géologiques, décomposent la matière en ses électrons constitutifs parce que notre mentalité est l'expression transcendantale de l'intégration « ancienne » entre l'ectoplasme et le monde inanimé.

En définitive, le travail de Just souffrit également d'un malheureux concours de circonstances. Il fit tous ses travaux et publia son livre peu avant l'invention du microscope électronique. La surface de la cellule étant trop fine pour que la lumière du microscope optique puisse la décomposer, Just ne put jamais percer le mystère de la structure de cette surface. Il fut obligé de procéder par déductions qu'il effectuait à partir des changements transitoires de la surface de la cellule au cours de la fécondation et il y parvint brillamment malgré ces limites. Mais dix ans après sa mort, une grande partie de son travail si soigneux devint tout simplement obsolète.

Et Just tomba donc dans l'oubli, à la fois parce qu'il en avait trop dit et s'était mis ainsi ses collègues à dos, mais aussi parce que les techniques expérimentales limitées de son temps l'avaient empêché d'étendre ses connaissances. Cependant, l'oubli dans lequel on maintient aujourd'hui son travail me semble injuste pour deux raisons. *Primo,* Just avait entièrement raison au sujet du concept d'intégrité et à propos de l'importance des surfaces des cellules. Grâce au microscope électronique, nous connaissons aujourd'hui la structure de la membrane, sujet fascinant et complexe qui mérite à lui seul un essai. De plus, nous acceptons les prémisses de Just : la membrane n'est pas une simple barrière passive, mais une composante active et essentielle de la structure de la cellule. Le texte de biologie le plus connu des lycéens (extrait du *Biological Science* de Keeton) proclame :

> La membrane cellulaire n'est pas uniquement une enveloppe qui assure la résistance mécanique et la forme de la cellule et lui fournit une sorte de protection. Elle est également un composant actif de la cellule vivante qui empêche l'entrée de certaines substances et la fuite de certaines autres. Elle régule le trafic des éléments entre l'ordre précis qui règne à l'intérieur de la cellule et l'environnement extérieur essentiellement défavorable et potentiellement destructeur. Toutes les substances qui se déplacent de l'extérieur de la cellule vers l'intérieur et vice-versa doivent traverser cette barrière que constitue la membrane.

En second lieu — et c'est ce qui donne plus d'importance à cet essai — quel que soit son point de vue sur les surfaces des cellules, Just se servit de ses idées pour développer une philosophie holistique qui représente un juste milieu raisonnable entre les extrêmes vitaliste et mécaniste — une sage philosophie qui garde toute sa valeur de guide aujourd'hui.

L'holisme de Just, solution authentique au débat mécaniste-vitaliste peut être résumé de la manière suivante par ses trois prémisses majeures. Premièrement, rien en biologie ne contredit les lois de la physique et de la chimie. Toute biologie exercée correctement doit se conformer aux principes des sciences fondamentales. Just commençait son livre par ces mots :

> Les choses vivantes ont une composition matérielle. Elles sont constituées en fin de compte d'unités, molécules, atomes et électrons, aussi sûrement que la matière inanimée. Comme toutes les formes de la nature, elles ont une structure chimique et des propriétés physiques : ce sont des systèmes physico-chimiques. Elles obéissent donc aux lois de la physique et de la chimie. Si nous nions ce fait, nous nous fermons alors toutes les portes d'une quelconque étude scientifique des objets vivants.

Deuxièmement, les principes de physique et de chimie ne permettent pas à eux seuls d'interpréter les objets biologiques complexes parce que de nouvelles propriétés naissent du seul fait de leur organisation et de leur interaction. Et la seule manière de comprendre ces propriétés, c'est d'étudier directement des systèmes sains, intacts, et entiers dans leur état normal. Just écrivait dans un article en 1933 :

> Nous nous sommes souvent efforcés de prouver que la vie est entièrement mécanique en faisant l'hypothèse que les organismes sont des machines. Nous négligeons donc l'organodynamique du protoplasme — son pouvoir de s'organiser lui-même. La substance vivante est ainsi faite parce qu'elle possède cette organisation — quelque chose de plus que la somme de ses parties les plus minimes. C'est l'organisation du protoplasme, qui est la caractéristique prédominante et qui place la biologie dans une catégorie assez distincte de la physique et de la chimie. Ce n'est pas non plus un vitalisme stérile d'affirmer qu'il subsiste dans le comportement du protoplasme un élément dont nos études physico-chimiques ne peuvent percer le mystère. Ce « quelque chose » est l'organisation particulière du protoplasme.

Dans une métaphore frappante, Just illustre l'insuffisance des études mécanistes :

> La chose vivante disparaît et seul un agglomérat de parties subsiste. Plus l'analyse est poussée, plus nous obtenons de détails, plus complète est la disparition de la vie de la matière vivante que l'on étudie. L'état de vie est comme un flocon de neige sur une fenêtre qui disparaît au chaud contact de l'enfant curieux. Peu d'expérimentateurs contemporains souscrivent, à mon avis, à la comparaison naïve mais judicieusement pensée d'un biologiste éminent : l'expérimentateur cherche à connaître le développement d'un œuf en le brisant comme on fait dérailler un train pour comprendre son fonctionnement. L'époque où l'embryologie expérimentale n'était qu'une expédition punitive contre l'œuf est dépassée, espérons-le du moins.

En troisième lieu, l'impuissance de la physique et de la chimie à expliquer le mystère de la vie ne signifie pas qu'il faille ajouter une explication mystique, ou qu'il y ait contradiction avec les sciences fondamentales. C'est uniquement l'expression de la hiérarchie des objets naturels et le principe d'émergence de propriétés à un niveau d'organisation supérieur :

> L'analyse directe de tout état vivant ne doit jamais descendre en dessous de l'ordre d'organisation caractéristique de la vie. Cette analyse doit s'en tenir à la combinaison de ses composants dans l'unité de vie, ne jamais descendre au niveau de ses constituants séparés et donc, certainement pas plus bas que ceux-ci... L'objectif ultime des physiciens est la particule de matière indivisible. L'étude de la condition vivante doit se limiter à cette organisation qui lui est particulière.

Finalement, je dois souligner une fois de plus que les arguments de Just ne sont ni uniques en leur genre ni même inhabituels. Ils représentent l'opinion courante de la plupart des biologistes expérimentalistes qui ne se sentent pas concernés par cette dichotomie selon laquelle la biologie est une guerre entre les vitalistes et les mécanistes. Le juste milieu est un concept très sensé, très couramment adopté. J'ai choisi Just pour ma démonstration parce que sa carrière illustre comment un biologiste prudent peut être amené à une telle position par sa propre étude de phénomènes complexes. De plus, Just l'a exprimé si bien et avec tant de force qu'il est un modèle selon notre véritable critère : « ce qui a souvent été pensé mais jamais aussi bien énoncé ». Cet essai devrait prendre fin ici. Dans un monde de décence et de simple justice, c'est ce qui se passerait. Mais c'est impossible. E.E. Just s'est battu toute sa vie pour défendre ses opinions avec pour seule arme le mérite intrinsèque de sa seule recherche biologique. C'est quelque chose que j'ai tenté de restaurer dans cet essai mais tellement en vain et de manière posthume. Il n'a jamais acquis cet honneur et n'en prit même jamais le chemin pour une raison purement biologique qui ne devrait avoir aucune importance mais en a toujours eu en Amérique. E.E. Just était un Noir.

Aujourd'hui, un Noir major de sa promotion à Ivy League School croulerait sous les offres d'emploi. Rien de tel pour Just en 1907. Comme l'écrit son biographe, l'historien des sciences du MIT, Kenneth R. Manning : « Un Noir instruit avait deux possibilités, toutes deux limitées : il pouvait soit se consacrer à l'enseignement, soit à la religion, et uniquement chez des Noirs. » (La biographie de Manning, *Black Apollo of Science : The Life of Ernest Everett Just,* fut publiée en 1983 aux Presses de l'université d'Oxford.) C'est un livre magnifiquement écrit et documenté. La plus belle biographie que j'ai lue depuis des années. Le livre de Manning est l'histoire exemplaire de la vie de Just. Il expose sa lutte sans fin pour obtenir des fonds et ses relations complexes avec les institutions d'enseignement et de recherche, mais parle relativement peu de son travail sur la biologie — un manque que je me suis efforcé de combler d'une certaine façon dans cet essai.

Just vint donc à Howard et y resta toute sa vie. Howard était une école prestigieuse, mais les obligations écrasantes d'enseignement et d'administration ne laissaient à Just ni le temps ni la possibilité de mener à bien ses recherches comme il l'aurait désiré. Mais Just ne se laissa pas abattre. Son obstination et sa persévérance lui permirent de trouver de l'aide auprès de toutes les associations philanthropiques et de toutes les organisations qui pouvaient soutenir un biologiste noir — et il s'en sortit assez bien. Il réunit suffisamment d'argent pour passer de longs étés à Woods Hole et s'arrangea pour publier plus de soixante-dix articles et deux livres durant une carrière qui n'a jamais pu comporter plus d'une recherche à temps partiel, parsemée d'obstacles innombrables à la fois sociaux et psychologiques.

Mais, en définitive, le racisme explicite de ses détracteurs, et, ce qui est pire, le paternalisme insistant de ses défenseurs usèrent Just. Il n'osa même plus espérer un poste permanent dans une quelconque institution pour Blancs qui aurait pu soutenir sa recherche, et le manque d'égards et l'accumulation d'affronts qu'il subit à Woods Hole finit par rendre la vie impossible à un homme fier comme Just. S'il s'était conformé au moule d'un scientifique noir acceptable, il aurait survécu dans le monde hypocrite du libéralisme blanc de son temps. Un homme comme George Washington Carver, qui soutint la doctrine de Booker T. Washington qui prônait une lente et humble auto-assistance pour les Noirs, qui s'habillait comme un ouvrier et passa sa vie à chercher des débouchés plus nombreux à la culture de l'arachide dans le but d'aider les fermiers noirs, cet homme-là fut présenté comme le parangon de la science appropriée aux Noirs. Mais Just préférait les vêtements fantaisistes, les bons vins, la musique classique et les femmes de toutes les couleurs. Il souhaitait poursuivre des travaux en recherche fondamentale au plus haut niveau, et y parvint avec succès. Si son travail était en désaccord avec les théories d'éminents scientifiques blancs, il le disait, et avec force (alors que son comportement habituel était plutôt réservé). La seule chose que Just a désirée désespérément par-dessus tout — être jugé uniquement sur la valeur de sa recherche —, il ne l'a jamais obtenue. Ses plus fervents défenseurs le traitaient d'une manière qui, vue avec un certain recul, ne peut être taxée que du paternalisme le plus contraignant. Oublie ta recherche, ne la mets plus en avant, va plus lentement, disaient-ils tous.

Retourne à Howard et sois un « modèle pour ta race », abandonne tes buts personnels et consacre ta vie à former des docteurs noirs. Une telle perspective aurait-elle été le lot d'un homme blanc aussi doué que Just ?

En fin de compte, comme beaucoup d'autres intellectuels noirs, Just s'exila en Europe. Là, en 1930, il trouva ce qu'il avait cherché : être reconnu pour ses hautes qualités de scientifique. Mais sa joie et sa productivité furent de courte durée, quand le spectre du nazisme se transforma en réalité et qu'il fut renvoyé chez lui à Howard où il connut une mort prématurée.

Just fut un homme brillant, et sa vie comporta une bonne part de tragédie mais nous ne devons pas le dépeindre comme un héros de pacotille. C'était un homme bien trop fascinant, complexe et ambigu que l'on ne peut nullement décrire de manière aussi simpliste. Très conservateur et quelque peu élitiste, Just n'a jamais confondu ses ennuis avec les problèmes de la race noire en général et a considéré chaque rebuffade comme un affront personnel. Sa colère devint si grande et son bonheur d'être accepté par l'Europe si profond qu'il se méprit totalement sur la politique de l'Italie des années trente et devint un supporter de Mussolini. Il quêta même auprès du Duce lui-même. Cependant, comment oserions-nous juger un homme aussi contrecarré dans son propre pays ? Bien sûr, Just eut un sort bien meilleur que la plupart des autres Noirs. Il avait un bon métier et une sécurité financière raisonnable. Mais franchement, nous ne vivons pas seulement de pain. Just fut volé du droit naturel de tout intellectuel — le désir d'être pris au sérieux pour ses idées et ses réalisations. Je connais, de façon directe et personnelle, la joie et le besoin de faire de la recherche. Aucun feu ne brûle plus ardemment en moi, et aucun scientifique de valeur qui a accompli un certain travail ne ressent les choses différemment. L'un de mes éminents collègues m'a dit un jour qu'il considérait la recherche comme la joie la plus pure car cela ressemblait pour lui à un continuel orgasme. Les affres de Just étaient sans doute peu tangibles en comparaison des brutalités endurées par tant de Noirs en Amérique mais elles étaient profondes, étendues et détruisaient l'âme. L'homme qui comprit si bien l'holisme en biologie n'eut même pas le droit de vivre une vie épanouissante. Au moins, pouvons-nous marquer le centenaire de sa naissance en prenant en considération les idées pour lesquelles il s'est battu, qu'il a si bien développées et si bien exprimées.

25. Esprit, es-tu là ?

Harry Houdini, grâce à son talent bien connu de prestidigitateur, démasqua des légions de magiciens de troisième zone qui se faisaient passer pour des médiums en communication directe avec le monde indépendant des purs esprits. Ses deux livres, *Miracle Mongers and their Methods* (1920) et *A Magician among the Spirits* (1924), auraient certainement aidé Arthur Conan Doyle si cet adepte fervent et inconditionnel du spiritisme n'avait pas manifesté une nature aussi sceptique et encline au rationalisme que sa création littéraire : Sherlock Holmes. Mais Houdini arrivait une génération trop tard pour venir à la rescousse des intellectuels trop confiants qui s'étaient laissé séduire par la dernière vague de spiritualisme victorien : une fine équipe qui comptait, entre autres, le philosophe Henry Sidgwick et Alfred Russel Wallace, associé à Ch. Darwin dans la découverte de la sélection naturelle.

Wallace (1823-1913) ne se désintéressa jamais de l'histoire naturelle, mais il consacra une grande partie de la fin de sa vie à défendre une série de causes qui paraissent aujourd'hui loufoques (excentriques au moins). Et pourtant, dans l'esprit de Wallace, cet assemblage disparate était relié par un fil conducteur qui l'entraînait dans des campagnes contre la vaccination, ou vers l'étude du spiritisme. Il désirait par-dessus tout prouver que notre Terre est la seule planète de l'Univers à vivre cette expérience unique en son genre : la présence de créatures dotées d'une conscience, même si le cosmos tout entier est envahi par la présence de l'esprit. Nous sommes vraiment isolés physiquement mais unis par l'esprit, proclamait ce premier exobiologiste parmi les évolutionnistes (voir le livre de Wallace *Man's Place in the Universe : A Study of the Results of Scientific Research in Relation to the Unity or Plurality of Worlds*, 1903).

Wallace démontrait l'omniprésence de l'esprit dans l'Univers à l'aide d'un argument de base assez simple. A mon avis cependant, cet argument-là est absolument non fondé et curieusement il n'échappe pas à ce vieux piège de la pensée occidentale — prendre tout bonnement ses désirs les plus fous pour de solides réalités. Brièvement (vous aurez les détails par la suite), un simple examen de la structure physique de la

Terre, du système solaire et de l'Univers conduisait Wallace à la conclusion suivante : la moindre différence de conception dans une partie quelconque de l'Univers tel que nous le connaissons aurait à jamais empêché l'éclosion de la conscience. Notre Univers, du moins la partie où est apparue la vie, a donc nécessairement été créé par une intelligence. Et Wallace concluait :

> Un monde si précisément adapté dans ses moindres détails au développement méthodique de la vie organique, et dont le point culminant est l'homme, exigeait sans aucun doute la construction préalable de cet Univers si vaste et si complexe qui nous entoure.

Comment cet homme aurait-il pu douter que son médium favori entrait réellement en contact avec l'esprit de feu son cher oncle Georges alors que la structure même de l'Univers affichait la preuve de l'existence d'un esprit désincarné ?

L'argument de Wallace avait ses singularités mais l'un des aspects de son histoire me paraît encore plus étrange que les autres. Depuis une dizaine d'années, comme les chats et les fausses pièces de monnaie de nos proverbes, qui réapparaissaient sous d'autres déguisements, l'argument de Wallace est revenu au goût du jour, paré de nouveaux atours. Certains physiciens en ont fait l'article, le présentant comme une idée rafraîchissante et nouvelle qui permet d'échapper au sombre mécanisme de la science conventionnelle et qui réaffirme certaines vérités et certaines intuitions anciennes concernant la force spirituelle et la place légitime de celle-ci dans notre Univers. A mon avis, il s'agit du même argument que celui de Wallace, tout aussi mauvais que lui, mais malheureusement dépouillé de la subtilité de Wallace, qui accordait au moins un droit de cité à des interprétations différentes.

Cette idée que les lois de la nature et la structure de l'Univers préfigurent l'existence d'une vie intelligente a également reçu le nom de « principe anthropique ». Mais le physicien Freeman Dyson, empruntant le terme utilisé avec mépris par un opposant, qualifie fièrement ce concept d'« animisme », non pas pour en souligner le caractère vivant ou organique, mais parce que le mot latin *anima* signifie « âme » (Dyson expose très clairement tout ce raisonnement dans un essai intitulé « The Argument from Design » et extrait de sa belle autobiographie, *Disturbing the Universe*). Dyson commence par cette classique déclaration pleine d'espoir :

> Je n'ai pas le sentiment d'être déplacé dans cet Univers. Plus j'étudie l'Univers et les détails de son architecture, plus il me paraît évident que cet Univers, d'une certaine façon, était au courant de notre arrivée.

Il présente, pour toute justification, une liste succincte de lois physiques dont il suffirait de modifier les constantes d'une fraction infime pour que toute forme de vie intelligente disparaisse de la Terre ; il énonce aussi quelques paramètres physiques dont une légère variation nous détruirait ou nous exclurait à tout jamais de la Terre. Voici donc, écrivait-il, « les accidents numériques qui conspirent apparemment pour rendre l'Univers habitable ».

Examinons, déclare-t-il, la force qui assure la cohésion des noyaux dans les atomes Cette force compense exactement les forces de répulsion électrique qui existent entre les charges positives (protons) ; grâce à cette attraction, le noyau des atomes est intact, tel que nous le connaissons. Mais imaginons un instant que cette force soit légèrement supérieure, elle provoquerait alors la réunion de noyaux d'hydrogène (de protons) par paires, et donnerait naissance à des systèmes que nous appellerions des « diprotons » s'ils existaient. « L'évolution de la vie, nous rappelle Dyson, est inimaginable sans l'existence d'une étoile comme le Soleil qui rayonne une énergie constante durant des milliards d'années. » En effet, si les forces nucléaires étaient plus faibles qu'elles ne le sont en réalité, la combustion d'hydrogène ne se produirait pas, et aucun élément lourd ne se formerait. Si, en revanche, ces forces nucléaires étaient assez fortes pour que des diprotons se forment, presque tout l'hydrogène de l'Univers existerait sous cette forme, et il ne resterait sans doute pas assez d'hydrogène « normal » pour entretenir pendant des milliards d'années une lente combustion dans le cœur des étoiles. La vie sur notre planète, telle que nous la connaissons, n'existerait pas sans ce soleil central dont le rayonnement est constant depuis des milliards d'années. « Il est donc clair que l'intensité des forces nucléaires devait se situer dans une très faible marge pour que l'éclosion de la vie sur terre soit possible. »

Dyson se tourne ensuite vers un autre exemple où il se réfère à l'état de l'Univers matériel plutôt qu'à la nature de ses lois physiques. L'échelle de notre Univers est telle que la distance moyenne entre les étoiles est voisine de 32 millions de millions de kilomètres dans des galaxies types comme la Voie lactée. Supposons, c'est Dyson qui le dit, que cette distance moyenne soit dix fois plus faible. Dans ce cas, il devient extrêmement probable qu'au moins une fois au cours des 3,5 milliards d'années de l'existence de la Terre, une autre étoile soit passée suffisamment près du Soleil pour attirer la Terre hors de son orbite, et détruire ainsi toute vie.

Dyson parvient ainsi à la conclusion erronée qui constitue la base de l'animisme, ou principe anthropique :

> L'harmonie particulière qui existe entre la structure de l'Univers et les besoins de la vie et de l'intelligence est la manifestation de l'importance de la pensée dans l'organisation des choses.

L'erreur fondamentale de ce raisonnement remis au goût du jour, mais pourtant rongé de vers, réside dans la nature même de l'histoire. Le résultat de tout processus historique complexe — l'apparition de la vie intelligente sur la Terre, par exemple — est la somme d'une telle série d'improbabilités qu'il en devient lui-même absolument invraisemblable. Mais de toute façon, le résultat d'une telle somme d'improbabilités, quel qu'il soit, existera toujours et nous serons toujours stupéfiés par son improbabilité. N'importe quel résultat provoquerait le même commentaire de notre part : « N'est-ce pas renversant ? Et dire que si les lois de la nature avaient été un tout petit peu différentes, nous n'aurions jamais connu ce genre d'Univers. »

Ce scénario d'improbabilités nous permet-il de tirer une conclusion quelconque sur le mystère des mystères, l'ultime origine des choses ? Et si l'Univers avait été constitué presque uniquement de diprotons ? Peut-on dire que cela aurait été mauvais, illogique ou indigne de l'esprit qui incite de bien des façons les merveilles de l'Univers à s'accomplir ? Pourrions-nous conclure que Dieu avait une tête de diproton ou simplement qu'il les adorait ou encore que Dieu n'existe pas, ni aucune forme d'esprit ? De même, l'existence de formes de vie intelligente dans notre Univers est-elle nécessairement le corollaire d'un esprit préexistant tout simplement parce qu'un autre cosmos aurait entraîné un autre résultat ? Si cet esprit supérieur et désincarné existait vraiment (et que je sois pendu si la science peut nous fournir une quelconque information à ce sujet), préférerait-il un univers où la vie apparaîtrait comme sur notre Terre, plutôt qu'un cosmos rempli de diprotons ? Pourquoi les diprotons ne témoigneraient-ils pas de la préexistence d'une intelligence ? A peine peut-on dire que les journalistes dissertant sur les diprotons ne feraient pas partie de cet Univers. Nous est-il possible de concevoir une autre forme d'intelligence que celle qui serait à tout prix animée du désir de s'incarner dans l'Univers de son choix ?

Revenons-en à la formulation antérieure du principe anthropique par Wallace. Nous comprendrons ainsi mieux encore combien ce principe est fondé sur l'espoir, et non sur des raisons logiques impératives. Signalons d'abord la différence de vue fondamentale entre Dyson et Wallace. Dyson ne voit aucune objection à ce que l'on recherche des formes d'intelligence dans les mondes multiples qui composent notre Univers. Wallace, en revanche, était partisan du caractère unique de l'être humain ; il envisageait donc que l'Univers se restreignait à la galaxie de la Voie lactée et que la Terre avait été impeccablement préparée à être le berceau de la vie intelligente, grâce à une série d'événements suffisamment nombreux et complexes pour qu'il fût impossible qu'ils se reproduisent ailleurs. J'ignore d'où Wallace tirait ses convictions et j'ai peu de goût pour les psychobiographies, mais dans l'extrait suivant, tiré des conclusions de *Man's Place in the Universe*, vous découvrirez aussi bien que moi le reflet d'une urgente conviction personnelle qui dépasse la simple conclusion scientifique. L'esprit préexistant, transcendant à l'origine de notre Univers, selon Wallace, ne devrait autoriser qu'une incarnation unique de l'intelligence ; une multiplicité d'incarnations aurait en effet :

> ...engendré la monotonie dans un Univers dont la caractéristique grandiose et l'enseignement principal est son infinie diversité. Cela signifierait que la création d'une âme vivante dans le merveilleux et glorieux corps de l'homme — l'homme avec ses facultés, ses aspirations, ses aptitudes au bien et au mal — est une chose facile à faire, reproductible à l'envi dans n'importe quel monde. Cela signifierait que l'homme n'est qu'un animal, rien de plus, qu'il n'a aucune importance dans l'Univers, et qu'il a suffi de préparatifs simplistes pour son avènement, à peine, peut-être, un démon de second ordre et une Terre de troisième ou quatrième classe.

Cette différence d'opinion fondamentale sur la fréquence d'apparition des formes de vie intelligente dans l'Univers ne doit pas nous masquer le point commun essentiel de l'argumentation de Wallace et des partisans contemporains du principe anthropique : ils pensent tous que la forme de vie intelligente que nous connaissons, qu'elle soit rare ou au contraire courante dans le cosmos, ne se serait jamais développée si la conception physique de notre Univers avait été un tant soit peu différente, si peu que ce soit ; c'est pour cette raison que notre cosmos doit certainement son existence à une intelligence préexistante. Wallace décrit ses partisans d'une manière que Dyson aurait tout aussi bien adoptée : « Ils considèrent que la merveilleuse complexité des forces qui contrôlent apparemment la matière, si elles n'en sont pas les constituants mêmes, sont et ne peuvent être que l'œuvre d'un esprit. »

Cependant, l'Univers qu'utilise Wallace pour étayer le principe anthropique ne pouvait pas être plus différent de celui de Dyson. Et si ce même principe s'applique à deux conceptions matérielles aussi différentes de l'Univers, ne sommes-nous pas en droit de soupçonner qu'il a gardé une popularité aussi troublante à travers les âges parce qu'il fait appel à l'émotion bien plus qu'à un raisonnement logique fondé sur des faits ? L'univers de Dyson est celui que nous connaissons tous aujourd'hui —

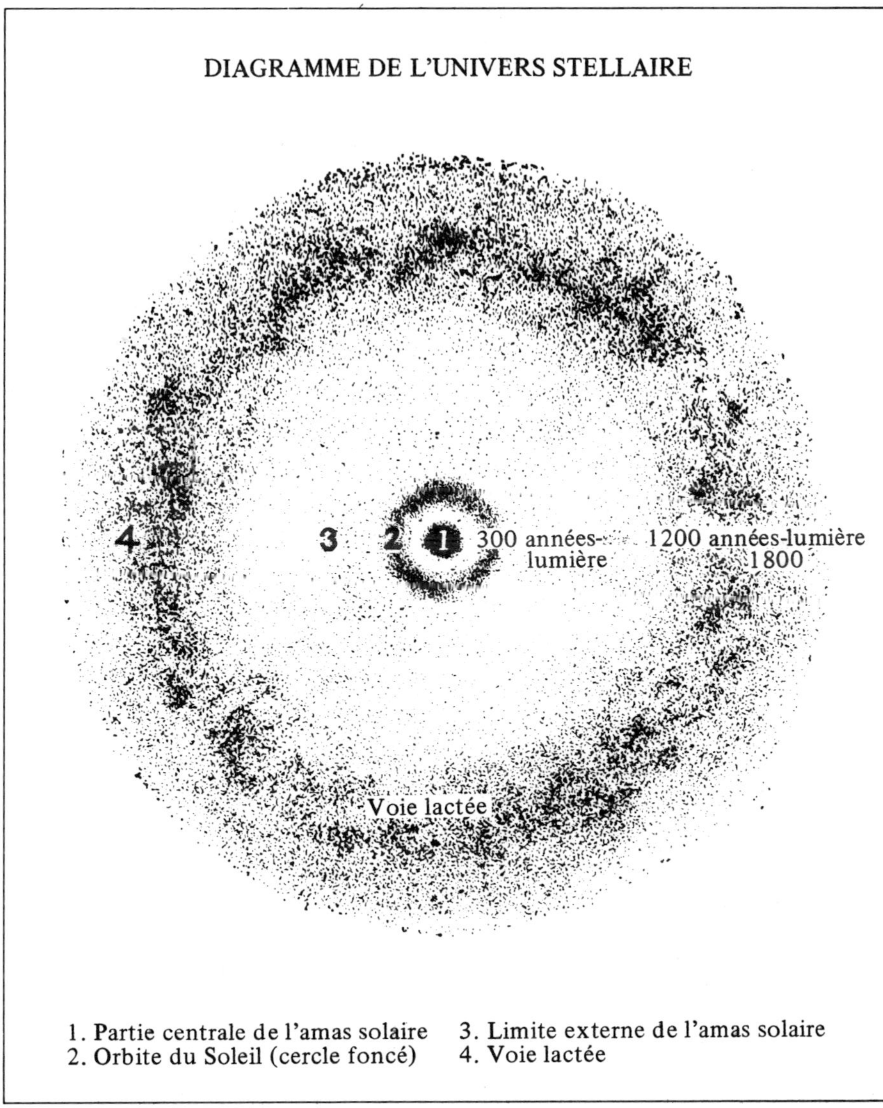

L'univers de A.R. Wallace, qui était organisé de manière précise en fonction de l'existence exclusive de l'homme sur Terre (reportez-vous au texte pour les détails). D'après Wallace, 1903. Reproduit avec l'autorisation du *Natural History Magazine*.

d'une immensité impressionnante, peuplé de galaxies aussi nombreuses que les grains de sable sur une plage gigantesque. Le cosmos de Wallace fut le produit transitoire de ce que ses contemporains avaient baptisé avec fierté la « Nouvelle Astronomie » fondée sur les premières conclusions tirées de l'étude spectrographique des étoiles, qui étaient fausses en définitive.

Dans l'Univers limité de Wallace, la galaxie de la Voie lactée s'étendait sur quelque 3 600 années-lumière et le diamètre total du cosmos, selon les calculs de Lord Kelvin, n'excédait certainement pas le double de cette valeur (au-delà de la Voie lactée, le nombre des étoiles qui peuplent l'Univers est extrêmement restreint, ou peut-être même nul). Au centre de cet Univers se trouve un petit « amas solaire » d'étoiles qui comprend notre propre Soleil situé à la périphérie ou exactement en bordure de cet amas. L'espace qui entoure l'amas solaire est presque vide et bordé, à quelque 300 années-lumière du centre, par un premier anneau d'étoiles et d'autres objets cosmiques. Au-delà de ce premier anneau, s'étend une autre région beaucoup plus vaste, très peu peuplée, elle-même entourée d'un anneau extérieur bien plus grand et très dense, la Voie lactée, qui s'étend sur 600 années-lumière et est située à 1 200-1 800 années-lumière du centre de l'Univers.

L'éclosion de la vie, selon le principe anthropique de Wallace, nécessitait l'existence de chacun des éléments de cet Univers matériel complexe et pouvait uniquement se produire autour d'un soleil situé là même où le nôtre a le bon goût de se trouver, à la périphérie de l'amas solaire central. Tous ces anneaux, ces amas et ces espaces vides étaient donc l'expression du dessein d'une intelligence préexistante.

Dans le raisonnement de Wallace, il faut que les étoiles lointaines aient une influence importante et aident notre Terre à entretenir la vie. Wallace caresse donc l'idée que les rayons stellaires ont un effet bénéfique sur les plantes : il essaie désespérément de tirer cette conclusion d'un calcul fait par l'un de ses contemporains, selon lequel la brillante Véga procure à la Terre une chaleur comparable au 200 millionième de celle que lui fournirait une bougie ordinaire située à un mètre. Il avance même l'argument suivant, douteux pour le moins : puisque la lumière des étoiles impressionne les plaques photographiques, les plantes ont peut-être aussi besoin de cette même lumière pour vaquer à leurs activités nocturnes. On peut difficilement faire une pirouette plus illogique : sauter du fait qu'un film *peut* enregistrer la lumière des étoiles, à la conclusion que la matière vivante en *a besoin* !

Mais Wallace ne s'appesantit pas sur ces spéculations médiocres. Il met en revanche l'accent sur le fait que l'apparition de la vie dépend de la structure physique détaillée de l'Univers et cela pour la même raison qu'avance Dyson dans ses deux exemples principaux : l'évolution d'une forme de vie intelligente, complexe, n'aurait pu se faire sans l'existence d'un soleil central dont le rayonnement est constant depuis des temps immémoriaux, d'une part, et d'autre part, des soleils aussi stables se développent uniquement si un ensemble de lois et de paramètres physiques respectent certaines valeurs comprises entre des limites très étroites. Dyson raisonne sur la densité des étoiles et sur les diprotons ; Wallace, quant à lui, soutenait que les soleils adéquats existaient seulement dans un univers structuré comme le nôtre et seulement à la périphérie de l'amas central d'un tel Univers.

Dans l'Univers de Wallace, les étoiles sont concentrées dans trois régions : l'anneau extérieur (ou la Voie lactée proprement dite), l'anneau intérieur qui entourent tous deux l'amas central et l'amas central lui-même. La Voie lactée est une région trop dense et son activité est trop intense pour que des soleils stables puissent s'y développer. Les étoiles se déplacent à une telle vitesse et sont si proches l'une de l'autre que les collisions et les rapprochements intempestifs détruiraient inévitablement tout système planétaire avant même qu'une forme de vie intelligente puisse s'y développer.

Wallace prétend alors que la stabilité d'un soleil ne résulte pas de l'auto-approvisionnement de l'étoile en combustible (nous le savons bien aujourd'hui, mais on savait à son époque peu de chose sur la radioactivité et la fusion nucléaire). Selon lui, la combustion continue des étoiles ne peut être entretenue que par l'approvisionnement constant en combustible venant de l'extérieur. Cette matière est attirée par les forces gravitationnelles depuis les régions extérieures de l'Univers (en particulier de l'anneau de la Voie lactée) vers le centre, où se trouve le Soleil. L'anneau intérieur ne peut abriter de soleils stables car il est sans cesse bombardé par des objets venant de l'extérieur. Le centre de l'amas solaire ne convient pas non plus, car il reçoit trop peu de matériau combustible. De ce fait, seule la périphérie de l'amas solaire, exactement à l'endroit où se situe notre Soleil (ce n'est sûrement pas un hasard) convient à l'entretien de la combustion constante d'une étoile et par là même à l'éclosion de formes de vie intelligente sur terre.

Chaque détail de cette architecture cosmique est utile et indispensable à l'éclosion de la vie sur une planète qui tourne autour d'un soleil judicieusement situé. La Voie lactée est notre fournisseur de carburant. L'anneau intérieur joue le rôle de filtre, et laisse passer la quantité exactement nécessaire de carburant. Et nous avons également besoin de cet amas central où les étoiles se déplacent lentement et n'interfèrent pas entre elles. Comment tout cela aurait-il été conçu sinon grâce à l'intervention d'une intelligence directrice ? Quatre-vingts ans après la parution du livre de Wallace, notre Univers ne pouvait pas être plus radicalement différent ; cependant, mus par leur espoir d'êtres humains, certains continuent à plaquer sur lui un même raisonnement erroné.

Enfin, Wallace se singularise de Dyson et de la plupart des partisans contemporains du principe anthropique par un point très important. Nos défenseurs contemporains développent leur argumentation et présentent ensuite leur conclusion : un esprit supérieur a modelé l'Univers, en partie pour qu'une forme de vie intelligente puisse s'y développer — c'est, selon eux, la conclusion nécessaire et logique. Mais Wallace, un scientifique, avait une bien trop bonne notion de l'histoire pour se laisser aller à des certitudes aussi imbéciles ; il comprenait trop bien que des résultats ordonnés et complexes puissent surgir d'une accumulation d'improbabilités. Il reconnaissait carrément qu'il existait une autre interprétation, et il la présentait lui-même :

> De très nombreuses personnes, et probablement la majorité des hommes de science reconnaîtront que tout porte à croire à cette conclusion mais expliqueront qu'il s'agit d'une coïncidence heureuse. Il aurait pu y avoir une centaine ou un millier de planètes abritant des formes de vie, si le cours de l'évolution de l'Univers avait été très légèrement différent mais peut-être n'en aurait-il existé aucune.

Ce scientifique distingué, usé par les ans et de si nombreuses batailles solitaires menées en faveur de causes idiosyncrasiques, n'avait pas perdu sa clairvoyance et se livrait encore à une autocritique incisive : il présenta dès lors son interprétation favorite tout en reconnaissant honnêtement qu'il ne pouvait en aucune façon prouver sa vision réconfortante de la vie.

Les partisans de l'autre bord, de loin les plus nombreux sans doute, qui croient fermement que l'esprit est essentiellement supérieur à la matière et distinct d'elle, ne peuvent pas croire que la vie, la conscience, la pensée soient des produits de la matière. Ils considèrent que la merveilleuse complexité des forces qui contrôlent apparemment la matière, si elles n'en sont pas les constituants, sont et ne peuvent être que des productions d'un esprit.

Je ne peux pas nier moi-même que cette seconde conception, le principe anthropique, soit une interprétation *possible* des faits, mais la première explication me convient mieux (toujours se méfier des conclusions qui renforcent un espoir aveugle et se conforment aux traditions réconfortantes de la pensée occidentale). Je ne vois aucune objection à la présentation et à la discussion de ce principe anthropique tant qu'il conserve son statut d'interprétation « possible », et qu'on ne lui attribue pas celui de conclusion logique. L'attitude de Wallace, il y a quatre-vingts ans, était correcte, celle de Dyson, aujourd'hui, ne l'est pas. Pour une fois, je placerai mon espoir ailleurs. Je serais également surpris, mais sans le moindre déplaisir, si, *mirabile dictu*, Wallace et Dyson avaient raison, tout compte fait.

Post-scriptum

De nombreux lecteurs m'ont signalé (j'aurais dû m'en souvenir) que le célèbre essai de Mark Twain *The Damned Human Race* était une réplique directe à la version du principe anthropique développée par Wallace. La première partie de cette série intitulée « Le monde a-t-il été fait pour l'homme ? » porte en épigraphe : « La remise au goût du jour de la théorie d'Alfred Russell [*sic* pour Russel] par Wallace, selon laquelle cette Terre est au centre de l'Univers et le seul monde habité, a suscité l'intérêt du monde entier. » Twain, dans son style inimitable, reprend alors toute l'histoire de la vie en cinq pages, nous assurant que toute cette diversité d'une richesse inimitée n'était peut-être qu'un long avant-propos à cet instant géologique final : l'installation de l'homme. Voilà ce qu'il fait des affirmations de Wallace, persuadé que l'Univers fut conçu dans notre seule intention.

J'ai été heureusement surpris de retrouver d'autres thèmes de mes essais dans cette satire de Twain. Il cite explicitement, par exemple, Kelvin qui avait raison, selon lui, à propos du *grand* âge de la Terre et confirme ainsi de maîtresse façon mon argumentation (voir essai 8) en faveur du travail de Kelvin. De son temps et contrairement au mythe qui le fait passer pour un affreux traître envers la science expérimentale, son œuvre est interprétée par Twain comme une preuve de l'âge confortable de la Terre et pas comme une restriction de l'immensité du temps géologique. « Selon ses chiffres (ceux de Kelvin) il fallut au Créateur 99 968 000 années pour préparer le monde à la venue de l'homme, étant donné l'impatience très probable du Créateur de voir et d'admirer cet homme mais toute entreprise de ce genre doit être menée de manière prudente, appliquée, logique. »

Mark Twain termine par la présentation d'une métaphore merveilleuse (la littérature et la vulgarisation scientifiques en contiennent tant) à propos de l'âge de la Terre par rapport à la durée de la présence de l'homme sur terre (pour moi, cette métaphore est l'ancêtre littéraire en quelque sorte de l'image proposée par John McPhee dans son *Basin and Range* : si nous comparons le temps géologique avec l'ancien yard anglais qui est la distance comprise entre le nez du roi et l'extrémité de son bras étendu, un coup de lime bien appliqué sur l'ongle de son majeur effacerait toute l'histoire de l'humanité) :

Telle en est l'histoire. Voilà 32 000 ans que l'homme est ici-bas. Le fait qu'il ait fallu 100 millions d'années pour la préparation du monde à sa venue prouve exactement que le monde a été fait exprès pour ça — je le suppose allez savoir. Si la tour Eiffel était une mesure du monde, la couche de peinture qui couvre le dernier boulon vissé à son sommet représenterait la portion de ce temps dévolue à l'homme ; chacun comprendrait que cette tour a exactement été construite pour cette couche de peinture, ou du moins, je pense qu'ils comprendraient, allez savoir.

26. SETI et la sagesse de Casey Stengel

L'étude de la vie extraterrestre peut difficilement s'appuyer sur des preuves matérielles et toute opinion sur l'apparence des créatures extraterrestres et leur abondance dans l'Univers est donc le reflet des attentes et des craintes des scientifiques perdus en conjectures, bien plus que le compte rendu de quelque réalité contraignante. Ainsi, Alfred Russel Wallace, le partenaire de Darwin dans la découverte de la théorie de la sélection naturelle et le premier grand évolutionniste qui accorda quelque attention à l'exobiologie, croyait fermement que l'homme était le seul de son espèce dans le cosmos tout entier. Il ne supportait pas l'idée que l'intelligence humaine fût autre chose qu'un don unique et spécial de Dieu à une planète qui convenait à merveille à son installation. En 1903, il écrivait que, si les créatures extraterrestres pourvues d'une intelligence étaient nombreuses, cela « signifierait ceci : l'homme est un animal, rien de plus, il n'a aucune importance dans l'Univers et son avènement n'a pas nécessité de grands préparatifs hormis peut-être l'intervention d'un démon de second ordre sur une Terre de troisième ou quatrième ordre ». (Dans l'essai précédent, vous trouverez la version intégrale de cette citation et une discussion des idées de Wallace.)

L'inépuisable débat sur la vie extraterrestre a surtout pris la forme de calculs de probabilités. Combien d'étoiles, combien de planètes conviendraient-elles au développement de la vie ? Quelles sont les chances pour qu'une forme de vie apparaisse dans ces endroits adéquats, et quelle est la probabilité qu'une intelligence surgisse finalement de cette forme de vie ? Je dois avouer que cette littérature m'a toujours ennuyé, que je la trouve peu concluante, trop envahie d'espoirs et d'incertitudes pour être convaincante.

Récemment, plusieurs astronomes et physiciens ont proposé d'aborder le problème différemment, et plus précisément de rechercher les productions technologiques d'une civilisation extraterrestre intelligente en explorant systématiquement les cieux au moyen de radiotélescopes à la recherche de signaux éventuellement émis par cette civilisation. Ce programme de recherches baptisé SETI (*S*earch for *E*xtra*t*errestrial *I*ntelligence) a fait l'objet d'une violente controverse. D'après ses partisans, il suffirait d'y investir une fraction minime du budget annuel de la NASA, et d'autre part, quelles qu'en soient les conclusions, ce programme permettrait au moins de substituer à un débat stérile sur des probabilités, une étude expérimentale rigoureuse menée à l'aide des seuls moyens disponibles aujourd'hui. Pour les opposants, ce projet n'est qu'une perte de temps, un nouveau gouffre à millions et si sûrement voué à l'échec qu'il ne mérite pas que l'on détourne un centime des deniers publics alloués à la science.

Mon statut de biologiste évolutionniste ne m'autorise pas à jouer les experts dans cette querelle, au moins dans la plupart des domaines impliqués. Si je suis amené à faire un commentaire, c'est uniquement parce que les opposants du SETI ont brandi comme une de leurs armes les plus puissantes un argument qui relève de ma compétence. Selon eux, les meilleurs biologistes évolutionnistes ont affirmé que l'existence de la vie extraterrestre était pratiquement inconcevable. L'optimisme de certains chercheurs des sciences physiques reposerait donc uniquement sur leur imperméabilité au caractère distinctif du raisonnement évolutionniste. Mais les opposants au SETI ont mal formulé leur argument biologique et je voudrais expliquer pourquoi un biologiste évolutionniste au moins, pense que SETI est un coup qui mérite d'être tenté.

Frank J. Tipler, physicien-mathématicien de l'université de Tulane, fut l'adversaire le plus acharné de SETI. Dans une longue série d'articles musclés publiés dans des journaux techniques aussi bien que dans des revues de vulgarisation (*New Scientist*, *Mercury*, *Physics Today*, *Quarterly Journal of the Royal Astronomical Society*, par exemple), il donne « deux raisons fondamentales qui me font refuser de croire à l'existence de créatures extraterrestres intelligentes » (tous les extraits que j'utilise proviennent de son article de 1982 cité dans la bibliographie, mais ce sont des arguments que l'on retrouve dans tous ses écrits sur SETI). La seconde raison invoquée par Tipler repose sur des données hors de ma spécialité et je ne m'apesantirai donc pas sur ce point, tout en jugeant indispensable de le mentionner. Tipler prétend que « s'" ils " existaient, ils seraient déjà là... Puisqu'ils ne sont pas là... ils n'existent pas ». Brièvement, Tipler prétend que toute créature vraiment intelligente explorerait ou coloniserait le cosmos au moyen de ce qu'il appelle une machine de von Neumann — « un ordinateur pourvu d'une intelligence proche de celle de l'être humain, qui serait capable de se reproduire seul, et d'utiliser les matières premières disponibles dans le système solaire pour la construction de tout objet dont il aurait les plans ». Des créatures douées d'intelligence pourraient ainsi explorer une galaxie entière « pour le prix d'une machine de von Neumann » — cet ordinateur piocherait sur les astéroïdes et les comètes les matériaux nécessaires à la construction de copies de lui-même et de ses sondes. Ces copies fileraient alors vers les étoiles suivantes où elles se reproduiraient à nouveau. Il suffirait de 300 millions d'années à peine pour que toute une galaxie soit saturée des copies d'une seule machine de von Neumann.

Une telle machine pourrait même fabriquer la chair et le sang d'extraterrestres en récoltant les produits chimiques nécessaires et en exécutant le programme génétique de son créateur stocké dans sa mémoire.

> En principe, on pourrait stocker ce genre d'information dans une machine de von Neumann, et programmer cette machine pour qu'elle synthétise un œuf qu'elle placerait ensuite dans une matrice artificielle. Neuf mois plus tard, un bébé humain naîtrait dans le système stellaire et ce bébé pourrait être élevé jusqu'à l'âge adulte par des parents adoptifs, construits par la machine de von Neumann.

Je ne veux pas être philistin mais j'avoue que je ne sais vraiment pas quelle attitude adopter face à de tels arguments. J'ai assez de difficultés à prévoir les désirs et les réactions de mes proches ; je suis le plus souvent dérouté par les pensées et les actes des personnes de culture différente. Mais que je sois pendu si je peux avoir quelque certitude sur le comportement éventuel d'une forme d'intelligence extraterrestre. Ainsi, le second argument de Tipler s'inscrit tout à fait dans la tradition spéculative que le programme de SETI s'emploie précisément à dépasser, grâce à son approche expérimentale.

Cependant, le premier argument de Tipler est différent : il est fondé sur des données et des méthodes qui relèvent de ma compétence. Voici ce qu'il écrit :

> Tout d'abord, tous les grands experts contemporains dans le domaine de l'évolution — Francisco Ayala, Théodosius Dobzhansky, Ernst Mayr et George Simpson — prétendent à l'unanimité que l'évolution d'une espèce intelligente à partir d'organismes unicellullaires simples est un processus si improbable que nous sommes vraisemblablement les seules espèces intelligentes qui existeront jamais.

Sur le plan des mondanités, que l'on me permette de jouer un instant, avec impertinence peut-être, à l'expert : l'énoncé de Tipler est empiriquement faux. Je compte au moins quatre évolutionnistes très respectables qui ont récemment signé la pétition internationale lancée par Carl Sagan en faveur du programme SETI (Tom Eisner de Cornell, Dave Raup de l'université de Chicago, Ed Wilson de Harvard, et en vous priant de l'excuser pour son arrogance, votre humble serviteur). Les biologistes de l'évolution, fidèles à leur logique habituelle concernant ce thème essentiel de la nature, conservent une diversité de points de vue à ce sujet.

Ce qui est plus grave, à mon avis, c'est que Tipler, en amalgamant deux problèmes très différents a mal compris ce que les biologistes évolutionnistes rejettent avec tant de force. Tous les évolutionnistes qui se sont penchés sur le problème de l'exobiologie en détail en sont finalement arrivés à la conclusion qu'il fallait se préoccuper de deux points bien distincts : le premier est un problème bien spécifique et le second est un raisonnement d'ordre général. Le point *spécifique* est le fait d'envisager la possibilité qu'une séquence quelconque de l'évolution se *reproduise en détail* d'une manière identique. Il s'agit ici en particulier de l'évolution de créatures qui nous ressembleraient : symétrie bilatérale du corps, les organes des sens étant placés sur la face antérieure et vers le haut : deux yeux, un nez au milieu, une bouche et un cerveau. Si nous pouvions rejouer le film de l'évolution de la vie sur terre, les créatures intelligentes seraient-elles élaborées sous la même forme ? Si d'autres mondes partageaient avec nous la même chimie et le même type d'environnement, les mêmes « humanoïdes » s'y développeraient-ils ?

La question d'ordre plus *général* est la suivante : ce que nous identifions comme une forme d'intelligence peut-elle se développer dans des créatures de n'importe quelle conformation : des mottes, des films, des sphères d'énergie vibrante, ou des formes diffuses et inconcevables, bien au-delà de tout ce que les écrivains de science-fiction imaginent ?

Tous les évolutionnistes se sont catégoriquement opposés au premier point, celui de la répétition de l'évolution d'un humanoïde, et je me joins à eux avec autant de conviction. De nombreux évolutionnistes ont également fait un pas de plus et mis en doute la thèse la plus générale, mais ils ne l'ont jamais fait aussi catégoriquement. Il s'agissait toujours d'opinions personnelles et ces prises de position ne portaient pas l'*imprimatur* indélébile de la « théorie évolutionniste ». Je me situe parmi ces évolutionnistes qui réfutent le premier point, mais pensent qu'il est difficile de prendre une position catégorique à propos de la thèse générale. Et le soutien du programme SETI dépend uniquement de ce second point. Gregory Bateson, le spécialiste de ces sciences qui s'occupent des objets complexes et de l'interaction des systèmes, décédé depuis peu, soulignait souvent que l'une des graves erreurs de raisonnement souvent commise par les hommes était probablement la confusion dans la hiérarchie des catégories (voir son livre *Mind and Nature* entre autres). A titre d'exemple principal de «confusions de catégorie »,

Bateson citait la substitution que l'on opère très souvent entre un individu et une classe d'individus (et vice-versa).

Casey Stengel, un des plus grands gourous de notre temps, utilisa d'ailleurs consciemment cet amalgame si bien défini par Bateson, pour se sortir d'un mauvais pas à un moment critique. On reprochait vivement à ce joueur de base-ball d'avoir envoyé le premier lancer de l'équipe des Mets à un catcheur *bien précis*, peu habile (un dénommé Hobie Landrith). Casey se défendit en invoquant *les* catcheurs *en général* : « Vous êtes bien obligés d'avoir des catcheurs parce que, si vous n'en aviez pas, vous laisseriez probablement passer une foule de balles. » Bien sûr le vieux Casey, comme toujours, savait exactement ce qu'il disait (ne vous laissez jamais berner par les boniments appelés « stengelèses »). Il tentait de faire dévier la critique par son humour car il savait que nous comprendrions tous la faute de son raisonnement et que nous ririons de l'amalgame. Mais nous commettons souvent la même erreur dans des circonstances moins faciles à repérer et nous sommes incapables de mettre le doigt sur notre méprise.

Lorsque nous nous référons à « la théorie de l'évolution » pour réfuter catégoriquement l'existence d'une intelligence extraterrestre, nous commettons cette erreur de jugement très classique : nous substituons le cas spécifique (la possibilité *individuelle* qu'un humanoïde évolue à nouveau quelque part) à un problème plus vaste (la possibilité qu'une éventuelle créature appartenant à la classe *générale* des êtres doués d'intelligence résulte d'un processus d'évolution qui se serait produit en dehors de notre planète). Je dispose d'un bon argument évolutionniste à l'encontre de ce phénomène de répétition de l'évolution d'une quelconque créature semblable à l'être humain ; mais je ne peux étendre cet argument à une théorie plus générale qui proposerait l'existence d'une certaine forme d'intelligence répandue dans tout l'univers.

Les physiciens, avec leur conception stéréotypée de la science, déterministe et caractérisée par la prédicibilité, ont souvent prétendu que si les êtres humains se sont développés sur terre — les mêmes causes produisant inexorablement les mêmes effets —, des créatures intelligentes de forme à peu près humaine sont sans doute apparues sur toute planète dont les conditions physiques et chimiques initiales étaient semblables à celles de la Terre. C'est probablement cette conception déterministe qui est à l'origine du manque flagrant d'imagination des écrivains et des réalisateurs de films de science-fiction dont les éternels extraterrestres sont tous conçus sur le modèle de l'être humain ! Deux yeux, un nez, une bouche, deux bras et deux jambes (*Rencontres du troisième type* — *E.T.* et même *la Guerre des étoiles*, où l'on trouvait pourtant un peu plus d'imagination). On pouvait pardonner cette ressemblance quand le rôle des extraterrestres était tenu dans les films par des acteurs humains. Mais, depuis que des morceaux de plastique peuvent être moulés de telle sorte que nous puissions les trouver profondément émouvants et qu'ils puissent être « animés » avec tant de subtilité que E.T. a pu devenir un héros national, cette excuse n'est plus valable.

Cependant, les formes de la science sont aussi différentes que les matières dont elle traite. Le déterminisme classique et la prédicibilité conviennent à des objets macroscopiques simples, soumis à un nombre restreint de lois du mouvement (exemple : les expériences de physique au lycée où l'on fait rouler des billes sur un plan incliné), mais des objets historiques complexes ne se prêtent pas si facilement à un tel traitement. Dans l'histoire de la vie, tous les résultats que nous observons sont le produit unique d'une longue série d'événements qui dépendent tellement l'un de l'autre, de leur environnement particulier et des événements qui les ont précédés, qu'il nous est impossible de prédire avec certitude leur évolution future. Les sciences de l'histoire s'efforcent d'expliquer des situations uniques qui sont des accidents historiques extrêmement complexes. Les biologistes de l'évolution, en tant que scientifiques de l'histoire, ne s'attendent à la répétition détaillée d'aucun processus et ne peuvent pas utiliser les résultats actuels de l'histoire pour calculer une quelconque probabilité de répétition (un César finirait-il aussi tragiquement à Rome si nous pouvions tout recommencer à zéro depuis l'Australopithèque d'Afrique ?).

Les évolutionnistes considèrent que l'origine des êtres humains (ou de tout papillon, insecte ou étoile de mer) est un événement historique si complexe et tellement improbable que jamais la même chose ne pourrait se reproduire ici ou ailleurs. Voilà pourquoi les évolutionnistes sont fortement opposés à l'argument *spécifique* qui prévoit l'existence d'humanoïdes dans d'autres mondes. Je vous ferai part de deux exemples qui suffiront à vous faire admettre le caractère unique d'événements complexes dans l'histoire de la vie.

1. *Les extinctions massives ont une influence décisive sur l'histoire de la vie sur terre* (voir les essais de la section 8). Les dinosaures ont disparu il y a 65 millions d'années au cours de l'extinction massive du Crétacé qui a également anéanti presque la moitié des espèces d'invertébrés marins des hauts-fonds. Les dinosaures avaient dominé la Terre pendant 100 millions d'années et la domineraient probablement encore aujourd'hui s'ils avaient survécu au désastre. Les mammifères apparus à peu près en même temps que les dinosaures passèrent les 100 premiers millions d'années de leur vie sous forme de créatures de petite taille habitant les recoins et les niches d'un monde dominé par les dinosaures. Si la mort des dinosaures ne leur avait pas offert cette grande chance, les mammifères seraient

aujourd'hui encore des créatures petites et insignifiantes. Nous ne serions pas là, et aucune vie consciente et intelligente n'embellirait la Terre. Des preuves réunies depuis 1980 (reportez-vous à l'essai 28) montrent que l'impact d'un corps étranger à notre planète fut le responsable de cette extinction. Qu'y a-t-il de plus imprévisible et de plus inattendu que des comètes et des astéroïdes qui tombent — littéralement — de nulle part. Et pourtant, sans cet impact, la vie consciente et intelligente n'existerait pas sur notre Terre. De nombreuses extinctions massives (dont quelques-unes sont plus importantes que celle du Crétacé) ont structuré les motifs fondamentaux de l'histoire de la vie, et conféré au déroulement de notre évolution un caractère essentiellement fortuit.

2. *Chaque espèce résulte d'un enchaînement d'improbabilités.* Toute espèce animale — être humain, calmar ou corail — est le dernier maillon d'une chaîne évolutive qui a comporté des milliers d'espèces depuis les origines de la vie. Si l'une de ces espèces avait disparu ou s'était développée dans une tout autre direction, les résultats finals seraient extrêmement différents. Chaque chaîne d'événements improbables comporte des adaptations qui sont apparues en réponse aux exigences d'un environnement bien précis et qui convenaient uniquement par hasard aux modifications ultérieures de ce même environnement. Nos ancêtres parmi les poissons se sont pourvus au cours de leur évolution de nageoires spéciales dont l'axe central osseux était très résistant. Sans cette structure, les descendants terrestres des poissons n'auraient jamais supporté leur nouvel environnement où il était impossible de flotter (la plupart des lignées de poissons, dépourvues de cette sorte de nageoire, n'ont jamais eu de descendants terrestres et ils ne pouvaient pas en avoir). Cependant, ces nageoires ne se sont pas développées par anticipation des contraintes que les poissons subiraient ultérieurement sur terre. Elles se développèrent par adaptation à un environnement local dans l'eau et, par hasard, elles convinrent à merveille à l'installation et au développement ultérieur des poissons sur la Terre. Toute séquence évolutive inclut un éventail de *sine quibus non,* une série fortuite d'accidents qui conditionnent le succès de l'évolution future. Le cerveau et le corps humains n'ont pas évolué en gravissant un à un les barreaux d'une échelle toute droite mais par des voies détournées et tortueuses forgées par des adaptations nécessaires à certains moments pour certaines raisons, et par bonheur, conformes aux besoins ultérieurs.

Les improbabilités de l'histoire proclament que chaque espèce est unique, qu'il est impossible que son évolution se produise une seconde fois dans les mêmes détails. La théorie de l'évolution, science de l'histoire, rejette donc l'argument spécifique en faveur de l'existence d'humanoïdes dans d'autres mondes. Les évolutionnistes les plus éminents l'ont affirmé avec brio dans tous leurs écrits sur l'exobiologie et je les approuve. Wallace écrivait ceci en 1903 :

> Le processus de développement qui aboutit en définitive à l'homme dépend — *grosso modo* — d'un million de modifications distinctes, chacune d'un type bien précis, fondée sur quelques changements antérieurs dans l'environnement organique et inorganique ou dans les deux à la fois. La probabilité pour qu'une série aussi extraordinairement longue de modifications précises se reproduise une deuxième fois est nulle ou presque.

Simpson a exprimé cette idée de manière encore plus éloquente dans son fameux essai sur « The Non prevalence of Humanoïds » (voir bibliographie) :

> De toute évidence, ce caractère essentiellement non répétitif de l'évolution sur terre hypothèque la probabilité de répétition d'un tel processus, de manière identique ou proche sur toute autre planète. L'hypothèse, si facilement émise par des astronomes, des physiciens et quelques biochimistes, selon laquelle dès que la vie apparaîtra quelque part, les humanoïdes apparaîtront inévitablement par la suite, est totalement fausse. Admettons l'affirmation non justifiée que des millions de milliards de planètes puissent abriter la vie ; malgré tout, les chances pour que l'histoire s'y répète de la même façon sont à peu près nulles.

Mais tous ces évolutionnistes ont établi aussi une distinction très nette entre cette proposition spécifique concernant les humanoïdes et la thèse générale favorable à l'existence éventuelle d'autres formes d'intelligence. Ils conservent à ce sujet une diversité d'opinions qui mène inévitablement à la conclusion que la « théorie de l'évolution » se refuse à toute déclaration à ce propos. Wallace et Simpson ont tous deux étendu leurs doutes à la thèse générale mais de façon on ne peut plus douce et à titre personnel uniquement. Voici ce qu'écrivait par exemple Simpson :

> Même sur des planètes dont l'histoire est extrêmement différente de la nôtre, pourquoi des êtres très différents mais pourvus d'une intelligence comparable ne se seraient-ils pas développés ? Il est clair que l'on ne peut formuler aucune réponse catégorique à cette question. Je ne peux qu'exprimer une opinion... Je pense qu'il est hautement improbable qu'un être qui nous ressemble suffisamment pour que nous puissions communiquer avec lui existe quelque part dans notre Univers.

D'autres évolutionnistes, dont deux, cités par Tipler, qui nient toute possibilité de succès pour l'opération SETI, distinguent également le problème spécifique de la thèse générale, mais expriment bien plus d'optimisme sur ce dernier point. Dobzhansky et Ayala écrivent dans un manuel qui fait autorité (écrit en collaboration avec G. L. Stebbins et J. W. Valentine, voir bibliographie) :

> Si l'on admet que la possibilité de trouver une créature semblable à l'homme est extrêmement faible même si un nombre astronomique d'essais avaient été tentés dans l'Univers... il existe toujours une faible probabilité qu'une autre sorte d'intelligence, capable de mettre au point une civilisation technologique, se soit développée quelque part.

Je ne suis pas si sûr que la probabilité soit si faible.

La théorie de l'évolution nous offre-t-elle un quelconque indice à ce sujet ? Le phénomène que l'on appelle la « convergence » nous permet d'estimer dans une certaine mesure la probabilité de la répétition d'un thème de base (mais pas de détails spécifiques). L'aptitude à voler s'est développée indépendamment chez les insectes, les oiseaux, les ptérosaures (reptiles volants) et les chauves-souris. Les principes aérodynamiques qui régissent le mouvement sont les mêmes dans tous les cas, mais la morphologie correspondante est extrêmement différente (les oiseaux utilisent leurs ailes, les ptérosaures, une membrane, les chauves-souris aussi, mais elles étendent cette membrane entre plusieurs doigts alors que les ptérosaures n'utilisent qu'un seul doigt). Les « taupes » et les « loups » marsupiaux sont apparus en Australie, un continent isolé de tous les autres berceaux des mammifères placentaires. Comme les thèmes adaptatifs sont limités et les animaux si variés, on observe communément que des lignées dont l'évolution est différente convergent vers la même solution générale (mais les détails restent différents). Des formes éminemment adaptables qui évoluent facilement surgissent encore et toujours. L'évolution vers des morphologies plus complexes qui n'ont pas de telles nécessités d'adaptation a moins de chances de se répéter. L'intelligence consciente ne s'est développée qu'une seule fois sur la Terre et il est peu probable que le processus se répète, si nous choisissions de mettre ce don au service de notre propre destruction. Mais l'intelligence fait-elle partie de cette classe de phénomènes trop complexes et trop conditionnés par l'histoire pour qu'ils puissent être répétés ? Je ne pense pas que le caractère unique de l'intelligence sur terre permette d'énoncer une telle conclusion. Peut-être, sous une autre forme, dans un autre monde, l'intelligence pourrait-elle évoluer aussi facilement que l'aptitude à voler s'est diversifiée sur notre Terre.

Tipler écarte la possibilité de la convergence en déclarant que le biologiste Léonard Ornstein (dans un article où il soutient Tipler, voir bibliographie) a réfuté la plus célèbre de toutes les convergences, « l'œil caméra » des vertébrés et des céphalopodes (les calmars et leurs cousins), en suggérant que cette structure ne serait pas apparue séparément dans chacun des deux groupes, mais qu'elle proviendrait d'un ancêtre commun. Même si Ornstein avait raison, la réfutation d'un cas spécifique ne nie en rien l'importance de la convergence en tant que phénomène général. Mais les arguments d'Ornstein sont très peu convaincants. Il ne mentionne jamais l'argument classique le plus sérieux en faveur de la convergence : les yeux des vertébrés et des céphalopodes se ressemblent beaucoup et fonctionnent à peu près de la même manière, mais leur développement embryologique est fondamentalement différent (l'œil du calmar se forme à partir de la peau, tandis que l'œil des vertébrés, sauf le cristallin, provient du cerveau). De plus, le principal argument d'Ornstein en faveur de l'évolution au départ d'un ancêtre commun repose sur un principe de biologie réfuté depuis plus de cinquante ans. Il invoque la loi de Haeckel, discréditée depuis, selon laquelle « l'ontogenèse est le reflet de la phylogenèse » — c'est-à-dire que les différentes phases du développement de l'embryon d'un organisme représentent les formes ancestrales des adultes dans sa lignée d'évolution. La structure de l'œil apparaît au début du développement de l'embryon, et Ornstein en conclut que l'œil existait peut-être chez un ancêtre très éloigné — suffisamment éloigné pour précéder la séparation des lignées de calmars et de vertébrés. On a non seulement prouvé que la loi de Haeckel était fausse (l'embryon ne reproduit pas les phases ancestrales), mais Haeckel lui-même, aux plus beaux jours de sa théorie, a rarement établi de concordance entre le moment de l'apparition d'un élément chez l'embryon et le moment correspondant de son origine dans l'évolution de ses ancêtres ; Haeckel avait identifié et souligné lui-même un très grand nombre d'exceptions à une généralisation aussi simpliste.

Même si nous admettons que la machine de von Neumann proposée par Tipler représente la seule voie de salut, il reconnaît lui-même que nous ne disposerons pas de la technologie nécessaire à la construction de cette machine avant cent ans. Je suis un gars impatient et mortel. Je considère qu'il est cruel de demander aux minorités défavorisées d'accepter que les changements politiques qu'elles exigent procèdent avec lenteur, ce qui garantit que seuls leurs petits-enfants profiteront des avantages pratiques de ces réformes. Eh bien, moi aussi, très égoïstement, je veux voir de mon vivant quelques résultats exobiologiques (peu importe qu'ils soient positifs ou négatifs). SETI est le seul fil conducteur dont nous disposons aujourd'hui. Ce programme est peu onéreux, et, à mon avis, tout à fait sensé à la lumière des perspectives de la théorie de l'évolution. Honnêtement, je pense que les chances de succès de ce programme sont largement inférieures aux probabilités escomptées par ses partisans les plus enthousiastes parmi les physiciens. Mais il faut essayer pour savoir.

En définitive, je dois justifier malgré tout le lancement d'une opération à aussi long terme en déclarant tout simplement qu'un résultat positif représenterait l'événement le plus bouleversant de toute notre histoire intellectuelle. La curiosité nous pousse et fait de nous des êtres humains. Cette curiosité pourrait-elle en pousser d'autres à chercher tout autant ?

huitième partie

Extinction et continuité

27. Sexe, drogues, catastrophes et extinction des dinosaures

Une recherche fructueuse, voilà la vraie définition de la science. La science n'est pas une liste de conclusions alléchantes ; les conclusions sont une conséquence de la science et non son essence.

A mon très vif regret, la plupart des textes de vulgarisation scientifique font mal la part entre l'aspect fascinant des résultats de la recherche et les méthodes qu'utilisent les scientifiques pour établir les faits de la nature. Les journalistes, aussi bien que le public, se délectent de déclarations fracassantes prêtant à controverse. Mais, fondamentalement, la science est une voie d'accès à la connaissance — comme le disait justement P.B. Medawar, « l'art du possible ». Les auteurs de vulgarisation scientifique, de plus en plus nombreux, contribueraient bien plus à l'information réelle du public s'ils s'attachaient plutôt à montrer *quelles méthodes* les scientifiques utilisent pour aboutir à leurs fascinants résultats.

Examinons par exemple trois idées qui ont été proposées avec le plus grand sérieux pour expliquer l'un des mystères les plus émoustillants de toute l'histoire du vivant : l'extinction des dinosaures. Comme ces trois idées font appel à des thèmes qui exercent sur nous une fascination primaire : le sexe, la drogue et la violence, nous pouvons certainement les ranger au nombre des déclarations fracassantes. Je souhaite montrer dans cet essai pourquoi deux de ces idées ne sont que spéculations gratuites, alors que la troisième est l'expression de la science dans toute sa grandeur et son utilité.

Le fonctionnement de la science repose sur le caractère vérifiable des hypothèses que l'on propose. Nous pouvons accepter provisoirement une hypothèse et accroître notre confiance en elle si, après une longue compilation et un examen minutieux des données, de nouvelles informations corroborent cette hypothèse. Mais nous ne serons jamais parfaitement sûrs qu'une hypothèse est exacte, alors qu'il est tout à fait possible de démontrer sans ambiguïté qu'une hypothèse est fausse. Les meilleures hypothèses scientifiques sont généreuses et amplifiables : leurs développements et leurs implications jettent souvent une lumière nouvelle sur d'autres sujets proches ou même parfois sans rapport apparent. Songez, par exemple, combien l'influence du concept de l'évolution a marqué de nombreux domaines intellectuels.

Toute spéculation vaine, en revanche, a un caractère restrictif. Elle donne naissance à des hypothèses non vérifiables mais également impossibles à réfuter sur des bases concrètes. Remarquez que je ne fais pas intervenir ici le caractère exact ou erroné de la spéculation ; même si une hypothèse est exacte, elle ne nous servira à rien si elle est impossible à confirmer ou à réfuter. Ce type de spéculation reste à jamais du domaine des idées simplement intrigantes. Une spéculation vaine nous fait tourner en rond et ne nous mène nulle part. La vraie science contient en puissance les germes qui permettent de réfuter une hypothèse et les implications qui conduisent à de nouvelles connaissances, vérifiables. La vraie science nous mène quelque part. Mais trêve de discours. Revenons aux dinosaures et aux hypothèses proposées pour leur disparition.

1. *Sexe* : les testicules ne fonctionnent que dans un intervalle étroit de température (ceux des mammifères pendent à l'extérieur dans le scrotum car la température trop élevée à l'intérieur du corps inhiberait leur fonctionnement). La fin du Cambrien fut marquée par une élévation de la température dans le monde entier : les testicules des dinosaures s'arrêtèrent de fonctionner et cette stérilité des mâles entraîna l'extinction de l'espèce.

2. *Drogues* : les angiospermes (plantes à fleurs) sont apparues vers la fin du règne des dinosaures. Un certain nombre de ces plantes contiennent des substances psychotropes, mais de nos jours, les mammifères ne les consomment pas, car ils n'apprécient pas leur goût amer. Les dinosaures, incapables de goûter l'amertume de ces plantes, et dépourvus d'un système de détoxification au niveau du foie, périrent d'overdoses massives.

3. *Cataclysmes* : une comète, ou un astéroïde de grande taille, est entré en collision avec la Terre, il y 65 millions d'années ; le nuage de poussière que cette collision a soulevé autour de la planète a intercepté la lumière du Soleil, empêchant les processus de photosynthèse de se dérouler normalement et abaissant tellement la température dans le monde entier que les dinosaures et une foule d'autres créatures disparurent à jamais.

Avant d'analyser ces trois affirmations étonnantes, il faut rappeler une règle fondamentale souvent oubliée dans les différents scénarios proposés pour l'extinction des dinosaures : *l'extinction des dinosaures ne constitue pas un problème indépendant*. Nous séparons trop souvent les événements spécifiques de leur contexte plus vaste et les causes de leurs effets. L'extinction des dinosaures est caractérisée par un point fondamental : la disparition simultanée de très nombreux autres groupes de créatures aux habitats variés, terrestres aussi bien que marins.

L'histoire du vivant est ponctuée de brefs épisodes d'extinctions massives. A l'université de Chicago, les paléontologistes Jack Sepkoski et Dave Raup viennent d'effectuer la meilleure et la plus complète compilation de données qui ait jamais été faite sur ce sujet, et leur analyse les a conduits à la conclusion suivante : cinq épisodes de « mort en masse » se détachent très nettement du fond continu des extinctions, c'est-à-dire du taux d'extinction que l'on observe durant les périodes normales (dans leur ensemble, les extinctions massives, importantes ou non, respectent apparemment un cycle de 26 millions d'années — reportez-vous à l'essai 29). L'extinction du Crétacé, qui s'est produite il y a 65 millions d'années entre l'ère mésozoïque et l'ère cénozoïque de notre échelle de temps géologique, est la plus importante de toutes les extinctions. Presque tout le plancton marin (les organismes unicellulaires qui flottent dans l'océan) disparut d'un seul coup (à l'échelle de temps géologique) ; près de 15 % de toutes les familles d'invertébrés marins furent éliminées, y compris de nombreux groupes dominants comme les ammonites (cousines des calmars, mais dotées de coquilles spiralées). Sur terre, les dinosaures disparurent après 100 millions d'années de domination incontestée.

Dans ce contexte, les spéculations qui tiennent exclusivement compte des dinosaures ignorent une bonne partie du phénomène général en cause. L'interprétation correcte doit faire intervenir un système d'événements coordonnés, dont l'une des composantes seulement est l'extinction des dinosaures. Quel que soit notre désir de nous considérer comme les seuls héritiers possibles de la Terre, il est donc absolument insensé d'imaginer que les dinosaures ont disparu parce que de petits mammifères ont mangé leurs œufs (l'une des plus coriaces parmi les spéculations en vogue). Il est tout à fait invraisemblable que ces animaux gigantesques doivent leur disparition à un désastre qui leur était uniquement destiné — un désastre survenu par hasard au moment même où l'un des cinq épisodes de « mort en masse » qui ont caractérisé l'histoire du vivant s'abattait sur la Terre pour des raisons entièrement différentes.

La théorie des testicules, vieille favorite des années quarante, avait pour origine une étude intéressante et tout à fait respectable qui portait sur les tolérances de température chez l'alligator d'Amérique ; ces travaux furent publiés en 1946 dans le non moins sérieux *Bulletin of the American Museum of Natural History* par trois experts en reptiles vivants et fossiles — E.H. Colbert, mon premier professeur de paléontologie, R.B. Cowles, et C.M. Bogert.

La première phrase du résumé de l'article révèle que les intentions des auteurs dépassaient le cadre de l'étude des alligators : « Dans ce rapport, nous tentons de déduire les réactions aux températures élevées de certains reptiles disparus, et en particulier les dinosaures, en nous fondant sur les réactions observées chez l'alligator moderne. » Ils mesurèrent la température rectale d'alligators soumis à diverses conditions de température (voyons les choses en face : il ne nous viendrait pas à l'idée d'installer un thermomètre sous la langue d'un alligator). L'hypothèse que ces chercheurs voulaient vérifier remonte à une vieille idée émise pour la première fois par Galilée dans les années 1630. Cette théorie est fondée sur le fait que les surfaces et les volumes n'augmentent pas à la même vitesse. Quand un animal, ou tout autre objet, grandit tout en conservant la même forme, sa surface augmente plus lentement que son volume parce que la surface est proportionnelle au carré de la longueur, alors que le volume est proportionnel au cube de cette même longueur. Aussi, les petits animaux ont-ils une surface relativement élevée par rapport à leur volume, tandis que les animaux de grande taille ont une surface relativement petite.

Parmi les animaux à sang froid, dépourvus d'un mécanisme physiologique de régulation de leur température, les petits animaux ont donc bien plus de mal à se maintenir au chaud tant la déperdition de chaleur à travers leur surface relativement grande est importante. Les animaux de grande taille, en revanche, du fait de leur surface relativement petite, perdent leur chaleur beaucoup plus lentement et, s'ils parviennent à se réchauffer, leur corps reste effectivement à une température constante dans un environnement où les fluctuations de température sont normales. En fait, la controverse relative aux dinosaures « à sang chaud » qui échauffa tellement les esprits, il y a quelques années, a peut-être une solution simple : puisque les grands dinosaures ne pouvaient pas réguler leur température corporelle, et n'étaient donc pas des animaux « à sang chaud » au sens technique du terme, leur grande taille et leur surface relativement petite leur permettaient peut-être de conserver la chaleur.

Colbert, Cowles et Bogert comparèrent les vitesses d'échauffement des alligators par rapport à leur taille. Comme prévu, les bêtes les plus petites chauffaient plus vite et refroidissaient plus vite. Sous le soleil, un petit alligator de 50 grammes s'échauffait d'un degré toutes les minutes et demie tandis qu'il fallait à un alligator 260 fois plus grand, qui pesait donc 13 kilos, 7 minutes et demie pour s'échauffer d'un degré. L'extrapolation à un dinosaure adulte de 10 tonnes montra qu'il aurait fallu 86 heures pour augmenter d'un degré la température du corps de l'animal. Si ces grands animaux absorbaient si lentement la chaleur à travers leur surface relativement petite, ils étaient également incapables de se débarrasser rapidement d'un excès de chaleur accumulée à une période où la température dépassait une valeur qui leur était favorable.

Les auteurs supposèrent alors que les grands dinosaures vivaient dans un environnement où la température était optimale ou presque. Cowles suggéra qu'une augmentation générale de température, juste avant l'extinction du Crétacé, éleva la température des dinosaures au-delà de leur seuil de tolérance — et vu leur taille, ces énormes animaux furent incapables de se refroidir suffisamment vite. (Ultérieurement, Colbert et Bogert désavouèrent explicitement, et par écrit, fait extrêmement rare dans la profession, cette extension spéculative de leur travail sur les alligators.) Cowles admit que cette élévation de température n'était probablement pas suffisante pour tuer ou même affaiblir ces grandes bêtes, mais, comme les testicules ne fonctionnent généralement que dans un intervalle de température étroit, l'auteur suggéra que l'augmentation globale de température avait peut-être stérilisé les mâles et que cette contraception involontaire avait entraîné l'extinction des dinosaures.

La théorie de l'overdose a été défendue récemment par Ronald K. Siegel, un psychiatre de l'université de Los Angeles en Californie. Siegel a recensé, dit-il, plus de 2 000 cas d'animaux qui s'administrent à eux-mêmes les drogues les plus variées, si on leur en laisse la liberté — de la simple lampée d'alcool aux doses massives d'héroïne. Les éléphants s'enfilent l'équivalent de 20 bières d'un seul coup, mais n'apprécient pas les boissons où le taux d'alcool est supérieur à 7 %. Et cette spéculation vaguement anthropocentrique de Siegel : « Les éléphants boivent peut-être pour oublier l'anxiété due au rétrécissement de leur territoire et à la compétition pour leur nourriture. »

Quand une imagination est fertile, elle fait feu de tout bois pour expliquer l'extinction des dinosaures. Aussi, Siegel se mit-il sur les rangs. Les plantes à fleurs ne se développèrent qu'à la fin du règne des dinosaures. Elles produisaient également un éventail d'alcaloïdes aromatiques à base d'acides aminés, principales substances psychotropes. La plupart des mammifères sont suffisamment « astucieux » pour éviter ces poisons potentiels : les alcaloïdes ont tout simplement mauvais goût — ils sont amers. De toute façon, nous, heureux mammifères, sommes pourvus d'un foie capable de les éliminer. Mais, selon Siegel, les dinosaures étaient peut-être incapables de goûter l'amertume de ces plantes ou de neutraliser leur toxicité une fois qu'ils les avaient ingérées. Voici ce qu'il racontait récemment aux membres de l'American Psychological Association : « Je ne dis pas que tous les dinosaures sont morts d'une overdose, mais ce facteur a certainement contribué à leur extinction. » Selon lui, la mort par overdose expliquerait également pourquoi l'on a découvert tant de fossiles de dinosaures dans des positions contorsionnées (on n'entre pas en douceur dans ce nirvana).

Les catastrophes d'origine extraterrestre se taillent la part du lion dans la littérature populaire sur les extinctions, mais cette hypothèse prit son second souffle en 1979 après une longue accalmie, à la suite des travaux du tandem père-fils, Luis et Walter Alvarez. Ce physicien et ce géologue proposèrent qu'un astéroïde de 10 kilomètres de diamètre environ percuta la Terre il y a 65 millions d'années (des comètes, plutôt que des astéroïdes, ont depuis gagné les faveurs des scientifiques pour des raisons développées dans l'essai 29 — la bonne science ne craint pas l'autocritique).

La force d'une telle collision serait gigantesque, bien plus encore que l'explosion de toutes les mégatonnes de l'ensemble des armes nucléaires mondiales (voir essai 28). Les Alvarez tentèrent de reconstituer un scénario qui aurait expliqué à la fois la mort simultanée des dinosaures sur terre et celle de tant de créatures marines ; ils proposèrent qu'un gigantesque nuage de poussière, constitué de particules soufflées par l'impact, aurait obscurci le ciel, provoquant une brusque chute de la température et l'arrêt des processus de photosynthèse (*Rage, rage against the dying of light*). Le plancton unicellulaire des océans, dont le cycle de vie est de quelques semaines, et qui vit de la photosynthèse, serait mort sur-le-champ, mais les plantes terrestres ont peut-être survécu grâce à la mise au repos forcé de leurs semences (les plantes terrestres n'ont pas beaucoup souffert de l'extinction du Crétacé, et toute théorie valable doit rendre compte de ces curieuses inégalités dans la survie des espèces). Les dinosaures seraient morts de faim et de froid. Les mammifères de petite taille et à sang chaud l'auraient échappé belle, grâce à leurs besoins plus modestes en nourriture et à leur meilleur mécanisme de régulation thermique. « Laissons ces salauds geler dans le noir », comme l'indiquaient les autocollants placés sur les pare-chocs de nos voisins chauvins des États du Sud il y a quelque années, ce fameux hiver où sévissait la crise du pétrole dans le Nord-Est.

Ces trois théories, arrêt du fonctionnement des testicules, overdose fatale et collision d'astéroïdes, attirent vivement notre attention. Phénoménologiquement parlant, on peut dire qu'elles arrivent *ex aequo* au hit parade de la fascination primaire. L'une d'entre elles, cependant, témoigne de l'avancement de la science, les deux autres ne sont que spéculations restrictives et non vérifiables. Le seul critère valable repose sur les preuves et sur la méthodologie : il nous faut donc chercher au-delà de la fascination superficielle qu'exerce chacune de ses affirmations.

Comment pourrions-nous décider si l'hypothèse de la cuisson des testicules est vraie ou fausse ? En fait, nous aurions besoin de renseignements que les fossiles ne peuvent nous révéler. Quelle était la température ambiante optimale pour les dinosaures ? Pouvaient-ils éviter les effets d'une chaleur excessive en se mettant à l'ombre ou en s'abritant dans les grottes ? A quelle température leurs testicules cessaient-ils de fonctionner ? Le climat de la fin du Crétacé fut-il jamais chaud au point que la température interne des dinosaures dépasse leur seuil de tolérance ? Les testicules ne se fossilisent pas, tout simplement, et même s'ils s'étaient fossilisés, pourrions-nous en déduire quel était l'intervalle de température dans lequel ils fonctionnaient sans problème ? Bref, l'hypothèse de Cowles est uniquement une spéculation curieuse qui ne mène à rien. Et Colbert, Cowles et Bogert formulent eux-mêmes le commentaire le plus défavorable envers cette hypothèse en reconnaissant à la fin de leur article : « Il est difficile de proposer un argument quelconque à l'encontre de cette hypothèse. » Ma position paraît peut-être bizarre : ne penserait-on pas au contraire qu'une hypothèse est réellement bonne s'il est impossible d'imaginer un seul argument à son encontre ? Eh bien non ! Elle est alors simplement invérifiable et inutilisable.

L'hypothèse de l'overdose proposée par Siegel a encore moins de poids. Cowles avait extrapolé ses conclusions à partir d'un ensemble de données solides établies sur les alligators. Et il n'avait pas complètement enfreint la règle primordiale du problème de l'extinction des dinosaures : le situer dans le contexte d'une extinction massive — l'augmentation de température pouvait en effet causer une catastrophe générale éliminant les dinosaures à cause du mauvais fonctionnement de leurs testicules et exterminant également d'autres groupes pour différentes raisons. Mais les spéculations de Siegel ne concernent en rien l'extinction des ammonites ou du plancton océanique (les diatomées fabriquent leur propre nourriture grâce aux chauds rayons du Soleil ; elles ne se shootent pas avec les produits chimiques des plantes terrestres). L'hypothèse de Siegel est tout simplement une conjecture gratuite et racoleuse. Il est impossible de la vérifier : comment savoir ce que les dinosaures pouvaient goûter et la manière dont fonctionnait leur foie ? Les foies ne se fossilisent pas plus que les testicules.

On ne peut même pas donner un sens à cette hypothèse dans son propre contexte : les angiospermes fleurirent déjà 10 millions d'années avant que les dinosaures ne payent leur dette à la nature. Pourquoi leur fallut-il si longtemps pour se décider ? En ce qui concerne l'expression des souffrances que provoque une mort chimique dans les contorsions des fossiles, j'ai le regret de dire (ou plutôt j'en suis heureux pour les dinosaures) que les connaissances de Siegel en géologie ne sont pas au point : les muscles des animaux se contractent après la mort et les strates géologiques s'élèvent et s'abaissent au rythme des mouvements de la croûte terrestre après l'ensevelissement — ce qui me paraît amplement suffisant pour que la belle apparence première des fossiles soit déformée.

L'histoire de la collision avec une comète, pour sa part, repose sur des bases plus solides : des faits réels. Il est possible de vérifier cette histoire, d'envisager ses ramifications, de l'affiner et, si elle est fausse, de la réfuter. Les Alvarez ne se sont pas contentés de construire un scénario alléchant pour appâter le public. Ils proposèrent cette hypothèse à la suite d'une laborieuse étude géochimique menée en collaboration avec Frank Asaro et Helen Michael. Ces travaux avaient montré que les roches déposées immédiatement après l'époque de l'extinction contenaient un taux anormalement élevé d'iridium. Ce métal rare, du groupe du platine, est pratiquement absent des roches de la croûte terrestre ; presque tout l'iridium que contient la Terre provient d'objets extraterrestres qui sont entrés en collision avec elle.

L'hypothèse des Alvarez porta immédiatement ses fruits. La première découverte sur le taux d'iridium concernait deux dépôts situés en Europe, mais elle conduisit rapidement les géochimistes du monde entier à examiner d'autres sédiments de la même époque. Les chercheurs découvrirent des quantités anormalement élevées d'iridium partout — des roches continentales de l'ouest des États-Unis jusqu'au cœur des mers profondes de l'Atlantique sud.

Cowles avait proposé son hypothèse sur les testicules au milieu des années quarante. Qu'en était-il advenu depuis lors ? Absolument rien parce que les scientifiques ne pouvaient rien en faire. Cette hypothèse restera un curieux appendice à une étude sérieuse menée sur les alligators. Le scénario d'overdose de Siegel glanera encore quelques communications dans la presse puis sombrera dans l'oubli. L'astéroïde des Alvarez appartient à une catégorie complètement différente et de nombreux commentateurs de la presse de vulgarisation n'ont pas saisi cette distinction essentielle : ils ont concentré leur attention sur l'impact et ses conséquences, mais ils ont oublié ce qui importait vraiment aux scientifiques : l'iridium. Si vous ne mentionnez que les astéroïdes, la poussière et l'obscurité, vous concoctez une histoire qui n'est pas meilleure ou plus divertissante que celle de la cuisson des testicules ou des « voyages » qui envoient les dinosaures dans l'autre monde. C'est l'iridium, la seule preuve tangible, qui importe et permet d'établir la distinction cruciale entre la spéculation et la science.

Pour prouver, il faut agir (pardonnez l'emprunt). En trente-cinq ans, l'hypothèse de Cowles n'a connu aucun développement. Depuis 1979, l'hypothèse des Alvarez a donné lieu à des centaines d'études, à un congrès très important et à toutes les publications qui s'y rapportent. Les géologues se sont enflammés. Ils recherchent de l'iridium à toutes les autres frontières marquées par des extinctions. Chaque semaine, cette hypothèse suscite un nouveau paragraphe dans la presse scientifique. On découvre sans cesse de nouvelles preuves que l'iridium du Crétacé provient de l'impact d'un objet extraterrestre et non du volcanisme terrestre. Pendant que je révise cet essai, en novembre 1984 (ce paragraphe sera déjà dépassé à la publication du livre), de nouvelles données s'accumulent : des découvertes d'ordre chimique comme la présence d'autres isotopes qui indiquent une provenance extraterrestre ; d'autres découvertes d'origine physique, comme des sphérules de verre dont la taille et la forme correspondent au résultat d'un impact et nullement à celui d'une éruption volcanique, et enfin des variétés de silice à haute pression qui se forment uniquement sous le choc formidable d'un impact (pour autant qu'on le sache).

Mon point de vue est simplement le suivant : quel que soit l'avenir de l'hypothèse des Alvarez (et je crois qu'il sera positif), il s'agit de science excitante et productive, car elle donne lieu à des expériences de contrôle, nous donne quelque chose à faire, et déborde de ses propres limites. Nous prenons plaisir à batailler dans tous les sens, à nous approcher d'une solution, et à développer cette hypothèse au-delà de sa portée originelle (voir l'essai 29 pour quelques développements véritablement extraordinaires).

Je ne vous donnerai qu'un seul exemple des retombées fertiles, inattendues, et dont l'effet se répercute à distance : l'hypothèse des Alvarez a apporté une contribution majeure à un sujet qui passionne le public depuis un certain temps — celui de l'hiver nucléaire (voir essai suivant). Au cours d'une conférence en avril 1982, Luis Alvarez donna le chiffre de l'énergie que dégagerait l'impact d'un astéroïde de 10 kilomètres de diamètre sur la Terre. Il compara une telle collision avec une explosion nucléaire et supposa qu'une guerre entièrement atomique pourrait déclencher des conséquences semblables. Ces problèmes de la formation d'un gigantesque nuage de poussière et d'un abaissement très important de la température au cours de tels événements influencèrent fortement Carl Sagan et un groupe de ses collègues qui décidèrent de simuler un modèle climatique des conséquences d'un holocauste nucléaire. Une guerre nucléaire totale engendrerait un nuage de poussière et des ténèbres semblables à ceux qui ont sans doute rayé les dinosaures de la carte. Les températures baisseraient rapidement et l'agriculture deviendrait sans doute impossible. Éviter une guerre nucléaire est un impératif éthique et politique fondamental, mais nous devons en connaître les conséquences pratiques pour affermir notre opinion. Je suis encouragé par le lien final qui rejoint nos préoccupations les plus profondes au-delà des disciplines — c'est un autre aspect de la science sous son meilleur jour, signalons-le. Si nous reconnaissons que le phénomène précis qui a rendu notre évolution possible réside dans l'extermination préalable des dinosaures qui nous dominaient en faisant place nette pour l'évolution de grands mammifères, y compris nous-mêmes, nous serons peut-être un peu plus enclins à nous prémunir contre un sort qui nous ferait rejoindre ces magnifiques bêtes dans leurs poses tordues parmi les strates géologiques de notre planète. Cette association d'idée acrobatique excite à ce point mon imagination que j'enfreins ma règle stricte qui veut que j'élimine les redondances de mes écrits et que je conclus cet essai et le suivant par cette même incitation à la pensée et à l'action.

28. La continuité

Une fresque circulaire de mosaïques dorées orne l'intérieur du dôme de Michel-Ange dans la basilique Saint-Pierre au Vatican. Elle est soulignée par ce suprême jeu de mots géologique, les paroles du Christ à Pierre, celles qui justifient depuis 2 000 ans la suprématie et la continuité de la papauté *Tu es Petrus, et super hanc petram aedificabo ecclesiam meam*, « Tu es Pierre et sur cette pierre je bâtirai mon église » (Matthieu 16, 18). En latin et dans les autres langues de cette époque, le nom de Pierre signifie pierre *(petra)*. C'est ainsi que le Christ désigna son premier pape, non sans un brin d'humour peut-être. (Cela ne me regarde pas, bien sûr, mais j'ai toujours pensé que ce Pierre avait un caractère bien faible pour d'aussi lourdes responsabilités : c'est lui qui renia trois fois le Christ, puis tenta de quitter Rome en douce, mais rencontra sur son chemin le Christ qui répondit par une douce admonestation à sa question : « *Domine, quo vadis* ? »). En tout cas, ces mots peints en or symbolisent l'une des grandes continuités de notre histoire inconstante et éphémère : celle de la papauté, cette institution dont on connaît les représentants depuis deux millénaires.

Nulle autre ville que Rome, nulle autre institution que l'Église catholique ne nous permet de mieux apprécier la continuité — cette propriété insaisissable qu'un paléontologiste comme moi pare d'une valeur intrinsèque inestimable. Si la meilleure recette de la continuité, c'est de maintenir un accord subtil entre les besoins profonds et les sentiments de l'homme, l'Église de Rome mérite les applaudissements du profane que je suis. A la nuit tombante, de jeunes garçons jouent au football dans le square voisin de la merveilleuse église de Santa Maria in Trastevere, dont la construction avait été commencée au IIIe siècle. Mais la lumière décline et les joueurs se dirigent vers le portique éclairé sous les magnifiques mosaïques de la Vierge et poursuivent leurs jeux parmi les tombes des chrétiens. C'est le mélange inévitable du profane et du sacré.

En janvier 1984, au début de l'année d'Orwell, j'étais à la Casina Pio quatro (le palais de Pie IV) au Vatican, comme vingt autres scientifiques qui venaient de huit nations différentes ; notre tâche était de formuler une déclaration commune au sujet de « l'hiver nucléaire », afin que le pape puisse s'y référer dans ses discours contre la guerre nucléaire. Pie IV était un pape du XVIe siècle et appartenait à la puissante famille des Médicis. Son domicile est un agréable palace romain entouré de rocailles et de terrasses parsemées de statues et ornées de bas-reliefs qui représentent de jeunes Romains en train de jouer ou de s'amuser. Les plafonds sont couverts de peintures où tourbillonnent des créatures imaginaires et des symboles assez explicites de fertilité et de sexualité. Des chérubins soulèvent le blason à six boules des Médicis, symbole du pouvoir temporel, souligné d'un titre seyant bien à ce monarque mondial — Pius IIII Pontifex Optimus Maximus. Entre ces décorations romaines, installées en arrière-fond, quelques scènes bibliques — comme le baptême du Christ par Jean. A nouveau, le sacré et le profane, le spirituel et le temporel, le plaisir et la contemplation se fondent en une unité artistique, un symbole de continuité qui englobe le passé et reconnaît les réalités humaines du présent.

J'étais à Rome pour discuter de continuité au plus haut niveau. Et cette discussion avait été suscitée par les conclusions d'une série d'études entreprises indépendamment par des groupes de chercheurs de différents pays. Ces travaux, confirmés et vérifiés par les spécialistes des diverses disciplines impliquées, convergeaient, en dépit d'un certain nombre d'incertitudes, vers une conclusion troublante. Tous les horribles scénarios de guerre nucléaire que nous avions imaginés jusqu'à présent omettaient de dénoncer clairement un point extrêmement important qui rend la perspective d'un tel holocauste plus impensable encore. Nous avions toujours pensé aux conséquences immédiates du lancement et de l'explosion des bombes, mais nous n'avions jamais envisagé les effets à long terme d'une telle guerre sur le climat (après quelques mois ou quelques années) ; or les explosions de grande ampleur provoquent la formation de nuages de poussière et de suie dans l'atmosphère. Dans un certain nombre de scénarios de guerre nucléaire, il serait assez plausible de penser qu'un manteau de particules enveloppe la Terre, abaissant la température en dessous de zéro, même en été, et dans des régions de latitude moyenne et plonge la Terre dans une telle obscurité que l'agriculture deviendrait impossible. Ce scénario d'hiver nucléaire nous fait entrevoir pour la première fois la perspective glaçante qu'une guerre nucléaire totale pourrait non seulement affaiblir et décimer les populations, entraînant dans son sillage tout un cortège de souffrances atroces jamais égalées encore, mais également exterminer de manière irréversible de nombreuses espèces animales et végétales. Nous, les êtres humains, sommes certes robustes et disséminés un peu partout sur la planète, mais, dans le pire des cas, il est impossible d'exclure totalement l'éventualité de notre disparition définitive à la suite d'un hiver nucléaire.

Pourquoi nous préoccuper d'extinction ? Les effets d'une guerre nucléaire seraient suffisamment effroyables pour qu'il ne soit pas nécessaire d'y ajouter encore cette nouvelle dimension. Je pourrais répondre à cette question par une série d'arguments « objectifs ». Quelques-uns sont d'ordre pratique. La survie du maïs, notre céréale principale, sera compromise si nous perdons la téosinte, cette graminée qui est son ancêtre sauvage, et dont la distribution géographique et écologique est confinée à l'Amérique du Sud et l'Amérique centrale. La téosinte s'hybride avec le maïs (voir essai 23) et constitue ainsi le principal réservoir de variabilité génétique du maïs, réservoir indispensable à toute espèce pour sa survie et la flexibilité de son évolution. D'autres raisons sont plus franchement esthétiques ; que notre monde serait pâle et morne s'il n'était plus peuplé que d'hommes, de quelques rats ou cafards, de-ci de-là. Mais dans cet essai, que je conçois comme une rêverie sur la continuité plutôt qu'un exposé technique sur l'hiver nucléaire, je désire mettre l'accent sur un argument moral, tout à fait personnel (il ne s'agit pas de quelque chose que l'on puisse prouver, mais d'une simple constatation, de quelque chose que je ressens profondément) ; cet argument découle de ma carrière de paléontologiste, au cours de laquelle je me suis penché sur la plus importante de toutes les continuités, celle de l'arbre généalogique de la vie sur terre.

Grâce aux fossiles de cellules simples et aux agrégats de sédiments que ces cellules englobent et emprisonnent, nous avons aujourd'hui la preuve que la vie est apparue sur terre il y a au moins 3,5 milliards d'années. Depuis lors, la vie s'est perpétuée, sans discontinuité, jusqu'à nos jours. De la mousse à l'éphémère ou à l'hippopotame, nous pouvons tous remonter presque littéralement notre ascendance jusqu'à l'origine des temps. L'arbre est une métaphore précisément adaptée à l'histoire de la vie : de l'extrémité de chaque rameau actuel (et nous, les êtres humains en sommes un), nous pouvons remonter par l'intermédiaire de branches toujours plus grosses et plus robustes vers le tronc commun où sont apparues les cellules originelles, il y a près de 4 milliards d'années.

Chaque extinction supprime définitivement un petit morceau de ce patrimoine ; chaque mort irrévocable d'une espèce n'élimine pas seulement une fraction du protoplasme qui habite aujourd'hui notre Univers, mais une voie unique de l'histoire qui se poursuivait depuis 4 milliards d'années. Chaque extinction est une rupture dans la continuité au sens le plus large. Bien sûr, d'un point de vue géologique, à l'échelle de millions d'années, les processus d'extinction sont inévitables, et même indispensables au renouvellement de la vigueur de l'arbre de vie. Nous pouvons aussi prétendre, à la fois dans l'abstrait et dans la réalité de l'histoire de la vie, qu'un épisode d'extinction massive ouvre à l'occasion de nouvelles voies d'évolution, puisqu'il libère un peu d'espace géologique dans notre monde surpeuplé.

Mais ces échelles géologiques ne conviennent pas à l'évaluation de notre propre vie et de sa signification immédiate. L'effet éventuellement bénéfique d'une extinction massive qui se répercutera d'une manière imprévisible dans 10 millions d'années n'a aucune signification pour notre propre rameau sur l'arbre de vie — et en choisissant de prodiguer nos soins à cette branche, et de la défendre, nous ne faisons preuve d'aucune vanité cosmique, mais simplement d'un intérêt justifié pour nous-mêmes.

Notre rameau est effectivement très modeste, mais il faut bien voir qu'il remonte jusqu'au tronc central lui-même, par l'intermédiaire de myriades de branches qui s'étendent sur 4 milliards d'années. Notre origine en Afrique et notre dispersion ultérieure dans le monde entier constituent une histoire complexe et imposante qui exprime notre continuité avec toute l'histoire de la vie. Si nous exterminons directement notre rameau par un hiver nucléaire, ou si nous éliminons tant d'autres rameaux que le nôtre en vient finalement à dépérir, nous supprimons à jamais l'unique et la plus étrange expérience qui s'est jamais produite par hasard parmi les milliards de branches : l'origine, grâce à l'éclosion de la conscience, d'un rameau qui a pu découvrir sa propre histoire et apprécier sa propre continuité.

Certains seront peut-être moins troublés — dans un sens abstrait, je suppose — par l'éventualité de notre autodestruction : ce sont ceux qui ne sont jamais parvenus à se libérer du concept de la chaîne du vivant (voir essais 16 et 18) et qui considèrent l'histoire du vivant comme un progrès linéaire qui devait inéluctablement aboutir à l'éclosion de la conscience. Après tout, l'évolution va dans le sens de la complexité et de la conscience. Si ce n'est plus nous, une autre branche épargnée de l'arbre entrera dans l'histoire et offrira un jour une seconde chance à l'intelligence. Et si ce n'est pas ici, ce sera ailleurs, dans un autre univers habité, puisque les lois de la nature sont identiques partout.

J'étudie l'histoire de la vie, et je me suis toujours vigoureusement efforcé de faire la part entre nos préjugés culturels ou nos espoirs psychologiques, et l'histoire que les fossiles tentent de nous raconter. C'est pourquoi, je suis parvenu à une conclusion assez différente, partagée, je crois, par bon nombre de mes collègues : la conscience est un accident fortuit de l'évolution, le fait d'une lignée particulière, qui a développé la plupart des composants de l'intelligence dans un tout autre but (voir essai 26). Si nous perdons ce rameau en exterminant l'espèce humaine, la conscience ne se développera peut-être plus dans aucune lignée durant les 5 milliards d'années de vie qu'il reste à la Terre avant l'explosion du Soleil. Sans que nous en soyons responsables, ni que cela nous ait été imposé par un plan cosmique ou tout autre objectif délibéré, du simple fait d'un glorieux accident évolutionniste appelé intelligence, nous sommes devenus les régisseurs de la continuité de la vie sur terre. Nous n'avons pas demandé ce rôle, mais nous ne pouvons pas refuser de l'assumer. Cette responsabilité ne nous convient peut-être pas, mais voilà, nous sommes ici. Si nous laissons tout tomber (y compris les bombes), nous interrompons définitivement une continuité de la durée de l'Univers qui ramène bien sûr notre pauvre petite histoire au niveau d'une insignifiance géologique, mais dont nous avons néanmoins le contrôle absolu. Je ne peux rien imaginer de plus vulgaire et de plus détestable que la perspective qu'un petit rameau, doté d'un pouvoir particulier, puisse signer l'arrêt de mort d'un arbre vénérable et majestueux dont la continuité remonte à l'aube de l'histoire de la Terre et dont le tronc et les branches abritent des milliers et des milliers de précurseurs indispensables à l'existence de ce petit rameau.

La thèse de l'hiver nucléaire a plusieurs origines et plusieurs pères. Mais elle prit toute son importance à la fin de l'hiver 1983 grâce au travail d'une équipe au sigle tout indiqué, TTAPS — R.P. Turco, O.B. Toon, T.P. Ackerman, J.B. Pollack et Carl Sagan. L'établissement de modèles du climat ne constitue pas une démarche scientifique qui nous est aussi familière que ces stéréotypes d'expériences scolaires vérifiables aux conclusions sans surprises. Dans le cas du climat, il nous faut au contraire négocier avec une foule de variables dont il nous est impossible de spécifier exactement les valeurs, et dont les interactions nous sont inconnues puisque, grâce au ciel, l'expérience n'a pas encore été tentée. Quelle quantité de poussière et de suie s'élèvera dans le ciel ? Ces poussières formeront-elles une couche homogène, ou au contraire, une couverture percée de trous qui laisseront passer la lumière du Soleil ? La couche s'étendra-t-elle jusqu'à l'hémisphère Sud, et dans quelles proportions ? A quelle altitude se logera cette couche et combien de temps les poussières resteront-elles dans le ciel avant d'être balayées et ramenées sur terre par la pluie ? Jusqu'où baissera le thermomètre ? Quelle sera la durée de tous ces effets ? Je pourrais continuer longtemps encore, mais je m'arrête ici, en vous signalant, toutefois, que ces questions sont au premier degré seulement : que dire de l'interaction de ces différents effets ? Techniquement, la synergie de différents effets est souvent non additive, c'est-à-dire que mauvais plus mauvais n'est pas égal à deux fois plus mauvais, mais à bien pire encore. On sait par exemple que les radiations affaiblissent le système immunitaire de l'homme. Mais elles provoquent également des taux de mutation élevés qui pourraient conduire à l'évolution d'un agent pathogène particulièrement virulent. Et l'action de ce nouvel agent pathogène sur un corps humain à la résistance particulièrement affaiblie engendrerait peut-être une pandémie bien plus grave que ce que l'on pourrait prévoir en additionnant simplement ces deux facteurs.

Face à ces difficultés d'évaluation et à ces incertitudes, l'équipe du TTAPS a tenté d'estimer les valeurs les plus raisonnables de chacun de ces effets et a construit des centaines de scénarios possibles pour obtenir une idée significative de l'étendue des dégâts. Les principaux impondérables sont la quantité de poussière et de suie et leur comportement. En résumé, et en simplifiant quelque peu, les impacts des bombes à l'écart des villes soulèvent de grandes quantités de fine poussière très haut dans l'atmosphère ; les explosions au-dessus des villes et des forêts peuvent allumer de gigantesques incendies qui envoient des nuages de fumée contenant de plus grosses particules de suie dans les basses couches de l'atmosphère. Poussières et suie arrêtent la lumière du soleil et font naître un hiver nucléaire (sans mentionner d'autres conséquences très dramatiques comme les effets radioactifs et la disparition de la couche d'ozone).

Il m'est impossible d'aborder les détails techniques dans le cadre d'un essai aussi court. (Le rapport original de l'équipe TTAPS, assorti des commentaires de certains biologistes, est paru en deux fois dans la revue *Science,* du 23 décembre 1983, mais il a été réédité par W.W. Norton sous le titre *The Cold and the Dark* par Paul R. Ehrlich et *al.* — voir en bibliographie. Carl Sagan en a également publié une version moins technique, mais complète dans le rapport 1983/84 des Affaires étrangères.) J'en mentionnerai pourtant deux conclusions générales. La première, c'est que le seuil nécessaire au déclenchement d'un hiver nucléaire est atteint dans bon nombre de scénarios plausibles impliquant l'utilisation d'une fraction appropriée des réserves mondiales en mégatonnes et l'explosion d'un nombre concevable de bombes sur des villes et des cibles militaires. La seconde, la plus surprenante peut-être, c'est qu'il suffirait même d'une « petite » guerre nucléaire, parmi les scénarios plausibles, pour déclencher un hiver nucléaire (ainsi, l'explosion de 100 mégatonnes, le centième des réserves mondiales, au-dessus des villes, allumant de gigantesques incendies et une quantité maximale de fumée déclencherait probablement un hiver nucléaire).

Je ne suis pas un observateur sagace du monde politique, mais je fus agréablement surpris de constater que la possibilité d'un hiver nucléaire avait frappé avec tant de force les esprits de milieux si différents. Notre vieux scénario de guerre nucléaire, où nous nous préoccupions uniquement des conséquences immédiates du souffle et de l'explosion, m'avait toujours semblé suffisamment horrible pour galvaniser l'opinion publique, sans qu'il y ait lieu d'y rajouter quelque torture supplémentaire. Mais je réalise à présent que beaucoup d'entre nous, dans cet optimisme béat qui caractérise la nature humaine, croyaient qu'ils seraient épargnés s'ils habitaient suffisamment loin des explosions et qu'ils attendaient assez longtemps dans leur cave avant de réapparaître dans un monde ensoleillé prêt à être reconstruit. C'en est fini de ces chimères. Je n'avais pas conscience non plus que certains peuples, plus précisément ceux des nations de l'hémisphère Sud, se sentaient relativement en sécurité face à la folie du Nord. Cette idée a également cessé de faire son chemin. La thèse de l'hiver nucléaire indique aussi ce qui me paraît presque une certitude : toute « conquête » dans une guerre nucléaire ne serait en définitive que la dernière victoire à la Pyrrhus, car les implacables conditions climatiques n'épargneraient aucun agresseur de leurs effets.

En tout cas, la thèse de l'hiver nucléaire s'est répandue à travers le monde comme son nuage de poussière ; elle nous rapproche peut-être un peu les uns des autres en nous obligeant à faire front au péril qui nous menace tous. La Terre comme tout organisme est caractérisée par sa propre continuité et dispenserait impartialement les effets des blessures dont elle souffre. L'académie pontificale des sciences, représentant l'institution la plus œcuménique du monde, a fait venir vingt d'entre nous de huit pays différents, toutes opinions et religions confondues, pour élaborer cette déclaration sur l'hiver nucléaire ; nous avons également rencontré Jean-Paul II dans le but de déployer le plus d'efficacité possible dans l'utilisation de notre témoignage comme arme antinucléaire. Dans une brève harangue, le pape nous dit que nous devrions gagner la partie en combinant nos interdits d'ordre scientifique (notre évaluation la plus précise des conséquences matérielles d'une guerre nucléaire) avec les interdits moraux que lui ou d'autres pouvaient avancer. Et la même image me revint alors à l'esprit : le mariage du spirituel et du temporel, de la contemplation et de la sensualité, de la puissance physique et du pouvoir de persuasion moral, tous exprimés en peinture sur les plafonds du XVIe siècle de notre lieu de réunion. La continuité elle aussi exigera cette flexibilité, cette union de toutes nos forces.

L'élaboration de la théorie de l'hiver nucléaire était également, au sein de la science, une expression de ce thème de la continuité, de la flexibilité et de l'œcuménisme. Pour mettre au point tous ces détails, il fallut en effet combiner les talents des physiciens, des météorologistes, des chimistes, des biologistes, des experts en mécanique de la formation des cratères, du comportement des particules en suspension. Je suis heureux d'ajouter à cette liste le fait qu'une des deux sources d'inspiration principale du groupe TTAPS provient de la paléontologie, une discipline souvent considérée comme un ramassis de mystères du passé qui n'ont aucun rapport avec la vie humaine actuelle. J'ai écrit plusieurs essais sur la nouvelle théorie de l'extinction du Crétacé — une idée passionnante, à peine âgée de quelques années, mais qui gagne tous les jours du terrain : l'extinction des dinosaures et de bien d'autres créatures, il y a 65 millions d'années, résulte peut-être de l'impact de comètes ou d'astéroïdes sur la Terre ; la preuve de ce bombardement extraterrestre réside peut-être dans les taux élevés d'iridium de roches de cette période ; ce métal, très rare dans la croûte terrestre est plus fréquent dans les roches d'origine extraterrestre (voir essais 27 et 29).

Luis Alvarez, cofondateur de cette théorie et grand physicien de Berkeley, avait construit dès l'origine un scénario d'extinction provoqué par le soulèvement d'un gigantesque nuage de poussière, né d'une collision cosmique, provoquant l'interruption du processus de photosynthèse et une baisse brutale des températures. Alvarez avait également admis de manière explicite le parallélisme qui existe entre une telle collision cosmique et une guerre nucléaire (en réalité, le mégatonnage impliqué dans un tel impact excède largement celui de notre arsenal nucléaire tout entier). Sagan et ses collègues reçurent bien le message et le mirent aussitôt en application. C'est également à la continuité entre des disciplines apparemment sans rapport que l'on reconnaît la Vraie Science.

Nous devons notre propre évolution à cet impact : sans lui, je doute que nous serions à même de réfléchir sur un hiver nucléaire. Les mammifères sont apparus presque en même temps que les dinosaures mais vécurent leurs 100 premiers millions d'années, en tant que petites créatures en marge d'un monde dominé par ces reptiles géants. Si le bombardement du Crétacé n'avait pas provoqué l'extinction des dinosaures, ils domineraient encore probablement la Terre (ils l'avaient fait pendant 100 millions d'années, pourquoi pas 65 de plus ?), les mammifères seraient restés de petites créatures de la taille du rat, et l'intelligence ne se serait jamais développée pour créer les gloires de l'intellect et les horreurs de l'holocauste nucléaire. N'est-ce pas une pensée réconfortante que la compréhension de l'événement clé qui a autorisé notre propre évolution nous permettra peut-être, sous la forme de la théorie de l'hiver nucléaire, de contribuer à notre propre survie et d'écarter la plus grande menace jamais perpétrée par l'arbre de la vie contre sa propre et combien fragile continuité.

Post-scriptum

La déclaration officielle du Vatican, établie lors de notre assemblée a été publiée. En voici le texte complet :

Hiver nucléaire : un avertissement

L'une des conséquences immédiates d'une guerre nucléaire serait la mort d'une proportion importante des populations des nations combattantes. Une telle guerre représenterait une catastrophe sans précédent dans l'histoire de l'humanité. Les retombées radioactives, l'affaiblissement du système immunitaire des hommes, la maladie, l'effondrement des services civils et en particulier du service médical menaceraient une grande proportion des survivants.

Notre devoir est de lancer un avertissement supplémentaire car on vient de reconnaître que les effets d'une guerre nucléaire sur le climat seraient aussi désastreux à long terme, sinon pires, que les effets immédiats.

Au cours d'une guerre nucléaire, les explosions proches du sol expédieraient de grandes quantités de poussière dans l'atmosphère et les explosions qui se produiraient au-dessus des villes ou des forêts provoqueraient la formation brutale de gigantesques quantités de fumées lourdes de suies provenant des incendies. Les nuages de particules fines s'étendraient très vite à travers l'hémisphère Nord, absorbant et diffusant la lumière du Soleil, et refroidissant et assombrissant ainsi la surface de la Terre. Les températures pourraient baisser très rapidement dans l'hémisphère Nord, au-dessous de zéro et pendant des mois, même en été, déclenchant ainsi un hiver nucléaire. Cela se produirait même dans des conditions très variables de la nature et de l'expansion de la guerre nucléaire.

Ce n'est que depuis peu que nous nous sommes rendu compte de la gravité que pourraient revêtir le froid et l'obscurité, tout particulièrement à la suite des incendies nombreux et intenses allumés par les essais d'explosions nucléaires, et des changements afférents dans la circulation atmosphérique. Les plantes, les animaux et les êtres humains survivants subiraient donc un violent assaut supplémentaire. L'agriculture, dans l'hémisphère Nord du moins, serait gravement sinistrée pour un an au moins, provoquant une famine générale.

D'après certains calculs, la poussière et la fumée pourraient descendre jusqu'aux tropiques et dans une bonne partie de l'hémisphère Sud. Les nations non combattantes, même très éloignées du conflit, pourraient être gravement touchées. Sans qu'une seule bombe n'explose sur leur territoire, des pays comme l'Inde, le Brésil, le Nigeria et l'Indonésie pourraient être frappés d'un désastre sans précédent.

De plus, il suffirait d'une guerre nucléaire relativement « mineure », ne faisant intervenir qu'une faible fraction de l'arsenal nucléaire mondial, pour déclencher un hiver nucléaire, si les villes en étaient les cibles principales. Et même si l'agresseur tentait de « minimiser » les effets en déclenchant une guerre de faible ampleur, il s'ensuivrait probablement une escalade menant à l'utilisation massive des armes nucléaires, ainsi que l'Académie pontificale l'a souligné dans son rapport précédent (déclaration sur la prévention de la guerre nucléaire, 1982).

Les conséquences décrites ici seraient sans doute valables pour toute une série de scénarios plausibles, même avec de larges variations dans le caractère et l'ampleur de la guerre nucléaire. Cependant, il subsiste des incertitudes dans les présentes évaluations et certaines conséquences n'ont pas encore été étudiées. Des travaux scientifiques complémentaires et un examen critique permanent des méthodes et des données sont absolument indispensables. On ne peut exclure l'existence d'autres dangers imprévus, à la suite d'une guerre nucléaire.

Un hiver nucléaire aurait pour conséquence un accroissement important des souffrances humaines, même dans les pays qui ne sont pas directement mêlés à la guerre. Une large proportion des rescapés des conséquences immédiates de la guerre mourront vraisemblablement de froid, de faim, de maladies et de l'effet des radiations. On peut s'attendre à l'extinction de nombreuses espèces animales et végétales et même, dans un cas extrême, à l'extinction de la plupart des espèces qui vivent en dehors des océans. La guerre nucléaire pourrait donc amener dans son sillage une destruction de vies sans précédent dans toute l'histoire de l'homme sur la Terre et mettre ainsi en péril l'avenir de l'humanité.

Carlos Chagas, Brésil, président
Vladimir Alexandrov, URSS
Edoardo Amaldi, Italie
Dan Beninson, Argentine
Paul J. Crutzen, RFA
Lars Ernster, Suède
Giorgio Fiocco, Italie
Stephen J. Gould, USA
José Goldemberg, Brésil
S. N. Isaev, URSS
Raymond Latarjet, France
Louis Leprince-Ringuet, France
Carl Sagan, USA
Carlo Schaerf, Italie
Eugène M. Shoemaker, USA
Charles Townes, USA
Eugene P. Velikhov, URSS
Victor Weisskopf, USA

29. La danse cosmique de Siva

Vulcain, dieu du feu, accorda son nom à une planète durant quelques années au cours du XIXe siècle. Située, comme il sied à son nom, à l'endroit le plus brûlant de notre firmament entre Mercure et le Soleil, cette planète hypothétique vit le jour parce que la science de Newton fondée sur les lois d'attraction gravitationnelle ne parvenait pas à expliquer autrement la légère irrégularité détectée dans l'orbite de Mercure. Puisque Vulcain devait exister, et que la théorie exerce parfois un effet remarquable sur l'observation, des repérages de cette planète furent effectivement signalés à plusieurs reprises. Nous savons à présent que les lois gravitationnelles sont einsteiniennes, et non parfaitement newtoniennes et que les équations de la relativité expliquent convenablement les perturbations de l'orbite de Mercure sans qu'il soit nécessaire de faire appel à un corps perturbateur. Dépourvu de sa nécessité théorique, Vulcain disparut tranquillement.

Aucune activité n'oscille plus dangereusement au-dessus du gouffre qui sépare l'audace scientifique de l'ineptie que la description d'objets dont l'existence non encore prouvée tient uniquement à des nécessités théoriques. L'audacieux peut même faire un pas de plus vers sa perte ou vers la renommée en donnant un nom formel à son entité hypothétique. Que dit le spectateur bienveillant d'une telle stratégie ? Il n'existe aucune règle générale de succès ; comme le dirait Nick le Grec : « Un jour tu perds, un jour tu gagnes. » Les parrains de Vulcain furent largement perdants, mais d'autres ont gagné le gros lot à ce même jeu.

Ainsi, Ernst Haeckel, chef de file des évolutionnistes allemands au temps de Darwin, décrivit une lignée hypothétique de l'évolution humaine trente ans avant qu'Eugène Dubois ne découvre les premiers fossiles de transition. Sur cet arbre généalogique, l'*Homo sapiens* descendait d'un prédécesseur moins valable nommé *Homo stupidus* — hypothétique crétin descendant lui-même du véritable chaînon manquant qui reliait les singes aux hommes. Haeckel ne disposait d'aucun fossile mais il avait donné un nom à cet ancêtre présumé : *Pithecanthropus alalus* ou l'homme-singe incapable de parler. Haeckel gagna là où les vulcanophiles connurent la défaite. Les principales prédictions de Haeckel étaient si précises — en particulier sa conviction que notre ancêtre immédiat marchait sur deux pattes mais était pourvu d'un cerveau bien plus petit que le nôtre — que Dubois adopta spontanément le nom générique et baptisa les premiers fossiles humains *Pithecanthropus erectus* (aujourd'hui on appelle les spécimens de Java *Homo erectus*).

En avril 1984, inspirés par une nouvelle théorie sur la cause des extinctions massives, plusieurs scientifiques baptisèrent un nouveau membre, non observé, de notre système solaire. Le Soleil, déclaraient-ils, est accompagné d'une étoile que l'on n'a pas encore détectée, dont l'orbite est excentrique, et qui se trouve actuellement à une distance de deux années-lumière, au plus (cependant, en raison de sa petite masse et sa faible luminosité, cette étoile est si peu visible qu'elle pourrait facilement échapper à nos observations, même avec les télescopes les plus puissants, si nous ne la cherchions pas délibérément). Et ils proposèrent — tant qu'ils y étaient — un nom pour l'hypothétique compagne du Soleil. Ils l'appelèrent Némésis (j'expliquerai pourquoi dans un moment) en l'honneur de la déesse grecque qui personnifie la juste colère. « Nous craignons, écrivaient-ils, que cet article devienne notre Némésis si la compagne du Soleil n'est pas découverte » (Marc Davis, Piet Hut, et Richard A. Muller voir bibliographie. Indépendamment Daniel P. Whitmire et Albert A. Jackson IV postulèrent l'existence de Némésis dans le même numéro de la revue *Nature*).

La prédiction de Némésis est le point culminant d'une longue série de découvertes disparates et de conjectures qui durent depuis plus d'un siècle mais qui ont repris vigueur ces derniers mois. J'ai longuement discuté de chacun de ces points depuis dix ans que j'écris ces essais. La réunion et la synthèse actuelle de ces découvertes constituent soit l'événement le plus excitant de toute ma carrière de paléontologiste et de toute ma vie, soit une erreur de plus à imputer à ces pauvres mortels faillibles que l'on appelle scientifiques (dans l'excitation du moment, j'ai fait un pari de 10 livres avec un collègue anglais fort sceptique). Vu le délai de trois mois qui sépare la rédaction de ces essais de leur publication effective, et l'avalanche de notes envoyées aux éditeurs de journaux et de magazines, dont la publication est plus rapide [1], il serait superflu que je présente un exposé de la théorie elle-même. Je souhaite plutôt expliquer où réside l'importance vitale de cette nouvelle théorie des extinctions massives si elle en vient effectivement à modifier notre conception fondamentale sur l'origine des motifs qui structurent l'histoire du vivant. Je terminerai par

1. A la parution du livre, ce délai sera allongé à près de deux ans, délai presque insupportable pour un sujet scientifique en plein développement.

un petit commentaire sur la théorie elle-même — un plaidoyer pour que les « découvreurs » potentiels de la compagne du Soleil la baptisent Siva plutôt que Némésis, cela pour marquer l'esprit œcuménique de la science sous son meilleur jour et pour souligner un parallélisme tout à fait étonnant entre le rôle attribué à la compagne du Soleil dans les extinctions massives et les attributs de ce Dieu oriental de la destruction. Mais laissez-moi d'abord dresser la liste des événements principaux qui convergent aujourd'hui vers l'élaboration de cette nouvelle théorie des extinctions massives.

1. Depuis près de deux siècles, les géologues savent qu'un certain nombre d'extinctions massives brutales et sporadiques, affectant la vie de l'environnement à très grande échelle, se sont produites au cours des derniers 600 millions d'années. Notre échelle de temps géologique repose sur les dates de ces extinctions car elles déterminent les bornes des périodes principales. Voici ma réponse habituelle aux générations d'étudiants qui se plaignent de l'impérieuse nécessité de mémoriser tous ces noms bizarres du Cambrien au Pléistocène : je leur rappelle qu'ils ne sont pas en train d'étudier une série de noms capricieux qui divisent arbitrairement la continuité du temps géologique mais qu'ils retiennent ainsi les dates des événements marquants de l'histoire de la vie.

2. Les théories des extinctions massives rempliraient un livre assez épais pour rehausser un enfant à la hauteur d'un adulte autour d'une table familiale, mais un verrou a littéralement sauté il y a cinq ans environ, quand on découvrit des taux importants d'iridium dans les roches de terrains datant de la charnière entre le Crétacé et le Tertiaire (épisode fatal pour les dinosaures) ; c'était la première preuve tangible que l'impact d'un objet extraterrestre coïncidait avec une période d'extinction (voir essai 25 de *Quand les poules auront des dents*). L'iridium est un élément lourd, inerte, et les réserves originelles de la Terre se sont très probablement enfoncées dans son noyau quand la planète a fondu puis s'est différenciée, il y a quelque 4 milliards d'années. L'iridium renfermé dans les roches de la croûte terrestre provient principalement de sources extraterrestres — les astéroïdes, les météorites, et les comètes. A moins, bien sûr, que l'iridium des origines de la Terre ne remonte à la surface lors d'éruptions volcaniques — ce serait le seul défi sérieux à l'encontre de la théorie de l'impact.

3. Luiz Alvarez, Walter Alvarez, Frank Asaro, et Helen Michael ont proposé qu'un astéroïde de grande taille mesurant 10 kilomètres de diamètre environ est entré en collision avec la Terre et y a déposé l'iridium il y a quelque 65 millions d'années. Leur hypothèse était fondée sur les taux élevés d'iridium détectés en trois endroits correspondant au même épisode d'extinction. Les premières réactions des paléontologistes

allèrent du scepticisme à la raillerie (je m'enorgueillis, dans une carrière largement pavée d'erreurs, de mon enthousiasme iconoclaste du début). Depuis lors, cette hypothèse fragile a été fortifiée par de nombreux éléments. On a découvert des taux élevés d'iridium dans plus de cinquante endroits datant de la frontière Crétacé-Tertiaire, des sédiments terrestres jusque dans les profondeurs des mers. On a également découvert de l'iridium dans les roches marquant quatre ou cinq autres épisodes d'extinction mais le degré de fiabilité de ces découvertes est variable.

4. Grâce à un relevé très détaillé de la longévité des différentes familles de fossiles, David Raup et Jack Sepkoski ont découvert que les extinctions présentaient une périodicité de 26 millions d'années depuis 225 millions d'années (voir essai 14). Cette cyclicité n'avait pas encore été remarquée parce qu'il était impossible de distinguer les extinctions de moindre ampleur du taux d'extinction en période normale, avant l'établissement du relevé plus complet et détaillé de Sepkoski.

5. Walter Alvarez et Richard A. Muller ont découvert une périodicité identique et aux mêmes époques (28,4 millions d'années) que les pics d'extinction de Raup-Sepkoski, dans l'âge des cratères d'impact de plus de 10 kilomètres de diamètre dont on connaît la date avec précision. De tels cratères sont rares (il y en a moins de vingt sur la Terre) ; il faut donc rester prudent, mais le moins que l'on puisse dire, c'est que la coïncidence de ces deux ensembles de données est prometteuse, d'autant plus qu'on n'avait jamais soupçonné qu'elles soient cycliques ou qu'elles aient un quelconque rapport.

6. Jusqu'ici, tout se tient ! Le reste devient de la spéculation féconde sur les mécanismes des phénomènes impliqués. Du fait de la périodicité, l'objet d'Alvarez ne peut être un astéroïde (la science de bonne qualité ne craint pas l'autocritique). D'après ce que nous savons, en effet, les impacts d'astéroïdes sont totalement aléatoires et se produisent uniquement lorsque ce qu'on appelle un objet Apollon (un astéroïde dont l'orbite est suffisamment excentrique pour traverser notre voûte céleste durant sa trajectoire) entre en collision avec la Terre. Quels objets extraterrestres pourraient apporter de l'iridium mais également frapper la Terre avec une certaine régularité ? Après réflexion, on opta plutôt pour les comètes.

7. Spéculation au seconde degré. Des milliards de comètes tournent autour du Soleil dans une enveloppe nommée nuage d'Oort [1] et située bien au-delà de l'orbite de Pluton. Les perturbations gravitationnelles à l'intérieur de ce nuage pourraient modifier les orbites des comètes et en

1. Oort : astrophysicien hollandais. *(N.d.T.)*

envoyer un bon nombre débouler entre les planètes. Certaines de ces comètes entreraient en collision avec la Terre.

8. Spéculation au troisième degré. Par quel phénomène le nuage d'Oort pourrait-il être perturbé tous les 26 millions d'années ? Plusieurs suggestions ont été faites. On a proposé, entre autres, les oscillations du système solaire par rapport au plan de notre galaxie (ces oscillations amènent le nuage d'Oort tantôt en contact avec les nuages interstellaires de poussière et de gaz, tantôt hors de leur portée), mais les dates et la périodicité de ces excursions — un cycle de quelque 33 millions d'années — correspondent mal avec les extinctions et les données concernant les cratères. En principe, la dernière hypothèse proposée est donc vraisemblable : l'existence d'une compagne du Soleil, située sur une orbite dont l'excentricité est telle qu'elle ne perturbe le nuage d'Oort qu'au seul moment où celui-ci est le plus proche du Soleil. Une telle idée, je l'avoue franchement, ressemble à de la science fiction de bas étage, mais il ne faut pas la prendre à la légère car elle obéit au critère essentiel d'une science féconde. Elle est plausible en théorie et vérifiable en pratique (voir l'essai 27). Nous pouvons explorer le ciel et espérer une réponse — un jeu qui en vaut la chandelle, même si les chances sont faibles, étant donné l'immense progrès intellectuel qu'apporterait une telle découverte. Piet Hut m'a dit que nous avions 50 % de chances de découvrir la compagne du Soleil dans les trois ans à venir, si elle existe. Et surtout, ne vous inquiétez pas ! Notre compagne se trouve à sa distance maximale du Soleil, pour le moment : le nuage d'Oort ne sera donc pas perturbé avant 13 millions d'années.

Les pluies de comètes et les enveloppes de poussière éveillent sans doute notre imagination à tous mais elles fascinent littéralement les paléontologistes : pas pour leur côté scénario de Western, mais parce qu'elles remettent très profondément en cause le principe qui nous tient le plus à cœur pour expliquer l'histoire de la vie. Nous pouvons envisager deux manières extrêmes et opposées d'interpréter les modèles de l'histoire du vivant. Tous les paléontologistes avisés reconnaissent que la vérité se trouve quelque part entre ces deux positions mais je désire démontrer que la première position a été prisée en tant que métaphore cybernétique tandis que la nouvelle théorie des extinctions massives ouvre un bien plus grand rôle à la seconde proposition.

Selon la première position, la compétition entre espèces est le moteur du déroulement de l'histoire de la vie et détermine ses changements continus. Même si l'environnement était parfaitement constant, l'évolution se poursuivrait du fait de la lutte (au propre et au figuré) des organismes pour la survie. Cette lutte ne conduit pas nécessairement quelque part (ce qui pourrait se mesurer en terme de succès par rapport aux autres) du fait qu'elle est générale, mais il en résulte une sorte de fuite en avant qui préserve les équilibres entre les compétiteurs, tous en train de lutter pour l'obtention d'avantages passagers. Le paléontologiste Leigh Van Valen a dénommé ce modèle d'histoire de la vie l'hypothèse de la « Reine rouge » (en l'honneur de la compatriote d'Alice — dans *Alice au pays des merveilles* — qui ne devait jamais cesser de courir pour rester à la même place). La Reine rouge a été notre modèle principal de l'histoire de la vie. C'est la même métaphore qu'utilise Darwin dans son histoire de redistribution éternelle des « coins » :

> On peut comparer la nature à une surface où sont enfoncés 10 000 coins de bois pointus... Ces coins représentent les différentes espèces serrées les unes contre les autres et enfoncées par des coups incessants... Les coups tombent tantôt sur un coin tantôt sur l'autre ; le coin qui est enfoncé très profondément en déloge d'autres ; les secousses et les chocs se transmettent souvent à d'autres coins très éloignés dans de nombreuses directions.

La nature, en d'autres termes, est toujours saturée (ou proche de l'équilibre, en termes techniques). Une forme de vie ne gagne de la place qu'en boutant une autre dehors (en l'évinçant selon les termes de Darwin). La métaphore des coins sous-tend notre conception habituelle de l'ordre du monde vivant ; les créatures s'efforcent de s'améliorer ; la vie va toujours de l'avant bien que personne ne prenne une avance définitive sur les autres. L'ordre impose sa loi puisque la lutte des individus se traduit par des modes d'organisations de complexité et de diversité croissantes. Marx n'avait pas tellement tort quand il disait du système de Darwin qu'il ressemblait fort au *Bellum omnium contra omnes* de Hobbes (La guerre de tous contre tous) transposé à la nature.

Selon la seconde position défendue seulement par une minorité, aucune dynamique interne ne pousse la vie dans le sens du progrès. Si l'environnement était stable, l'évolution finirait tout simplement par s'arrêter. Au niveau le plus fin de résolution en paléontologie (et peut-être entre les insectes et les oiseaux de mon jardin), les espèces vivent leur vie dans une indépendance générale, comme le dit Longfellow : « Les bateaux qui passent dans la nuit... Seul un signal apparaît et une voix se fait entendre dans les ténèbres... » Les espèces livrent leurs principales « batailles » au climat, à la géologie et à la géographie, et non à leurs congénères (dans ce cas, la compétition devient une interaction locale et sporadique ; elle adoucit et modèle les heurts de l'ordre de la vie, mais ne joue pas le rôle d'une force directrice).

Selon cette conception, ce sont des ressorts extérieurs de changement de l'environnement qui poussent vers l'avant l'histoire de la vie. Mais ils les poussent dans des directions imprévisibles. Où trouverons-nous ce progrès que nous recherchons avec tant de persévérance (pour nous placer nous-mêmes au sommet de cette pyramide de luttes) si la vie n'obéit qu'aux caprices d'un environnement aux changements aléatoires ? Où découvrirons-nous un quelconque ordre prévisible si les moteurs principaux des changements de l'environnement sont des pluies périodiques de comètes ?

Voici un exemple typique qui illustre combien ces deux points de vue conduisent à des conclusions différentes ; j'ai réexaminé (avec C. Brad Calloway — voir bibliographie) un cas classique d'éviction à grande échelle, mis en évidence par l'interaction des coquillages et des brachiopodes au cours du temps. Ces groupes très importants d'invertébrés marins se ressemblent superficiellement : tous deux ont le corps recouvert d'une coquille bivalve et la plupart des espèces s'accrochent aux fonds marins ou se terrent dans les sédiments d'où ils ne se déplacent guère. Mais les coquillages ont une anatomie plus complexe et selon les anciennes classifications procustéennes, qui organisaient le buisson de la vie en une échelle linéaire, elles occupent généralement un rang supérieur aux brachiopodes. Aujourd'hui, les coquillages dominent aussi de nombreuses faunes marines, tandis que les brachiopodes sont relativement rares. Nos premiers recensements de fossiles sont cependant envahis de brachiopodes et pauvres en coquillages. Nous disposons donc de tous les ingrédients du scénario classique d'éviction compétitive et progressive. Les coquillages, supérieurs, chassent progressivement les brachiopodes de leur environnement commun. En collaboration avec Calloway, j'ai donc relevé dans la littérature scientifique depuis plus d'un siècle tous les textes où les coquillages et les brachiopodes sont présentés comme un cas classique de progrès par éviction compétitive dans l'histoire du vivant.

Mais les chiffres n'étayent pas vraiment cette histoire simpliste. Lorsqu'on examine les données correspondant aux coquillages et aux brachiopodes, on n'observe pas le schéma d'interaction négative qui correspondrait à un processus d'éviction. En fait, les deux espèces varient parallèlement tout au long de l'histoire géologique : les périodes où le nombre de coquillages est supérieur à la moyenne sont également plus riches en brachiopodes ; les épisodes où les brachiopodes sont absents sont également fort pauvres en coquillages. De plus, durant les périodes normales, chaque groupe semble suivre indépendamment sa propre vie, oublieux du sort et de l'histoire de l'autre : les coquillages augmentent lentement au cours de chaque longue période normale ; les brachiopodes maintiennent leur nombre constant.

En fait, l'histoire que l'on racontait sur les coquillages et les brachiopodes est une conclusion erronée tirée d'un seul fait marquant : les brachiopodes dominaient la faune à l'origine, alors que les coquillages sont tellement abondants aujourd'hui que les Ho Jo [1] peuvent nourrir le pays tout entier de leurs fritures. Mais nous avons découvert que le « remplacement » supposé des brachiopodes par des coquillages ne résulte pas d'une expulsion graduelle compétitive : il reflète tout simplement la différence des réactions de ces deux espèces à la plus grande des extinctions massives — celle du Permien — où périrent, sans doute, plus de 90 % des espèces. Les brachiopodes ont réellement essuyé ce désastre de plein fouet alors que les coquillages, eux, ont à peine ressenti la débâcle. En réalité, les coquillages prirent l'avantage sur les brachiopodes à ce seul moment géologique et n'abandonnèrent jamais leur nouvel acquis par la suite. Nos relevés de fossiles enregistrent donc les réactions indépendantes à une seule extinction massive, et non un processus d'éviction progressif, ni d'ailleurs le triomphe d'une anatomie supérieure. Les coquillages et les brachiopodes sont comparables à des bateaux voguant la nuit, mais au destin inégal par forte tempête.

En résumé, si les extinctions massives sont si fréquentes, si leurs effets sont si profonds et si elles sont exclusivement provoquées par un agent extraterrestre à l'impact si catastrophique que les organismes sont impuissants à s'en protéger, on doit en conclure que l'histoire de la vie est le résultat du hasard, ou bien qu'elle procède selon des règles de perturbations que nous n'avons pas encore découvertes ; l'histoire du vivant ne se déroule pas comme nous l'avions toujours cru, selon des lois qui régissent une compétition prévisible durant les périodes normales.

Tout ce bouillonnement trouble peut-être nos espoirs et nos désirs de découvrir cet ordre rassurant dans la nature, mais il ouvre des perspectives de pensée et d'action d'une richesse inouïe en paléontologie, car nous, qui étudions l'histoire de la vie, sommes en possession des données nécessaires à la résolution de problèmes fondamentaux. La théorie des extinctions catastrophiques cycliques laisse les paléontologistes en possession des commandes et leur assure une dizaine d'années de travail passionnant. Les scientifiques ont rarement le privilège de se poser des questions aussi fondamentales d'une manière aussi nouvelle et aussi enrichissante.

Dans le contexte de cet essai, je ne vous soumettrai pas un programme technique de travail en paléontologie, mais je vous présenterai simplement trois points qui requièrent notre attention et sont susceptibles d'être résolus grâce à notre patrimoine de fossiles.

1. Sur les 26 millions d'années qui séparent deux catastrophes, quel est le temps nécessaire à la reconstitution de la richesse antérieure du monde vivant (en nombre d'espèces et en complexité écologique) ? Si la majeure

1. Howard Johnson, chaîne de restaurants-motels aux USA. *(N.d.T.)*

partie de cet intervalle de temps est consacrée à la convalescence des espèces, les modèles compétitifs ne conviennent pas (puisqu'ils ne s'expriment que dans un monde à l'équilibre) et ce sont donc des processus de déclenchement extérieurs qui régissent l'histoire du monde vivant.

2. La distribution de ceux qui disparaissent et de ceux qui survivent aux catastrophes est-elle totalement aléatoire ? Et, si ce n'est pas le cas, les régularités des extinctions massives reflètent-elles des règles différentes de celles qui régissent l'ordre au cours des périodes normales entre les catastrophes ? Que ce soit sous l'unique effet du hasard ou dans le cadre d'un modèle qui procède de « règles différentes », il est impossible que ces phénomènes du panorama géologique dans son ensemble se conforment à un modèle darwinien où il suffirait d'extrapoler à partir d'événements à petite échelle (que l'on peut étudier directement) ; il faut donc reconnaître le caractère distinctif que les extinctions massives apportent à l'histoire de la vie.

3. Pourquoi l'ampleur des extinctions cycliques est-elle si variable (l'une élimine plus de 90 % des espèces, d'autres excèdent si peu le taux d'extinctions des périodes normales que seules les données détaillées de Sepkoski nous permirent de les détecter). Certains inconditionnels des comètes, dans la vague d'exagérations qui accompagne presque toujours l'éclosion d'idées neuves, tentent de tout expliquer de la même manière. Si les perturbations du nuage d'Oort envoient des milliards de comètes se fracasser sur les planètes, seule une fraction d'entre elles atteindra la Terre, mais l'importance de cette fraction sera variable. Les extinctions de grande ampleur correspondent à un nombre plus important de comètes, les extinctions moins intenses à un nombre plus faible. Mais en réalité, le mécanisme ne peut être aussi simple ! Nous avons établi un relevé détaillé des corrélations entre certains événements terrestres et les extinctions massives (ainsi, de nombreuses extinctions s'accompagnent d'un abaissement du niveau de la mer) ; nous savons également que plusieurs extinctions furent précédées, à très long terme, par un déclin graduel et simultané de nombreux groupes. Nous avions l'habitude de penser que ces corrélations entre différents événements terrestres expliquaient les extinctions. Je soupçonne qu'il est nécessaire d'inverser ce raisonnement tout en laissant leur importance aux processus terrestres. Les événements terrestres ne sont probablement pas les causes des extinctions mais les régulateurs principaux de leur ampleur. Lorsque des comètes frappent une biosphère affaiblie pour d'autres raisons, l'ampleur des extinctions atteint un niveau inhabituel. La plus importante de toutes les extinctions eut lieu quand tous les continents étaient réunis en une seule Pangée. Autrefois, je pensais que cette réunion était la cause

principale de l'extinction (voir essai 16 dans Darwin et les grandes énigmes de la vie). Aujourd'hui, je pense qu'elle constituait le cadre d'une catastrophe d'ampleur maximale.

Pour terminer tous ces bangs universels sur une petite note personnelle, puis-je me permettre une prière à nos collègues astronomes qui poursuivent de fructueuses recherches. Si Thalia, la déesse de la consolation vous sourit et vous fait découvrir la compagne du Soleil, je vous en prie, ne la nommez pas Némésis comme vous en aviez l'intention. Némésis personnifie la juste colère. Elle combat le vaniteux et le puissant, et travaille à une cause précise (punir Narcisse, par exemple, et son amour inextinguible pour lui-même). Elle représente tout ce que notre nouveau point de vue sur les extinctions massives s'efforce de remplacer : les causes prévisibles, déterministes qui s'abattent sur ceux qui le méritent. De plus, ce serait installer une fois encore une figure d'origine occidentale dans le firmament universel. Un membre de notre système solaire ne peut-il, pour une fois, honorer les traditions d'une autre civilisation ?

Les extinctions massives ne sont pas implacablement destructrices dans l'histoire de la vie. Elles constituent également une source de création, surtout si la seconde interprétation, celle des agents de déclenchement extérieurs à la Terre, est valable et si la « Reine rouge » de la compétition interne ne pousse pas inexorablement la vie vers l'avant. Les extinctions massives sont peut-être le germe principal et indispensable des changements et des déplacements dans l'histoire de la vie. La destruction et la création sont enfermées dans la dialectique de l'interaction. De plus, les extinctions massives sont sans doute indifférentes aux adaptations raffinées élaborées antérieurement en temps normal. Cette destruction frappe au hasard ou selon des règles qui transcendent les plans et les buts de chacune de ses victimes. Ne pourrions-nous pas baptiser la compagne du Soleil d'un nom qui incarne ces caractéristiques fondamentales de créativité dans la destruction, et de neutralité vis-à-vis des luttes évolutionnistes des créatures au cours de la période normale qui précède l'extinction ?

Siva, le dieu hindou de la destruction, forme une triade indissoluble avec Brahma, le créateur, et Vichnou, le préservateur du monde. Tous trois sont unis en un tout — une trinité d'un ordre différent —, car toute activité est le reflet de leur interaction. A. Parthasarathy écrit dans son *Symbolism of Hindu Gods and Rituals* : « Les trois pouvoirs se manifestent en tout temps à la fois. Ils sont inséparables. La création et la destruction sont les deux faces d'une même pièce de monnaie... Le matin meurt pour donner naissance au midi. Le midi meurt quand est née la nuit. Dans la chaîne de naissance et de mort, le jour perdure » — comme

Le dieu hindou Siva représenté en Nataraja. Il tient d'une main la flamme de la destruction, et d'une autre un tambourin pour marquer le rythme de la danse (et symboliser la création). Le dieu est à l'intérieur d'un cercle de feu, entretenu par l'interaction de la création et de la destruction. *The Asia Society, New York, Mr. et Mrs. John D. Rockefeller, troisième collection. Photo de Otto E. Nelson.*

l'équilibre de l'histoire de la vie naît des reprises créatrices qui suivent les destructions massives.

Siva est souvent figuré, et c'est la plus belle représentation, sous la forme de Nataraja, la danse cosmique. Le dieu tient d'une main la flamme de la destruction, de l'autre (il en a quatre) le *damaru,* un tambourin qui règle le rythme de la danse et symbolise la création. Il se meut à l'intérieur d'un anneau de feu — le cycle cosmique — maintenu par l'interaction de la destruction et de la création. Sur son tambourin, il bat un rythme aussi régulier que celui des pluies de comètes. « Dans ce processus perpétuel de création et de destruction, écrit Parthasarathy, l'Univers se maintient. » Contrairement à Némésis, Siva ne s'attaque pas à des cibles déterminées pour un motif précis ou pour infliger une punition. Au contraire, son visage placide reflète la tranquillité absolue et la sérénité d'un processus neutre, dirigé contre rien ni personne mais responsable du maintien de l'ordre dans notre monde.

La plupart des idées farfelues finissent par se révéler fausses. Je puis seulement formuler le souhait de ne pas laisser le souvenir d'un homme qui a fait campagne pour le nom d'une chose inexistante (mieux qu'un bâtard qui aboie à la lune !). Certains risques valent la peine d'être courus. Si Thalia sourit et Siva existe, pensez à tout ce que cela représente pour ma paléontologie chérie ! Nous avons travaillé si longtemps sous le fardeau de l'ennui et de la monotonie. Nous sommes les gardiens de l'histoire de la science mais on nous prend souvent pour d'insouciants collectionneurs de pierres, les spécialistes des petits coins et recoins de l'espace, du temps et de la taxinomie ; les pourvoyeurs de noms aussi mystérieux que *Pharkidonotus percarinatus* dont nous usons et même abusons. Les éditeurs du principal journal scientifique anglais nous écrivaient en 1959 : « Les scientifiques en général ont des excuses de penser que la plupart des géologues sont des paléontologistes et que la plupart des paléontologistes, pour tout travail de leur vie, ont fouillé un kilomètre carré. »

Les temps ont changé depuis un peu plus de dix ans, mais Siva couronnerait la transformation de notre discipline. Quelle apothéose pour une science autrefois « ennuyeuse » d'être la source et l'impulsion, grâce à la découverte du cycle de 26 millions d'années, de la plus grande remise en cause de la cosmologie (du moins dans notre petit coin du firmament) depuis Galilée !

Bibliographie

Agassiz L., *Contributions to the Natural History of the United States*, Boston, 1862, vol. 4.

Altick R.D., *The Shows of London*, Cambridge, MA, Harvard University Press, 1978.

Alvarez L.W., « Experimental evidence that an asteroid impact led to the extinction of many species 65 million years ago. *Proceedings of the National Academy of Sciences*, 80, 1982, p. 627-642.

Alvarez L.W., Alvarez W., Asaro F. et Michel H.V., « Extraterrestrial cause for the Cretaceous-Tertiary extinction », *Science*, 208, 1980, p. 1095-1108.

Alvarez W. et Muller R.A., « Evidence from crater ages for periodic impacts on the earth », *Nature*, 308, 1984, p. 718-720.

Anonyme, « What will happen to geology », *Nature*, 221, 1969, p. 903.

Barnes C.W., *Earth, Time and Life*, New York, John Wiley, 1980.

Bateson G., *Mind and Nature*, New York, E.P. Dutton, 1979. (Trad. fr. *La Nature et la Pensée*, Paris, Le Seuil, 1984.)

Beadle G.W., « The ancestry of corn », *Scientific American,* janvier 1980, p. 112-119.

Bigelow R.P., « The anatomy and development of *Cassiopea xamachana* », *Memoirs Boston Society of Natural History*, 5, 1900, p. 191-236.

Briggs D.E.G., Clarkson E.N.K. et Aldridge R.J., « The conodont animal » *Lethaia*, 16, 1983, p. 1-4.

Buckland W., *Reliquiae Diluvianae ; or, observations on the organic remains contained in caves, fissures, and diluvial gravel, and on other geological phenomena attesting the action of a universal deluge.* Londres, John Murray, 1823.

— *Geology and Mineralogy Considered with Reference to Natural Theology*, Philadelphia, Lea and Blanchard, 1836 (édition 1841).

Buffon G.L., *Œuvres complètes de Buffon*, édité par M.A. Richard, Paris, Baudouin, 1828, vol. 28.

Burchfield J.D., *Lord Kelvin and the Age of the Earth*, New York, Science History Publications, 1975.

Buskirk R.E., Frohlich C. et Ross K.G., « The natural selection of sexual cannibalism », *American Naturalist*, 123, 1984, p. 617-625.

Colbert E.H., Cowles R.B. et Bogert C.M., « Temperature tolerances in the American alligator and their bearing on the habits, evolution, and extinction of the dinosaurs », *Bulletin of the American Museum of Natural History* 86, 1946, p. 327-374.

Coon C., *The Origin of Races*, New York, A.A. Knopf, 1962.

Cuvier G., « Extrait d'observations faites sur le cadavre d'une femme connue à Paris et à Londres sous le nom de Vénus hottentote », *Mémoires du Muséum d'histoire naturelle*, 3, 1817, p. 259-274.

Darwin C., *On the Origin of Species*, Londres, John Murray, 1859.

— *The Descent of Man and Selection in Relation to Sex*, Londres, John Murray, 1871.

Davis M., Hut P. et Muller R.A., « Extinction of species by periodic comet showers », *Nature*, 308, 1984, p. 715-717.

Dobzhansky T., Ayala F.J., Stebbins G.L. et Valentine J.W., *Evolution*, San Francisco, W.H. Freeman, 1977.

Dyson F., *Disturbing the Universe*, New York, Harper and Row, 1979. (Trad. fr. *Les Dérangeurs de l'Univers*, Paris, Payot, 1987.)

Ehrlich P.R., Sagan C., Kennedy D. et Roberts W.O., *The Cold and the Dark. The World after Nuclear War*, New York, W.W. Norton, 1984.

Eiseley L., *Darwin's Century*, New York, Doubleday, 1958.

Garrett P. et Gould S.J., « Geology of New Providence Island, Bahamas », *Geological Society of America Bulletin*, 95, 1984, p. 209-220.

Goldschmidt, R., *The Material Basis of Evolution*, New Haven, Yale University Press, 1940 (réédité en 1982 avec une introduction de S.J. Gould).

Gosse P.H., *Omphalos : An attempt to untie the geological knot.* Londres, John Van Voorst, 1857.

Gould S.J., *Ever since Darwin*, New York, W.W. Norton, 1977. (Trad. fr. *Darwin et les Grandes Énigmes de la vie*, Paris, Pygmalion, 1979 et Le Seuil, coll. « Points-Sciences », 1984.)

— *Ontogeny and Phylogeny*, Cambridge, MA, Belknap Press of Harvard University Press, 1977.

— *The Panda's Thumb,* New York, W.W. Norton, 1980. (Trad. fr. *Le Pouce du Panda*, Paris, Grasset, 1982 et Le livre de Poche, 1986.)

— *The Mismeasure of Man*, New York, W.W. Norton, 1981. (Trad. fr. *La Malmesure de l'homme*, Paris, Ramsay, 1983 et Le livre de poche, 1986.)

— *Hen's Teeth and Horse's Toes*, New York, W.W. Norton, 1983. (Trad. fr. *Quand les poules auront des dents*, Paris, Fayard, 1984.)

Gould S.J. et Calloway C.B., « Clams and brachiopods — ships that pass in the night », *Paleobiology*, 6, 1980, p. 383-396.

Gould S.J. et Woodruff D.S., « Natural history of *Cerion* VIII : Little Bahama Bank — a revision based on genetics, morphometrics, and geographic distribution », *Bulletin of the Museum of Comparative Zoology*, 148, 1978, p. 371-415.

Grew N., *Musaeum Regalis Societatis, or a catalogue and description of the natural and artificial rarities belonging to the Royal Society and preserved at Gresham Colledge, whereunto is subjoyned the comparative anatomy of stomachs and guts*, Londres, Thomas Malthus, 1681.

Guenther M., « The changing Western image of the Bushmen », *Paideuma*, 26, 1980, p. 123-140.

Haeckel E.H., *Uber Arbeitstheilung in Natur and Menschenleben (On the Division of Labor in Nature and Human Life)*, Berlin, 1869.

— « Report on the Siphonophorae collected by *HMS Challenger* during the years 1873-1876 », Voyage of *HMS Challenger*, Zoology, 1888, vol. 28.

Hearnshaw L.S., *Cyril Burt, Psychologist*, Londres, Hodder and Stoughton, 1979.

Hoagland K.E., « Protandry and the evolution of environmentally-mediated sex change : A study of the Mollusca », *Malacologia*, 17, 1978, p. 365-391.

Howard L.O., « The Excessive voracity of the female Mantis », *Science*, 8, 1886, p. 326.

Huxley T.H., *The Oceanic Hydrozoa Observed during the Voyage of* HMS « Rattlesnake » *in the Years 1846-1850*, Londres, The Ray Society, 1849.

— *Evidence as to Man's Place in Nature*, Londres, Williams and Norgate, 1863.

Iltis H.H., « From teosinte to maize : The catastrophic sexual transmutation », *Science*, 222, 1983, p. 886-894.

Jenkin P.M., « The filter feeding and food of flamingoes (Phoenicopteri) », *Philosophical Transactions of the Royal Society of London*, Series B. 240, 1957, p. 401-493.

Jensen A.R., « How much can we boost IQ and scholastic achievement », *Harvard Educational Review*, 33, 1969, p. 1-123.

Just E.E., « The relation of the first cleavage plane to the entrance point of the sperm », *Biological Bulletin*, 22, 1912, p. 239-252.

— « Cortical cytoplasm and evolution », *American Naturalist*, 67, 1933, p. 20-29.

The Biology of the Cell Surface, Philadelphia, P. Blakiston's Son, 1939.

— « Unsolved problems of general biology », *Physiological Zoology*, 13, 1940, p. 123-142.

Kamin L.J., *The Science and Politics of IQ*, Potomac, MD, Lawrence Erlbaum Associates, 1974.

Keeton W.T., *Biological science*, New York, W.W. Norton, 1980.

Kinsey A.C., *The Gall Wasp Genus* Cynips : *a Study in the Origin of Species*, Indiana University Studies, vol. 16, 1930, 577 pages.

— *The Origin of Higher Categories in* Cynips, Indiana University Publications, Science Series n° 4, 1936, 334 pages.

Kinsey A.C., Pomeroy W.B. et Martin C.E., *Sexual Behavior in the Human Male*, Philadelphia, W.B. Saunders, 1948.

Kinsey A.C., Pomeroy W.B., Martin C.E. et Gebhard P.H., *Sexual Behavior in the Human Female*, Philadelphia, W.B. Saunders, 1953.

Lack D., *Darwin's Finches : an Essay on the General Biological Theory of Evolution*, Cambridge, England, Cambridge University Press, 1947.

Lamarck J.B., *Zoological Philosophy*, Chicago, University of Chicago Press, 1809 (réédité en 1984). (Trad. fr. *Philosophie zoologique ou Exposition des considérations relatives à l'histoire naturelle des animaux*, Paris, Dentu, 1809, nouvelle édition, Paris, Librairie F. Savy, 1873, présentation par J.P. Aron, Paris, Sequana, 1968.)

Lewontin R.C., *Human Diversity*, New York, Scientific American Library, 1982. (Trad. fr. *La Diversité des hommes, Pour la Science*, diffusion Belin, 1984.)

Linnaeus C., *Systema Naturae. Regnum Animale*, Londres, British Museum (histoire naturelle), 1758 (fac-similé réédité en 1956). (1re édition rééditée, curante Antonio Laurentio Appolinaris Fée, Parisiis, *apud* F.G. Levrault, 1830.)

Lovejoy A., *The Great Chain of Being*, Cambridge, MA, Harvard University Press, 1936.

Lyell C., *Principles of Geology*, Londres, John Murray, 1830-1833. (Trad. fr. *Éléments de géologie*, Paris, Pitois-Levrault et Cie, 1839.)

Manning K.R., *Black Apollo of Science : the Life of Ernest Everett Just*, New York, Oxford University Press, 1983.

Maupertuis P. (publié anonymement), 1745. *Vénus physique*, éditeur non spécifié, 1745, 194 pages. (*Vénus physique, Œuvres*, Lyon, J.M. Bruyset, 1768, tome 2.)

Mayer A.G., *Medusae of the World*, Publications of the Carnegie Institute of Washington, n° 109, 1910, vol. 3.

Mayr E., *The Growth of Biological Thought,* Cambridge, MA, Harvard University Press, 1982.

Montagu A., 1943. *Edward Tyson*, M.D., F.R.S., 1650-1708, *and the Rise of Human and Comparative Anatomy in England*, Memoirs of the American Philosophical Society, 1943, vol. 20, 488 pages.

— «Intelligence of northern Negroes and Southern whites in the First World War », *American Journal of Psychology*, 58, 1945, p. 161-188.

Morton S.G., *Crania Americana*, Philadelphia, John Pennington, 1839.

Oken L., *Elements of Physiophilosophy* (traduction par A. Tulk de Oken's *Lehrbuch der Naturphilosophie*), Londres, Ray Society, 1847.

Ornstein L., « A biologist looks at the numbers », *Physics Today*, mars 1982, p. 27-31.

Parthasarathy A., *The Symbolism of Hindu Gods and Rituals*, Bombay, Shailesh Printers, 1983.

Perkins H.F., « Note on the occurrence of *Cassiopea xamachana* and *Polyclonia frondosa* at the Tortugas », *Papers from the Tortugas Laboratories*, 1, 1908, p. 150-155.

Policansky D., « Sex choice and the size advantage model in jack-in-the-pulpit (*Arisaema triphyllum*) », *Prooceedings of the National Academy of Sciences*, 78, 1981, p. 1306-1308.

Polis G.A. et Farley R.D., « Behavior and ecology of mating in the cannibalistic scorpion, *Paruroctonus mesaensis* Stahnke (Scorpionida : Vaejovidae) », *Journal of Arachnology*, 7, 1979, p. 33-46.

Purcell J.E., « Influence of siphonophore behavior upon their natural diets : Evidence for aggressive mimicry », *Science*, 209, 1980, p. 1045-1047.

Raup D.M. et Sepkoski J.J., Jr., « Periodicity of extinctions in the geologic past », *Proceedings of the National Academy of Sciences*, 81, 1984, p. 801-805.

Reichler J.L., *Fabulous Baseball Facts, Feats and Figures*, New York, Collier, 1981.

— *The Baseball Encyclopedia*, New York, MacMillan, 1982.

Roeder K.D., « An experimental analysis of the sexual behavior of the praying mantis (*Mantis religiosa* L.) », *Biological Bulletin*, 69, 1935, p. 203-220.

Ross K. et Smith R.L., « Aspects of the courtship behavior of the black widow spider, *Laterodectus hesperus* (Araneae : Theridiidae), with evidence for the existence of a contact sex pheromone », *Journal of Arachnology*, 7, 1979, p. 69-77.

Sagan C., « Nuclear war and climatic catastrophe : same policy implications », *Foreign Affairs*, hiver 1983/1984, p. 257-292.

Schrödinger E., *What is Life ?,* Cambridge, England, Cambridge University

Press, 1944. (Trad. fr. *Qu'est-ce que la vie ? L'aspect physique de la cellule vivante*, éditions de la Paix, 1951. Éditions Christian Bourgois, 1986.)

Seilacher A., « Late Precambrian and early Cambrian Metazoa : preservational or real extinctions » in *Patterns of change in Earth evolution*, ed. H.D. Holland and A.R. Trendall, Berlin, Springer Verlag, 1984, p. 159-168.

Sepkoski J.J., Bambach R.K., Raup D.M. et Valentine J.W., « Phanerozoic marine diversity and the fossil record », *Nature*, 293, 1981, p. 435.

Serres E.R.A., « Recherches d'anatomie transcendante et pathéologique. Théorie des formations et des déformations organiques, appliqué à l'anatomie de Ritta Christina, et de la duplicité monstrueuse », *Mémoires de l'Académie royale des sciences*, 11, 1833, p. 583-895.

Shapiro D.Y., « Sequence of coloration changes during sex reversal in the tropical marine fish *Anthias squamipinnis* », *Bulletin of Marine Sciences*, 31, 1981, p. 383-398.

Siegel R., cité par J. Greenberg, « Natural highs in natural habitats », *Science News*, novembre 1983, p. 300-301.

Simpson G.G., « The nonprevalence of humanoids » in *This View of Life*, New York, Harcourt, Brace and World, 1964, essai 13, p. 253-271.

Sterba G., *Freshwater Fishes of the World*, Hong Kong, TFH Publications, 1973, 2 vol.

Sulloway F.J. « Darwin and his finches : The evolution of a legend », *Journal of the History of Biology*, 15, 1982, p. 1-53.

— « Darwin's conversion : The *Beagle* voyage and its aftermath », *Journal of the History of Biology*, 15, 1982, 325-396.

Swainson W., *On the Natural History and Classification of Quadrupeds*, Londres, Longmann, Rees, Orme, Brown, Green and Longman, 1835.

Thomson W. (ultérieurement Lord Kelvin), « The " doctrine of uniformity " in geology briefly refuted », *Proceedings of the Royal Society of Edinburgh*, 5, 1866, p. 512-513.

Tipler F.J., « Extraterrestrial intelligent beings do not exist », *Physics Today*, avril 1981, p. 9, 70-71.

— « We are alone in our galaxy », *New Scientist*, 96, octobre 1982, p. 33-35.

Tyson E., *Orang-Outang*, sive Homo sylvestris ; *or, the anatomy of a pygmie compared with that of a monkey, an ape, and a man*, Londres, Thomas Bennet, 1699.

Van Valen L., « A new evolutionary law », *Evolutionary Theory*, 1, 1974, p. 1-30.

Wallace A.R., « The measurement of geological time », *Nature*, 1, 1870, p. 399-401, 452-455.

— *Man's Place in the Universe : a study of the results of scientific research in relation to the unity or plurality of worlds*, New York, McClure Phillips and Company, 1903. (Trad. fr. *La Place de l'homme dans l'Univers. Étude sur les résultats des recherches scientifiques sur l'unité et la pluralité des mondes*, Paris, 1907.)

Wells W.C., « Account of a female of the white race of mankind, part of whose skin resembles that of a Negro », in *Two Essays : One upon single vision with two eyes, the other on dew*, Londres, Archibald Constable and Company, 1818.

White C., *An Account of the Regular Gradation in Man, and in Different Animals and Vegetables*, Londres, C. Dilly, 1799.
Whitmire D.P. et Jackson IV A.A., « Are periodic mass extinctions driven by a distant solar companion ? », *Nature*, 308, 1984, p. 713-715.

Index

Table

troisième partie

L'importance de la taxinomie

quatrième partie

Les tendances et leur signification

cinquième partie

Politique et progrès

sixième partie

Darwiniana

septième partie

La vie ici et ailleurs

huitième partie

Extinction et continuité

IMPRIMERIE HÉRISSEY A ÉVREUX (EURE)
DÉPÔT LÉGAL : FÉVRIER 1988. N° 9933 (43948)

COLLECTION « SCIENCE OUVERTE »
DIRIGÉE PAR JEAN-MARC LÉVY-LEBLOND

BARRY COMMONER
L'Encerclement

JEAN-MARC LÉVY-LEBLOND
ET ALAIN JAUBERT
[Auto]critique de la science

GÉRARD LEACH
Les Biocrates

SOLOMON H. SNYDER
La Marijuana

STELLA BARUK
Échec et Maths

ALEXANDER ALLAND
La Dimension humaine

PETER T. FURST
La Chair des dieux

PHILIPPE ROQUEPLO
Le Partage du savoir

MARIO BUNGE
Philosophie de la physique

STEVEN ROSE
Le Cerveau conscient

BENJAMIN CORIAT
Science, Technique et Capital

GEORGES MENAHEM
La Science et le Militaire

WILLIAM SKYVINGTON
Machina Sapiens

PIERRE ACHARD, ANTOINETTE CHAUVENET,
ÉLISABETH LAGE, FRANÇOISE LENTIN,
PATRICIA NEVE ET GEORGES VIGNAUX
Discours biologique et Ordre social

HILARY ROSE ET AL.
L'Idéologie de/dans la science

ALAIN DUPAS
La Lutte pour l'espace

STELLA BARUK
Fabrice ou l'école des mathématiques

Peter S. Stevens
Les Formes dans la nature

Steven Weinberg
Les Trois Premières Minutes de l'univers

Albert Jacquard
Éloge de la différence

Pierre Huard, Jean Bossy, Guy Mazars
Les Médecines de l'Asie

Eugene Linden
Ces singes qui parlent

G. Ciccotti, M. Cini,
G. Jona-Lasinio, M. de Maria
L'Araignée et le Tisserand

Madeleine Barthélemy-Madaule
Lamarck ou le mythe du précurseur

André Langaney
Le Sexe et l'Innovation

Paul Feyerabend
Contre la méthode

Bertrand Gille
Les Mécaniciens grecs

Agata Mendel
Les Manipulations génétiques

Carl Sagan
Les Dragons de l'Eden

Robert Clarke
Naissance de l'Homme

Basil Booth et Frank Fitch
La Terre en colère

Pierre Thuillier
Le Petit Savant illustré

William C. Dement
Dormir, rêver

Jean Jacques
Les Confessions d'un chimiste ordinaire

Hubert Reeves
Patience dans l'azur

Patrick Lagadec
La Civilisation du risque

Albert Jacquard
Au péril de la science ?

Jacques-Michel Robert
Comprendre notre cerveau

Paul Colinvaux
Les Manèges de la vie

Michel Schiff
L'Intelligence gaspillée

Philippe Roqueplo
Penser la technique

Pierre Thuillier
Les Savoirs ventriloques

Ivar Ekeland
Le Calcul, l'Imprévu

P.-A. Mercier, F. Plassard, V. Sardigli
La Société digitale

Hubert Reeves
Poussières d'étoiles

Stella Baruk
L'Age du capitaine

Henri Broch
Le Paranormal

Martin Gardner
L'Univers ambidextre

Rudy Rucker
La Quatrième Dimension

Evry Schatzman
Les Enfants d'Uranie

Dominique Simonnet
Vivent les bébés !

Henri Atlan
A tort et à raison

Albert Jacquard
L'Héritage de la liberté

Hubert Reeves
L'Heure de s'enivrer

George Greenstein
Le Destin des étoiles

Michel Crozon
La Matière première

William Broad et Nicholas Wade
La Souris truquée

Jacques Arsac
Les Machines à penser

COLLECTIF
D'une science à l'autre

STEPHEN JAY GOULD
Le Sourire du flamant rose

Collection Points

SÉRIE SCIENCES

dirigée par Jean-Marc Lévy-Leblond

S49. Une histoire des mathématiques
par Amy Dahan-Dalmedico et Jeanne Peiffer
S50. Les Structures du hasard, *par Jean-Louis Boursin*
S51. Entre le cristal et la fumée, *par Henri Atlan*
S52. La Recherche en intelligence artificielle
ouvrage collectif
S53. Le Calcul, l'Imprévu, *par Ivar Ekeland*
S54. Le Sexe et l'Innovation, *par André Langaney*
S55. Patience dans l'azur, *par Hubert Reeves*